高等院校公共基础课规划教材

中学生心理辅导

(第二版)

姜淑梅　主　编
张文霞　张春梅　副主编

清华大学出版社
北　京

内 容 简 介

本书从心理辅导的内涵开始，分析了中学生心理的基本特点，介绍了常见的心理辅导理论及基本技能，着重阐述了中学生的自我意识、学习心理、情绪管理、人际关系、网络心理、职业生涯教育与时间管理等内容，最后阐述了中学生心理辅导的支持系统和中学教师心理健康的维护。

本书理论与实务相结合，强调实用性。在对中学生心理辅导知识和技能的阐述上，配合案例导读、心理测试、知识链接、身边故事、实务训练、案例导读解析、巩固与操作、拓展阅读等内容，有助于应用型人才的培养，体现出实用性的特色。目前国内缺少适用于心理学本科生及教师教育专业师范生的应用型心理辅导教材，本书在这方面进行了有益的探索。

本书配套的电子课件、电子教案、课后巩固与操作的习题及答案可以到 http://www.tupwk.com.cn/downpage 网站下载，也可以通过扫描前言中的二维码下载。

图书在版编目(CIP)数据

中学生心理辅导 / 姜淑梅主编. —2 版. —北京：清华大学出版社，2021.1（2023.1重印）
高等院校公共基础课规划教材
ISBN 978-7-302-56641-0

Ⅰ. ①中… Ⅱ. ①姜… Ⅲ. ①中学生—心理辅导—高等学校—教材 Ⅳ. ①G444

中国版本图书馆 CIP 数据核字(2020)第 194267 号

责任编辑： 胡辰浩
封面设计： 周晓亮
版式设计： 孔祥峰
责任校对： 马遥遥
责任印制： 朱雨萌

出版发行： 清华大学出版社
网　　址： http://www.tup.com.cn，http://www.wqbook.com
地　　址： 北京清华大学学研大厦 A 座　　**邮　　编：** 100084
社 总 机： 010- 83470000　　**邮　　购：** 010-62786544
投稿与读者服务： 010-62776969，c-service@tup.tsinghua.edu.cn
质 量 反 馈： 010-62772015，zhiliang@tup.tsinghua.edu.cn
印 装 者： 三河市人民印务有限公司
经　　销： 全国新华书店
开　　本： 185mm×260mm　　**印　　张：** 19.5　　**字　　数：** 487 千字
版　　次： 2015 年 4 月第 1 版　2021 年 1 月第 2 版　　**印　　次：** 2023 年 1 月第 5 次印刷
定　　价： 78.00 元

产品编号：088962-01

前　言

随着教师专业化进程的推进和教师教育培养体系的不断完善，以及人们对学校心理健康教育的日渐重视，加强高等院校教师教育专业学生心理咨询与辅导工作能力的训练势在必行。《中学生心理辅导》正是为了适应这一现实的需要而编写的。《中学生心理辅导(第二版)》紧扣中学教育实际，吸纳中学生心理辅导最新成果，改变以往以理论知识为重点的教材编写模式，理论与实际相结合，强调对学生实际操作能力的训练，体现了教学改革的特色。

本书的特色体现在以下几个方面。

1. 理念先进

本书依据教育部关于推进教师教育课程和教学改革的精神，体现以学生为本，关注专业发展的教育理念，在传统理论的基础上，引用了新近的研究成果，并紧跟目前中学生心理辅导前沿，选取新时期中学生成长过程中的典型案例，富有鲜明的时代特征。

2. 结构清晰

本书内容安排逻辑性强。前两章内容属于基本理论探讨，第三章到第八章内容是具体心理问题及辅导，第九章和第十章内容属于心理辅导的支持体系。

3. 体例新颖

本书配有内容提要、学习目标、案例导读、知识链接、身边故事、心理测试、实务训练、案例导读解析等，可以充分调动学习者学习的参与性，可以增强学生的学习能力，开拓学生的视野。

4. 内容实用

本书针对中学生在特定发展阶段的常见心理问题，具体介绍了适用于中学生心理辅导的具体方法与技能。此外，本书在内容安排上贴近教师资格证国考，在每章章末，都附有贴近教师资格证考试的模拟题，从而帮助学生在学习知识的基础上提高教师资格证国考的通过率，也使学生认识到心理健康教育对于教师的重要作用。

5. 理实融合

本书注重应用型本科以及教学型本科教材的理论与实务相结合，既有理论的探讨，也注重实务训练，力求理论与实务相结合。除了介绍基本理论和方法外，均配有实务操作，力求让学习者能够对知识活学活用，有助于应用型人才培养。

6. 资源丰富

本书与高校省级精品课建设相结合，并配有一系列含有相关资源的教学网站，较好地满足了数字化校园背景下，学校对优质立体化教师教育课程资源的需求。本书提供了心理测试和知识链接等课程资源，同时提供了配套的电子课件、电子教案、课后巩固与操作的习题及答案等教学资源，既为广大教师的教学提供了便利条件，同时也开拓了读者的视野和思考的空间。

本书由吉林师范大学教育科学学院姜淑梅教授组织编写并负责最后的统稿和审定。全书共计 10 章，具体分工如下：姜淑梅负责撰写第一章、第二章和第十章，张文霞负责撰写第三章、第四章、第五章和第六章，张春梅负责撰写第七章、第八章和第九章。此外，崔继红等人也为本书的编写做了大量工作，同时本书还获得了清华大学出版社的大力支持和胡辰浩编辑的鼎力相助，在此一并表示深深的谢意！

本书在编写过程中，参考了很多同类著作和期刊等，限于篇幅，恕不一一列出，特此说明并致谢。

由于水平有限，书中难免存在一些不足之处，恳请同行专家及读者指正。我们的邮箱是 huchenhao@263.net，电话是 010-62796045。

本书配套的电子课件、电子教案、课后巩固与操作的习题及答案可以到 http://www.tupwk.com.cn/downpage 网站下载，也可以通过扫描下方的二维码下载。

编　者

2020 年 10 月

目 录

第一章

中学生心理辅导概述

内容提要

《中共中央国务院关于深化教育改革全面推进素质教育的决定》中明确指出，要“加强学生的心理健康教育，培养学生坚韧不拔的意志、艰苦奋斗的精神，增强青少年适应社会生活的能力”。因此开展中学生心理辅导工作，既是学生自身健康成长的需要，也是社会发展对人的素质要求的需要，这已成为世界性的教育共识。

本章首先从介绍心理辅导和学校心理辅导的内涵入手，从国内外两方面介绍心理辅导的产生与发展，总结近年来我国学校心理辅导所取得的成绩、存在的问题及未来的发展趋势，最后阐述了中学生心理的特点，中学生心理辅导的含义与意义、目标与内容、原则与途径。

学习目标

(一) 认知目标

1. 掌握心理辅导、学校心理辅导、中学生心理辅导的内涵及中学生的心理特点；

2. 能够理解学校心理辅导与学校德育之间的关系；

3. 熟悉中学生心理辅导的目标与内容、原则与途径；

4. 了解国内外学校心理辅导产生与发展的历程，以及我国学校心理辅导取得的成绩、存在的问题及未来发展趋势。

(二) 情感目标

1. 能联系实际理解中学生心理辅导的重要意义；

2. 能体会中学心理辅导教师的责任和使命。

(三) 能力目标

1. 培养学生能够根据中学生的心理特点做好中学生心理辅导工作的能力；

2. 能够有效区分心理问题、心理障碍与心理疾病等概念及心理辅导、心理咨询、心理治疗与心理健康教育之间的异同。

案例导读

中学生自杀案例回顾[①]

2018年12月3日，江苏省溧阳中学一高二男生因抄袭，被班主任口头教育，班主任要求他次日向全班做检讨。在受到批评几个小时后，该16岁男孩从自家小区的楼上纵身而下，一个家庭因此破碎。除此之外，2018年发生的学生自杀事件，简直不胜枚举。四川省南充市第一中学高一29班学生蒋某因玩手机遭到其母亲两次批评，并抢夺手机，之后便从教学楼5楼纵身跳下，当场死亡。安徽毛坦厂中学一高二女生在教室传看不适合高中生阅读的课外书籍被班主任发现，班主任联系家长将其带回家中。次日凌晨，该生跳楼身亡。江西宜丰中学初三年级学生彭某，考试期间监考老师发现其藏在试卷下的手机，并当场予以没收，监考老师将手机交到隔壁考务办公室随即返回考场。期间，该考生离开了考场，老师立刻寻找，发现该考生已经坠楼……

我们每年都会看到许多这样令人触目惊心的消息，作为未来的教育工作者，当孩子们的心理素质越来越脆弱时，我们不禁要问，校园惨案为何频发？究竟是什么把孩子们压垮的？

第一节　心理辅导与学校心理辅导的概念

一、心理辅导的概念

(一) 心理辅导的内涵

辅导(guidance)，指“引导”“辅助”别人的意思。从狭义上说，辅导是帮助一个人自助；从广义上说，辅导是促进个人的发展，即个人凭着在辅导中学会的面对难题和解决难题的原则，全面而均衡地发展自己的人生。

心理辅导(psychological guidance)是指在一种新型的建设性的人际关系中，辅导人员运用心理学的知识和技术，协助来访者认识自己，接纳自己，进而欣赏自己，并克服成长的障碍，改变自己的意识和行为倾向，充分发挥个人潜能，迈向自我实现的过程。简而言之，心理辅导是在良好的人际关系中，运用心理学的理论与方法，帮助来访者自立的过程。它包括以下几个基本特征。

(1) 心理辅导主要解决的是来访者心理或精神方面存在的问题。

(2) 心理辅导是一种专业的助人行为，而不是一般的帮助活动。

(3) 心理辅导强调良好的人际关系气氛。只有在良好的人际关系气氛中，来访者才有安全感和信任感，从而接受辅导员的帮助。

(4) 心理辅导是一种学习和人格成长的过程。通过心理辅导，来访者从不能自强自立到能够自强自立，从不能正确对待自己到学会正确对待自己，从不善交往或具有交往焦虑到学会与

① 又有一名中学生自杀：比学业更重要的是，健康地活着[EB/OL].[2019-01-20]. https://www.sohu.com/a/ 290310655_100155613.

人相处，等等[①]。

(二) 与心理辅导相关的概念的辨析

1. 心理问题、心理障碍与心理疾病

从问题角度出发，不健康的心理状态依据心理功能受阻的程度可划分为以下 3 种。

(1) 心理问题(mental problem)，是一种暂时性的心理失衡状态。比如一时受挫，或暂时受失败的打击而变得沮丧、情绪低落等。这种不健康的心理状态一般经过自我调节或者别人的帮助很快就能解决。

(2) 心理障碍(mental disorder)，是一种持续时间较长，反应较为剧烈，患者自身难以克服的，而且会影响个体正常生活的局部心理功能失调，如社交恐惧、考试焦虑、神经症等都属于心理障碍。这种状况必须借助一定的外力，通过心理咨询与辅导才能解决。

(3) 心理疾病(mental disease)，是指心理障碍加重并持续较长的时间。心理疾病分为非精神病性的心理疾病和精神病性的心理疾病。非精神病性的心理疾病，是指患有如恐怖症、焦虑症、人格障碍等心理疾病；精神病性的心理疾病，是指如患有精神分裂症、躁狂抑郁性精神病等心理疾病。患有心理疾病的人无法维持正常的学习、工作和生活，而且此类疾病已超出了学校心理辅导的范围，要通过精神科医生采用药物治疗，再辅助心理治疗才能逐步缓解或解决。

中学生中常见的不健康心理状态是有心理问题，有心理障碍的中学生是少数，而患有心理疾病的中学生就更少了。因此，中学生心理辅导工作主要面对的对象应是前两者。

心理测试1-1

你需要心理医生吗[②]

很多人也能认识到自己有心理问题，但想依靠自己原有的认知力、意志力同心理问题抗争，没想到其结果是越克服越厉害，越抗争越严重，导致严重影响了工作、学习和生活；有些还引发了躯体性疾病，最后不得不走进心理咨询室。

不要等心理问题成堆了再解决，要“防患于未然”。自己认为是小毛病的地方，很可能就是已存在心理问题的信号，也是心理咨询师查找心理问题的线索。

1. 我不知为什么经常感到烦恼，看什么都烦，无心思做事。
2. 我见了生人就脸红心跳，在人多的场合，我说不出话来。
3. 我想和别人打上一架心里才觉得舒服。
4. 我常把自己锁在房间里独处，不愿出门，总想痛哭一场。
5. 有个人得罪了我，我想狠狠报复。
6. 我经常失眠，惧怕夜晚来临。
7. 我入睡前一定要多次检查房门锁是否锁牢。
8. 我的手好像很脏，洗多少遍都觉得没有洗干净。
9. 我的几个好朋友都先后不理我了，不知怎么得罪了他们？怎样才能拥有好朋友？
10. 我换了几个单位，总是和领导不对付，我该怎么办？

---

① 梁斌，郭英，周升群. 中学生心理辅导[M]. 北京：科学出版社，2012：2.
② 刘春雷，姜淑梅，孙崇勇. 青少年心理咨询与辅导[M]. 北京：清华大学出版社，2011：4-5.

11. 我和异性在一起就紧张，怎样也感觉不自然。
12. 现有的工作(学科)非常不适合我的性格，我到底是什么样的性格？
13. 我经常不由自主地大发脾气。
14. 当让我拿主意时，我的脑子里就一片空白。
15. 即使别人在谈论天气，我也觉得是在议论我。
16. 我经常无故地感到自己有罪。
17. 我从来就不敢从高处往下看。
18. 我平常聊天很健谈，可在正式场合当众发言就紧张(或口吃)。
19. 我和爱人在一起，经常感觉不到快乐。
20. 快考试了，我又进入了脑子一片空白的状态。
21. 我总是在走路时控制不住地数脚下的地砖。
22. 我一紧张就要到厕所小便，不然就要尿裤子。
23. 我很正派，但是一见到异性，就不自觉地往“敏感部位”看。
24. 小时候使我不安的事，至今还在困扰着我。
25. 其实我已经把事情做得很好了，可是我还是不满意，狠狠地自责。
26. 有些很脏的东西，对我毫无用处，可我仍想抚摸。
27. 我总觉得自己很优秀，可从来得不到赏识，因此常常怨恨他人。
28. 我越是努力要把一件事情做好，效果反而越差，我错在哪里？
29. 我很喜欢通过虐待小动物来寻开心。
30. 与其这样烦恼，还不如死了好。

如果其中有与自己相似的问题，并且在一段时间里困扰着你，那么就请看一下心理咨询师。

2. 心理咨询、心理治疗与心理健康教育

(1) 心理咨询(psychological counseling)。咨询(counseling)一词来源于拉丁语“consultalio”，意味着“商讨”或“协商”。古汉语中的“咨”有“商量”的意思，而“询”有“询问”之意，“咨询”的意思就是与人商量、征求意见。英语中的“counseling”，具有“协商”“商讨”“会谈”“征求意见”“顾问”“参谋”“辅导”“劝告”等含义。因此，心理咨询，是指咨询者运用心理学专业知识与技能，通过语言、文字和其他信息传递方式，给来访者帮助、启发和教育，以维护和增进其身心健康，促进其人格完善和潜能发挥的过程[①]。

(2) 心理治疗(psychotherapy)。心理治疗指在良好治疗关系基础上，由经过专业训练的治疗者，运用心理学的有关理论和技术，对来访者进行帮助的过程，以消除和缓解来访者较严重的心理问题和障碍，促进其人格向健康、协调发展，进而恢复其心理健康。

(3) 心理健康教育(psychological health education)。心理健康教育指根据学生生理、心理发展特点，运用有关心理学的理论、方法和手段，预防学生心理问题，增进学生心理健康，培养学生良好的心理素质，促进学生身心全面和谐发展和素质全面提高的教育活动[②]。

---

① 伍新春. 中学生心理辅导[M]. 北京：高等教育出版社，2010：5.
② 姚本先. 学校心理健康教育新论[M]. 北京：高等教育出版社，2009：24.

3. 心理辅导、心理咨询、心理治疗与心理健康教育四者的区别与联系

1) 四者的区别

(1) 目标不同。心理辅导关注的是对象的未来，重点是要预防，根本目标是促进学生形成良好的心理素质，希望学生能从内在的自我约束中做到自我控制，发展个人的合理行为；心理咨询关注的是对象的现在，重点是发展，根本目标是改善学生个体的心理机能，提高其心理健康水平；心理治疗所关注的是对象的过去，重点是矫治，根本目标是纠正与治疗学生心理与行为的失常问题，恢复其心理健康；心理健康教育目标的重点放在教育者要主动地、超前地根据学生身心发展的特点，有目的、有计划地对学生的心理品质进行培养并使其最优化，使学生的心理潜能得以开发，实现个体全面发展的和谐统一，它更多的是试图从外在的约束中控制学生的行为，使其符合规范。

(2) 对象不同。心理辅导的对象往往是处在转变或转折时期的普通学生，他们的心理健康状况良好；心理咨询的对象是在发展中遇到一些心理困惑，或有轻、中度心理冲突与矛盾的正常学生；心理治疗的对象是心理健康水平较低，或心理机能失调及心理上有严重障碍的学生；心理健康教育的工作对象与心理辅导的工作对象相同，也是以正常学生为主体。

(3) 方式不同。在工作方式上，心理辅导多采用团体辅导与个别辅导相结合的方式；心理咨询常采用个别或小组咨询的形式为主；心理治疗也以个别治疗为主；心理健康教育通常以团体形式为主。

(4) 方法不同。在方法上，心理辅导有更多的组织、计划和具体方法等结构化成分，如团体心理辅导时，多采用讲授、训练、陶冶等方法，个别辅导时多采用关注、接纳、倾听、同感、自我暴露等方法；心理咨询和心理治疗则更加灵活、富有弹性和针对性，如心理咨询多采用支持、领悟、再教育等方法，心理治疗多采用矫正、领悟、训练及重建等方法；而心理健康教育的工作任务是面向全体学生进行心理健康知识和技能的普及与教育，在方法上，主要以讲授和团体训练为主。

(5) 时间不同。在实施时间上，心理辅导和心理健康教育可以是终生的，伴随整个教育过程；相比较而言，心理咨询与心理治疗的时间则可长可短，难以持续终生。

(6) 实施的主动性不同。在实施过程中的积极主动性方面，心理辅导和心理健康教育多表现为辅导员及心理健康教育人员的积极主动过程，实施过程具有超前性特点；而心理咨询与心理治疗实施过程相对被动，要等到来访者或患者主动求助，在时效上具有滞后性特点。

2) 四者的联系

从心理健康教育途径而言，心理辅导、心理咨询及心理治疗都是其中一种重要途径，因此，心理健康教育是属概念，后三者是并列关系，是种概念；从服务的范围广度看，心理健康教育、心理辅导、心理咨询与心理治疗依次是包含关系；从解决问题的深度而言，心理健康教育、心理辅导、心理咨询与心理治疗依次是递进关系；就其共同点来看，四者面对的问题都是个体在成长和发展中遇到的心理问题，都是从心理上帮助人、教育人的过程，采用的理论方法具有高度的一致性，都希望通过与求助者之间的互动帮助其成长和改变，都注重与求助者建立良好的人际关系，以此作为帮助其改变和成长的条件，它们之间具有某种程度的渗透性和一致性。

从概念的广义上理解，四者的概念有较大的交叉和重叠，如心理辅导可能包括心理咨询和心理治疗在内，而使用心理咨询与心理治疗这两个概念时，也包括心理辅导和心理健康教育在内。之所以使用其中一个概念，是因为在开展心理健康教育过程中，面临的对象、任务、内容、

方法、手段等方面的侧重点不同。

二、学校心理辅导的概念

(一) 学校心理辅导的内涵

学校心理辅导，是指教育者运用心理学、教育学、社会学、行为科学乃至精神医学等多种学科的理论与技术，通过集体辅导、个别辅导、教育教学中的心理辅导以及家庭心理辅导等多种形式，帮助学生自我认识、自我接纳、自我调节，从而充分开发自身潜能，促进其心理健康与人格和谐发展的一种教育活动①。

(二) 学校心理辅导与德育的关系

学校心理辅导工作，主要解决的是学生的心理问题；而学校的德育工作，主要解决的是学生的思想问题。心理问题与思想问题是两个不同的问题，但二者又是相互联系的，有时二者可能互为条件，有时可能组成同一问题的两个侧面或两个层面。因此，学校心理辅导与德育既有区别又有联系。

1. 二者的区别②

(1) 主客体关系不同。德育视学生为塑造对象，而自身则是塑造者；学校心理辅导往往把学生视为求助者、当事人，而自身则为服务者、协助者。

(2) 解决问题的层面不同。学校心理辅导，注重的是学生心理的发展、调适和矫正，其任务是预防和消除心理障碍，提高学生的心理健康水平和社会适应能力，使每个人的潜能得以充分发挥，旨在塑造个体的完善人格；而德育侧重于学生思想品德的提高、塑造和转变，其任务是有针对性地对学生的意识形态施加影响，以提高他们的思想道德素质，引导他们树立科学正确的世界观、人生观及价值观。

(3) 教育内容不同。学校心理辅导的内容包括心理卫生、学习生活、人际关系、环境适应、性心理教育、职业选择和消除心理障碍等，重视培养学生适应不同环境的能力；而德育的内容主要包括政治方向、思想意识、伦理道德、价值取向等方面的教育，重点帮助学生树立正确的政治思想观念以及培养良好的道德品质。

(4) 工作原则不同。德育工作者有明确的政治方向，要求旗帜分明；学校心理辅导工作者不代替学生做价值判断，而是培养学生的抉择能力，由学生自己做出合理的判断。德育带有公开性肯定、奖励或否定、批评、惩罚；学校心理辅导并不强迫学生接受，较少采用批评和惩罚。德育工作鼓励学生勇于承认错误；学校心理辅导则强调为当事人保密。

(5) 方法不同。德育主要是一个教导过程，常用的方法有谈话、说服教育、批评表扬、榜样示范、环境陶冶、实践锻炼等，具有一定的灌输性，注重的是教师的施教，以“说”为主；而学校心理辅导采取的方法有会谈、心理测量、角色转换、行为矫正等，其中有些方法是德育没有的，如宣泄、放松等，有很强的专业操作性，同时强调宣泄与疏导，注重的是学生的主动与自愿，以“听”为主，注重倾听与感情沟通。

① 吴增强. 学校心理辅导通论——原理・方法・务实[M]. 上海：上海科技教育出版社，2004：20.
② 姚本先. 学校心理健康教育基本概念辨析[J]. 课程・教材・教法，2001(6)：64-67.

2. 二者的联系

(1) 学校心理辅导适当补充了德育的目标和内容。学校的德育内容包括政治教育、思想教育和道德法律等行为规范的教育。德育的目标是使学生形成正确的价值取向，它更多关注的是社会对个人的思想道德和行为规范等方面的要求，而对于学生的心理需求，如怎样成功地与人进行交往，如何处理好同异性的关系，怎样调适自身的情绪状态，如何面对生活中的挫折等方面的问题则不是它的工作重点，而这些内容却是学校心理辅导的重要内容。从这一点来说，心理辅导补充了德育内容，它使德育内容更加贴近学生的生活实际，有利于学生健康人格的形成与发展。

(2) 学校心理辅导为有效地实施德育提供了心理基础。学生健康的心理是保证德育效果的前提。一个学生要形成优良的道德品质，首先必须能够正确地认识自己，能够成功建立良好的人际关系，能够恰当地表露与控制自己的情绪。如果学生心理不健康，他就失去了接受道德教育的最重要的条件。有心理问题的学生，在接受道德教育时，会对教育目的、要求、措施等表现出不同程度的消极态度和消极行为。此外，心理不健康的学生通常会产生许多品德不良的问题。因此，对学生仅进行品德教育是不够的，还需要进行心理辅导。

(3) 学校心理辅导为提高德育成效提供了新的方法和途径。学校德育多采用说服教育、榜样示范、环境陶冶等方法，但在具体实施过程中，教育者多采用理论灌输方式，学生往往被动接受，极易使学生产生对抗情绪，结果学生往往能背得滚瓜烂熟的行为规范，却不能落实到实际行动上，造成知行脱节的局面。而学校心理辅导多采用放松训练、宣泄、心理换位、自由联想、暗示等方法，使学生感到教育者不是说教者而是协助者，他们会发自内心地自觉接受教育。因此，德育工作者可以借鉴心理辅导的方法来丰富德育的工作途径，这样既能把思想工作做得富有人情味，又能使德育工作富有成效。

第二节　心理辅导的产生与发展

一、心理辅导的产生

(一) 国外心理辅导的产生

国外学校心理辅导的起源可追溯到 1900 年的美国。当时，由于工业革命的影响，美国纽约和芝加哥等大城市工商业迅速发展，各地移民大量涌入，社会问题与日俱增，给人们的生活带来了许多忧虑和困难。在这种背景下，心理辅导工作应运而生。1907 年，美国密歇根中学校长戴维斯(J. B. Davis)受当时美国改良主义教育思想的影响，认为辅导有助于医治美国的社会问题。因此，他在其督学的学区所辖学校的每周英语作文课上，都要留出一段时间对学生进行职业和道德辅导，这是最早开设的心理辅导课程。

此外，其他早期的心理辅导先驱也纷纷响应当时的社会需要，积极开展心理辅导活动。1908 年，帕森斯(F. Parsons)成立了波士顿职业指导局，开始对公立中学的毕业生进行职业指导。第二年，帕森斯出版了《选择职业》一书，对职业选择的三因素理论进行了阐述，这是心理辅导史上第一个职业选择理论，对今天的职业咨询也具有现实的指导意义。他所创立的“波士顿模型”在当时的美国颇具影响力，他也因此被称为“心理辅导之父”。与此同时，早期职业辅导计划成为一种具有代表性的职业辅导模式进入了美国大城市的一些学校，职业辅导运动的发展推动了学生心理辅导活动的开展。

这一时期心理辅导的影响力在社会上日益扩大，但还没有形成较为规范的职业标准，也没有成熟的职业培训计划。

(二) 国内心理辅导的产生

我国大陆的心理辅导，最初也是从职业辅导起步的。1916 年，时任清华大学校长的周诒春开始大力倡导职业辅导工作。1917 年，中华职业教育社的正式成立标志着我国的职业辅导已步入专业化轨道。后来，南京、上海、武昌、济南等地纷纷开展了一些职业辅导活动，但由于抗日战争的爆发，职业辅导方面的理论和实践工作被迫停止。直到 20 世纪 70 年代，随着我国经济体制改革、社会的变迁及外来文化思潮的影响，有心理问题的学生比例大幅度上升，学校才开始普及心理咨询与心理健康教育工作，心理辅导的重要性重新被认识。

我国台湾地区的心理辅导始于 20 世纪 50 年代末，当时华侨返台读书的人数递增，这些人年龄大约在 20 岁以下，由于语言障碍，在学习和生活等方面出现许多的不适应。台湾地区教育主管部门“侨民委员会”的负责人蒋建白，成立了专门对华侨学生进行针对性辅导工作的“中国辅导学会”，取得了较好效果，这标志着台湾地区的心理辅导机构的初步建立。

我国香港地区的心理辅导始于 20 世纪 70 年代初期，最初的工作是由班主任进行策划和推进的，后来逐渐得到了专门负责家庭与儿童福利工作的社会工作者的帮助。1979 年，香港地区的社会福利署发布了《进入八十年代的个人社会服务》白皮书，把学校社会服务工作列为一项重要的教育内容，明文规定了香港地区的中学学校社会服务工作完全由专业的社会工作者负责，并设学生辅导主任一职，对每名社会工作者应承担的辅导工作任务也做了相应的规定。

二、学校心理辅导的发展及现状

(一) 国外学校心理辅导的发展及现状

随着政府和学校对心理辅导的日益重视，20 世纪末，许多国家的心理辅导工作取得了成功经验，形成了比较繁荣的局面。这里以西方的美国和东方的日本为例进行阐述。

1. 美国心理辅导的发展及现状

1) 美国心理辅导的发展

第二次世界大战后，心理辅导在美国逐渐成为一门学术性的学科，心理测验和辅导技巧也日益受到重视。这时，学校的心理辅导内容不仅限于职业和适应问题，而且更多关注个人的全面发展问题。所以在后来逐渐产生的各种辅导模式中，注重个性和人的整体发展的辅导模式，以情感交流为基础的新的辅导方法越来越受到重视。1942 年，卡尔 • 罗杰斯(Carl Ransom Rogers)出版的著作《心理咨询和心理治疗》开创了心理咨询的新纪元，它向传统的以咨询为中心的方法提出了挑战，提出了“以来访者为中心”的辅导模式和“不指示”的辅导原则。受罗杰斯治疗模式的影响，学生心理辅导的重心发生了转移，以职业辅导为主的学生心理辅导转变为以情绪、人格辅导为主的心理辅导，拓展了心理辅导的范围。

自20世纪50年代开始，艾里克森(Christian Erikson)等人提出了毕生发展观，以“帮助学生实现最佳发展，努力排除正常发展障碍”为目标的发展性心理辅导应运而生。发展性心理辅导的代表人物之一布洛克尔(D. Blocker)出版了《发展性辅导》一书，指出发展性辅导关心的是正常个体在不同发展阶段的任务和应对策略，促进了学校心理辅导由适应障碍性辅导向发展性辅导的转化与发展。

2) 美国心理辅导的现状

(1) 辅导内容现状。目前美国的学校心理辅导内容可分为6类[①]：第一，在课业、社会生活等方面个人问题的咨询；第二，就业指导及跟踪性服务；第三，信息服务；第四，为每个学生建立详细而系统的累积性档案，以记录其智力、兴趣、人格特征和测量结果、学业成绩、嗜好、健康状况、家庭历史背景、经济状况、打工经历等内容；第五，磋商性服务，主要是辅导人员与社会、家庭和学校联系与合作；第六，辅助学生治疗心理疾病和矫正不良行为习惯。

(2) 辅导方法现状。美国的学校心理辅导打破学派分立的局面，采取兼容并蓄的方式，力求运用科学的方法、客观性较高的技术和先进的工具，如宣泄法、不良习性矫治法、当事人咨询法、资料收集与分析法、设计良好的标准化测验量表法、各种资料的电子数据处理法等。美国学校心理辅导也非常重视对学校心理辅导工作的评估，通过对辅导方法和测验技术进行研究和鉴定，以便验证心理辅导的有效性，从而促进学生自身的不断完善和发展。

(3) 辅导人员现状[②]。自从20世纪50年代“美国中小学指导人员协会”和美国心理学会第17分会“咨询心理学分会”成立，20世纪60年代出现专业辅导人员的培养标准和作用的全国性文件以来，一直到1976年，弗吉尼亚州第一个通过立法，实行心理咨询执照制度，美国学校心理教育走过了一条逐步专业化的道路。目前，美国大学的咨询心理学是攻读人数众多的一个专业。早在20世纪70年代中期，美国各大院校每年暑假毕业的心理辅导学硕士达96 030人，博士达9071人。现在，多数州要求大约每300名学生应配备一名专职辅导人员。从事学校心理辅导的人员必须达到由美国心理学会(APA)和全美学校心理学家学会(NASP)制定的专业标准，参加这两个机构审批认可的培训计划的培训并取得硕士、博士学位，还要持有州政府颁发的资格证书，才可以从事学校心理辅导工作。

2. 日本心理辅导的发展及现状

1) 日本心理辅导的发展

日本的学校心理辅导在亚洲最具有代表性，它起源于1964年的教育改革时期。“二战”结束后，日本开始引入美国的学校心理辅导。日本的教育部门为使学生适应社会生活，有较好的品行并为社会接纳，开始在学校开展学生心理辅导工作。

2) 日本心理辅导的现状

日本的学校心理辅导主要包括两类问题：第一，偏重于认知的问题，心理辅导人员主要针对学生在学习方法、升学、就业等方面存在的问题给予知识性的辅导；第二，偏重于情绪问题，对诸如学习障碍、学校恐怖症、厌学症、人格障碍、校园暴力、自杀等情绪、态度及行为方面的问题进行专业化的心理干预。日本学生心理辅导在学习美国的同时，逐渐形成了自己的特色。

---

① 边保旗. 美国学校心理辅导的发展历程及启示[J]. 教育实践与研究，2001(12)：5-7.

② 李正云，张华. 美国学校心理辅导：历史、现状、动向及其启示[J]. 外国中小学教育，2007(6)：36-39.

(1) 管理体制方面。日本心理辅导的管理体制比美国的更为严密。日本学校教育法规定，心理辅导由地方教育部门进行管理和监督，初级中学分别设立学生辅导主任与前途辅导主任，前者负责学生辅导，后者负责学生选择职业和其他辅导事项。此外，学校均制订周全的辅导计划，包括学生辅导和学业辅导的重点，各部门辅导活动的计划等，还有严密的组织网络和专门的学生辅导部。

(2) 人员配备方面。日本的学校心理辅导以中小学教师的兼职辅导和地方心理学家的专职咨询相结合，调动一切力量，尤其重视班主任以及生活委员等学生干部的作用。

(3) 辅导方法和技术方面。日本保持和发扬了其民族的优良传统，如采用以日记、作文和信件为线索进行指导的生活作文教育，班主任和学生恳谈法等。同时也批判性地借鉴了国外的方法和技术，除采用罗杰斯的以来访者为中心的心理咨询技术外，还采用了精神分析和行为疗法、认知疗法等。

总体来说，日本心理辅导的发展虽然吸收了西方心理学的精华，但在发展过程中避免了全盘西化的倾向，保持了其民族的传统，具有本土性和适应性，为亚洲其他国家的学生心理辅导发展提供了可借鉴的经验。

(二) 我国学校心理辅导的发展及现状

1. 我国心理辅导的发展

20 世纪 80 年代中期，国内中、小学心理辅导工作开始迅速发展。与欧美相比，虽然我国的心理辅导仍处于发展时期，但随着教育观念的更新及素质教育的全面推进，引发了社会各界对心理辅导的高度关注。我国学校心理辅导大约经历了以下 4 个发展时期。

1) 调查、呼吁阶段(20 世纪 80 年代初、中期)

20 世纪 80 年代初开始，我国一些学者和研究机构开始进行学生心理健康状况的调查，并发表了一系列有关报告，在教育界产生了广泛的影响。随后，呼吁重视学生心理健康教育的文章在报纸上集中发表。1986 年，班华教授第一次提出心育概念，引起教育界的广泛重视。这一时期，教育行政部门和教育者开始清楚地认识到，学生的心理健康是一个值得着重关注的问题。这为以后学校心理辅导工作的开展积累了舆论准备，奠定了初步的思想基础，并提供了最初的直接动力。

2) 尝试、起步阶段(20 世纪 80 年代中、后期至 90 年代初期)

1984 年，我国少数高校开始建立心理咨询中心，这是一个重要的起步。1985 年，中国心理卫生协会重新成立，并设置了心身医学、儿童青少年心理卫生、心理咨询与治疗等专业委员会。1986 年 12 月，中国心理卫生协会在北京召开了首届青少年心理卫生学术交流会，这标志着心理卫生运动向教育界发展。这一时期的工作唤起了人们对学生心理卫生的重视。随着素质教育观念的深入发展，学校心理咨询工作逐步向中小学转移和渗透。20 世纪 80 年代中、后期，北京、上海、湖南、湖北、江苏、河北、辽宁、天津、浙江等一些地区的少数中小学，就开始率先进行具有心理辅导色彩的心理健康教育的实践。几年间，在北京、上海、湖南、湖北、江苏、河北、辽宁、天津、浙江、广东、河南、福建、四川、广西、内蒙古、山西、江西、安徽等地，便开始出现一些初具心理健康教育雏形的学校，并在当地产生了一定的影响。但由于这个阶段还缺乏理论指导，也没有明确的政策依据，因此一些学校开展的这项工作具有自发的特点，并未形成规模。

此阶段的后期，1988 年 12 月《中共中央关于改革和加强中小学德育工作的通知》颁布，并提出对学生道德情操、心理品质要进行综合培养和训练，可视为初露政策端倪。1991 年，班华教授在《教育研究》发表《心育刍议》一文，并首次系统阐述与心育有关的问题，则可看作这一时期开展心理辅导工作之舆论准备的一个标志。

3) 探索、发展阶段(20 世纪 90 年代)

这一阶段，我国对学校心理辅导工作的关注更加广泛，对学校心理辅导有关问题的探讨逐步展开，党和政府在教育政策上给予了前所未有的重视。这一阶段的主要表现包括以下 3 个方面。

(1) 学生心理健康状况倍受研究者的关注。一些研究者相继开展了一些调查，指出了中学生各种心理问题的存在及其严重性，使社会各界对学校心理辅导必要性和紧迫性的认识逐渐增强，提高了学校开展学生心理辅导工作的自觉性。

(2) 心理辅导的理论和实践研究逐步展开。这一时期，一线教师和领导、地方性教育科研机构专业人员开始参与学校心理辅导的研究工作，一部分心理学工作者也开始转向研究心理辅导的理论与实务。全国许多省市的学校都开展了一系列学校心理辅导的研究试点工作及实践活动，取得了一定的成效，同时涌现出心理健康教育“特色学校”。随着实践活动渐成规模，这一领域的课题研究也呈欣欣向荣之势。原国家教委及地方有关部门规划了许多与学校心理辅导相关的课题，同时发表了大量与心理健康教育相关的论文。这些都为推进学校心理辅导工作发挥了积极的作用。

(3) 党和政府在教育政策上给予了高度重视。这一时期，党和政府相继出台了相关文件为学校心理辅导工作提供政策上的支持。1990 年，国务院批准颁布了《学校卫生工作条例》，明确规定要把心理健康教育纳入学校教学计划。1992 年，原国家教委制定下发了《中小学生心理健康教育基本要求(试行)》，把心理卫生教育列为 8 项主要教育内容之一。1993 年 2 月 13 日，中共中央、国务院印发的《中国教育改革和发展纲要》，明确指出学生的心理素质是受教育者全面发展的标准之一。1994 年 8 月 31 日发布的《中共中央关于进一步加强和改进学校德育工作的若干意见》，及 1999 年 1 月 13 日国务院批转教育部制订的《面向 21 世纪教育振兴行动计划》中，进一步明确指出要通过多种不同形式对学生实施心理健康教育。1999 年 6 月 16 日，中共中央、国务院做出了《关于深化教育改革全面推进素质教育的决定》，指出：“针对新形势下青少年成长的特点，加强学生的心理健康教育，培养学生坚忍不拔的意志、艰苦奋斗的精神，增强青少年适应社会的能力。” 1999 年 8 月 13 日，教育部又发布《关于加强中小学心理健康教育的若干意见》，强调中小学心理健康教育是“培养跨世纪高质量人才的重要环节”，同时对中小学开展心理健康教育的基本原则、主要任务、实施途径、师资队伍建设、组织领导以及需要注意的问题等提出了指导性意见。

4) 推进、繁荣阶段(20 世纪 90 年代末至今)

以教育部《关于加强中小学心理健康教育的若干意见(1999)》为标志，学校心理健康教育从民间推动向官方主导发展，从基层探索上升到国家有计划推进。这一阶段的主要表现包括以下 3 个方面。

(1) 官方主导进一步加强。2000 年 12 月，中共中央、国务院颁布《关于适应新形势进一步加强和改进中小学德育工作的意见》，强调“中小学校都要加强心理健康教育，培养学生良好的心理品质。” 2001 年 3 月，青少年心理健康教育被写进九届人大四次会议通过的《中华人民共和国国民经济和社会发展第十个五年计划纲要》。2002 年 8 月，教育部印发《中小学心理健康教育指导纲要》，文件从指导思想、基本原则、目标与任务、主要内容、途径和方法、组织实施等方面对中小学心理健康教育提出具体要求。心理健康教育也开始纳入学校评估体系。同时，教育部和全国大部分省市都成立了相关组织，加强对心理健康教育的政策制定、业务指导、组织协调、科研培训、检查评估等工作。

(2) 研究与实践更加深化，成果丰富。近 10 年来，学校心理辅导的实践活动蓬勃开展，课题研究形成热潮，大到学校心理健康辅导理论与实践、模式、综合建构等问题的研究，具体到学习困难原因的分析、学习焦虑的指导、青春期性心理辅导，乃至深入各学科、学校工作各层面的心理辅导工作的开展，各种措施、方法的实际应用等。到 2004 年年底，内地已经出版的有关心理辅导的读物或教材约有 300 余种[①]，而到 2008 年年底已经翻了近一番。另外，学校心理辅导技术性工具的推陈出新、大型会议及学术活动的频繁举办、各地特色学校的不断涌现以及《中小学心理健康教育》杂志的创刊等，都彰显了这一时期研究与实践成果的丰富。

(3) 心理辅导师资队伍建设得到加强。近年来，各地开始加强学校心理健康教育的师资队伍建设，主要表现在：①部分高校积极申办新专业或调整专业，开始注重为学校心理健康教育培养人才，并认真强化专业化的技能训练；②各地积极开展心理健康教育的师资培训工作；③2002 年至今，许多一线教师接受国家心理咨询师职业资格培训并获得资格认证，中国心理学会、中国心理卫生协会等一些国家级学术团体及各地相关学术团体也开展了大量培训工作，这些对心理辅导师资队伍的专业成长起到了一定的积极作用。

2. 国内心理辅导的现状

1) 取得的成就

(1) 学校心理辅导工作引起了党和政府的高度重视。学校心理辅导工作历经 30 余年发展，已逐步形成自己的目标体系、内容体系、途径体系和管理体制，这在近年教育部颁布的相关专题文件中都能找到相应的规定和要求。所有这些都说明了党和政府对广大青少年学生心理辅导工作的高度重视。

(2) 教育行政部门加强了对学校心理辅导工作的组织领导。由于党和政府的高度重视，国家教育部成立了中小学心理健康教育咨询委员会，加大了对全国学校心理辅导工作的宏观指导。与此相适应，大部分省、市、地区都成立了由领导、专家和富有实践经验的一线教师组成的学校心理健康教育研究与指导委员会，开展组织协调、政策制定、科研、培训、评估检查等工作，推动了心理辅导工作的广泛深入开展。

(3) 各地积极开展了形式多样的学校心理辅导活动。自 20 世纪 80 年代初期以来，北京、上海、湖南、湖北、江苏等省、市、自治区的一些学校，都开展了一系列有关学校心理健康教育的研究试点工作和实践活动，内容和形式丰富多彩，如开展学生心理测量，建立学生心理档案，进行学生心理辅导与心理咨询，开设心理辅导课程，运用多种媒介(如广播、电视、板报、信箱等)宣传心理健康的知识，建立心理辅导室，开设心理辅导热线，等等。

(4) 注重学校心理辅导的理论和实验研究。近 30 年来，我国有一批学者、专家和广大教师认真开展学校心理辅导的理论和实证研究。此期间学生心理辅导的实验研究，成为教育科学、心理科学最为热门的一个领域，且成效显著。这些研究课题内容涉及面广，参与研究人员多，

① 俞国良. 成年人心理健康教育的探索[J]. 北京师范大学学报(哲社版)，2005(1)：67.

持续时间长，整体效率高，为推进大、中、小学心理健康教育发挥了巨大的作用。目前，这一领域研究的热潮仍在继续。

(5) 加强了学校心理辅导师资队伍的建设。近年来，全国各省、市都开始认真抓好学校心理辅导的师资培训工作，举办各级各类心理辅导的长、短期培训班；有关高校还积极配合地方教育发展需要，调整专业或课程，培养专业的心理辅导人才。这些措施对建立一支心理辅导的基本队伍起到了积极的作用。除了教育行政部门、高等院校、科研机构组织的各种教师培训外，中国心理学会、中国心理卫生协会、中国社会心理学会、中国教育学会等一些国家级群众学术团体以及各省市相关群众学术团体也开展了大量的培训工作，为心理辅导师资队伍建设作出了较大贡献。

(6) 编撰出版了一批学校心理辅导的读物。目前大、中、小学心理辅导的出版物，如专著、教材(包括教师用书、学生用书、家长用书)和科普读物层出不穷，其中质量较高、影响较大的当数一些重大研究课题组编写的理论专著、教材及参考书。例如，吴增强主编的《现代学校心理辅导丛书》(上海教育出版社)和《学校心理辅导活动指南》(高中、初中、小学学生和教师用书，上海科技教育出版社)，江海燕主编的《中小学心理健康教育丛书》(暨南大学出版社)，沃建中主编的《中小学生心理导向丛书》(科学出版社)。另外还有林崇德、郑日昌、刘华山、陈家麟等人撰写的学术专著，等等。这些专著和教材的发行量大，影响范围广，对推动学校心理辅导工作的普及起到了积极的作用。

2) 存在的问题[①]

(1) 观念陈旧落后，形式主义严重。时至今日，仍有不少学校校长、教师、家长对此重视不够，认识片面，坚持升学应试教育是根本，认为素质教育和心理健康教育乃一时形势需要，所以消极等待，简单应付。即便是名义上开展了一些活动(如开设了心理辅导课程)，建立了心理辅导室，举办了学生心理辅导讲座等，但由于忽视了教育者自身思想观念的转变和更新，缺乏正确的认识，最终也只能流于形式。而有些学校，为应付检查、评比或达标，甚至不惜弄虚作假，名不符实地开展一些心理辅导活动，形式主义极为严重。此种倾向是当前至今后影响我国学校心理辅导真正全面开展的最为消极的危害。

(2) 地区间差异大，整体水平偏低。当前，学校心理辅导工作在我国有些地区如上海、北京等已进行了近 20 年的研究与实践，积累了许多成功的经验，取得了很好的成效。但是就全国而言，发展极不平衡，差别很大。有相当多的地区对此还很陌生，连最基本的常识和观念也很少了解，违背心理健康教育的行为和事件常常发生。总体来看，大中城市、经济发达地区、东南沿海等地区重视程度高，普及面广，发展速度快。而小城镇、中西部经济不发达地区，特别是广大农村的中、小学，无论是重视程度、普及面还是发展水平都很不理想，二者差距十分显著，特别是占人口多数的农村中、小学几乎还是空白。这样，就全国来说，学校心理辅导工作的整体水平就显得偏低了。

(3) 师资队伍薄弱，专业人才匮乏。加强师资队伍建设，提高广大教师心理辅导的能力，是保障心理辅导正常顺利开展的重要条件和关键。当前这一问题突出表现在两个方面。其一，数量不够。在美国，学校心理辅导工作者与学生的比例是 1∶1500，相对而言，如果我国 5000 名学生需配备 1 名专业人员，以全国 2 亿中、小学生来计算至少也要有 4 万名从事学校心理辅

① 姚本先. 我国学校心理健康教育：现状、问题、展望[J]. 课程・教材・教法，2003(2)：43.

导工作的专业人才，而目前我国所有的心理学工作者总数也不超过这个数(大概只有 1/10)，况且也不都从事心理辅导工作。然而在美国每年毕业的心理辅导学硕士就达 96 030 人，博士达 9071 人。相比之下，国内外的数量的悬殊过于显著。其二，质量不高。据调查，当前从事学校心理辅导工作的教师大多数是半路出家，有团队干部、班主任、校医、政治课教师等，对心理学知识尤其是心理辅导的基本知识缺乏必要了解和掌握，因此这项工作的科学性和严肃性受到了损害，使得学校心理辅导的质量难以很快提高，极个别教师甚至误导了这项工作的发展方向。

(4) 理论水平较低，指导实践不力。目前，学校心理辅导在我国当数起步阶段，是个新生事物，所以在实际开展活动中，特别需要理论的支持和指导。我国学校心理辅导研究面临多方面的研究困境。在理论性研究方面表现为有特色的研究少，高水平的研究少，系列化的研究少，争鸣类的研究少，发展层面的研究少，服务性的研究少等；在实践性研究方面表现为研究对象不具代表性，研究结果不具公正性，分析不具准确性，研究变量失控性，数据统计随意性等。除此之外，理论研究和教育实践脱节，最终必然导致对学校心理辅导活动缺乏有效指导，从而使学校心理辅导的科学研究因脱离实际而毫无价值，使学校心理辅导实践活动因缺乏科学指导而盲目运转。总体上，学校心理辅导的科学研究水准不高，低水平的简单重复现象严重，缺乏系统的学校心理辅导理论体系。例如，有关学校心理健康辅导的出版物是近年来教育心理类最为热门的图书，但除前文所述的几种，绝大多数质量低劣、粗制滥造。作者队伍更是五花八门，甚至有相当数量的作者缺乏最一般的心理学修养，这正是理论水平不高的表现。如此苍白脆弱的理论，不可能有力地指导实践。

(5) 操作缺乏规范，显现消极倾向。由于从业人员的专业化水平较低，特别是缺乏相应行为规范的约束和指导，在实际教育过程中失控现象时常发生，并造成了一些极为负面的影响，如滥用测验量表或其他测验手段，随意解释测验结果，缺乏对测验结果及学生心理问题的保密意识等。还有，未经加工处理和改造，直接将西方的有关心理咨询与辅导的原理、方法、技术和手段等照搬到文化背景截然不同的我国学校教育活动中，显然是弊大于利。另外，由于多方面的原因，当前学校心理辅导活动出现了一些消极的发展倾向，如重少数轻全体的个别化倾向，重治疗轻发展的医学化倾向，重教学轻活动的灌输化倾向，重德育轻心育的片面教化倾向等，这些显现和潜在的消极倾向，已经给我国学校心理辅导带来不同程度的不利影响。

三、学校心理辅导的发展趋势

(一) 欧美国家学校心理辅导的发展趋势

随着学校心理辅导学科的发展和学校心理健康教育的进步，欧美学校心理辅导的发展表现出以下几个趋势。

1. 学校心理辅导工作者资格认定的职业化、高学历化

在学校心理辅导工作的专业标准方面，欧美国家有测验活动的专业标准、职业道德伦理标准、学校心理干预活动的专业标准等。欧美国家的学校心理辅导工作者，必须拥有执照或资格证书才能正式参加学校心理辅导工作，职业资格要求成为一种必然趋势。

同时，对申请资格的工作者的高学历化取向也不断提升。大部分欧美国家要求专业硕士学

位是领取执照或资格证书的最低要求，一项调查显示，欧美国家正在接受学校心理健康教育专业培训的本科、硕士、博士水平的人数比约为5∶42∶53。

2. 学校心理辅导工作者培养的专业化、实践化与研究化

在学校心理辅导工作者培养方面，欧美国家十分注重辅导人员的专业化。培训课程一般由3个部分组成：学科性的心理学课程、测验性课程和干预性课程。训练内容一般涉及：掌握心理学核心知识，发展专业决策能力，掌握研究与设计技能，加强人际交流技能，了解伦理知识和建立职业价值观等。培养目标由过去的咨询者、干预者转变为现在的专业系统咨询师。

在培养过程中，逐渐把受训者的实习或见习作为一个重要环节。或让实践者直接进入现场情境中工作，或在专家的督导下完成见习，虽然各个国家没有统一标准，但一般至少在一年以上，这样可以使受训者在获得资格后便可以直接进入学校工作。

此外，学校心理辅导工作者培养的研究化取向也逐渐成为一种新趋势，如在培训期间要求其完成课题研究、论文写作等。在实践工作中进行评价、发展新模式和技术内容、反思自己的经验等均需要学校心理辅导工作者具备一定的科研能力。因此，在培训工作中，注重工作者在学校心理辅导中的创造性、研究性，也成为欧美国家培训的重点。

3. 学校心理辅导的综合化、多样化与整合化

学校心理辅导传统的任务是对“问题”学生进行测验，然后把他们“归类”到不同的特殊教育班。而当今欧美学校心理辅导工作的具体任务，则主要包括咨询、评价、干预、预防、教学指导、研究与策划和健康服务等。其内容涉及：在课业、社会生活等方面个人问题的咨询，就业指导及跟踪性服务，信息服务，建立档案，磋商服务，治疗心理疾病和矫正不良行为习惯等。学校心理辅导内容的综合化取向不断增强，从关注青少年的认知、情感到把他们作为一个“完整的人”来进行教育，通过探索和发现他们的潜力，来促进其健康成长。

此外，欧美学校心理辅导的途径日趋多样化、整合化。学校心理辅导途径由最初所依赖的医学模式逐渐向多样化发展，如缓解危机、援助突发事件等形式的直接服务指导，间接利用学校和社会等途径。当前欧美学校心理辅导的途径又出现了一种形式，即集体的合作。这种集体合作表现为学校和社会人员的合作及专家的集体合作。

4. 学校心理辅导的全球化与本土化

随着各国学校心理辅导实践的发展，国际性的专业组织也不断成立，如1982年国际学校心理学协会(ISPA)建立。欧美国家在学校心理辅导的专业标准、学校心理辅导工作者的定义等方面正逐步走向统一，各国学校心理辅导工作者定期进行学术交流和参观访问，这种全球化趋势使欧美国家的学校心理辅导工作相互借鉴、相得益彰。

但是，学校心理辅导一定程度上又受到一个国家的历史、文化、教育和经济的影响，欧美国家在具体的学校心理辅导实践发展中又形成了各自的特色，本土化趋势也日益凸显。

(二) 我国学校心理辅导的发展趋势

1. 学校心理辅导将会纳入教育机制，使之更加制度化、系统化与规范化

现代社会的发展对人才的要求，使学生、家长、学校越来越重视学生的心理素质，教育改革也将促使教育行政部门不断采取措施以推进心理辅导的发展。学校心理辅导将渗透到教育

观、学生观和人才观之中，成为学校教育的内在要求，同时也将成为每一个学生追求身心和谐、健康发展的内在需要。最终国家会将心理辅导纳入教育机制，使心理辅导全面渗透到学校教育的全过程和各方面，成为学校整体工作的有机组成部分，心理辅导会更加制度化、系统化与规范化。

2. 随着教育观念的更新，学校心理辅导将获得广泛而普遍的发展

随着教育观念的更新、文明程度的提高、教育的发展以及生活水平的改善，学校心理辅导将会获得更广泛而普遍的发展。一些成功的实践经验将迅速转化为大面积的实践，使心理辅导遍及全国各中、小学，贯穿教育的全过程，特别是要普及推广到一般学校、小城镇和中西部地区以及广大的农村地区。另外，心理辅导也将由大、中、小学领域延伸至学前教育领域。服务对象也将从学校逐步推广到社会，由对学生的心理辅导扩展到对广大教师、家长及监护人等的心理辅导，使学校心理辅导得到全面实施和普遍发展。

3. 学校心理辅导教师培训体系的形成，使从业者的专业化水平不断提高

学校心理辅导是一项专业性很强的工作，对从业人员的专业要求很高，只有经过专业培养和专门训练的人才能胜任。所以，建立一支训练有素、数量充足的师资队伍，对保障心理辅导工作的科学性和规范性极为重要。在未来的工作中，将延长和增加教育者的专业训练时间和频次，使继续教育更加经常化和制度化，国家将制定执教与从业人员的专业标准，逐渐实行资格考核，推行资格证书制度，确保从业人员的专业水准和服务质量。根据我国的实际情况，可以在有心理学力量的高校设置学校心理辅导专业，建立博士、硕士、本科和短期在职培训四级网络培训结构。另外，在一般师范院校普遍开设心理辅导课程，制定合理的课程，既可为毕业生拓宽就业渠道，也可建造一支社会、学校全方位的心理辅导兼、专职师资队伍，提高从业人员的专业化水平。

4. 新的科学技术不断引入，学校心理辅导的技术将日益科技化

当今社会科学技术突飞猛进，特别是信息科学、神经科学和心理科学的发展，为未来学校心理辅导工作的现代化提供了保证。电脑技术广泛应用于辅导领域。学生的心理测量、心理档案的建立及管理可以直接在计算机上完成，不再需要人工处理。计算机可以给学生提供更多的信息，以增加心理辅导的广泛性和适应性。全国甚至更大范围的学校心理辅导网络系统可以互通信息、资源共享，以便对从业者进行大规模专业训练。学校心理咨询与辅导的专家系统、模拟系统将会大量涌现，学生可根据自己的情况和需要直接寻求某些专家的援助和指导。此外，随着新的科学技术不断引入，辅导技术也日益多样化。总之，方便、快捷、丰富的现代化技术手段，将使学校心理辅导获得更大、更快发展。

5. 建立中国化的心理辅导理论体系，学校心理辅导本土化特色将更加显著

在当前西方心理学占据世界心理学主流的情况下，心理学的中国化或本土化，不仅仅是一种研究的社会文化取向问题，更是中国心理学未来的发展方向问题。学校心理辅导的理论、技术、方法，也要适合本国、本民族、本地区的具体情况，要更能反映适合自己国家和民族及民众的心理特征，并推陈出新，形成自己的风格，建立有中国特色的理论体系。未来，学校心理辅导的发展将更适合国情，更能体现中华文化的特点，更符合中国的需要，更注重实际教育效果，更能将国外先进的理论和中国教育及学生的身心发展特点相结合，从而使具有我国特色的学校心理辅导得到长足进步和持续发展。

6. 建立校内外辅导一体化网络，将形成学校、家庭与社区联合辅导模式

未来学校心理辅导的范畴将由学校领域延伸至家庭与社区，充分发挥学校、家庭和社区的合力，建立联合辅导模式。在校内通过建立辅导主任、辅导专业人员、一般辅导教师、学生干部的辅导网络，使学校辅导工作落到实处；在校外要建立家庭成员、社区辅导员、派出所、居委会的辅导网络。要求辅导人员要密切与家长保持联系，经常对青少年的成长过程中的一些问题进行磋商，并与校外支援单位及相关人员合作，如心理卫生中心、管区警察、少年警察队以及其他社区热心人士，共同为学生提供辅导服务，实现校内、校外网络逐步一体化。

第三节　中学生的心理辅导

中学阶段可分为初中阶段和高中阶段，约从 11、12 岁开始到 17、18 岁结束。这一时期也可以划分为少年期(11、12 岁到 14、15 岁)和青年期(14、15 岁至 17、18 岁)。这一阶段在人的一生中，无论生理还是心理上，都是一个急剧变化的关键时期。这一时期既是个体接触社会、认识社会、逐渐形成自己的人生观和价值观的初始时期，又是一个青春萌动的特殊时期。长期以来，关注中学生成长的热点大多集中在学业成绩及升学就业等问题上，而与每个学生发展息息相关的心理健康教育问题则相对被忽视，面对时下中学生层出不穷的心理问题，开展中学生心理辅导工作的意义尤为重要。

一、中学生的心理发展特点

心理发展是指个体从出生、成熟、衰老直到死亡的整个生命进程中所发生的一系列心理变化。中学生心理发展特点具体如下。

(一) 生理变化对心理活动的影响

随着青春期的到来，青少年在生理上出现了急剧的变化，这必然给他们的心理活动带来巨大影响。这种影响主要来自两方面：首先，由于青少年身体外形的变化，使他们产生了成人感，在心理上他们也希望尽快进入成人世界，希望尽快摆脱童年的一切，寻找到一种全新的行为准则，扮演一个全新的社会角色，获得一种全新的社会评价，重新体会人生的意义。但是，就在这种新的追求中，他们会产生种种困惑。其次，由于性的成熟，青少年对异性产生了好奇和兴趣，萌发了与性相联系的一些新的情绪体验，滋生了对性的渴望，但又不能公开表现这种愿望和情绪。因此，他们常会感受到一种强烈的冲击和压抑。

(二) 心理上成熟性与幼稚性的矛盾

青春期少年的心理活动往往处于矛盾状态，其心理水平呈现半成熟、半幼稚性。其成熟性主要表现为他们产生了对成熟的强烈追求和感受，这来自于身体的快速发育及性的成熟。在这种感受的作用下，他们在对人、对事的态度，情绪情感的表达方式以及行为的内容和方向等方面都发生了明显的变化，同时也渴望社会、学校和家长能给予他们成人式的信任和尊重。其幼稚性主要表现在认知能力、思维方式、人格特点及社会经验上。青少年的思维虽然已经是以抽象逻辑思维为主要形式，但水平还较低，处于经验型向理论型过渡的时期。由于辩证思维刚刚开始萌发，所以他们在思维方法上仍带有很大的片面性及表面性。在人格特点上还缺乏成人那种深刻而稳定的情绪体验，缺乏承受压力、克服困难的意志力，社会经验也十分欠缺。由于中学生心理上的成熟性及幼稚性并存，所以表现出种种心理冲突和矛盾，具有明显的不平衡性。

1. 反抗性与依赖性

由于青春期少年产生了一种强烈的成人感，进而产生了强烈的独立意识。他们对一切都不愿顺从，不愿听取父母、教师及其他成人的意见。在生活中，他们从穿衣戴帽到对人对事的看法，都经常处于一种与成人相抵触的情绪状态中。

但是，他们内心并没有完全摆脱对父母的依赖，只是依赖的方式较过去有所变化。童年期，对父母的依赖更多的是在情感和生活上；青春期，对父母的依赖则表现为希望从父母那里得到精神上的理解、支持和保护。

2. 闭锁性与开放性

进入青春期的青少年渐渐将自己内心封闭起来。他们的心理生活丰富了，但表露于外的东西却减少了，加之对外界的不信任和不满意，又加重了这种闭锁的程度。

但与此同时，他们又感到非常孤独和寂寞，希望能有人来关心和理解他们。他们不断寻找朋友，一旦找到，就会推心置腹、毫无保留。因此，青春期少年在表现出闭锁的同时，又表现出很明显的开放性。

3. 勇敢与怯懦

在某些情况下，青春期的少年似乎能表现出强烈的勇敢精神，但这时的勇敢带有莽撞和冒失的成分，具有初生牛犊不怕虎的特点。这是因为：首先，他们在思想上很少受条条框框的限制和束缚，在主观意识中没有过多顾虑，常能果断地采取某些行动；其次，由于他们在认识能力上的局限性，使其经常不能立刻辨析出某一危险情景。

但在某些情况下，这些少年又常常表现得比较怯懦。例如，他们在公众场合羞羞答答，不够坦诚和从容，未说话先脸红的情况在少男少女中也是常见的。这种行为上的局促是与他们缺少生活经验以及这个年龄阶段所特有的心理状态分不开的。

4. 高傲与自卑

由于青春期的少年尚不能确切地评价和认识自己的智力潜能和性格特征，很难对自己做出一个全面而恰当的评价，而是凭借一时的感觉对自己轻下结论，这样就导致他们对自己的自信程度把握不当。几次甚至一次偶然的成功，就可使他们认为自己是一个非常优秀的人才而沾沾自喜；几次偶然的失利，就可使他们认为自己无能透顶而极度自卑。在青春期的同一个体身上，这两种情绪往往交替出现。

5. 否定童年与眷恋童年

进入青春期的少年，随着身体的发育成熟，成人意识越发明显。他们认为自己的一切行为都应该与幼小儿童的表现区分开来，力图从各个方面对自己的童年加以否定，从兴趣爱好到人际交往方式，再到对问题的看法，他们都想抹掉过去的痕迹，期望以一种全新的姿态出现于生活的各个方面。

但在否定童年的同时，这些少年的内心中又留有几分对自己童年的眷恋。他们留恋童年时那种无忧无虑的心态，留恋童年那种简单明了的行为方式及宣泄情绪的方式，尤其当他们在各种新的生活和学习任务面前感到惶惑的时候，特别希望仍能像小时候一样，得到父母的关照。

二、中学生心理辅导的含义与意义

(一) 中学生心理辅导的含义

中学生心理辅导是以全体中学生为对象，以促进健康成长、增强学业能力、激发自我潜能、培养健全人格为主要目标，综合运用心理教育和心理咨询等理论与方法，对中学生的心理发展和心理问题进行帮助与指导的教育活动。为进一步加深对中学生心理辅导内涵的理解，还需明确以下几点。

(1) 辅导对象为全体中学生。因为中学生心理辅导的目标是促进健康成长、增强学业能力、激发自我潜能、培养健全人格，所以中学生心理辅导的对象与心理咨询、心理治疗不同，它不是仅限于少数有心理障碍或心理疾病的中学生群体，而是面向全体中学生。它的职责在于帮助全体学生认识和应对中学阶段可能遇到的各种心理问题，指导他们顺利完成中学阶段的各种发展任务。

(2) 以发展性和预防性辅导为主，治疗性为辅。中学生辅导的内容强调有助于中学生心理健康发展和有助于预防中学生心理问题的产生。因此，中学生心理辅导侧重根据学生身心发展特点和面临的实际问题对学生的心理品质培养及潜能开发进行主动、超前的指导，使其心理健康向更高水平发展。

(3) 与学校教育协同进行。中学生心理辅导是学校教育的组成部分，与学校的办学目标与培养目标是一致的。中学生心理辅导要想发挥其应有的作用，必须与学校教育的其他组成部分有机结合、协调一致。这种协同表现在：①中学生心理辅导应贯穿学校教育的各个方面和整个教育过程中；②中学生心理辅导除了与中学生德育及青春期教育等相关教育内容有机结合外，还要针对中学生在发展过程中容易出现的各种心理问题开展专门的教育活动，如专题讲座、心理辅导课、团队活动等，使中学生掌握心理保健、心理调适的相关知识与方法；③中学生心理辅导要通过建立家庭与学校沟通渠道，引导家长树立正确的教育观念，使他们学会用良好的行为和正确的教育方式影响及教育子女；④中学生心理辅导要为班主任和学科教师提供正确的教育支持，要对有心理问题的学生提供耐心、细致、科学的心理辅导，帮助学生解决各种心理问题。

(二) 中学生心理辅导的意义

1. 中学生心理辅导是促进学生身心健康发展的有力保障

当代中学生是跨世纪的一代，大多属于独生子女，正处在身心发展的关键时期。随着社会的发展、竞争压力的加剧、社会阅历的丰富及思维方式的变化，他们在成长的过程中，在学习、生活和人际交往等方面，都可能会遇到各种各样的问题，尤其是当代中学生成长的生态环境和社会环境日渐复杂，外界环境给他们提供的不良的诱惑愈来愈多，致使他们的身心发展受到外界不良因素的影响也越来越大。因此，当代中学生的心理健康问题较以前则显得更加突出和显著。

许多调查和研究表明，当前我国中学生的心理现状令人担忧，心理问题不容忽视。例如，1994 年，广州市对 1000 名青少年进行的调查显示，有心理行为问题的占 53.2%。1997—1998 年，中科院心理研究所对北京、河南、重庆、浙江、新疆 5 个不同地区抽样选取 16 472 名中小学生进行调查，结果表明：初中生有异常心理问题倾向的占 14.2%，有严重心理行为问题的占 2.9%；高中生有异常心理问题倾向的占 14.8%，有严重心理行为问题的占 2.5%[①]。

不良的心理健康状况不仅损害中学生的身心健康，而且严重影响了他们的学习成绩、品德发展和社会适应。因心理问题而导致的各种问题，如学习焦虑、厌学、离家出走，甚至自杀、犯罪等，给社会、学校、家庭及个人带来严重的不良后果。因此，开展中学生心理辅导，可以预防、减少中学生心理问题的产生，并帮助解决其在成长中遇到的各种烦恼与困惑，促进其身心的健康发展。

知识链接1-1

中国儿童青少年心理健康问题的现状[②]

每年的 10 月 10 日是世界精神卫生日。在这一天，各国政府的卫生部门向大众宣传精神卫生科普知识，以唤起人们对精神卫生的重视，改变人们对精神疾病及精神疾病患者的歧视与偏见，促进人们积极地追求精神健康，并向精神疾病患者伸出关爱与援助之手。

在我国，2004 年的主题为“关注儿童、青少年精神健康——快乐心情，健康行为”。之所以取此主题，是因为据世界卫生组织的估计，儿童精神障碍会成为最主要的 5 个致病、致死和致残原因之一。而我国儿童、青少年的精神卫生状况也确实令人担忧：在 17 岁以下的儿童、青少年中，至少有 3000 万人受到各种情绪障碍和行为问题的困扰；如果再加上 35 岁以下的青年人，这个数字将更加触目惊心。具体来说，中、小学生精神障碍患病率为 21.6%～32.0%，突出表现为人际关系、情绪稳定性和学习适应方面的问题。常见的以注意力分散、多动冲动为特征的儿童注意缺陷多动障碍(俗称多动症)的患病率为(5.07 ± 1.07)%，据估计有 30%会发展为成人注意缺陷多动障碍，并且成年早期的犯罪、酒瘾、吸毒、反社会性人格障碍率是普通人群的 5～10 倍；以不服从指挥、向规则挑战和对他人抱有敌意为特征的对立违抗性障碍的患病率为 8%。在大学生中，16.0%～25.4%有心理障碍，以焦虑不安、恐怖、神经衰弱、强迫症状和抑郁情绪为主。近两年来，在校学生网络成瘾成为人们关注的问题，6.4%大学生有网络成瘾的情况。根据北京大学精神卫生研究所对北京 16 所大学学生 10 年中辍学原因的分析，1982 年以前主要为传染性疾病，而 1982 年以后则为精神障碍。并且，精神障碍有上升的趋势。北京大学精神卫生研究所的研究表明：北京地区儿童行为问题患病率 1984 年为 8.3%，1993 年为 10.9%；1998 年，全国 12 个城市的儿童行为问题患病率为 13.4%；2002 年，北京中关村地区部分重点小学儿童行为问题患病率为 18.2%，并且主要以焦虑、抑郁等行为为主。

① 伍新春. 中学生心理辅导[M]. 北京：高等教育出版社，2010：28.
② 乔建中. 中学生心理辅导[M]. 北京：北京师范大学出版集团，2013：4-48.

📖 知识链接1-2

中学生常见的心理健康问题①

中学生常见的心理健康问题包括两部分：中学生发展性心理问题和中学生障碍性心理问题。

一、中学生发展性心理问题

1. 自我概念发展问题

青春期是自我意识发展的第二个飞跃期，初中生在日常生活中常常将很多心智用于内省，自我意识高涨，使其人格出现了暂时的不平衡性，而高中生的自我意识中的独立意向日趋强烈。

由于他们的生理、心理均处于急剧变化时期，思维的成熟度不足，突然高涨的自我意识使他们的言行可能出现一些问题，如比较强烈的主观偏执性。他们总认为自己是正确的，听不进别人的意见；觉得他人时刻都在对其进行品评；担心自己在他人心中的形象；感到别人似乎总是用尖刻挑剔的态度对待自己。因此，当听到别人在低声讲话，便怀疑是在议论自己；当别人面露微笑时，又认为是在嘲笑自己。这样的纠结想法使初中生感到压抑、孤独而且神经过敏。

2. 人际交往问题

人际交往也称为人际沟通，指个体通过一定的语言、文字或肢体动作、表情等表达手段将某种信息传递给其他个体的过程。正常的人际交往和良好的人际关系是中学生心理正常发展、个性保持健康和生活具有幸福感的必要前提。中学阶段出现的人际交往问题主要包括以下几个方面。

1) 亲子关系方面

人们形成的第一个人际关系就是亲子关系，这种人际关系对人的影响非常大。中学生强烈的“成人感”要求父母尊重他们，改变以前那种不独立、不平等和依附的地位，要求在平等的基础上建立新型的亲子关系。这时，如果父母仍像对待儿童那样给予过多照顾，提出过细要求，往往会引起他们强烈的反抗情绪，甚至导致冲突，造成对立，产生疏远，给教育带来难度。在亲子交往中缺乏沟通和相互理解，会造成学生与父母之间关系紧张，相处得不愉快，甚至会出现家庭暴力、学生离家出走以致走上犯罪道路等严重后果。

2) 师生关系方面

师生关系是教育过程中人与人之间关系中最基本、最重要的人际关系，是教师和学生在教育活动中通过相互交往互动形成的、对教育效果具有重要影响的特殊的人际关系。

学生认为在学校中以学习为中心，与教师缺乏情感的沟通，师生间有陌生感，相当多的学生认为教师可敬但不可亲。中学生认为与教师交往中最大的障碍是缺乏相互的理解，沟通不畅。

3) 同伴关系方面

同伴关系主要是指同龄人之间或心理发展水平相当的个体在交往过程中建立和发展起来的一种人际关系。有75%～85%的同学明显倾向于和同龄人交朋友，这种倾向基本反映出他们对平等关系的向往，他们愿意对“志同道合”的知心朋友倾吐心声。对于那些“非志同道合”的同伴则存在动力性不足，亲密性和信任度不高，缺乏真诚的沟通等问题。

① 中公教育教师资格考试研究院. 教育知识与能力[M]. 北京：世界图书出版公司，2012：216-217.

4) 异性交往方面

随着年龄的增长，中学生身心迅速发展，性不断成熟，异性吸引逐渐强烈。正常的异性交往有利于成长，有利于智力上的取长补短，有利于情感上互相交流，有利于个性上互相丰富，有利于妥善处理人际关系。但在具体与异性交往的实践中，部分中学生缺乏相应的性知识和与异性交往的经验，不能掌握处理异性关系的技能技巧。部分中学生把握不好交往的尺度，出现异性交往过频、过深的情况。

3. 学业发展问题

1) 学习动力问题

中学生存在较多的学业问题是学习动力不足，即厌学问题，对学习毫无兴趣，视学习为负担，把学习作为一件痛苦的事情，不能从事正常的学习活动。厌学的心理主要表现如下。

(1) 缺乏内部学习动力。这种现象在中学生中相当普遍。他们认为学习是为父母、为家人而学。

(2) 体会不到学习的乐趣。他们感到学习是一件苦差事，一提到学习就觉得痛苦，觉得学习是一件毫无乐趣可言的事情。

(3) 逃避学习。厌学行为表现为上课不认真听讲、不愿花时间写作业、不愿意参加考试，严重厌学的学生经常逃学，甚至为躲避学习离家、辍学等。

2) 学习能力问题

学生学习能力问题主要表现在以下几个方面。

(1) 学习计划性差。学习计划是实现学习目标的保证，但有些学生对自己的学习毫无计划，整天忙于被动应付作业和考试，缺乏主动的安排。

(2) 缺乏有效的时间管理策略。有的学生虽然忙忙碌碌，经常加班加点，但忙不到点子上，实际效果不佳。有的学生不善于挤时间，他们经常抱怨每天上课、回家、吃饭、做作业、睡觉，没有多余时间供自己安排，还有的学生平时松松垮垮，临到考试手忙脚乱。这些都是不会科学利用时间的表现。

(3) 呈现出无意义学习状态。学习中不求理解，不讲究记忆方法和技巧，是效率最低形式的学习。

二、中学生障碍性心理问题

中学生障碍性心理问题主要包括抑郁症、恐惧症、焦虑症。详细阐述见本书第五章中学生的情绪管理，此处不再赘述。

2. 中学生心理辅导是推进素质教育的必然要求

1993 年 2 月 13 日，中共中央、国务院发布的《中国教育改革和发展纲要》中明确指出：“中小学要从‘应试教育’转向全面提高国民素质的轨道。”1999 年，国务院批转教育部制订的《面向 21 世纪教育振兴行动计划》，明确提出了“跨世纪素质教育工程”。这些观点都强调了教育的根本目的是全面提高学生的素质。而良好的心理素质是素质教育结构中的重要组成部分。中学时期是实施素质教育的关键阶段，这个阶段不仅是个体身心发展最为迅速的时期，而且是个体人格和心理素质形成的关键阶段。在此阶段开展心理辅导，能够有效促进学生良好心理素质和优秀人格特征的形成和发展，为实施素质教育奠定坚实的基础，从而推进学校全面素质教育的开展。

3. 中学生心理辅导是加速社会精神文明建设的重要动力

中学生心理健康是通过反映其思想、道德的行为，潜移默化地对社会精神文明建设的效果产生影响的。学校心理卫生学的理论研究与青少年违法犯罪的事实表明，青少年的心理问题不仅对本人和家庭造成不良影响，还会威胁社会的和谐与安定。因为心理问题会导致青少年发生种种越轨行为，甚至诱发违法犯罪，从而影响社会主义精神文明建设。因此，加强学校心理辅导，促进青少年心理健康水平的提高，不仅对个人和家庭具有重要意义，还能推动社会和谐进步发展，促进社会主义精神文明建设。

三、中学生心理辅导的目标与内容

(一) 中学生心理辅导的目标

《中小学心理健康教育指导纲要》中指出，心理健康教育的总目标是：提高全体学生的心理素质，充分开发他们的潜能，培养学生乐观、向上的心理品质，促进学生人格的健康发展。其具体目标是：使学生不断正确认识自我，增强调控自我、承受挫折、适应环境的能力；培养学生健全的人格和良好的个性品质；对少数有心理困惑或心理障碍的学生，给予科学、有效的心理咨询和辅导，使他们尽快摆脱障碍，调节自我，提高心理健康水平，增强自我教育能力。

(二) 中学生心理辅导的内容

1. 形成正确的自我意识

形成正确的自我意识具体包括：悦纳自己的生理变化，促进身心的协调发展；了解青春期心理卫生常识，学会克服青春期的烦恼，调控好自己的心理冲动；理解情绪的多样性，学会调控情绪，保持快乐心境；正确面对挫折和逆境，寻找有效的应对方法，养成勇于克服困难和开拓进取的优良品质；有意锻炼自己的个性心理品质，磨砺意志，陶冶情操，养成良好的学习、劳动习惯，形成正确的生活态度；能够客观认识、评价自己的优点和不足，形成正确的自我定位。

身边故事1-1

谁还愿意通过这座小木桥

一位心理学家让10个人穿过一间黑暗的房子，在他的引导下，这10个人皆成功地穿了过去。然后，心理学家打开房内的一盏灯。在昏暗的灯光下，这些人看清了房子内的一切，都惊出一身冷汗。原来房子的地面是一个大水池，水池里有十几条大鳄鱼，水池上方搭着一座窄窄的小木桥，刚才他们就是从这座小木桥上走过去的。心理学家问：“现在，你们当中还有谁愿意再次穿过这间房子呢？”没有人回答。过了很久，有3个胆大的人站了出来。其中一个小心翼翼地走了过去，速度比第一次慢了许多；另一个颤颤巍巍地踏上小木桥，走到一半时，竟只能趴在小桥上爬了过去；第三个刚走几步就一下子趴下了，再也不敢向前移动半步。心理学家又打开房内的另外9盏灯，灯光把房里照得如同白昼。这时，人们看见小木桥下方装有一张安全网，由于网线颜色极浅，他们刚才根本没有看见。“现在，谁愿意通过这座小木桥呢？”心理学家问道。这次又有5个人站了出来。“你们为什么不愿意呢？”心理学家问剩下的两个人。“这张安全网牢固吗？”两个人异口同声地反问[①]。

很多时候成功就像通过这座小木桥一样，失败恐怕不是力量薄弱、智力低下，而是周围环境的威慑——面对险境，很多人早就失去了平静的心态，慌了手脚，乱了方寸。因此，引导学生正确认识自我，培养良好的心态，是学校心理辅导不可或缺的重要内容。

2. 增强社会交往能力

增强社会交往能力具体包括：学会与父母平等沟通，正确认识父母对自己的关爱和教育，以及可能产生的矛盾，克服“逆反”心理；了解青春期闭锁心理现象及危害，与同学、朋友积极交往，养成热情、开朗的性格；正确认识与异性同学之间的交往，学会用恰当的方式与异性交往；理解教师工作的特点，积极与教师进行有效的沟通，正确对待教师的表扬与批评，增进与教师的感情；知道礼貌是文明交往的必要前提，掌握基本的交往礼仪与技巧，养成文明礼貌的行为习惯；理解竞争与合作的关系，能正确对待社会生活中的合作与竞争，养成团结合作、乐于助人的品质。

3. 提高学生的学业能力

提高学生的学业能力具体包括：全面认识学习的意义，树立正确的学习观念；形成认真、踏实、积极的学习态度，养成主动、勤奋、独立的学习习惯；掌握有效学习的方法和技巧，形成适合自己的学习策略，不断提高学习效率；学会调整自己的学习状态，正确对待学习压力，克服考试焦虑，创设良好的学习心理环境；认识自己的能力与潜力，树立切实可行的学习目标和学习志向；创设“最近发展区”，激发学生潜能，不断提高学业能力。

4. 增强社会适应能力

增加社会适应能力具体包括：正确理解从众心理和好奇心，发展独立思考和自控能力，养成良好行为习惯，杜绝不良嗜好；培养正确的生涯观念，为升学和职业选择做好心理准备；正确认识生活中的困难和挫折，提高心理承受力，保持积极进取之心；正确认识个人、集体与国家的关系，自觉维护集体与国家的荣誉和利益；感受社会生活的发展变化，增进关心社会的兴趣和情感，养成亲社会行为；感受个人情感与民族文化和国家命运之间的联系，提高文化认同感。

知识链接1-3

心理健康的标准[②]

1. 智力正常

智力正常是衡量一个人心理健康的最重要的标志之一。正常的智力水平是人的最基本的心理条件。

① 姚本先. 学校心理健康教育新论[M]. 北京：高等教育出版社，2009：116.
② 中公教育教师资格考试研究院. 教育知识与能力[M]. 北京：世界图书出版公司，2012：191-192.

2. 情绪适中

人有喜怒哀乐不同的情绪体验，不愉快的情绪必须释放，否则，既影响自己的生活，又加剧了人际矛盾，于身心健康无益。

3. 意志品质健全

意志品质是衡量心理健康的主要标准，其中行动的自觉性、果断性、顽强性和反应适度是意志品质健全的重要标志。行动的自觉性是对自己的行动目的有正确的认识，能主动支配自己的行动，以达到预期的目标；行动的果断性是指善于明辨是非，适当而又当机立断地采取决定并执行决定；行动的顽强性是在做出决定、执行决定的过程中，具有克服困难、排除干扰、坚持不懈的奋斗精神；反应适度是指人的行为表现协调有度，主要表现为意识和行为一致，为人处世合情合理、灵活变通，在相同或相类似的情境下，行为反应符合情境。

4. 人格稳定协调

人格是指一个人的整个精神面貌，即具有一定倾向性的心理特征的总和。心理健康的人，能保持人格的完整与统一，思想与行为统一协调、表里如一；能真实体验一切存在的情绪或态度，而不是歪曲或掩饰，行为前后一致；对事物的认识不绝对化，能辩证地看待周围的事物。

5. 自我意识正确

自我意识正确包括了解自我与悦纳自我。心理健康的人，了解自己的优点和缺点，了解自己的能力、性格、爱好和情绪的特点，根据自己的特点确定的生活目标、自我期待切合实际。此外，心理健康的人还能以喜悦的心情接纳自我，总是努力发展自身的潜能，肯定自己；自己无法弥补的缺陷，能泰然处之，修正自我，完善自我。

6. 人际关系和谐

人际关系和谐是心理健康的重要标准，也是维持心理健康的重要条件之一。所谓人际关系和谐，包括以下两方面。

(1) 了解和理解他人。心理健康的人能客观地了解他人的认识和情感需要，了解他人的个性、兴趣和品质，善于发现并学习他人的优点，能够善意地指出他人的问题。

(2) 乐于接受他人与被他人所接受。心理健康的人喜欢他人，接纳他人，也容易得到他人的喜爱和欢迎。

7. 社会适应良好

心理健康的人，能与社会保持良好的接触，认识社会，了解社会，使自己的思想、信念、目标和行动跟上时代发展的步伐，与社会的进步与发展协调一致。当自己的思想行为与社会现实出现矛盾和冲突时，能及时调节、修正自己的计划和行动，并不逃避现实、悲观失望。

8. 心理特点符合年龄特征

人在生命发展的不同年龄阶段，都有相对应的不同的心理行为表现，从而形成不同年龄阶段独特的心理行为模式。心理健康的人应具有与同年龄段大多数人相符合的心理行为特征。

知识链接1-4

青少年心理健康的标准[①]

对于我国青少年来说，其心理健康的标准应在一般的心理健康标准的基础上反映出青少年个体心理发展的年龄特征，其心理健康判断标准的参照系应该是青少年的同龄人，舍此将失去标准的实际意义。

林崇德将中、小学心理健康概括为敬业、乐群和自我修养3个方面。

1. 学习方面的心理健康

时时处处表现出自己是学习活动的主人和积极的探索者；从学习中获得满足感，并从中增强对自己的信心，充分相信自己具有学习的能力；能合理使用大脑，顺应人脑兴奋和抑制的活动规律，注重一定的运动调节，能借助大脑获得智力与能力的更好发展；从小保持与现实环境的接触，幻想有一定的现实基础且在时间上比较短暂，不会妨碍其学习和人际交往；能摆脱消极情绪的困扰，进行合理的调节；会制订学习计划，独立思考，按时完成作业，经常复习、预习功课，长期坚持努力学习，逐渐形成良好的学习习惯。

2. 人际关系方面的心理健康

能了解彼此的权利和义务，既重视别人的要求，又能适当满足自己的需要，使人际关系健康发展；不会以表面印象来评价他人，不将自己的好恶强加于人，而是客观、公正地了解和评价他人；知道良好的人际关系只有在相互信任、尊重和关心中才能获得发展；不是虚伪地恭维别人，而是诚心诚意地称赞别人的优点，对于对方的缺点也不迁就，而是以合理的方式加以批评，并帮助其改正；对沟通采取积极主动的态度，在沟通中明确地表达自己的想法，并认真听取别人的意见，其沟通方式是直接的，而不是含糊其词，在积极的沟通中增进人与人之间的感情和友谊；能与人和谐相处，亲密合作，但不放弃自己的原则和人格。

3. 自我方面的心理健康

学会正确地评价自我，不为他人的议论所左右，能够一分为二地看问题，从而逐渐成为自信、自尊、自爱、自重的人；会把别人当成自己的一面镜子，能虚心地接受别人的评价，从中认识自我；能及时而正确地归因；不断扩展自己的生活范围，从中不断充实自我、超越自我，悦纳新的自我；善于根据自己的能力水平和目标的难易程度，把抱负定在既有一定的实现把握又有可能冒失败风险的层次，以此激发自己努力进取；善于为既定的目标克服困难，迫使自己去完成应当完成的任务，抑制自己的不良行为和冲动，遇见挫折不忧郁、不悲愤，镇定对待，分析根源，保持乐观态度。

四、中学生心理辅导的原则与途径

(一) 中学生心理辅导的原则

中学生心理辅导的原则是中学学校开展心理辅导工作所必须遵循的基本要求。遵循这些原

① 卢家楣. 青少年心理与辅导——理论与实践[M]. 上海：上海教育出版社：22-23.

则对做好中学生心理辅导工作具有重要意义。中学生心理辅导必须遵循的原则主要包括以下几点。

1. 教育性原则

教育性原则是指学校心理辅导工作者在进行心理辅导的过程中，始终要注重培养学生积极进取的精神，引导学生树立正确的人生观、价值观和世界观。

贯彻教育性原则要注意以下几点。

(1) 要以马克思主义辩证唯物论的思想和观点为指导，充分考虑中国的实际情况和中华民族的文化特色，有选择地借鉴西方关于学生心理辅导的理论方法和技术，不能照抄照搬。

(2) 要把心理问题的解决与道德品质的培养统一起来，使学生的心理素质和道德品质等相互影响、相互促进、协调发展。

(3) 要重视正面的启发教育，培养学生积极进取的生活态度和乐观向上的精神，帮助学生树立正确的人生观、世界观及远大的理想。

2. 整体性原则

整体性原则具有3层含义：①学校心理辅导要面向全校所有学生，针对多数学生的共同需要和普遍存在的问题来进行，学校心理辅导的基本立足点和最终目标是提高绝大多数乃至全体学生的心理健康水平和心理素质；②学校心理辅导要注重学生心理活动的完整性，强调心理过程与个性的协同发展，促进学生心理素质的整体发展与全面提高；③学校心理辅导的开展要注重对学生心理问题形成的原因及策略进行综合考察与分析，把客观条件和学生实际存在的问题及需要密切联系在一起，以提高心理辅导的实效性。

贯彻整体性原则要注意以下几点。

(1) 学校心理辅导人员要了解和把握学生的共同需要和普遍存在的心理问题。

(2) 树立学生全面发展的教育理念，教育活动要时刻关注学生人格整体的完整和身心素质的全面提高。

(3) 全面考虑影响学生心理健康的主客观因素，协同家庭、学校及社会三者的力量共同做好学生的心理辅导工作。

3. 主体性原则

主体性原则是指在学校心理辅导过程中要把学生当作认识和发展的主体，尊重学生的主体地位，充分调动学生的主动性、积极性，引导学生进行自我教育。

贯彻主体性原则要注意以下几点。

(1) 学校心理辅导应充分考虑学生的需要，围绕学生的实际问题来进行。教师所选择的事例、安排的活动，要符合学生发展需要和兴趣爱好，只有这样才能引起他们的注意和重视，心理辅导也才能唤起学生的兴趣，激发学生的主动性和积极性。

(2) 要注意启发学生的主动性和自觉性。在设计活动时，要注意突出学生的主体地位；在组织各种活动时，辅导人员不可包办替代，要尽量让学生自己当主角；在谈话时，要用商量、鼓励的语气与学生沟通，不可用命令、灌输的口吻。

(3) 辅导人员应竭尽全力地全面了解学生。充分了解每一个学生，是发挥其主体性的前提和出发点。

4. 尊重性原则

尊重性原则是针对学校心理辅导人员对学生的态度所提出的一项原则。尊重就是指尊重学生的人格、尊严与权利，把学生当作独立的个体，承认学生与学校心理辅导人员在人格上是平等的。尊重学生是实现师生交往的基础，也是彼此进行情感交流的最佳渠道。如果心理辅导人员只一味将学生当作教育的对象，特别容易引起他们的不满、反感甚至抵触情绪。

贯彻尊重性原则要注意以下几点。

(1) 要尊重学生的个人尊严，用平等、民主的态度对待每一个学生。

(2) 要关心、理解、接纳学生。

(3) 要对学生一视同仁，不管面对什么样的学生，教师都应虚怀若谷、坦诚相待，不能厚此薄彼。

5. 差异性原则

差异性原则是指学校心理辅导人员要关注和重视学生的个别差异，应根据学生的不同需要，开展形式多样、针对性强的心理辅导活动，以提高学生的心理健康水平。每个中学生都具有自己的兴趣和个性特点，拥有不同的社会背景、家庭环境、生活经验和价值观念，学校心理辅导要重视这些差异性和独特性，因材施“辅”，有的放矢，使每个学生的心理健康水平得以提高，最终促进全体学生心理素质的提高。

贯彻差异性原则要注意以下几点。

(1) 要了解学生的个别差异，如年龄、性别、学习、思想、心理等方面的差异。

(2) 要充分考虑学生的年龄特征和个性特征，对待不同的学生，灵活采用心理辅导的不同原理、方法、手段和技术。

(3) 要认真做好个案研究，资料积累，总结提炼，以提高个别教育的实效性。

6. 保密性原则

保密性原则是指学校心理辅导工作者在心理辅导过程中，有责任对来访学生的个人情况和谈话内容予以保密，尊重来访学生的名誉及隐私权等。保密性原则是鼓励学生畅所欲言和建立相互信任的心理基础，贯彻这一原则也是学校心理辅导工作者最基本的职业道德规范。

贯彻保密性原则要注意以下几点。

(1) 对来访学生的所有资料和信息绝对不能以任何形式予以公开，也不能随意供人查阅。

(2) 学校咨询与辅导机构必须设立健全的储存系统来确保来访学生档案的保密性，辅导人员不应当随便将记录档案带离咨询与辅导机构。但有时为了进行科学研究或保护来访学生及他人的利益，在避免来访学生利益受到损害的前提下，可以进行正当泄密。

实务训练1-1

心理老师的尴尬[①]

小莹，19岁，某中学高二女生。一天，小莹走进咨询室，在要求老师保密的前提下，诉说心中的秘密：初三第一学期时，小莹认识了大她5岁的刚大学毕业参加工作的张小鹏，经过一段时间接触，两人很快坠入爱河、山盟海誓，并多次偷吃了禁果。初中毕业后，小莹考进高中，

① 姚本先. 学校心理健康教育新论[M]. 北京：高等教育出版社，2009：104-105.

离开农村初中进入城镇高中，从此两人见面减少。

高二上学期某天，小莹得知小鹏与同事结婚已一个月。消息传来，犹如晴天霹雳，小莹万般痛苦，终日泪流满面，脸色憔悴，精神不振。经过一段时间的心理辅导，小莹的心情有所好转，精神痛苦基本解除，但还是不能专心学习，成绩明显下降。父母观察到小莹心情不好、身体瘦弱、成绩骤降和经常进入咨询室，非常焦急，其通过学校领导，采取要挟手段，要求心理老师说出小莹的秘密。

心理老师处于相当被动的两难局面：一方面，领导和家长要求了解实情和秘密；另一方面，如果将秘密透露出去，不但小莹学习、精神、声誉等将受到伤害，心病将加重，而且小鹏的新家庭可能会受到影响；更严重的是，小莹今后将无法面对生活和未来。

如果你是这位心理老师，你将如何做？

(二) 中学生心理辅导的途径

中学生健康心理形成的复杂性，决定了中学生心理辅导工作的开展不仅需要运用多种途径和形式，而且需要把这些途径与形式构成一个完整的心理辅导运行系统。中学生心理辅导的途径主要有以下几种。

1. 开设专门的心理辅导课

随着素质教育和课程改革的深入，在学校开设专门的心理辅导或心理健康教育课程，得到了教育界的普遍重视。专门的心理辅导课程是学校心理辅导体系中最核心的组成部分，是学校心理辅导工作最主要的工作内容。通过课程的形式向学生传授心理保健知识，训练学生的心理素质，陶冶学生的心理品质，从而达到全面提高学生的心理健康水平的目的。专门的心理辅导课程能够促进学生身心健康，通过经验为载体、以活动为中介，培养学生形成学习、生活、交往、社会适应与发展的良好技能。专门的心理辅导课程能够以学生发展为基本出发点，极大地调动学生学习的主动性和创造性。

就目前学校教育的实践来看，中学生心理辅导课程的具体实施途径主要有 3 种。

(1) 心理科普讲座。这种实施途径主要是通过班级授课的方式对中学生进行较为系统的心理健康知识的普及，并就中学生心理发展中的共性问题及其解决进行讲座式的专门指导。

(2) 团体心理辅导。针对中学生成长中普遍存在的共性心理问题，在以小组或班级为单位的团体情景下，采用预设目标、形式、内容、活动、情境的方式，为中学生提供有针对性的心理辅导。

(3) 心理活动课。以有目的、有计划、操作性强的活动为载体(如演讲、辩论、角色扮演、小组讨论、游戏、餐会等)，以实际生活中的心理发展和心理问题情境为参照，让中学生在活动中体验、领悟、交流、实践，以提高其心理健康水平。

2. 结合学科教学进行渗透

教育部《关于加强中小学心理健康教育的若干意见》中明确指出：“在学科教学、各项教育活动、班主任工作中，都应注重对学生心理健康的教育[①]。”这足以说明，学科教学渗透是学校心理辅导的重要途径。因为学校教育的所有工作都包含丰富的心理辅导和心理健康教育蕴

① 教育部. 关于加强中小学心理健康教育的若干意见[J]. 大众心理学，2000(4)：27-28.

意，加之学科教学又是学校教育的主要渠道，因此结合学科教学进行心理辅导的教育渗透，一直是中学生心理辅导的主要形式之一。结合学科教学进行心理辅导的教育渗透，是指教师在学科教学过程中，能够自觉有意识地运用心理学的理论和方法，在向学生传授相应学科知识与技能、发展他们智力与创造力的同时，对维护和促进学生心理健康、形成学生健全人格方面所采取的各种有效措施。

学科本身包含丰富的心理教育资源。语文课为学生认识世界、了解人生、体验情感，提供了色彩斑斓的空间；音乐课可以影响学生心理变化，促进认识提高，改善情绪状态，调整行为方式；美术课的线条与色彩，能够唤起学生不同的心理感受，对美术作品的鉴赏更能引发学生的审美心理体验；体育课能调控学生情绪，锻炼学生意志，提高学生适应能力。可见，各学科中都蕴含了丰富的心理健康教育内容。因此，学科教师要树立心理教育的意识，充分利用和挖掘自身学科的特点和优势，把心理辅导渗透到正常的学科教学中，使学生耳濡目染、潜移默化，在学习知识与技能的同时，提高心理素质。

此外还可在学科教学的过程中开展学校心理辅导工作。学科教学渗透主要是通过教学设计、课堂心理环境创设及课堂管理等教学过程进行的。教学设计包括目标、内容方法等的设计。教学设计上，课程的编制、教材内容的选择等方面，既要符合社会发展的要求，又要符合学生发展的年龄特征。在考虑知识传授的同时，还要注意发展学生的各种心理品质。另外，在课堂教学过程中，教师的教学观、学生观、师生关系、课堂心理氛围、课堂管理及教师对学生的表扬与批评等，都会对学生的心理发展和心理健康产生重要影响。这种潜在的心理教育资源甚至超过了学科课程本身的内容资源的影响。

3. 开展个别心理咨询与辅导

学生在学习和交往过程中，会碰到难以解决且不愿让一般人知道的心理问题或心理障碍。在学校建立专门的心理咨询室，通过配备专门的心理咨询与辅导人员，为存在心理问题或出现心理障碍的学生提供个别的心理咨询与辅导，这已经成为中学生心理辅导的普遍需要和发展趋势。

需要注意的是，心理咨询与辅导是一种职业化的助人行为，而不是一般的助人活动。心理咨询与辅导是运用心理学的原理与技术，从心理上为来访者提供帮助的活动，因此，咨询与辅导者必须是经过专业训练的职业人员。心理咨询是一种有目的、有意识的职业行为，是一个人性化、个人化和有内涵的过程，它重在通过专门的理论与方法，帮助学生分析内心的矛盾与冲突，探讨影响其情绪和行为的原因，协助他们自我改变。当然，学校心理咨询不可能解决学生的所有心理问题，它有自己特定的适用范围。

4. 建立家庭、学校及社区心理辅导的相互沟通渠道

建立家庭、学校、社区心理辅导的相互沟通渠道，优化家庭与社区教育环境是提高学生心理健康水平的重要途径。

家庭教育是教育的起点。了解学生心理问题的成因和对学生心理问题进行辅导、矫治计划的制订与落实，都离不开家长的大力支持与密切配合。科学研究和有关资料表明，学生的心理健康水平离不开家长的言传身教、家庭人际关系及家庭氛围的影响。心理问题比较明显的学生，往往与家长的行为与个性有直接关系，如果家长能够重视孩子良好心理素质的培养，就会自觉地创造有利的家庭环境，同时注意自身的言行举止，帮助孩子形成良好的心理品质。因此，家

庭教育已成为推进学校心理辅导工作的必然要求。

学校心理辅导工作不仅需要家庭和学校的密切配合，还需要社会各界的大力支持和鼎力协助。而与学生生活联系紧密的社区，是影响学生心理健康的主要社会因素之一。地理环境、生活服务设施、生活方式、生活制度、文化背景及管理机构，成为影响个体心理发展的重要因素。因此，相关的社区心理咨询与辅导活动的开展，会影响学校心理辅导工作的效果。

因此，学校应与家庭、社区积极配合，形成教育的合力，共同做好中学生的心理辅导工作。

案例导读解析

本章案例导读的事件并非特殊案例，如果在互联网上搜索一下“中学生自杀”，计算机立即显示出几十万条相关信息。据卫生部近期公布的调查结果，15 岁到 34 岁人群死亡的第一原因不是医学上束手无策的什么疑难病症，而是自杀，并且自杀者年龄也越来越低龄化。

中学阶段是人生中的一个急剧变化的关键时期。从生理上说，他们正处于青春发育期；从心理来说，他们处于尚未成熟的成长期。由于他们身心发展的不平衡，再加上当今社会正处在转型期，激烈的竞争和传播媒介的影响，特别是学校过于强调升学率，导致家长和学校只重视对学生的知识传授和智力因素的培养，而忽视了学生心理因素的发展。现在的中学生大多是独生子女，父母望子成龙、盼女成凤心切，子女的升学、分数成为父母心理平衡的补品，不能客观实际地给孩子制定目标。这些因素的影响，使中学生们面临着极大的心理压力，因而会造成其人格的缺陷和心理的扭曲。当这些心理压力突破心理承受能力的极限时，其就可能做出意想不到的事情，甚至选择自杀行为。

小结

大力开展中学生心理辅导工作、加强心理健康教育，已经成为世界性的教育共识。作为心理辅导第一线的教育工作者，在传授学生知识技能、促进其智慧才能发展、培养其道德品质、增进其身体健康的同时，还应自觉担负起维护学生心理健康的职责。这就要求教师应正确理解心理辅导的含义、心理辅导与其相关概念之间的关系，了解学校心理辅导产生与发展的历史、现状与趋势，熟悉中学生心理发展的特点，掌握中学生心理辅导的含义、目标、内容、原则与途径，深刻理解加强中学生心理辅导的重要意义。

巩固与操作

一、思考题

1. 心理辅导的内涵和基本特征是什么？心理辅导与心理咨询、心理治疗、学校心理健康教育有何关系？
2. 如何区分心理问题、心理障碍与心理疾病？
3. 学校心理辅导与学校德育有何关系？

4. 简述我国大陆学校心理辅导经历的发展阶段及特点。

5. 简述我国学校心理辅导取得的成绩、存在的问题及未来的发展趋势。

6. 简述中学生的心理特点及中学生心理辅导的含义。加强中学生心理辅导有何重要意义?

7. 简述中学生心理辅导的目标和内容。

8. 简述中学生心理辅导的原则与途径。

二、操作题

使用中学生心理健康量表并抽取受试者进行心理测试训练。

测试指导语：下面是有关你近来心理状态的一些问题，请你仔细阅读每一个题目，然后根据自己的实际情况认真填写。每一个题目没有对错之分。请你尽快回答，不要在每道题上过多思索。每个题目后边都有 5 个等级供你选择，分别按照程度的高低用 1、2、3、4、5 来表示。

注意：

(1) 每个题目只能选一个等级，在相应的数字上画圈；

(2) 每个题目都要回答。

项目	从无	轻度	中度	偏重	严重
1. 我不喜欢参加学校的课外活动	1	2	3	4	5
2. 我心情时好时坏	1	2	3	4	5
3. 我做作业必须反复检查	1	2	3	4	5
4. 感到人们对我不友好，不喜欢我	1	2	3	4	5
5. 我感到苦闷	1	2	3	4	5
6. 我感到紧张或容易紧张	1	2	3	4	5
7. 我的学习劲头时高时低	1	2	3	4	5
8. 我对现在的学校生活感到不适应	1	2	3	4	5
9. 我看不惯现在的社会风气	1	2	3	4	5
10. 为保证正确，做事必须做得很慢	1	2	3	4	5
11. 我的想法总与别人不一样	1	2	3	4	5
12. 总担心自己的衣服是否整齐	1	2	3	4	5
13. 我容易哭泣	1	2	3	4	5
14. 我感到前途没有希望	1	2	3	4	5
15. 我感到坐立不安、心神不定	1	2	3	4	5
16. 我经常责怪自己	1	2	3	4	5
17. 当别人看我或谈论我时，感到不自在	1	2	3	4	5
18. 感到别人不理解我，不同情我	1	2	3	4	5
19. 我时常发脾气，想控制但控制不住	1	2	3	4	5
20. 觉得别人想占我的便宜	1	2	3	4	5
21. 我时常大叫或摔东西	1	2	3	4	5
22. 总在想一些不必要的事情	1	2	3	4	5

(续表)

项目	从无	轻度	中度	偏重	严重
23. 必须反复洗手或反复数数	1	2	3	4	5
24. 总感到有人在背后谈论我	1	2	3	4	5
25. 时常与人争论、抬杠	1	2	3	4	5
26. 我觉得大多数人都不可信任	1	2	3	4	5
27. 我对做作业的热情忽高忽低	1	2	3	4	5
28. 同学考试成绩比我高，我感到难过	1	2	3	4	5
29. 我不适应老师的教学方法	1	2	3	4	5
30. 觉得老师对我不公平	1	2	3	4	5
31. 我感到学习负担很重	1	2	3	4	5
32. 我对同学忽冷忽热	1	2	3	4	5
33. 上课时，总担心老师会提问自己	1	2	3	4	5
34. 我无缘无故地突然感到害怕	1	2	3	4	5
35. 我对老师时而亲近，时而疏远	1	2	3	4	5
36. 一听说要考试，心里就感到紧张	1	2	3	4	5
37. 别的同学穿戴比我好、有钱，我感到不舒服	1	2	3	4	5
38. 我讨厌做作业	1	2	3	4	5
39. 家里环境干扰我的学习	1	2	3	4	5
40. 我讨厌上学	1	2	3	4	5
41. 我不喜欢班里的风气	1	2	3	4	5
42. 父母对我不公平	1	2	3	4	5
43. 感到心里烦躁	1	2	3	4	5
44. 我常常无精打采，提不起精神来	1	2	3	4	5
45. 我感情容易受到别人的伤害	1	2	3	4	5
46. 觉得心里不踏实	1	2	3	4	5
47. 觉得别人对我的表现评价不恰当	1	2	3	4	5
48. 明知担心没用，但总害怕考不好	1	2	3	4	5
49. 总觉得别人跟我作对	1	2	3	4	5
50. 我容易激动和烦恼	1	2	3	4	5
51. 同异性在一起时，感到害羞、不自在	1	2	3	4	5
52. 有想伤害他人或打人的冲动	1	2	3	4	5
53. 我对父母时而亲热，时而冷淡	1	2	3	4	5
54. 我对比我强的同学并不服气	1	2	3	4	5
55. 我讨厌考试	1	2	3	4	5
56. 心里总觉得有事	1	2	3	4	5
57. 经常有自杀的念头	1	2	3	4	5

(续表)

项目	从无	轻度	中度	偏重	严重
58. 有想摔东西的冲动	1	2	3	4	5
59. 要求别人十全十美	1	2	3	4	5
60. 同学考试成绩比我高，但能力并不比我强	1	2	3	4	5

注：此量表由中国科学院心理科学研究所王极盛等人编制。

评定说明：

中学生心理健康量表共60项，分为10个因子，各因子所包括的项目如下。

(1) 强迫症状：包括第3、10、12、22、23、48共6项。该因子反映受试者做作业必须反复检查，总在想一些不必要的事情，总害怕考试成绩不好等强迫症状。

(2) 偏执：包括第11、20、24、26、47、49共6项。该因子反映受试者觉得别人占自己便宜，别人在背后议论自己，对多数人不信任，总感觉别人对自己评价不适当、别人跟自己作对等偏执问题。

(3) 敌对：包括第19、21、25、50、52、58共6项。该因子反映受试者控制不住自己的脾气，经常与别人争论，容易激动，有摔东西的冲动等。

(4) 人际关系紧张与敏感：包括第4、17、18、45、51、59共6项。该因子反映受试者对人际关系缺乏自信，总感觉别人不理解自己、别人对自己不友好，感情容易受到伤害，对别人求全责备，同异性在一起感到不自在等问题。

(5) 抑郁：包括第5、13、14、16、44、57共6项。该因子反映受试者感到生活单调，自己没有前途，容易哭泣，责备自己，无精打采等问题。

(6) 焦虑：包括第6、15、34、43、46、56共6项。该因子反映受试者感到紧张，心神不定，无缘无故的害怕，心里烦躁，心里不踏实等问题。

(7) 学习压力：包括第31、33、36、38、40、55共6项。该因子反映受试者感到学习负担重，怕老师提问，讨厌做作业，讨厌上学，害怕和讨厌考试等问题。

(8) 适应不良：包括第1、8、9、29、39、41共6项。该因子反映受试者对学校生活不适应，不愿参加课外活动，不适应老师的教学方法，不适应家里的学习环境等问题。

(9) 情绪不平衡：包括第2、7、27、32、35、53共6项。该因子反映受试者对待老师、同学以及父母时情绪不稳定、学习情绪波动大等问题。

(10) 心理不平衡：包括第28、30、37、42、54、60共6项。该因子反映受试者感到老师和父母对自己不公平、对同学比自己成绩好感到难过和不服气等问题。

根据填完量表后10个因子的因子分评定分数值，即可初步判定受试者哪些因子存在心理健康问题的症状。

使用因子分评定中学生心理健康状况：

2～2.99分，表示该因子存在轻度问题；

3～3.99分，表示该因子存在中等程度的症状；

4～4.99分，表示该因子存在较重的症状；

5分，表示该因子存在严重的心理症状。

根据此量表测试心理健康状况，除用 10 个因子的得分情况进行判断外，还可用总均分进行总体的评定。总均分的计算方法：把该量表 60 项各自的分数加在一起除以 60，得出的分数便是受试者心理健康的总均分。

使用总均分评定中学生心理健康状况：

2～2.99 分，表示存在轻度的心理健康问题；

3～3.99 分，表示存在中等程度的心理健康问题；

4～4.99 分，表示存在较严重的心理健康问题；

5 分，表示存在非常严重的心理健康问题。

拓展阅读

1. 刘春雷，姜淑梅，孙崇勇. 青少年心理咨询与辅导[M]. 北京：清华大学出版社，2011.

2. 姚本先. 学校心理健康教育概论[M]. 北京：高等教育出版社，2010.

3. 约翰•麦克里奥德. 心理咨询导论[M]. 潘洁，译. 上海：上海社会科学院出版社，2006.

4. H.Thompson prout，Douglas T.Brown. 儿童青少年心理咨询与治疗——针对学校、家庭和心理咨询机构的理论及应用指南[M]. 林丹华，吴波，李一飞，等译. 北京：中国轻工业出版社，2002.

5. http:/www.xhyf.net.

第二章

心理辅导的理论基础

内容提要

本章主要阐述了精神分析、行为主义、人本主义、认知主义、后现代主义五大学派理论及其疗法的运用。首先从各派的代表人物及其理论观点入手，然后重点介绍了各个学派的疗法在心理咨询与辅导中的运用，最后阐明了每种疗法对心理咨询与辅导的贡献及其局限。

学习目标

(一) 认知目标

1. 了解各学派心理咨询与辅导的基本理论；
2. 熟悉各学派在心理咨询与辅导中使用的方法和技术；
3. 了解各学派理论的优缺点。

(二) 情感目标

1. 了解到成为有效的心理辅导员所必须具备的理论素养；
2. 体验到心理辅导的基本理论对心理辅导技术支撑的重要性。

(三) 能力目标

1. 培养学生运用各学派理论解决实际生活中的问题的能力；
2. 培养学生创造性使用各学派的理论观点、方法与技术的能力。

案例导读

抑郁症到底该用哪种理论来治疗①

小林是某高中学生，最近总是高兴不起来，郁郁寡欢，对生活、学习完全提不起兴趣，食欲减退、体重减轻、有睡眠障碍，甚至还在博客中透露有轻生的念头。小林的母亲非常担心，

① 卢家楣. 青少年心理与辅导——理论与实践[M]. 上海：上海教育出版社，2009：126.

于是向学校心理咨询中心的老师求助，老师经过了解诊断，认为小林有抑郁症的倾向，决定采用认知疗法进行治疗与干预。母亲不放心，又带小林去某心理咨询公司咨询，结果同样诊断为抑郁症，但心理咨询师认为采用精神分析的方法更妥当。家人最终决定还是去医院更加放心，遂又前往医院就诊，医生同样诊断为抑郁症，但认为应当采用药物治疗与行为治疗相结合的方法进行治疗。这下家人更加纳闷了，为什么诊断结果都是抑郁症，但治疗的方法却各不相同呢?

以上案例是心理辅导工作中经常遇到的案例，来访者被诊断为患有相同的疾病，但不同的咨询师却给出了不同的方法来治疗。那么，做好中学生心理辅导工作到底该依据哪些理论呢？这些理论有哪些优缺点？怎样在实践中恰当地运用各种理论？本章将讲述如何利用各种心理辅导理论和技术处理心理问题。

第一节 精神分析学派的心理咨询与治疗理论

“精神分析”(psychoanalysis)又称“心理分析”，是现代心理咨询与治疗的奠基石，对心理学领域的影响巨大。此理论是由奥地利精神医学家西格蒙德•弗洛伊德(Sigmund Freud，1856—1939 年)于 19 世纪末所开创的一种特殊心理治疗方法(见图 2-1)。此方法以潜意识的理论为基点，通过分析、了解来访者潜在意识的欲望和动机，认识对挫折、冲突或应激的反应方式，体会病理与症状的心理意义，并经咨询师的启发，使来访者获得对问题的领悟。经过长期的治疗，运用来访者与咨询师所产生的转移关系，来改善来访者的人际关系，调整他的心理结构，化解内心的情感症结，从而促进其人格的成熟，提高其适应能力。

图2-1 经典精神分析的创始人弗洛伊德

一、精神分析的基本理论简介

(一) 意识与潜意识理论

无意识概念出现于弗洛伊德的心理定位模型[①]。在这个模型中，人的精神结构被分为意识、前意识和潜意识 3 个部分，潜意识和前意识组成了人的无意识。

弗洛伊德认为，意识只不过是心理极其微小的一部分，是被我们所察觉的一部分，而精神活动的大部分，也是最深层次的部分都存在于意识之下，即潜意识。如同浮在水面上的冰山，露在水平面上的冰山一角是意识，而大部分心理功能都处于潜意识领域，就像冰山的大部分都隐没在水平面之下一样(见图 2-2)。潜意识，指在意识水平之下的所有心理现象，包括个人无法

① Jane Milton，Caroline Polmear，Julia Fabricius. 精神分析导论[M]. 施琪嘉，曾奇峰，译. 北京：中国轻工业出版社，2005：31.

接受的原始冲动、本能欲望，包括一些无法实现的需要和动机。因此被视为原始愿望和冲动的存储库。这些心理功能在潜意识中，不能被个体觉察，但是它对我们的一切行为都产生了影响。弗洛伊德认为，没有任何自由意志的行为，有些行为表面上好像出自我们的意识和自由意志，但实际上都是受潜意识力量的驱使，它们只不过是潜意识过程的外部标志。有意识的心理现象往往是虚假的、表面的和象征性的，它们的真面目、真实原因和真正动机隐藏在内心深处的潜意识之中。在意识和潜意识之间是前意识区域，意识和前意识虽有区别，但二者没有不可逾越的鸿沟，前意识的东西可以通过回忆进入意识中来，而意识中的东西当没有被注意时，也可以转入前意识中。理解这一结构模型是理解弗洛伊德理论的重要起点。

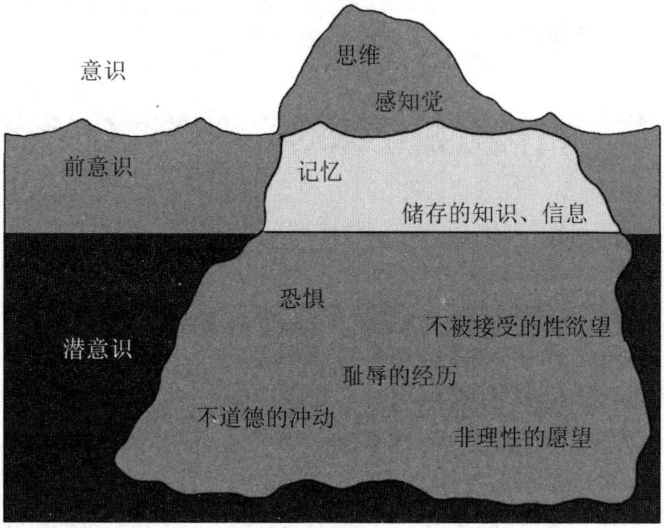

图2-2　弗洛伊德的心理冰山模型[①]

(二) 人格结构理论

弗洛伊德在他 1923 年出版的《本我与自我》中提出了具有独创性的“三我”人格结构理论。他认为人格包括 3 种成分：本我(id)、自我(ego)和超我(superego)。3 个部分共同控制个体的心理与行为，本我是生物成分，自我是心理成分，超我是社会成分。

1. 本我

本我是人格中最原始的部分，在性质上是属于潜意识的，在人一生的精神生活中发挥着重要作用。从心理内容方面来看，本我由先天的本能、基本欲望所组成，只与直接满足个体需求有关。从作用方面来看，促使个性活动的所有能量都来自于本我。从活动方式来看，本我只寻求即刻满足，没有是非观念，纯粹依照“快乐原则”追求本能能量的释放和紧张的解除，以趋乐避苦。弗洛伊德把它形容为“巨大的深渊、一口充满沸腾刺激的大锅”[②]。但弗洛伊德认为，自我和超我是在本我的基础上发展而来的，所以本我是人格结构的最基本部分。

2. 自我

自我是从本我中分化出来的，是有意识的结构部分。自我既要满足本我的即刻要求，又要

① 许艳. 心理咨询与治疗[M]. 合肥：安徽人民出版社，2007：172.
② 弗洛伊德. 精神分析引论新编[M]. 北京：商务印书馆，1987：104.

按客观要求行事。自我代表的是理性，本我代表的是情欲。由于本我不能随心所欲地满足其愿望，因为现实环境有时不允许本我要求的即刻满足，自我便在现实与本我之间起协调作用，即自我一方面要满足本我的冲动，另一方面还要考虑现实情境是否允许。

为了理解自我与本我的关系，弗洛伊德做了一个形象的比喻，他说：本我像匹马，自我犹如骑手，通常骑手控制着马前进的方向。因此，自我在人格结构中代表着理性和审慎，它把本我的冲动控制在无意识中。但自我不能完全控制本我的冲动，还要接受超我的监督和审查，因为现实原则中的“现实”是在超我指导下界定的。

3. 超我

超我是从自我中分化出来的，是道德化的自我，居于人格结构的最高层。自我分两部分，一种是执行的自我，这是自我本身；另一种是监督的自我，就是超我。超我按至善原则活动，它的作用是监督自我去限制本我的本能冲动。超我象征着理想，是在个体成长过程中，通过道德规范、社会要求的不断内化而形成的。它代表社会的，特别是父母的价值和标准。具体来说，儿童在与父母的互动过程中，在父母的权威要求下，他们不得不同化父母所代表的社会准则，以控制自己的某种冲动，并最终把父母的外在权威内化为自己的内在权威。超我形成以后便代替父母的外在监督而对儿童的思想和行为进行内在的自我监督。父母施行惩罚的职权，变成了超我中的“良心”；父母施行奖励的职权，则变成了超我中的“自我理想”。自我理想确定道德行为的准则，良心则负责对违反道德标准的行为进行惩罚①。超我与本我一样是非现实的，其突出特点是始终向上，追求完美。因此，超我大部分是无意识的。

根据精神分析的观点，人格这 3 种结构相互联系，相互作用，以动态的形式相互结合着。超我监督着自我，根据现实的原则，有条件地满足本我冲动。如果人格的这 3 个系统保持平衡，人格就能得到正常发展，否则就会产生心理失常。

(三) 焦虑和自我防御机制

1. 焦虑

焦虑(anxiety)是精神分析理论中的关键概念之一。焦虑是一种由紧张、不安、焦急、忧虑、惊恐等感受交织在一起的情绪体验。它是由人格不适应状态引起的痛苦的情绪体验，是自我对待现实、本我和超我三者的软弱状态。

焦虑可以分现实焦虑、神经质焦虑和道德焦虑。现实焦虑(reality anxiety)是由外界环境中真实的、客观的危险引起的情绪体验。神经质焦虑(neurotic anxiety)是指个体由于惧怕自己的本能冲动会导致他受到惩罚时所产生的情绪体验。神经质焦虑往往由现实焦虑发展而来。道德焦虑(moral anxiety)是指当个体的行为违背了超我的价值时，引起内疚感的情绪体验，即所谓良心的谴责。它主要通过内疚、罪恶感或羞耻感来表达。

2. 自我防御机制

弗洛伊德认为，既然焦虑是相当痛苦的情绪体验，就必须降低和防止焦虑。为了减轻焦虑，自我就得发展出一套用来欺瞒超我的防卫机制，即自我防御机制。它可以采取一些歪曲现实的方法保护个体，帮助个体不受焦虑的侵袭，让本我得到最大限度的满足，以保持自己的心理平

① 傅宏. 咨询心理学高级教程[M]. 合肥：安徽人民出版社，2008：55-56.

衡，我们称自我这一特殊的功能为“自我防御机制”(ego defense mechanisms)。即个体在无意识的驱动下，采用某种方法或手段，转变自己对现实状态的分析，或改变与现实的关系，避免心理上产生痛苦和挫折感。这是一种健康的正常现象，可以帮助我们缓解心理压力和焦虑，避免冲突的加深。但需要注意的是，防御机制毕竟是歪曲了现实，而且是在无意识状态下进行的，过度使用则会成为不健康的特征。

知识链接2-1

常见的防御机制①

1. 压抑

压抑(repression)是自我防御的核心和基础，即把不能接受的或痛苦的思想和情感从意识领域中排除出去。压抑不仅仅只是选择性地遗忘不愉快的经验，它也可以阻止潜意识的东西进入意识。例如，弗洛伊德认为，很多个体五六岁以前的痛苦记忆都被压抑起来，但这些事情依然会影响他之后的行为。

2. 否认

否认(denial)，即不承认客观现实，扭曲个体对现实的认知，与压抑相类似，但它是在前意识和意识的层次上进行的。例如，一些人对危险的现实情境视而不见或对自己身患绝症予以否认。

3. 反向作用

反向作用(reaction formation)是指个体努力表现出与自己真实情感或想法相对立的行为。人们常常用亲近行为来掩饰憎恨，如笑里藏刀；用冷酷的面具掩饰爱意，如恨铁不成钢。又如：刚进入青春期的少男少女们常表现出一种对抗和敌意，实际上这是为了缓解无意识中对异性的好感和倾慕。

4. 投射

投射(projection)是一种把自己无法接受的欲望或冲动归于他人的防御机制，把自己的不良品质和行为看成是别人的，甚至会借此来责怪他人，而那实际上却是他自己本身的想法或者过错。例如，一个丈夫可能坚信妻子已经不爱他了，但事实上在无意识中他早已不爱他的妻子；一个人如果恨别人，就会被他转换成“别人恨我”；一个吝啬的人会指责世界上的人都是小气鬼；一个学生如果考试作弊，就会认定别人也都作弊而感到心安理得。这是一种相当常见的防御机制。

5. 转移或替代

转移(displacement)或替代(substitution)是一种处理焦虑的方式，把得不到目标物时的冲动宣泄到别的人或事情上。我们常见到某男职员在公司被老板训斥后，回到家拿老婆和孩子当出气筒，找“替罪羊”。有时候能量的转移也可以指向自己本身，这时就会出现抑郁或自我轻视的思想和行为。例如，一个人受到上级责备后，就打自己耳光或骂自己不中用等。

① 许艳. 心理咨询与治疗[M]. 合肥：安徽人民出版社，2007：174-176.

6. 退化

退化(regression)是当个体遇到某个重大的问题而不能解决时，他的行为举止往往会退回到那个能使他感到相对熟悉和安全的发展阶段。只不过这种退缩的作用只是相对的，并非他的所有行为都会回到先前那个发展阶段，而只是部分行为退回了而已。在弗洛伊德的著作中，常常提到病人的行为回到了儿童时期的特点。一个人在遭受到事业上的严重打击之后，如果他在儿童时期曾有过度依赖的行为特征，此时他就很可能再度变成像小时候那样的依赖模样，这就是自我防御机能中的退化。

7. 合理化

合理化(rationalization)是指用一种自我能接受、超我能宽恕的理由来代替自己行为的真实动机或理由。失败或者缺少能力等，会对某些人的心理平衡带来很大的冲击，造成强烈的威胁。因此人们往往不直接承认自己在某方面的失败，而是会寻找有道理的解释。这样的防御机制称作合理化。合理化是那些有部分真实的影子但又不完全正确的解释，它能使人的心理重新获得平衡或是挽回面子，保全自尊。合理化作用可分为两种：一是酸葡萄机制，指希望达到某种目的而未能达到时便否认该目的的价值和意义，如“吃不到的葡萄就是酸葡萄”即为典型的合理化解释；二是甜柠檬机制，指因为达到了预定目的，便抬高现状的价值，如狐狸吃不着葡萄，只好吃柠檬，便认为柠檬是甜的。

8. 升华

升华(sublimation)是指人们将具有威胁性的潜意识冲动转化成可被接受的社会性行为的过程。弗洛伊德认为，升华是唯一正向积极的防御机制。例如，参与某些具有攻击性的运动，如拳击、橄榄球等，就使得潜在的攻击冲动以社会可以接受甚至鼓励的方式宣泄出来。当人们越经常地使用升华，就会越有创造力。因为这些行为是会受到赞赏的，而且需要具有创造力。

(四) 人格发展理论

弗洛伊德的人格发展理论是建立在他的性心理发展理论的基础之上的，因此也称之为“心理性欲发展理论”。弗洛伊德认为，人的一切行为都是以性驱力(即 Libido，力比多)为动力的，并且性生活的压抑或畸形乃是造成心理失常的重要原因。当然，弗洛伊德在这里说的性，并不是都与狭义的性行为有直接关联的，还包括许多追求快乐的行为和情感活动。例如父母子女之爱、兄弟姐妹之爱、朋友的情谊都来源于性本能，而且婴儿期强有力的欲望如吸吮、排便等也都与性有关。

弗洛伊德认为，儿童出生到成年要经历几个先后有序的发展阶段，每一个阶段都有一个特殊的区域成为力比多兴奋和满足的中心，此区域称为性感区。据此，弗洛伊德把心理性欲划分为以下 5 个阶段，这 5 个阶段以 5 种不同的形式来满足。

1. 口唇期(oral erotic)(0～1 岁)

婴儿活动大部分以口唇为主，口唇区域成为快感的中心。其快乐来源为吸吮、咬、吞咽等。如果在该时期婴儿的口唇活动没有受到限制，婴儿成年后趋于乐观、慷慨、开放和活跃等积极的人格特征；如果口唇活动受到限制，则易形成口唇依赖型性格，成年后表现为过度的依赖性，不现实而富于幻想，容易嫉妒别人等消极的人格特征，在行为上喜欢做各种和嘴有关的动作，如吸吮拇指、咬指甲、贪食、吸烟、嚼口香糖、多嘴多舌等。

2. 肛门期(anal erotic)(1～5 岁)

幼儿通过排泄解除压力，获得快感，因此，肛门一带成为快感中心。其快乐来源为忍受和排粪便。为了符合社会的要求，此时的儿童必须接受在厕所中进行大小便的训练，不能随意排泄。此时期，如果肛门排泄活动不受限制，儿童成年后倾向于肮脏、浪费、凶暴和无次序；若肛门排泄活动受到严格限制，成年后容易倾向于清洁、忍耐、吝啬和强迫性。大小便的排泄会对儿童成年后的性格产生重要影响。

3. 性器期(genital stage)(3～5 岁)

性器期力比多兴奋和满足的中心在生殖器上。此时儿童以异性父母为“性恋”的对象，包括恋母期(oedipus period)和恋父期(genetic period)，其快乐来源为生殖部位的刺激和幻想，以及对异性父母的爱恋，即俄狄浦斯情结(oedipus complex)。如果这种情结能够正当解决，儿童认同父母的价值观念，导致超我的逐渐形成与发展，就会形成与年龄、性别相适应的许多人格特征；否则，有可能导致性变态等不良人格特征。

4. 潜伏期(latent period)(6～12 岁)

此时力比多处于休眠状态，这一阶段的性欲倾向大都受到压抑，于是转向外部世界，以好奇性知识等为满足，儿童透过丰富多彩的活动来宣泄、升华性能量。这时儿童的兴趣在同伴而不是父母，但男女儿童界限分明，不相往来，在游戏中也以同性者为伴，直到青春期才有所改变。

5. 生殖期(genital stage)(12～20 岁)

生殖期是人格发展的最后阶段。由于性成熟，异性恋的行为明显。此时个体最重要的任务就是摆脱父母，开始建立自己的生活。个体已从一个自私的、追求快乐的孩子，变成了具有异性爱权利的、现实的和社会化的人。

弗洛伊德认为，性心理发展过程中如果在某一阶段发生停滞或倒退，就可能导致心理异常。人的精神系统要经常保持一定能量的相对稳定状态，力比多就是一种重要的能量，过多积聚会使人紧张，当受阻而不能以正常渠道宣泄时就会向异常渠道宣泄，这时就可能以症状的形式表现出来。

二、精神分析疗法的运用

(一) 精神分析的经典疗法

1. 自由联想

自由联想的基本要求是让来访者很舒适地躺着或坐好，把进入头脑中的感觉或想法不加审查地如实报告出来，不论它们是如何微不足道、荒诞不经甚至违背道义等。弗洛伊德认为，浮现在脑海中的任何想法或事物都不是无缘无故的，都是有一定因果关系的，有其动力学意义，因此可以从中找到来访者无意识中的矛盾与冲突，把它带到意识中来，使来访者有所领悟，重新建立现实型的健康心理。

在使用自由联想技术时，要以来访者为主，咨询师要鼓励来访者把自己想到的一切都说出来，咨询师不要随意打断来访者的谈话，保证为来访者保守秘密，必要时可以适当引导。通过自由联想技术，常常导致来访者产生对过去一些经历的回忆，而咨询师可以通过联想的顺序来理解来访者是怎样把各个时间联系起来的，从而对来访者所报告的材料加以分析和解释，直到从中找出来访者无意识之中的矛盾与冲突，即病的起因为止。

实务训练2-1

集中性自由联想[①]

下面的练习将有助于你理解和应用本章所学的内容和概念。此外，该练习不仅适用于心理动力学治疗实践，而且也适用于与其他理论取向的联合治疗。在练习前，请注意以下每一步的要点。

(1) 现在，请将注意力集中在你目前遇到的问题上，仔细想想。有时，还有助于将你的问题具体化——思考该问题时，有何所见所闻，尤其是所获？进行该练习时，尽可能使你置身于“此时此刻”。

(2) 对于该问题，你产生了何种情绪？现在，将注意力集中到你的情绪上，找出有相应躯体感觉的准确部位，然后再将注意力集中在这些部位上。

(3) 任由你的思绪飘回与该情绪相关联的早年生活时光——越早越好。进入脑海的是什么？也许会出现情绪的视觉画面或片段，也可能会记起一个特定的场景。任由自己重新体验这些熟悉的想法与情感。当来访者运用该技术时，注意不要对其施加特别的暗示。那完全应该是来访者的联想，而并非你的。

(4) 你目前的问题与过去有何联系？过去与现在有何相似之处？过去与现在之间的联系对于你理解目前问题是否有新的启示？

(5) 想一想你的性别、家庭、文化民族特征。近些因素与你的体验有何联系？自由联想常常只关注个人因素。如果你让来访者自由联想性别、家庭或文化问题，那就说明你已经跨出了一大步，能将心理动力学理论应用于多元文化背景了。

2. 释梦

弗洛伊德认为，梦与无意识有密切的联系，通过对梦的分析，能够打开一条通向潜意识的道路。他认为，“梦是一种被压抑的欲望的象征性满足”[②]。因此，研究梦和梦的内容，为我们了解无意识打开了一扇重要的窗户。人们在睡梦中，身体放松，意识模糊，自我控制力减弱，潜意识的欲望趁机表现出来，所以，梦境为本我冲动提供了表演的舞台，成为愿望满足的一种方式。弗洛伊德认为，梦并非无中生有，许多梦的内容与被压抑的无意识内容有着某种联系，但由于人的精神处于一定的自我防御状态，这些无意识当中的愿望要通过化妆变形后才能进入意识成为梦。因此，弗洛伊德认为梦是一种愿望的达成，通过分析梦最终能找到来访者被压抑的欲望。他认为在梦中所出现的几乎所有的物体都具有象征性。

分析梦就是要通过象征化、移植、凝缩、投射、变形等方法，把原本杂乱无章的东西加工

① [美]艾伦·艾维，迈克尔·丹德烈亚，等. 心理咨询与治疗理论多元文化视角[M]. 第5版.汤臻，等译. 北京：世界图书出版公司，2008：127.

② 弗洛伊德. 梦的解析[M]. 罗林，译.北京：九州出版社，2004：136.

整合为梦境，这就是梦者能回忆起来的显梦。显梦的潜意识含义就是隐梦，隐梦的思想要经过精神分析家的分析和解释才能被梦者了解。对梦的解释和分析就是要把显梦的重重化妆层层揭开，由显象寻求其隐义。在这种方法中，咨询师可以让来访者对梦的表现内容的某些方面进行自由联想，由此揭示潜在内容。

3. 阻抗分析

阻抗又称抗拒作用，是指来访者有意识或无意识地回避某些敏感话题，从而有意无意地使咨询与辅导的重心偏移。有意识的阻抗可能是由于来访者对咨询师不信任或者担心自己说错话而造成的，这种情况经咨询师说服即可消除。无意识的阻抗则表现为对治疗的阻抗，而来访者自己则并不能意识到，也不会承认，来访者往往口头上表示迫切希望早日完成辅导活动，但行动上却并不积极热心。例如，来访者可能表现为不愿更改其某种行为，即使这种行为给他带来了很大的痛苦。咨询师此时需要与来访者一起面对这个问题，帮助其了解阻抗的原因。一般来讲，咨询师可以指出并且解释最明显的阻抗，以此减少抗拒。

阻抗产生的根源是由于潜意识里有阻止被压抑的心理冲突重新进入意识的倾向。当自由联想的谈话接近这些潜意识的重要事实时，潜意识的抗拒就发生了作用，真实的表述就被阻止了，因此，阻抗的发生恰恰是来访者症结之所在。我们还可以把阻抗理解为日常生活中常见的防御机制，是为了抵抗焦虑的需要，而不是阻碍人们对外界的接受，所以咨询师必须尊重来访者的阻抗，并用心理治疗的方式帮助其解决这种防御。从某种程度上说，阻抗可能是了解来访者最有价值的工具之一。

4. 移情分析

在长时间的精神分析疗法中，来访者逐渐变得不太注意自己的症状，却对咨询师本人产生了特殊的兴趣，他们会把对自己父母、亲人等重要相关人物的感情和情绪的依恋关系转移到咨询师身上，即把早期对别人的感情转移到咨询师身上，把他们当成自己的父母、亲人、恋人等，这就是移情。

移情可以分为阳性移情和阴性移情两种形式。阳性移情也称为正移情，是指来访者对咨询师产生爱慕之情并希望从他身上得到爱恋的情感上的满足。例如，“说不上来为什么，我就是喜欢他，他就是我要的那种人”。阴性移情也叫负移情，来访者感到咨询师不公正、冷酷、可恨。例如，“不知道为什么，我就是很讨厌他，恨他(指向于咨询师)”。移情并非是对咨询师产生爱恋或恐惧。移情是来访者无意识阻抗的一种特殊形式，表示来访者的力比多离开原来的症状而向外投射给咨询师。咨询师通过移情可以了解到来访者对其亲人或他人的情绪反应，引导他讲出痛苦的经历，揭示移情的内隐意义。

移情是精神分析疗法中的重要组成部分，来访者经过移情，将原来被压抑但并未消失的负面情绪能够在没有危险的情况下表达出来，消除原有的紧张焦虑。精神分析疗法认为，没有移情就没有治疗。但是，从咨询师的职业道德角度来说，要切忌接受来访者的移情于现实生活中。

5. 解释

解释是精神分析疗法中常用的技术，是指把症状的无意识隐义和动机揭露出来，使其进入意识领域的一种方法，是克服阻抗的主要方法。解释的过程就是咨询师对来访者的一些本质问题加以解释、引导和劝阻，目的是向来访者指出他的无意识欲望，使来访者理解自己一直没有理解的心理事件，把表面上看起来似乎没有意义的心理事件与可以理解的事件联系起来，以帮助来访者对自己的领悟和接纳。

如果仅把梦和症状的动力学意义告诉来访者，他常常不能真正领悟，因为这种理解最多仅可以澄清来访者对其病因的理智性领悟，并不能真正减轻其情绪上的紧张。有时过早解释，不但不能使症状消除，反而有可能使焦虑加重，出现新的阻抗。在来访者重现幼年时期的经历过程中，可随时插入一定程度的解释，使来访者逐渐理解阻抗和移情的性质。

知识链接2-2

精神分析疗法之神奇的催眠①

在国外一些电视节目上，常常可以看到催眠的现场表演。催眠师让受催眠者或站立或平躺，一步步发出指令，将其催眠。众目睽睽之下，那些进入深度催眠状态的受催眠者往往能做出令观众瞠目结舌的超常举动。例如，图 2-3(图片来源：*Psychology Themes and Variations*)的受催眠者身体能保持僵硬，就像一块木板，搭在两张椅子之间，甚至催眠师站在他的身上也稳稳当当。这在普通状态下是根本不可能做到的。

图2-3　催眠的效果

但无论催眠师自称他的功力有多高深，他仍然依赖于受催眠者的“配合”程度，即催眠的感受性(hypnotic susceptibility)。对于感受性高的人，任何一位他所认可的催眠师发出的指令，他都会遵照执行，达到预期的效果。所以，催眠师会选择具有高感受性的人作为催眠的对象。

那么，什么样的人才具有比较高的感受性呢？研究发现，最能预测催眠感受性的人格指标是专注性(absorption)。因为专注性高的人比较有能力进入感觉和想象的经验之中，也比较喜欢幻想和做白日梦。此外，还有一些人格因素，如态度、动机、期望、开放性等也都能影响催眠感受性的高低。例如，如果一个人对催眠这件事抱有肯定的态度，十分相信催眠师的水平，并且深切期望能亲自体验，那么在这种强烈的动机驱使下，这个人就有很高的催眠感受性，能顺利地达到深层次的催眠状态。反之，如果一个人根本不相信有催眠这回事或者有意要对抗催眠师的指令，那么他就很难被催眠。

虽然催眠感受性是一个比较稳定的人格因素，但它仍然可以通过训练来改变。比如对催眠

① 许艳. 心理咨询与治疗[M]. 合肥：安徽人民出版社，2007：166.

建立一种积极的、肯定的态度，或者掌握一些在催眠过程中积极参与而不是消极等待指令的技巧，都可以在不同程度上提高催眠的感受性。尽管如此，催眠感受性的提高仍然受限于这个人的专注性和融入情境的能力。

(二) 现代精神分析疗法

1. 对象关系法治疗

精神分析的对象关系学派是以弗洛伊德对“本能的对象”的论述为基础，把对象关系即人际关系特别是亲子关系置于理论和临床的视野中心，形成的独特的对象关系理论。这一学派产生于英国，也发展于英国。它最初是由英国精神科医生克莱恩(Melanie Klein)创立的，她认为对象是指个人生命中的重要人物(包括自己)，以对象表征而存在。我们对于人的反应像我们所知觉的和经验中的他们，而不是其本来的样子。这与弗洛伊德最早提出的作为性欲本能和攻击本能的对象不同，现代精神分析中所说的对象是一种混合物，它是多维度、有很强情感成分、与愿望和害怕有关的动机相联系的，是意识的，也是潜意识的。该疗法认为，需要心理治疗的病人可以追溯到婴儿期和童年期就具有的自我、他人、自我与他人关系的表征之间的交互作用。例如，一个人可能会存在这样矛盾的自我：十分脆弱又完全不易受伤害、软弱无能又无所不能、既配得到自己需要或向往的一切又完全不配拥有一切。这样矛盾的自我表征，是由于此人生活早期与重要他人之间在情感上有紧张关系。例如，一个病人的关键自我表征是有一对小耳朵，在童年期被嘲笑为丑八怪；另一个病人是因为有一个大鼻子而被嘲笑为丑八怪。这两个病例中，自我表征是有意识的，但与之相联系的深层感情以及它们在患者的自我经验中与他人的关系所起的作用却是潜意识的。因此，对象关系论治疗的关键是让病人回忆究竟是什么性质的对象被压抑，其目的是揭示内在的自我的工作模式，使患者理解其潜意识冲突。

2. 认识领悟疗法

认识领悟疗法是我国学者钟友彬教授在精神分析理论基础上，结合中国国情而发展起来的一种心理治疗方法。钟友彬教授认为，求助者的病症源于儿童时期受过的精神创伤，由这些创伤引起的恐惧在个体脑内留下痕迹，当个体在成年期遇到挫折时，这些痕迹就会再现出来影响人的心理，以致求助者用儿童的态度去对待在成年人看来不值得恐惧的事物[①]。

该疗法的基本观点是：①承认弗洛伊德关于潜意识和心理防御机制的理论；②承认幼年期的生活经历，尤其是创伤体验对个性形成的影响，并承认其可能成为成年后心理疾病的根源；③承认精神病病人患病后获得的两种收益，尤其是外部收益，往往给治疗这类疾病造成困难；④反对把各种心理疾病的根源都归之于幼年性心理的症结，认为性变态是成年人用幼年的性取乐来解决成年人的性欲或解除成年人的苦闷的表现，是本人不能意识到的；⑤用病人容易理解的、符合其生活经验的解释，使病人理解、认识并相信他们症状和病态行为的幼稚性、荒谬性和不符合成年人逻辑的特点，从而使病人达到真正的领悟，进而使症状消除[②]。

由于患者症状都是个体幼年期经历过的恐惧在成人身上的再现，因此症状的表现必然带有幼稚性、不成熟性。所以，钟氏认识领悟疗法不把治疗重点放在回忆、挖掘幼年症结或初期焦虑的具体事件上，而是在治疗中要用启发式的谈话和患者一起讨论、分析症状的幼稚性，

① 钱铭怡. 心理咨询与心理治疗[M]. 北京：北京大学出版社，2005：175-183.
② 梁斌，郭英，周升群. 中学生心理辅导[M]. 北京：科学出版社，2012：28.

主张患者要用成年人的眼光和态度重新审视和评价这些情感和行为。该方法着重让病人深刻认识其病态情绪和行为的幼稚性，领悟到这些情绪和行为是一种幼年儿童的心理和行为模式，从而“放弃”这些幼年模式，用成人的行为模式来代替，使心理成熟起来。

身边故事2-1

她为什么一到考试前就拉肚子①

小敏是初中生，进入初三后，她每逢考试就会拉肚子，而只要考试一结束，拉肚子的毛病又不治而愈。就这样反反复复，学习成绩因此大受影响，最差的时候甚至考到了班里的 20 多名。妈妈非常着急，带着小敏到医院反复检查，但怎么也查不出毛病来。最后，在生理医生的建议和引导下，妈妈带着小敏来到心理咨询机构。心理咨询老师在详细了解了小敏的情况以后认为，这一切都是小敏潜意识的心理防御机制在作怪，它将小敏不愿面对的、不愉快的负性情绪——对考试的焦虑和恐惧转换成躯体症状，而这种生理症状又成为她考试发挥失常的理由，起到“合理化”考试失败的作用。心理老师将这一原因解释给了小敏听，并在随后的咨询辅导中，重点帮助小敏解除对考试的恐惧。随后，小敏再也没有在考前生这种怪病，考试成绩也逐渐提升了。

三、精神分析疗法的贡献和局限

(一) 精神分析疗法的贡献

无论咨询师采取的辅导取向是什么，他们需要充分利用和解释移情、阻抗、自我防御机制等基本精神现象，精神分析理论为心理辅导者提供了一种理解行为、理解症状成因和功能的框架。将精神分析理论应用到心理辅导实践，可以了解阻抗的原因，了解如何疏通一些长期困扰来访者的事情，了解移情的价值和功能，了解心理辅导关系建立的好坏对心理辅导效果的影响。

了解来访者早期童年经历通常有助于理解并解决他当前的问题。尽管我们不能全盘接受弗洛伊德主义的观点，但我们仍然可以用很多精神分析中的概念来深入理解来访者内心冲突的根源，并帮助来访者最终解决问题。

另外，通过弗洛伊德的心理性欲论的强调，我们可以对发展阶段的关键转折点有更完整的认识。心理辅导者如果能从发展的角度来治疗，就可以看到个体全程发展的连续性和他们所选择的一些人生方向。这种角度更全面地展示了个体内心的挣扎，同时也帮助来访者发现人生不同阶段之间的联系。

(二) 精神分析疗法的局限

在心理辅导的过程中，很多因素都限制了精神分析技术的应用，比如辅导费用高、缺乏接受过良好训练的辅导者以及来访者自身缺乏信心和精神能量等。传统的精神分析治疗要达到治疗目标需要很长的一段时间，在其中还有隐私保护问题。在现有的医疗管理体系中，如不能很好地保护来访者的病历隐私，会对其造成很坏的影响甚至伤害。

精神分析另外一个局限是辅导者的匿名制度。辅导者往往在辅导过程中不进行过多的自我

① 梁斌，郭英，周升群. 中学生心理辅导[M]. 北京：科学出版社，2012：29.

表露，这在短期的个体辅导中可能被误用，一些经验不足的辅导者会把自己伪装成“专家”而让辅导达不到预期的目标。

此外，正统精神分析疗法强调本能的力量，忽视社会文化和环境的作用，使其在处理危机咨询、社会问题上受到限制。精神分析疗法高估了潜意识的作用，过分强调婴幼儿期的发展，特别是过分强调婴幼儿期的性经验等，这都使该理论受到了局限。

第二节　行为主义学派的心理咨询与治疗理论

行为主义学派诞生于20世纪20年代的美国，其创始人为美国心理学家约翰·华生(J. B. Watson)(见图2-4)。行为主义理论是对学校心理辅导具有重要影响的心理治疗理论之一。该学派的基本理论主要有：经典条件作用理论、操作性条件作用理论和社会认知理论。这3种理论都是关于有机体学习的发生机制和条件的理论，都是以“刺激—反应”的学习过程来解释行为的。所以，学习概念是行为疗法的核心，行为治疗技术实际上是一些获得、消除和改变行为的学习程序。在行为主义心理学家眼里，人和动物在行为规律上没有什么区别，都可以用科学的方法进行客观的观测、描述解释、预测和控制。

图2-4　约翰·华生(J. B. Watson)

一、行为主义的基本理论

(一) 经典条件作用

经典条件作用又称应答性条件作用，它是以无条件反射为基础而建立的，一个中性刺激通过与无条件刺激反复结合，最后能引起原来只有无条件刺激才能引起的反应。巴甫洛夫(Z. P. Pavlov)在这一领域做出了突出的贡献，他通过用狗做实验阐述了经典条件作用。给狗喂食物时，把食物放在狗的嘴边，狗开始分泌唾液，这是一种应答性的行为。在给狗喂食时，用一个中性刺激(如音叉声)和食物反复结合，经过多次练习，只给狗音叉声不给狗食物，狗也会分泌唾液(见图2-5)。

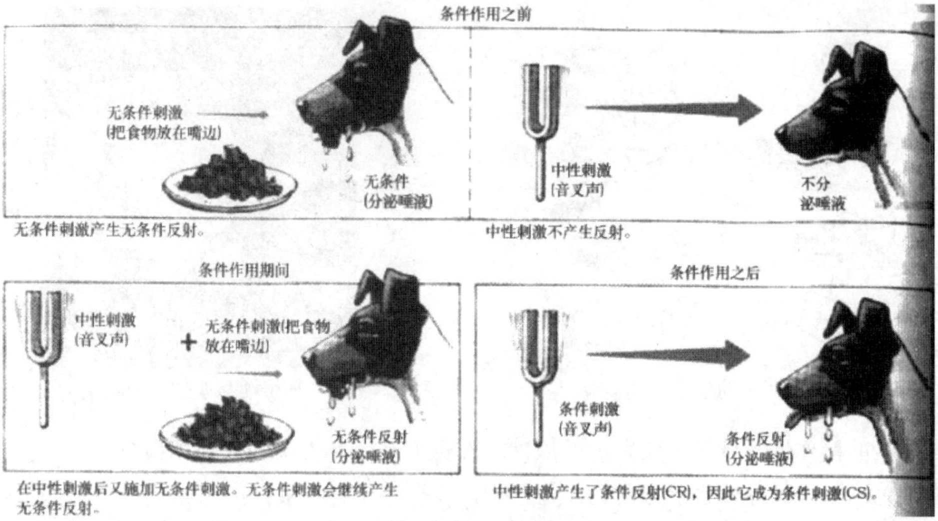

图2-5　巴甫洛夫的经典条件作用

华生曾用经典条件作用的原理做了一个实验(见图 2-6)，证明人的行为反应包括情绪反应都可以通过学习获得。华生让一只白鼠出现在 11 个月大的小阿尔波特面前，当这个男孩伸手要去和白鼠玩耍时，华生就在他脑后用铁锤敲击一根钢棒，发出刺耳的巨响。以后每次白鼠一出现，就用铁锤敲击钢棒。反复数次之后，小阿尔波特对白鼠产生了强烈的恐惧反应，每当白鼠出现，他就会哭闹。而且，小阿尔波特的这种反应还会泛化到别的有白色茸毛的东西上，例如，小阿尔波特本来并不害怕兔子、狗、毛绒玩具等，但现在这些东西也会使他产生恐惧反应。这就是著名的“小阿尔波特实验”。据此华生认为，我们无论成为什么样的人，都是后天学习的结果，并且是必然的结果。既然如此，我们习得的任何东西，都可以通过学习而设法摆脱掉。因此，行为主义治疗运用反条件作用的原理，即当有机体无法适应或有效地应对环境时，通过学习去克服那些非适应性行为。也就是说，个体通过学习一个新的条件反应去代替或“对抗”适应不良的反应。例如，当人们对某种刺激形成了条件反射后，表现出焦虑、不安、强迫症状等心理障碍时，可以通过反条件作用原理予以消退或清除。

(二) 操作性条件作用

与经典条件作用一样，操作性条件作用的发现和证明也来自于动物实验。斯金纳(B. F. Skinner)(见图 2-7)用老鼠和鸽子等动物进行了大量的行为强化的实验研究。他把饥饿的老鼠关在做实验的笼子中(这个笼子被称为斯金纳箱)，每当老鼠压下笼子里的杠杆，它就能得到一个食物。起初老鼠在笼子里四处乱窜，只是偶然地用爪子压了下杠杆，笼子里的自动装置就给它送进一个食物。这样，每当老鼠被放入笼中的时候，它就更可能去压杠杆，这是因为压杠杆的行为出现后，会带来食物，出现满意的结果，所以，按压杠杆的行为被强化了。这与经典的条件反射不同。经典条件反射的行为是由前提刺激(音叉声或食物)引起的，它的“强化”在行为之前(分泌唾液之前出现食物)。操作性条件反射的行为是由其结果(得到食物)决定的，虽然也有外部刺激(杠杆)，但行为并不是这个外部刺激引起的，并且强化在行为之后(压了杠杆之后才能获得食物)。

图2-6　华生的婴儿恐惧实验

图2-7　斯金纳和他的斯金纳箱

斯金纳的操作性条件作用所发现的原理，在许多动物和人类的学习中得到了验证。例如，鸽子偶然抬高头，驯养员会给它食物作为强化，此后鸽子会继续抬高它的头；婴儿偶尔叫一声“妈妈”，妈妈便报以微笑和爱抚作为强化，于是孩子学会了叫“妈妈”。所以，根据斯金纳的理论，只要巧妙安排强化程序，可以训练动物习得各种行为。

斯金纳是当代用学习与行为理论来解释异常行为贡献最大的心理学家。他认为，心理异常只不过是一种特殊的学习获得性行为。因此，对于心理问题的诊断，无非是对特定的行为反应改变的分类。人的一切行为，除了直接由生理因素决定的能力以外，都是通过学习和训练而获得的。

(三) 班杜拉的社会认知学习理论

阿尔伯特·班杜拉(见图2-8)在坚持行为主义基本原则的基础上，又吸收了认知心理学的概念，他反对人类是被动的接受者、行为是由外界刺激来塑造的观点，认为人类的行为与思维和信息加工有关，从而开创了行为主义理论的新道路，并把自己建立的理论体系称为社会认知学习理论。

图2-8　阿尔伯特·班杜拉(Albert Bandura)

班杜拉指出，不是所有的行为都需要强化才能形成，更多的是我们通过观察生活中重要人物的行为而学会的。班杜拉把观察学习过程分为注意、保持、复制和动机4个阶段。他认为我们通过观察父母、朋友、电视、电影等方式进行学习，但是习得的行为并不一定会表现出来，人所知道的要比表现出来的多。例如我们也许从未尝试过抢劫，但实际上我们从电视、电影或是书上了解到很多抢劫方法。幸好我们大多数人都不会去尝试。为什么我们学会了一些行为却不表现出来呢？原因之一是我们在对别人的行为进行观察时，也观察了行为的后果。别人做这个行为的后果是奖励还是惩罚，将影响到我们是否将行为表现出来。如果我们了解到某一行为会带来惩罚性的后果，例如抢劫会被关入监狱，那么我们就不太可能做出这一行为。也就是说，别人行为的不良后果不鼓励我们表现出这样的行为。

二、行为主义疗法的运用

行为主义疗法基本假定为：异常行为习惯与正常行为习惯一样，都是学习的结果，既然人的行为习惯可以通过学习获得，同样也可以通过学习而改变或消除。因此，行为主义把心理辅导的着重点放在直接消除或纠正适应不良或异常行为上，不去研究、分析行为的内在动机，只以特殊的行为目标，并通过经典条件作用、操作性条件作用、观察学习等行为治疗技术予以改变。以下介绍常用的行为治疗技术。

(一) 系统脱敏法

系统脱敏法(systematic desensitization)，亦称交互抑制法。它由美国著名精神病学家沃尔普(Joseph Wolpe)在 20 世纪 50 年代创立，是治疗恐怖症的首选方法。这种方法主要是诱导来访者缓慢地暴露出导致神经症焦虑的情境，并通过心理的放松状态来对抗这种焦虑情绪，从而达到消除神经症焦虑的目的。

其基本原理为，人和动物的肌肉放松状态与焦虑情绪状态是一个对抗过程，一种状态的出现会对另一种状态起抑制作用。例如，人的身体在全身肌肉都放松的状态下，呼吸、心率、血压、肌电、皮电等生理反应指标都会表现出同焦虑状态下完全相反的变化。这就是交互抑制作用。根据这一原理，在心理治疗时，从引起个体较低程度的焦虑或恐怖反应的刺激物开始进行治疗。当某个刺激不会再引起来访者焦虑和恐怖反应时，治疗者便可向处于放松状态的来访者呈现另一个比前一刺激略强一点的刺激。如果一个刺激所引起的焦虑或恐怖状态在来访者所能忍受的范围之内，经过多次反复的呈现，他便不再会对该刺激感到焦虑和恐怖，治疗目标也就达到了。这就是系统脱敏疗法的治疗原理。

系统脱敏法一般包括 3 个步骤：建立焦虑等级、放松训练和脱敏(见表 2-1)[①]。

表2-1　系统脱敏法的过程

1	建立恐惧(焦虑)等级层次：找出所有令来访者焦虑或恐怖的事件，让来访者说出其对每一件事情的主观感受程度并进行打分。其中，100分表示极度焦虑，75分表示高度恐惧，50分表示中度恐惧，25分表示轻度恐惧，0分表示心情平静。 0　25　50　75　100 以考试焦虑为例： 1. 考前一周 20； 2. 考前一晚 30； 3. 进入考场 50； 4. 发卷子时 70； 5. 拿到卷子 80。

① 许艳. 心理咨询与治疗[M]. 合肥：安徽人民出版社，2007：269.

(续表)

2	放松训练
3	脱敏步骤：从焦虑低的事件开始，直到来访者对该事件不再感到焦虑为止，接着对下一等级的事件进行脱敏。 以考试焦虑为例： 想象自己正处在复习迎考前一周→想象明天就要考试了→想象自己进入了考场→想象主考官发卷子了→想象自己拿到了试卷 以恐惧蛇为例： 蛇的图片→蛇模型→玩蛇玩具→看真蛇→用手摸真蛇

(二) 厌恶疗法

厌恶疗法，又叫“对抗性条件反射疗法”。它是应用惩罚的厌恶性刺激，即通过直接或间接想象，以消除或减少某种适应不良行为的方法。它的基本原理是利用条件反射，把令人厌恶的刺激与来访者的不良行为相结合，形成一个新的条件反射，用来对抗原有的不良行为，进而最终消除这种不良行为。常用的厌恶刺激有物理刺激(如电击、橡皮圈弹击等)、化学刺激(如催吐剂等)和想象中的厌恶刺激(即口述某些厌恶情境，然后与想象中的刺激联系在一起)。

在进行心理辅导时，厌恶性刺激应该达到足够的强度，通过刺激使来访者产生痛苦或厌恶反应，持续的时间直到不良行为消失为止，如可以使用弹击橡皮圈的方法戒除吸烟的行为，在来访者的手腕上套一橡皮圈，每当吸烟的欲念出现时，便自行反复拉弹橡皮圈打击手腕，产生疼痛感，直到吸烟的欲念消失；也可以通过化学刺激的方法戒除吸烟的行为，让有吸烟癖好的来访者先服用催吐药或注射催吐剂，然后再让其吸烟，这样他在吸烟时就会立刻呕吐，多次结合，就会形成对烟的条件反射，每当烟瘾发作时，就会出现呕吐的强烈反应，从而对烟产生厌恶感，达到戒除的目的。

(三) 满灌疗法

满灌疗法，又称“暴露疗法”“冲击疗法”和“快速脱敏疗法”。它是鼓励来访者直接接触引起恐怖焦虑的情境或事件，直到其恐怖感消失的一种快速行为治疗法。其治疗原理是：由于恐怖是经过经典条件作用而习得的，因此，某一事物或情境在一个人身上所引起的恐惧体验，会激发他产生逃避行为，而不管此事物或情境是否真的构成了对他的威胁，这种逃避行为会影响恐惧体验的强弱，从而起到负强化的作用。因此，心理专家认为，与其逃避恐怖情境，不如让来访者面对，一旦来访者能够毅然正视恐惧，恐惧就会减轻。

一般采用想象的方式，鼓励来访者想象最令他恐惧的场面，也可由咨询师在旁边反复地、甚至不厌其烦地讲述或者使用录像、幻灯片放映最令来访者恐惧的情景，以加深来访者的焦虑程度。此过程中，必须让来访者面对该情景，不允许来访者用闭眼睛、哭喊、堵耳朵等方式逃避。在反复的恐惧刺激下，尽管来访者因焦虑紧张而出现心跳加快、呼吸困难、面色发白、四肢发冷等植物性神经系统反应，但来访者最担心的可怕灾难却并没有发生，这样焦虑反应也就相应消退了。

除了上述方法外，还可以让来访者直接面对他最害怕的情境，经过切身体验，使其觉得也没有产生多么严重的后果，恐惧感自然就慢慢解除了。此方法的运用，需考虑来访者的文化水平、需要暗示的程度、发病原因和身体状况等因素。对体质虚弱、有心脏病、有高血压和承受力低的患者，不能应用此法，以免发生意外。

身边故事2-2

她为何如此怕脏——满灌疗法的具体运用[①]

英国心理治疗家马克斯教授，1982 年在成都举办的精神卫生讲习班上曾报告一案例。有一个女病人，由于怕脏，她每天花大量时间洗手，洗家具，擦墙壁、地板。全家人为此极为不安。

根据上述病人症状，马克斯医生认为此人患有强烈的恐惧症，惧怕脏。为了治疗她的恐惧症，他自己带头，用手接触墙壁、地板甚至鞋底，又用脏手去接触水杯，故意把杯口弄脏，再喝这杯子里的水，让病人照样去做。做完之后两小时之内不准洗手，让接触脏物引起的焦虑和恐惧情绪经过两小时的延缓，自行获得部分消退。两小时后开始洗手，最初病人要洗 1 小时，之后洗手时间给予限制，逐步缩短到 45 分钟、30 分钟、15 分钟。每天让病人在家里重复上述过程，几天之后，又让她回到自己那尘封半年的脏床上去睡。最后又让病人到肿瘤医院门诊部诊室去，坐在癌症病人坐过的椅子上，并与癌症病人握手。这一切措施使患者处于十分惊恐、失眠、食欲不振、“简直受不了”的状态，但是这时治疗师不用任何镇静药物，等待她焦虑状态的自我缓解。结果她的恐惧症被治愈了。

(四) 代币疗法

代币疗法又称奖励强化法、代币管制法。它是通过某种奖励系统，当来访者出现某种预期的良好行为表现时，立刻给予奖励来强化该种行为，从而使来访者所表现的良好行为得以形成和巩固，同时使其不良行为得以消退。代币可以用不同的形式表示，可以是小红旗、带有分值的小卡片、筹码和证券等多种形式。咨询师用代币作为奖励，强化来访者的期望行为，然后来访者可以用获得的代币换取自己喜欢的东西。

使用代币疗法时，需要注意以下几个方面。

(1) 确定所要改变的目标行为。咨询师与辅导者与来访者都要知道所要改变的行为是什么，并对此达成共识。

(2) 确定代币的类型。代金券、小红花、小红旗，或是记录分数等。

(3) 选择支持代币的强化物。如用代币可以换得食物、水果或参加某种有趣的活动等。与来访者商定奖励的内容，这一内容应当是来访者感兴趣并想获得的。

(4) 建立代币兑换规则。即完成哪些行为可以得到代币奖励，完成多少目标行为可得多少代币，获得某种强化物需要付出多少代币，还要确定奖励的时间与方式。

(五) 生物反馈疗法

生物反馈疗法(biofeedback therapy)又称生物回授疗法，或称植物神经学习法。它是在行为

① 许艳. 心理咨询与治疗[M]. 合肥：安徽人民出版社，2007：270.

疗法的基础上发展起来的一种新型心理治疗方法，利用现代生理科学仪器将来访者体内生理信息予以描记，并转换为声、光等反馈信号，使来访者能根据这些反馈信号，进行有意识的“意念”控制和心理训练，以达到调整机体功能，从而恢复身心健康的目的。由于人们对体内的生理、心理变化过程不易察觉，生物反馈可以将体内许多器官的活动加以记录、放大，并处理成容易被大脑皮层理解的信号加以显示，因此，通过生物反馈，人们能观察到体内微妙的心理、生理变化的动态过程。

常用的生物反馈设备有：肌电反馈仪、脑电反馈仪、皮肤温度反馈仪、皮肤电反馈仪、血压和脉搏反馈仪等。生物反馈法的运用一般包括两方面的内容：一是让来访者学习放松训练，以便能减轻过度紧张，使身体达到一定程度的放松状态；二是当来访者学会放松后，再通过生物反馈仪，使其了解并掌握自己身体内生理功能改变的信息，进一步加强放松训练的学习，直到形成操作性条件反射，解除影响正常生理活动或病理过程的紧张状态，以恢复正常的生理功能。

此外，行为主义疗法还包括模仿学习、角色扮演及肯定性训练等。模仿学习的原理主要是班杜拉的社会认知学习理论。通过观察别人的行为，人们能够学习并获得新的行为。角色扮演是来访者扮演一些与自身问题有关的人物角色，在咨询师的指导下，来访者从中能够学习改变自己旧的行为方式或学习新的行为，进而改变自己对一些人或事物的看法。肯定性训练又称为果敢训练、决断训练、自信训练或声明己见训练，适用于人际关系情景，能够帮助来访者正确和适当地与他人交往，表达自己的情绪、感受和想法。

实务训练2-2

一个女大学生的困惑[①]

王颖(化名)，女，21岁，大三学生，未婚，来自农村，有一个弟弟在上高中，父母健在，家庭收入一般。家住农村，自幼身体健康，未患过严重疾病。小时候性格内向，做事要做得最好，凡事要争第一，对事比较敏感，上小学后交了一些朋友，尤其是有一个非常要好的男同学，母亲知道后极力反对，说这不正经，并要求立即同他断绝来往，自己也认为母亲说得有道理，之后便很少与男同学交往。从小受到的主要是传统思想的教育，20岁时考上了大学。

十年苦读考进了高校的大门，到大一下学期，与人交往时心理开始紧张，不敢看人，也不敢到人多的地方去，不愿与男同学接触，渐渐与女同学接触也不舒服了，甚至不敢进教室与同学见面。后来，如有人坐到她旁边，心就“怦怦”地跳，以致无法上课，渐渐地就怕和人接触了，越来越害羞了，学习成绩下降，与人讲话时不敢直视对方，躲躲闪闪，讲话时间稍长一点，便出现心跳加快、手心出汗、脸红、口吃、全身发抖，因心跳过快、身体发抖而到医院检查，未发现身体异常情况。自知这样没必要，但事到临头总紧张不已，对此百思不得其解，苦恼不安，因此陷入矛盾之中，自己也力图克服这个怪毛病。

如果你是咨询师，面对这样的案例，你该给出怎样的诊断？你认为采取哪种行为主义疗法进行辅导更有效？

① http://www.rmxlw.com/Show_Pic_big.asp?id=881&Menuid=206&Columnid=0.

三、行为主义疗法的贡献与局限

(一) 行为主义疗法的贡献

首先，行为主义疗法是应用范围最广的心理咨询与辅导方法之一。该理论与方法强调对来访者问题或症状的直接关注，所运用的方法都有较强的针对性，常能及时为来访者提供需要的帮助，因此它比任何一种理论与方法都有更快的疗效、更短的疗程。

其次，来访者所面对的问题大多表现为行为问题，而行为的共同特征就是客观化且可以评价。因此，该理论与方法源自实证性研究，较客观、科学，既消除了咨询过程的神秘化色彩，也使咨询本身具有了更多的客观性。

再次，实践证明，该理论与方法对解决来访者诸如恐怖症之类的许多行为问题是有效的。确切来说，它对解决行为缺陷、饮食异常、药物滥用、心理性功能异常等行为现象是一种恰当而有效的方法。

此外，行为疗法不以语言作为治疗的主要工具，适用范围较广，治疗效果立竿见影，操作性强，易教易学，培养咨询人员比较快速省时，深受咨询者欢迎。

(二) 行为主义疗法的局限

行为主义疗法中，有些根植于实验室条件下的方法很难被直接移植到现实的心理咨询与辅导的情景中。这种疗法不适用于水准较高、渴望高度成长的来访者，而且该疗法只治标不治本，难以改变行为深层的问题。行为主义疗法对咨询关系的忽视，使来访者成为被操纵、控制的对象，不重视来访者的主动性，咨询程序显得过于机械，可能大大降低行为方法的有效作用。另外，在行为治疗中，咨询师只顾及来访者的细枝末节问题，忽视来访者的认识和信念，不注重人的全面发展，往往影响来访者不良行为的最终根除。

第三节 人本主义学派的心理咨询与治疗理论

人本主义心理治疗，是20世纪60年代兴起的一种新型心理疗法，主要方法有以来访者为中心疗法、存在主义疗法、完形疗法等。其中，影响最大的是以美国心理学家罗杰斯(Carl R. Rogers)(见图 2-9)开创的以来访者为中心疗法(也称以人为中心疗法)，其被公认为是人本主义疗法中的主要代表。

图2-9 人本主义心理学家罗杰斯(Carl R. Rogers)

人本心理学既反对精神分析学派从对心理障碍患者的观察去推论人性，又反对行为主义者从对动物的观察去推论人性。它主张应该从健全发展的人身上去观察人的本性，这样才能正确把握人的根本属性。人本主义精神主要可归纳为这样几点：一是相信人本质上是好的，有善良之心；二是相信人有向好的、积极的、完善的方向发展的强大潜力；三是相信人能够自我依赖、自主自立；四是主张心理学应该研究人的价值和尊严，心理辅导应该为恢复和提高人的价值、尊严做贡献。

一、人本主义的基本理论

(一) 人性理论

人本主义心理学家罗杰斯受欧洲存在主义哲学和现象学传统的影响，对人性持比较乐观的看法，他认为人性本是善的，所以不需要控制自己的需要，人天生就有一种基本的动机性的驱动力，他称之为“实现倾向”。人是有价值的，可以信任的，也是可以改变的，每个人都有一种充分实现自身各种潜能的倾向，这种积极的倾向，使人具有引导、调整、控制自己的能力，因而人们是完全可以信赖的。心理治疗的关键是治疗者对来访者的尊重和信任，以及建立一种有助于来访者发挥个人潜能，促其自我改变的合作关系。因此，以来访者为中心疗法强调了人的主观能动性，为每个来访者保存了他们的主观世界存在的余地。

(二) 自我概念

来访者中心疗法中，自我概念(self-conception)及其理论具有重要的地位。罗杰斯提出的“自我概念”，包括人对自己的认识，对自己与其他客体的区别和相互关系的认识以及对人的价值标准的认识。自我概念是在自我发展的过程中，在与环境和别人的接触与交往作用中逐渐形成的。

罗杰斯认为，一个人对他人的反应方式取决于自我概念。在人际交往中，人总是愿意使自己的行为得到别人的尊重。当一个人的行为产生了积极的自我体验，同时又得到他人的肯定时，他的自我概念是准确的，他的人格就能正常发展。但他如果一味地去满足别人期望而忽视自我或不惜改变自己的准则，就会使自我概念扭曲，忽视内心的真实感受，从而也就可能导致心理上的混乱，自我概念歪曲得越严重，各种心理异常表现如焦虑、抑郁、罪恶感和精神错乱等就表现得越明显。罗杰斯认为，以来访者为中心的心理治疗过程，是通过建立良好的治疗关系，减轻病人内心的压力，使其不至于歪曲或拒绝与正确的自我概念不一致的体验。

二、人本主义疗法的运用

人本主义疗法认为，人的本性是善的，不应当对人性采取悲观消极的看法，而应采取积极态度。人是有理性的，在适合的环境下，会努力朝向潜能充分发展的方向前进。因此，应当注重提供良好的心理辅导气氛，给来访者以真诚、无条件的尊重和准确共情。这样就能调动来访者自身的潜力，开放内在的自己和外在的经验世界，从而迈向自我实现的境地。人可以独立自主、自我引导，无须凭借心理分析和行为指导即可有效地解决自己的问题。心理辅导的中心应是最大限度地挖掘来访者自身的潜能和积极能动作用，依靠自己的努力来解决心理问题。

以来访者为中心疗法主要强调咨询师和来访者之间的关系的重要性，所以很少使用技术，认为咨询师的态度第一而技术其次，强调要把指导、分析、质问、探究、诊断、收集个案史等降到最低程度。反之，咨询师要尽可能地积极倾听，做出情感反应和澄清。

以来访者为中心疗法，提供更多的是一种咨询的理念而非方法，因此没有如精神分析疗法、行为疗法中那些具体明确的咨询方法和技术。它强调的是如何调动来访者自身的潜力，如何提供一种适宜的气氛，以引导来访者做自我探索，认识成长中的障碍，体验从前被否定与扭曲的自我，从而能开放自我，相信自我，增加自发性与活力。

以来访者为中心疗法更强调咨询态度的重要性，认为融洽的咨询与辅导关系是咨询与辅导获得进展的决定性因素，同时也提出了建立适宜的心理辅导气氛的 3 种最重要的态度及相应的形成技术。这 3 种态度为真诚、无条件的积极尊重和共情。

(一) 真诚

咨询师在心理辅导的整个过程中要言行一致，要真诚、坦白、开放地对待来访者，表现出真实的自己，没有虚伪的面具，让来访者了解到你也是个人，并非扮演某一角色。罗杰斯曾这样论及真诚：在咨询与辅导关系中，真诚的主要作用就是使来访者对咨询师产生信任，有了这种信任，咨询与辅导过程也就会更顺利。在这种真诚的人与人的关系中，咨询师能坦白地与来访者分享自己的感受，甚至包括负面的感受，达到经验的交流和共享。罗杰斯相信来访者能够分辨出咨询师对他是否真诚。

真诚有不同的层次，一般包括由浅入深的 4 个层次：①咨询师隐藏自己的感觉，或者以沉默来惩罚来访者；②咨询师做出反应，其反应符合自己所扮演的角色，但不是他们自己真正的感觉；③为了增进两人之间的关系，咨询师有限度地表达自己的感情，而不表达否定、消极的情感；④无论是好的或是不好的感觉，咨询师都以言语或非言语方式表达出来，经由这些情感表达，双方的关系变得更好[①]。

真诚是咨询师内心的自然流露，咨询师应通过自身的潜心修养和不断实践，进一步表现出高层次的真诚，促进来访者更了解自己。

(二) 无条件积极尊重

无条件积极尊重，就是指咨询师以平等的身份真正、深切地关心来访者，无条件地尊重和认可来访者。无论来访者是何种身份的人都要给予尊重，没有歧视性，一视同仁。无条件积极尊重能够创造一种没有威胁的情境，在此情境中，来访者能够自由地表达并且接受自己的感受，不担心会被拒绝。咨询师不对来访者的感情、思想、行为做出评价和判断。这并不表示咨询师必须赞同来访者所说的每一件事，特别是可能对来访者本人或其他人造成伤害的行为，但是如果咨询师对来访者不尊重、不喜欢或厌恶，心理辅导工作就不可能有收获。

一个成功的心理辅导过程之所以能够产生，是因为来访者觉得被咨询师完全接纳，所以他有勇气将自己的内心展现在咨询师的面前。因此，接纳的意思就是照个体的真实情况来接受对方，而不是照自己的标准来加以评判。

(三) 共情

共情也称移情的理解，是指咨询师要放下个人的参照标准，站在来访者的立场上，试着将

① 刘晓明，钱福永，等. 学校心理咨询模式[M]. 长春：吉林大学出版社，2000：272-273.

自己融入来访者的感觉世界中，从来访者的立场设身处地地去看待问题。咨询师所表达出来的想要了解对方的态度，使来访者体会到自己是一个值得被了解与倾听的人。罗杰斯曾这样描述：感受来访者的私人世界，就好像那是你自己的世界一样——这就是共情。它对咨询与辅导是至关重要的。感受来访者的愤怒、害怕或迷乱，就像那是你的愤怒、害怕和迷乱一样，然而并无你自己的愤怒、害怕和迷乱卷入其中，这就是我们想要描述的情形。

知识链接2-3

以来访者为中心疗法的特点①

最初在1942年，罗杰斯称他的治疗为“非指导性治疗”，1951年定名为“以来访者为中心的心理治疗”。与一般的指导性心理治疗相比，其反对操纵和支配病人，很少提问题，避免代替来访者做出决定，从来不给什么回答，在任何时候都让来访者确定讨论的问题，不提出需要矫正的问题，也不要求来访者执行推荐的活动。

罗杰斯采用的治疗技术，从最常用的开始，依次为：

(1) 认识来访者方才以某些方式表达的感情和态度;

(2) 对来访者从一般举止、特殊行为和以往谈话中表达出来的感情和态度进行解释或认识;

(3) 提出交谈的话题，但是让来访者发表意见和展开来谈;

(4) 确认方才来访者谈话的中心意思;

(5) 提出一些非常具体的问题，答案只限于“是”或“不是”，或提供具体情况;

(6) 解释、讨论或提供与问题或治疗有关的情况;

(7) 用来访者对治疗的反应来说明和解释交谈的情况。

罗杰斯为了避免操纵来访者，在交谈时往往只是简单地点点头或以“嗯”“啊”应答，似乎是在说：“好，请继续说下去，我正在听着。”因而他曾被称为“嗯啊治疗先生”。有人经过言语操作性条件试验，证实这是一种很好的办法，它能强化来访者的言语表达，激发来访者的情感，使来访者进一步暴露自己，并随之产生批判性的自我知觉。

三、人本主义疗法的贡献与局限②

(一) 人本主义疗法的贡献

以来访者为中心疗法，建立在假定人性生来就是努力追求自我实现的哲学基础上。自从罗杰斯建立了非指导咨询后，只有很少的其他心理治疗模型出现。罗杰斯对心理咨询与心理治疗领域具有重要影响。他在20世纪40年代介绍他的新思想时，就对精神分析和指导性治疗提出了一个强有力的挑战。罗杰斯是把心理治疗从重视技巧和治疗师权威转移到重视治疗关系上来的先驱。很多实践者都接受了罗杰斯关于共情、平等及治疗关系的首要性的观点及其研究价值。现在罗杰斯的这个思想已经渗透到大部分咨询与辅导中。

与以往的心理治疗方法相比，作为心理治疗第三个里程碑的以来访者为中心疗法有以下几点不同。

① http://www.xici.net/b25569/d5834559.htm.

② 许艳. 心理咨询与治疗[M]. 合肥：安徽人民出版社，2007：230-233.

1. 打破了以前疾病诊断的界限

罗杰斯所提倡的以来访者为中心疗法打破了医学传统的诊断界限，不进行疾病诊断和鉴别诊断，治疗对象不分神经症病人和正常人甚至精神病人，因而不叫他们为病人而称之为来访者，而治疗让不懂心理治疗的人主持。这一技术曾帮助过众多教育家、企业经理、政府官员等。以来访者为中心疗法可以应用于人与人相互影响的任何场合，主要适用于有主动性和能交往的病人，而不适于精神病人，患躯体病、沉默和有抵抗心理的病人，以及需要做出诊断和评价的病人。

2. 不注重咨询与辅导技巧

以来访者为中心疗法在咨询与辅导界一直以来都很流行。有部分原因是因为这种疗法不是以技术为中心，所以比较容易学。罗杰斯说，精神分析法的"钻心"技术无用，行为矫正法过分"机械"而失去人性。他批评以前的施治者把自己的判断和价值观强加给病人，叫他们无条件接受，阻碍了病人发挥自己的潜力。而且它也不需要对人格理论有太多的了解。比起传统的精神分析派的技术，它不需要冗长的训练，而且可以在较短的时间产生效果。所以这种疗法吸引了各类人，包括治疗家、教师、律师、父母都可以运用，在危机干预中心、咨询机构等处用得非常广泛，而且它最适合于治疗焦虑症和适应性障碍，常用于以促进良好人际关系为主的机构和团体中，如学校、管理和商业领域等。

3. 不强调专家的作用

以来访者为中心疗法批评精神分析中的父母—子女式的医患关系和行为疗法中的师生关系，主张施治者不应以医生、专家的身份而应以普通人的身份出现，以平等态度对待来访者，不给予具体指导和分析，只引导他们抒发自己的情感。咨询师把来访者作为一个有自尊心的主人来看待，而不是一个普通的病人，故用"来访者"一词。在进行咨询与辅导时，咨询师让来访者畅所欲言，但不需要什么自由联想。咨询与辅导的关键是咨询师处于中间的媒介，帮助来访者发泄他的情绪，咨询师耐心地倾听。为达这一目的，当交谈时咨询师不断用反响来激发来访者的情绪，一再重复来访者在交谈中所表现的最基本的情感。咨询师不能把自己的意志强加在来访者身上，而是帮助他弄清问题，增加自我了解和适应能力，发展其成长潜力，从而获得治愈。罗杰斯认为，咨询与辅导关系中最重要的因素在于咨询师应成为"真诚的或自我和谐的人"。这就是说，他不仅是从专业的角度去发挥作用和进行操作，而且在与来访者的关系中也是坦率和诚实的，因为任何人都是不愿向不真诚的人暴露自己的。

4. 注重咨询与辅导的环境和气氛

罗杰斯对咨询与辅导过程的气氛非常重视。从咨询和治疗科学的发展角度看，以来访者为中心疗法的一个主要贡献，恐怕是它对咨访关系的研究。它先是从实践中发现了咨访关系对促成来访者改变的至关重要的作用，然后又从理论上阐明了何种咨访关系会导致积极改变，最后令人信服地提炼出良好的咨访关系的一些基本要件。正如我们已多次说明的，发展咨询关系，培养真诚、共情理解和无条件积极关注等关系条件，这已构成了当代咨询和治疗实践的共同基础。

5. 激发人自身的成长力

以来访者为中心疗法还有一个贡献，就是它能激发对人的能力的积极信念，这种能力是指当事人的自我指导能力和自我负责能力。一旦咨询者怀着这样的信念去对待来访者和咨询，这本身似乎会创造一种神奇的力量，推动咨询取得进展，推动来访者发生改变。

6. 强调咨询者的人格与态度

以来访者为中心疗法强调咨询者这个人的人格和态度的作用，而不是方法与技巧的作用，这对咨询者形成自己的咨询思想是有积极意义的。咨询者的人格和态度比应用方法与技巧更重要，对来访者的影响更大。

(二) 人本主义疗法的局限

公平来说，以来访者为中心疗法也有不少相当明显的局限或缺陷，具体如下。

1. 重情轻理

首先，它的整个体系透露出一股强烈的重情轻理的气息。把人的情绪感受摆在第一位，理性的力量退居不重要的地位，这一点已有不少人予以批评。人对生活价值的选择和评价，既不依据他们认为这种选择正确，也不需要逻辑的合理性，而主要依靠人的情绪感受，这对绝大多数人来说，恐怕都是难以接受的。

2. 个人主义取向

第二个问题是这个体系的个人主义取向。舒尔兹评论罗杰斯的体系“看来缺乏对他人的责任感和清楚明确的目标和目的。这一理论好像是鼓励个人过一种完全自私和率性而为的生活。它强调的是体验、感受，完全为自己而活着，而没有相应强调对事业、目标或人在每时每刻的新鲜体验的爱、奉献和义务……机能充分发挥的人……所关切的只是一己的存在，而不是促成他人的成长和发展”。这种取向在中国文化中的适用性要进行再思考，因为我们的文化是重视社会价值和个人的社会责任的文化，个人主义者很难有真正自由的生活空间。

3. 咨询者的被动性

罗杰斯认为，来访者是自己最好的专家，他们有找到解决自己的问题的办法。咨询师的任务是促进来访者对自己的思想和情感有进一步了解，以找到解决办法。以来访者为中心疗法的咨询师显得过于消极、被动，有时甚至会受来访者的操纵。仅仅满足于倾听和反映来访者的感受，对有些来访者，譬如内省能力和内省习惯比较好的来访者，可能很适合；而对另一些自我感悟力差的来访者，则可能使咨询旷日持久地拖下去，却收获很少。因此，这种方法对来访者的自身素质要求比较高。

4. 忽视客观评估与咨询技术

以人为中心治疗体系排斥诊断或评估，不对障碍进行任何分类，也忽视具体策略和技术的运用。罗杰斯对当事人的主观经验和自我报告非常重视，有人认为他过于依赖个人的自我报告，所得到的资料不一定十分可靠。有人批评以来访者为中心疗法的咨询师太缺少训练，而这是无法用热情所弥补的。而且即使咨询师做到了以来访者为中心，是否就能真正消除来访者扭曲的认识和经验，有待于进一步研究。

第四节　认知学派的心理咨询与治疗理论

认知疗法(cognitive therapy)是新近发展起来的一种心理治疗方法，于20世纪六七十年代在美国诞生，其理论假设是人的认知过程会影响其情绪和行为，因此，通过认知和行为技术可以改变来访者的不良认知，从而使其矫正并适应不良行为。它的主要着眼点放在来访者非功能性的认知问题上，目的是通过改变来访者对己、对人或对事的看法与态度来改变并改善所呈现的心理问题。亚伦·贝克(Aron T. Beck)(见图2-10)被公认为认知治疗之父。除了贝克的认知治疗，阿尔伯特·埃利斯(Albert Ellis，1962)(见图2-11)的理性情绪行为疗法是最具代表性的一种认知行为治疗。

图2-10　亚伦·贝克

图2-11　阿尔伯特·埃利斯

在生活中，我们每个人都有这样的体会：同样的事件发生在不同的人身上往往会引起不同的行为反应。原因是在刺激与反应之间存在一个重要的中介变量——认知因素。由于文化、知识水平及周围环境背景的差异，人们对问题往往有不同的理解和认知，从而人为地给刺激赋予了一定的意义，再由这种意义引出了相应的行为反应。事件本身并不是行为反应的直接原因，对事件的认知才是行为反应的直接原因。人的烦恼通常来自于人的不合理认知，正所谓“天下本无事，庸人自扰之”。无论哪一种认知治疗方法，关注的焦点都是来访者的想法。每一种认知治疗都认为：不合理的想法是引起情绪困扰和行为反应异常的原因。因此，认知治疗师大多会帮助来访者认识导致情绪困扰的不合理想法，然后用更恰当的想法代替它们。

一、认知疗法的基本理论

(一) 贝克的认知治疗理论

贝克认为：“心理问题”的产生不一定全部都是由神秘的、不可抗拒的力量所引起的，它也可以从平常的事件中产生，例如错误的学习、根据片面的或不正确的信息做出错误的解释、不能妥善地区分现实与理想之间的差别，等等。他提出，每个人的情感和行为在很大程度上是由自身认识世界、处理问题的方式和方法决定的，一个人的思维方式决定了他内心的体验和反应。

认知理论的假设在于，人的思想和信念是情绪状态和行为表现的原因。贝克论证说，抑郁症病人往往由于逻辑判断上的错误因而变成抑郁，歪曲事情的含义而自我谴责，一件在通常情况下很小的事情(如溅出饮料)会被他看成生活已完全绝望的表现，因而抑郁症病人总是对自己做不合逻辑的推理，用自我贬低和自我责备的思想去解释所有的事件。

贝克把人们在认知过程中发生的认知歪曲归纳为以下 6 种形式。

1. 随意推论

随意推论(arbitrary inference)，即在证据缺乏或不充分时便草率做出结论。这种扭曲现象包括“大难临头”或对于某个情境想到最糟的情况，如，“我是无用的，因为我去邻居家借东西，他没有借给我”。

2. 过分概括化

过分概括化(overgeneralization)，指仅依据个别细节而不考虑其他情况便对整个事件做出结论。这是一种瞎子摸象式的、以偏概全的认知方式，如，你曾接待过一位青少年的咨询而碰到困难，于是你便下结论说你对青少年的咨询是不擅长的，你也可能下结论说你没有能力帮助任何人。

3. 过度引申

过度引申(overgeneralization)或称为过度泛化，是指在单一事件的基础上做出关于能力、操作或价值的普遍性结论，也就是说，从一个细小事件出发引申做出结论，如，“因为我不明白这个问题，所以我是一个愚蠢的人”或“因为我打碎了一个碗，所以我不是一个好孩子”。

4. 夸大或缩小

夸大或缩小(magnification and minimization)，指对客观事件的意义做出歪曲的评价，如，因为偶然开玩笑并无恶意地撒了一次谎，于是认为完全丧失了诚意。

5. 极端化思考

极端化思考(polarized thinking)，指思考或解释时采用全或无的方式，或用“不是……就是……”的方式极端地分类，把生活看成非黑即白的单色世界，没有中间色，如，你可能认为自己不是一个完美的人，那么就不是完美的咨询员；或你可能认为自己是个完美而且有能力的咨询员(指你能成功地接待所有当事人的咨询)，而一旦你发现自己并非全能时，你就会把自己看成彻底的失败者(根本不容许自己犯任何错误)。

6. 乱贴标签

乱贴标签(labeling and mislabeling)，指根据过去的不完美或过失来决定自己真正的身份认同。因此，如果你未能符合所有当事人的期望，你可能对自己说：“我是个完全没有价值的人，应该立刻把咨询执照撕掉。”

(二) 埃利斯的理性情绪疗法的基本理论

1. 人性观

(1) 人既可以是理性的、合理的，也可以是非理性的、不合理性的。当人们按照理性去思维、去行动时，他们就会是愉快的、富有竞争精神以及行有成效的人；当人们按照非理性进行思维时，他们体验到的就是消极情绪。

(2) 情绪是伴随人们的思维而产生的，情绪上或心理上的困扰的原因多半源于自己的不合理思维，很少是由外因造成的。

(3) 不需要有事实根据，人们单凭想象就可以形成信念。而非理性的思考方式会形成“不合理的信念”，使人陷入越想越苦恼的困境之中。

(4) 每个人都拥有不同程度的不合理信念，只不过有心理障碍的人所持有的不合理信念更多、更严重而已。

(5) 人生来就具有以理性信念对抗非理性信念的潜能，能够改变认知、情绪和行为。

(6) 人们的思想、情绪体验和行动是同时发生的，当人有情绪体验时，他同时有思想和行动；当人有思想时，他同时有行动和情绪体验；当人有行动时，他同时有思想和情绪体验。

2. 埃利斯的ABC理论

ABC理论是理性情绪行为疗法的核心理论。这一理论的主要观点是：情绪和行为反应并不是外部的某一诱发事件引起的，而是个体对这一事件的解释和评价引起的。

(1) A(activating events)，代表发生的与自己有关的事件。所谓事件，可能是客观事实(如丢了一笔数目不少的钱)，可能是他人的态度和行为(如有人对自己很冷淡)，也可能是与别人的关系发生了变化(如失恋)，还可能是自己所造成的后果(如自己学习不得要领，导致考试成绩不理想)。

(2) B(beliefs)，代表个人对与自己有关的事件所持的信念，也就是对事件的看法、解释和评价。

(3) C(consequences)，代表个人对事件的情绪反应和行为结果。这种反应可能是正性的(积极的)，也可能是负性的(消极的)；可能是适度的，也可能是过度的。

埃利斯认为，B是A和C之间的中介因素，是对于A的信念、认知、评价或看法。也就是说，不是A直接引起了C，而是B直接引起了C。换言之，事件本身的刺激情境，并非引起情绪反应的直接原因，个人对刺激情绪的认知解释和评价，才是引起情绪反应的直接原因。例如，一个人报考英语六级，结果没通过，他感到很沮丧，这不是考试没通过本身引起他沮丧反应的，而是这个人对于考试失败所持的信念所引起的。埃利斯认为考试失败的信念B才是导致沮丧C的主要原因，而不是考试没通过这一实际事件A。

理性情绪行为治疗的核心在于教导人们如何改变直接导致其困扰情绪结果的非理性信念。人们的认知可以促进人的心理健康，使人愉快地生活，也可以使人轻者陷入情绪困扰之中，重者导致多种心理疾病甚至自杀。对于同一个诱发事件，如果持有合理的信念，就会引起人们对事物适当、适度的情绪和行为反应。如果人们坚持某些不合理的信念，就会长期处于不良情绪状态之中，最终将导致情绪障碍的产生。

实务训练2-3

分析人物的ABC

某个世界级的画家，他是人们公认的出类拔萃的绘画天才。现在，他的一幅画可以卖到几千万美元。然而，他在生前对自己、对生活的看法和评价都过于消极。他因为失恋，因为自己的画在当时不能得到恰当的评价，就认为自己前途暗淡，并且陷入悲观绝望之中。后来，情况更为严重，他吞食颜料、松节油、煤油，割自己的耳朵，直至对自己开了一枪。当时，他才37岁，一个才华横溢的生命就这样陨落了。

请说说这个画家面临的事件A是什么，他如何看待这些事件B，最后的结果C又是什么？

3. 不合理信念及其特征

不合理信念是一种不合理的认知，会使人们出现情绪和行为问题，包括抑郁、自卑、焦虑和恐惧。

埃利斯根据自己的临床观察，总结了以下11种不合理信念：

(1) 自己应该获得周围的人特别是重要人物的喜爱和赞许；

(2) 要求自己是全能的，只有在人生的每一个环节、每一个方面都成功的人，才能体现自己的人生价值；

(3) 对于那些邪恶、可恶的人，应该给予严厉的惩罚和制裁；

(4) 任何事物都应按自己的意愿发展，否则会很糟糕；

(5) 生活中的不愉快是由外部环境因素造成的，因此人们无法控制和改变自身的痛苦与困扰；

(6) 生活中充满了艰难困苦，要面对现实中的困难和承担责任很不容易，因此应设法逃避它们；

(7) 对危险和可怕的事情应该高度警惕，一个人应该担心随时可能发生灾祸；

(8) 自己是无能的，必须找一个比自己强的靠山才能生活，自己不能掌握情感，必须有其他的人来安慰自己；

(9) 一个人过去的历史对现在的行为起决定作用，一件事过去曾影响自己，所以现在必然影响自己的行为；

(10) 人们应该十分关心他人，并为他人的问题感到难过；

(11) 一个人碰到的种种问题，总应该都有一个正确、完满的答案，如果一个人无法找到它，便是不能容忍的事。

那么，不合理的信念都有哪些具体特征呢？韦斯勒(Wessler)经过归纳研究，总结出了非理性信念的3个共同特征：绝对化要求、过分概括化、糟糕至极。

(1) 绝对化要求。绝对化要求指人们从自己的意愿出发，对某一事物怀有认为其必定会发生或必定不会发生的信念。这种信念通常与“必须”“应该”这些词联系在一起。例如，“我必须获得成功”，“别人必须很好地对待我”等。这种绝对化的要求在现实生活中是行不通的，客观事物的发生、发展都有其规律，不可能完全符合某个人的意愿，如果事情的发展不如他所愿，那么由失望而导致的情绪障碍就在所难免。

(2) 过分概括化。这是一种以偏概全的不合理思维方式的表现。过分概括化是不合逻辑的，就好像以一本书的封面来判定其内容的好坏一样。过分概括化的一个方面是人们对其自身的不合理的评价。例如：一个人因为恋爱失败，便认为自己一无是处、毫无魅力，从而导致自责自罪、自卑自弃的心理及焦虑和抑郁情绪的产生。过分概括化的另一方面是对他人的不合理评价，即别人稍有差错就认为他很坏、一无是处等，这会导致一味地责备他人，以致产生敌意和愤怒等情绪，从而导致人际摩擦增加。俗话说：“金无足赤，人无完人。”在这个世界上，没有一个人可以完美无缺，所以每个人都应接受——自己和他人是有可能犯错误的。埃利斯主张，评价的对象是一个人的行为和表现，而不是人的整体价值或人格。这也正是理性情绪行为疗法强调的要点之一。

(3) 糟糕至极。这是一种将可能产生的不良后果无限严重化的思维定式。一旦有不好的事情发生，即使发生的是一个小问题，也会认为是非常可怕和非常糟糕的，甚至是一场灾难。这将导致个体陷入极端不良的情绪体验如耻辱、自责自罪、焦虑、悲观、抑郁的恶性循环中，难以自拔，如，得了感冒就认为自己病情很严重，甚至会死；领导没有和他打招呼就认为是自己做错了什么事，以致会影响到自己的前程；一个人没考上大学，就觉得世界末日到了，自己没有前途，活不下去了；等等。糟糕至极常常是伴随人们的绝对化要求而出现的，当人们认为"必须"和"应该"的事情并非如他们所想的那样发生时，他们就会感到事情糟到了极点。艾利斯认为不好的事情确实有可能发生，尽管我们总是希望不要发生这样的事。人们可以尽可能地去改变这种不如意的事情，但在不可能改变时，就要学会适应现实。

二、认知疗法的运用

(一) 贝克的认知治疗技术

1. 去灾难法

去灾难法也称"如果……怎么办"技巧。这是专门针对后果反应过度的那些来访者的，有时一些来访者会害怕一些实际上不大可能出现的后果，去灾难法可以用来帮助他们准备好去面对所害怕的后果。这种方法对减少来访者逃避行为的效果较好，特别是当这种方法与应对策略配合使用时。

2. 再归因法

再归因法是指有时候事情本来没有来访者的责任，但来访者却把责任归因于自己，从而感到自责、内疚和抑郁。此时，咨询师要帮助来访者重新公正地分配责任。

3. 去中心化

很多来访者会错误地认为自己是别人注意的焦点，自己的一言一行、一举一动都会受到他人的品评，为此而常常感到自己是无力的、脆弱的。如果某个来访者认为自己的行为举止稍有改变，就会引起周围每个人的注意，那么咨询师可以让他不像以前那样去与人交往，即在行为举止上稍有变化，然后要求他记录别人不良反应的次数，结果他就会发现很少有人注意他言行的变化。

4. 理解特殊意义法

由于来访者的自动思维和认知图式与一般人不同，一个词对他们的意义也会不同，因此，咨询师一定要注意，在使用词语的时候首先要明确其在来访者的角度是怎么理解的，不能随便按照自己的理解和来访者进行交流。咨询师确切地理解来访者所表达的意义是非常重要的，这对于咨询师及来访者都有帮助，可以让他们各自都理解来访者的思维过程。

5. 质疑绝对化

来访者往往用绝对化的表达方式表现自己的负性情绪，他们常常使用"所有人""总是""从来不”“没有人”等词汇。咨询师对这些极端化的质疑，可以帮助来访者学到更正确的思维。

(二) 埃利斯的理性情绪治疗技术

1. 与不合理信念辩论的技术

在理性情绪行为治疗的整个过程中，与不合理信念辩论的技术一直是咨询师帮助来访者的主要技术。咨询师帮助来访者向其不合理信念提出挑战和质疑，以动摇其信念。

寻找来访者的不合理信念，可先从 ABC 模式入手，即先从某一典型事件入手，找出诱发性事件 A；再询问来访者对这一事件的感觉和对 A 的反应，即找出 C；询问来访者为什么会体验到焦虑、恐惧等情况，即从不适当的情绪及行为反应着手，找出其潜在的看法、信念等，分清来访者对事件 A 持有的信念哪些合理，哪些不合理，将不合理的信念作为 B 列出来。而在此过程中，要采用逐个击破的原则。

找到不合理信念后通过辩论，不断向来访者不合理的信念提问，以挑战来访者的不合理信念，从而使来访者的信念动摇。提问的方式，可分为质疑式和夸张式两种。

(1) 质疑式提问。咨询师直截了当地向来访者的不合理信念发问，如：“你有什么证据能证明自己的观点？”“是否别人都可以犯错误，而你却不能？”“是否别人想问题、做事情都应该符合你的意愿？”“你有什么理由要求事情按你所设想的那样发生？”“请证实你自己的观点！”等等。来访者一般不会简单地放弃自己的信念，面对咨询师的质疑，他们会想方设法为自己的信念辩护。因此，咨询师要不断提问，使来访者感到自己的辩解理屈词穷，才有可能放弃不合理的信念，接受合理的信念，从而让他们认识到：①哪些不合理的信念是不现实的、不合逻辑的；②哪些信念是站不住脚的；③什么是合理的信念，什么是不合理的信念；第四，最终以合理的信念取代那些不合理的信念。

(2) 夸张式提问。咨询师针对来访者不合理的信念故意提出一些夸张的问题。此方法只是提问方式上不同于质疑式。这种提问方式犹如漫画手法，把对方信念不合逻辑、不现实之处以夸张的方式放大给他们自己看。例如，一个有社交恐怖情绪的来访者说：“别人都看着我。”咨询师问：“是否别人不干自己的事情，都围着你看？”来访者回答：“没有。”咨询师说：“要不要在身上贴张标签，写上‘不要看我’的字样”答：“那人家都要来看我了！”问：“那原来你说别人都看你是否是真的？”答：“……是我头脑中想象的……”在这段对话中，咨询师抓住来访者的不合理之处发问，前两个问题均是夸张式问题。由于这一提问方式使来访者也感到自己的想法可笑、没有道理，从而容易让来访者放弃自己的不合理想法。

与不合理的信念辩论，咨询师不仅要主动质疑来访者所持有的不合理信念，还要引导来访者对这些信念进行主动思考。这样的效果优于咨询师单方面的说教。

📖 身边故事2-3

他总是瞪我[①]

有位高一女生林某，因同班男生罗某瞪了她一眼，就恐惧极了，哭着请求学校给她换班。原来林某在小学曾与罗某同班，罗某在校表现较差，好骂人、打架，学习成绩也差。林某曾在背后骂过罗某。小学毕业后，林某考入重点中学的初中部(一中)，罗某到一般初中，三年初中

① http://hi.baidu.com/higaru/blog/item/d7bb257fe7a2510828388a9f.html.

没有见过面。林某在初中，学习成绩很好，三年当班长，又以优异成绩考入原校高中，罗某未考上重点高中，却寄读于同一学校，高一编班刚好分在一起。

林某流着眼泪说："我现在一看到他(罗某)就害怕，害怕他报复我。我上课无法集中注意力，如果不换班，我就没法再继续读下去了。"

实际上，林某的这种心理障碍是因多疑产生的，而这种多疑，不是由某一诱发性事件本身所引起的，而是由经历了这一事件的个体对这一事件的解释和评价所引起的。在前面这个例子中，罗某看林某一眼是诱发性事件 A；林某认为罗某认出自己，并要对其实施报复，是个体遇到诱发事件之后相应而生的信念，即对这一事件的看法、解释和评价 B；林某产生害怕情绪、恐惧心理，上课不安心是在特定情景下，个体的情绪及行为的结果 C。根据 ABC 理论，林某对罗某瞪眼事件所持的信念、看法、解释，是引起其情绪及行为反应的直接起因，所以改变林某所持的不合理的信念是解决问题的关键。

实务训练2-4

一个大二女生的困惑[①]

在心理咨询室有一位大学二年级的女学生，20 岁。在她担任团干部期间，曾给一位男同学写过一封信，鼓励其多参加集体活动，此事后来为同学所知道，被当众开过玩笑。此后，该女同学便对学校生活产生恐惧，自觉被人瞧不起，责备自己做了蠢事，不愿再去上学，后在母亲陪伴下前来咨询。

如果你是咨询师，采用与来访者不合理信念进行辩论的技术，怎样提问才能使来访者改变其不合理的信念，产生新的认知？

2. 认知家庭作业

认知家庭作业也是理性情绪行为治疗常用的方法。这种方法是让来访者自己与自己的不理性信念进行辩论，来访者在咨询室里发生的改变也许还不够深入，在咨询以外的时间去实践才能真正改变人的思考、情绪和行为。认知家庭作业主要有两种方式：理性情绪行为治疗的自助量表和合理的自我分析报告。

(1) 理性情绪行为治疗的自助量表。这是埃利斯特制的一种自助表格，填表者要根据表格要求进行填写。内容是先要求当事人写出事件 A 和结果 C；然后从表中列出的十几种常见的不理性信念中找出符合自己情况的 B，或写出表中未列出的其他不理性信念；接着，填表者对自己的不理性信念逐一进行分析、质疑、辩论，并找出能够替代 B 的理性信念，填在相应的栏目中；最后填写经过辩论后得到的新的情绪和行为 E。完成这个自助表格，实际上就是来访者自己进行测量的过程。

(2) 合理的自我分析报告。合理的自我分析报告与理性情绪自助量表基本类似。当事人要以报告的形式写出 ABCDE 各项，只不过它不像自助量表那样有严格规范的步骤，但报告的重点也要以 D，即与不理性信念的辩论为主。

---

① http://haofengzhang.blog.sohu.com/38539847.html.

实务训练2-5

合理的自我分析案例[①]

事件 A

出席一个重要会议，突然发现自己已经晚了，心里顿时慌乱起来，抱怨自己无能。

信念 B

(1) 我怎么那么差劲，连开会时间都会搞错。

(2) 我总是把事情搞错，真没用。

(3) 别人会认为我是傻瓜。

(4) 在众目睽睽之下迟到，真丢人现眼。

情绪 C

紧张、害怕、自责、沮丧等。

驳斥 D

(1) 每个人都会出现记错时间这种情况，我只是第一次，以后会准时的。

(2) 错过开会时间，只能说我不够细心，并不能说明我没用。许多事情我还是干得不错的。

(3) 可能有人会认为我真傻，但只是少数人如此。大多数会对我的迟到持无所谓的态度。

(4) 我迟到了是不对，别人可能会对我表示不满，但这并非糟糕透顶。我仍然可以继续开会、继续我的工作。

效果 E

(1) 通过自我辩论，消除了自责，但来访者仍有些紧张、担心。

(2) 继续进行自我鼓励，并勇敢地参会。

3. 改变来访者消极的自我暗示

不恰当的语言是造成思维歪曲的重要因素之一。来访者所使用的语言模式往往是无助和自我谴责的反映，绝对化、糟糕至极的语言，对来访者的思维有暗示的作用。通过咨询与辅导，使来访者认识到可以用“较喜欢”来取代“必须”“最好”和“应该”，从而把绝对化的要求转变为愿望。还可以学习一些句子暗示自己，“如果生活不能总如我所愿，那也没什么可怕，只是不太称心而已”。通过这种语言形态的改变和自我暗示语言的改变，来访者开始以新的视角思考和行动，并会导致相应感受性方面的变化。

4. 使用幽默

理性情绪行为疗法认为，如果来访者过于严肃，以致对生活中的事件失去了欣赏与幽默感，就会导致情绪困扰，所以咨询师会使用幽默感来协助来访者对抗他们过于严肃的一面，并协助他们驳斥生活中的“必须”哲学。例如，埃利斯常使用合理而幽默的歌曲来教导来访者，鼓励人们在感到抑郁或焦虑的时候，就对自己或团体唱这些歌。他相信幽默会使来访者嘲笑某些根深蒂固的不合理信念，能够有效地帮助来访者改变这些信念。

5. 理性情绪想象技术

理性情绪想象技术是在辩论方法的基础上发展起来的一项技术，也是理性情绪疗法中最常

① http://hi.baidu.com/jimmyyun/blog/item/e778ec1f134fc5f0e1fe0b66.html.

用的方法之一。其基本的思路是要借助于想象技术，将发现来访者的非理性信念的工作交由来访者自己来完成。

理性情绪想象技术的基本步骤如下。

(1) 使来访者在想象中进入使他产生不适应情绪或者自我感受最不好的情境中，让他清楚地体验在这种情境下他的强烈的情绪。

(2) 让来访者改变这种消极的情绪，使他体会适度的情绪。

(3) 停止想象，要求来访者讲述他是怎样使自己的情绪发生变化的。咨询师对来访者的正确观念和积极转变，要给予肯定和及时强化；对仍存在的不合理的信念进行纠正，必要时补充其他有关的、来访者没想到的合理信念。

三、认知疗法的贡献与局限

(一) 认知疗法的贡献

在咨询理论上，精神分析疗法把人看成是生物性冲动的奴隶；行为疗法把人看成与没有意识的动物无异；而认知疗法则把眼光放在了人的认知上，把人与动物最根本区别的理性还给了人。它强调意识的重要性，认为人的意识是导致情绪障碍和非适应行为的根源，它看到了人的很多心理障碍是受思维限制的。

在咨询方法及效果上，认知疗法在调整和改变人的不合理的认知的同时，并没有忽视对其进行行为方面的矫正和训练。它将认知调整技术与行为训练方法有机地结合起来，是一个开放的、兼容的心理治疗系统。它治疗的时间短、见效快，并且能够解决行为疗法所不能解决的意识层面上的问题，因此，它的适应范围非常广。现在，认知疗法在心理咨询领域扮演着令人瞩目的角色。

(二) 认知疗法的局限

(1) 认知疗法忽视来访者过去经历的作用，只强调认知和信念的作用。而事实上，有些来访者过去的经历是他产生现在问题的一个比较关键的因素，了解和分析来访者的经历，对我们进行正确的诊断和分析都是很有帮助的。

(2) 认知疗法忽视潜意识条件反射的情绪。它过分注重人的认知情绪，而没有看到除认知情绪之外的条件性情绪对人的行为及认知的影响。单纯地消除认知因素而忽视条件性情绪因素，必然会使治疗不彻底。

(3) 虽然认知疗法告诉我们，人的错误认知会导致消极情绪和行为，但是，认知、情绪及行为之间的关系到底是什么，认知理论并没有给我们详细的答案。同时，认知疗法没有对心理障碍者的心理结构进行分析，所以一旦遇到某些复杂问题，必然就会影响认知疗法的治疗效果。

第五节　后现代心理咨询与治疗理论

后现代主义思潮是在 20 世纪中期西方发达国家开始由现代工业社会转入“后工业社会”

(或信息社会)时出现的一种文化思潮，是现代主义思潮之“后”的一种思想理论产物。这里的“后”，更多的并非仅仅局限在时间序列上的先后，而是指对现代主义思潮弊端进行反省之后的“后”。后现代主义思潮以“建构主义”为哲学基础，在对现代主义的强烈批判中，心理学应用体系中受到最大启示的是心理咨询与治疗领域。

一、后现代心理咨询与治疗理论概述

后现代主义心理学是一个宽泛的概念，包含许多具体形式的心理学理论，如社会建构论或社会建构心理学、叙事心理学、解构心理学、多元文化论思潮、后现代女性心理学等。后现代心理治疗虽然在理论和实践上没有形成像精神分析、行为治疗、认知疗法和人本主义疗法那样严密的体系，治疗的有效性也有待检验，但后现代疗法的兴起及其有价值的探索，对我国心理咨询和治疗的理论和实践，提供了一些有益的启示。下面介绍后现代心理咨询与治疗的主要观点。

(一) 关注“主观事实”

现代主义者强调“客观事实”的存在，认为这些客观事实是能够被观察和系统研究的。

后现代主义强调“主观事实”的存在，主观事实不能脱离人们的观察过程而独立存在。社会建构主义就是后现代世界观中的一种治疗观点，强调来访者的事实，强调这种事实是以语言的使用为基础的，在很大程度上是人们生活情境的函数。事实是以一种社会的方式建构的[①]。该理论认为，来访者的心理和行为事实是主观的，是来访者在社会活动中建构的，是来访者在不同故事中创造出来的。咨询师要把来访者讲的故事，看作用他们的语言创造出的事实及意义，有多少讲故事的来访者，就有多少不同意义的故事，也就有多少不同的事实，每一个故事对于讲故事者都是真实的，每一个卷入不同情节的人，对于情境的事实都有自己的观点[②]。

(二) 关注咨询实践

使用现代主义疗法咨询时，对来访者进行的是“问题—谈话”，咨询师利用客观的诊断标准，对来访者进行评估和诊断，以便找出来访者的问题，评估问题发展到了什么程度，然后分析问题、解决问题。这种疗法的重点，是通过咨询使得来访者更加关注自己的问题，关注自己的不足和失败。

使用后现代疗法咨询时，对来访者进行的是“改变—谈话”，咨询师在进行评估时，把来访者看作合作者，始终认为在“需要什么”的问题上，来访者自己是专家，咨询的过程就是从来访者身上寻找力量和资源的过程。这种疗法的重点，是关注解决问题的方法，关注来访者的喜好、长处，与来访者进行的是关于发生改变可能性的谈话。[③]

(三) 关注咨询过程和结果

现代主义疗法都是关注来访者的问题，不管是过去还是现在，都是希望从问题中寻找原因，

① G科瑞. 心理咨询和治疗的理论与实践[M]. 石林，等译. 北京：中国轻工业出版社，2004：204，205，209，260，262，263.
② 杨平，周和岭. 后现代疗法对我国心理咨询与治疗的启示[J]. 现代生物医学进展，2009，9(11)：2169，2170.
③ G科瑞. 心理咨询和治疗的理论与实践[M]. 石林，等译. 北京：中国轻工业出版社，2004：204，205，209，260，262，263.

追问无数个为什么，追问怎么会发展到现在的程度。可以说，该疗法都是在来访者问题的原因上大做文章的。

后现代疗法与这些疗法不同，它不是重视问题及其原因，而是帮助来访者从关注目前的状况转变到关注问题，关注“问题在什么时候不是问题”。先关注治疗的过程，再关注将来的前景，然后选择和创造答案，一直关注到问题的最后结果，而且重点就落在问题的结果上。可以说，该疗法是在来访者治疗过程及其结果上大做文章的。

二、后现代心理咨询与治疗方法

(一) 焦点解决短期心理治疗

焦点解决短期治疗(solution-focused brief therapy，SFBT)，是 20 世纪 80 年代初沙泽(Steve de Shazer)和他的妻子伯格基姆(Insoo Kim Berg)共同创立并发展起来的一种心理咨询与治疗模式。

1. 焦点解决短期心理治疗的特点

(1) 限制时间(time-limited)。由于社会发展、生活节奏的加快以及经济条件的限制，当事人希望限制治疗的次数，缩短治疗时间。实践证明，限制治疗次数并没有产生不利影响。

(2) 以解决方案为中心(solution-focused)。为找到解决方案，咨询师可以针对以下几方面的信息集中讨论：①问题本身；②未被发现和利用的资源；③当事人和咨询师共同确定的、可以改变当事人生活方式的目标。

(3) 以行动为基础(action-based)。

(4) 注重人际互动(socially interactive)。咨询师利用当事人与家人、朋友、同事之间的相互影响，来满足寻求社会支持和人际交往的需求。

(5) 注重细节(detail-oriented)。咨询师把注意力集中在一些明确、具体、详尽的细节上，从而帮助当事人澄清一些模糊、抽象的认识。

(6) 重新唤起当事人的幽默感(humor-eliciting)。

(7) 关注个人发展(developmentally attentive)。打破当事人自我挫败的恶性循环，改变他们的认知风格，将注意力转移到新的事物上。

(8) 以良好的治疗关系为基础(relationship-based)。

2. 治疗技术

在 SFBT 咨询与治疗的整个过程中，治疗师以焦点解决导向的介入技术，使来访者对自己问题的知觉、看法、思考和感受能有所转变。它所用的技术非常相似，其目的是协助来访者体验行为、知觉以及判断的改变。经由体验已经发生的小的改变，维持、扩大并积累成大的改变，并且利用来访者自身既存的力量和资源达成改变的目标。

SFBT 治疗技术包括一般化、咨询前的改变、预设性提问、评量询问、振奋性鼓舞、赞许、改变最先出现的迹象、奇迹询问、关系询问、例外询问、任务/家庭作业、EARS 询问、因应询问 13 项技术，具体如下。

(1) 一般化(normalizing)。咨询师根据当事人的叙述，提供相应的专业信息，让当事人觉得他的遭遇具有普遍性，以降低当事人的焦虑情绪。

(2) 咨询前的改变(pre-session change)。咨询师要善于发现、开发当事人既有的力量与资源。

(3) 预设性提问(presuppositional questions)。咨询师在与当事人的对话中，使用一些暗示性语言，以此影响、改变当事人的知觉，引导当事人往正向、积极、解决问题的思考方向发展。

(4) 评量询问(scaling questions)。咨询师利用数值(0～10)，帮助当事人将抽象的概念具体化。

(5) 振奋性鼓舞(cheer leading)。咨询师为当事人的进步加油、喝彩，尤其是当他们找到解决问题的特别方法的时候。

(6) 赞许(compliment)。咨询师对于当事人表现出正向、进步的地方，给予及时的鼓励、赞扬。

(7) 改变最先出现的迹象(first sign)。小改变可以引发大改变，咨询师引导当事人从最先出现的改变，逐渐展开行动的步骤。

(8) 奇迹询问(miracle questions)。咨询师要引导当事人去看当问题不存在时候的景象，专注未来。

(9) 关系询问(relationship questions)。咨询师询问当事人，重要他人对他、对事件和对改变的看法。

(10) 例外询问(exception questions)。咨询师询问在当事人的生活中，那些按照过去的经验应该发生却没有发生的事情。

(11) 任务/家庭作业(task/homework)。根据每次咨询之后咨询师与当事人的关系布置不同的任务，以帮助当事人找寻、建立并维持满意的行为。

(12) EARS 询问(eliciting，amplifying，reinforcing，start again)。该技巧需要在第二次咨询时使用，由咨询师引导当事人说出例外情况，并说明它与问题情况有什么不同，同时对当事人的积极表现给予及时的鼓励和赞扬，最后再次询问当事人还有何例外情况。

(13) 因应询问(coping questions)。当当事人觉得咨询与治疗效果没有什么进展的时候，咨询师可以引导当事人去看他自己都做了什么，让他感到他没有使事情变得更糟，从而找出当事人逆境中的生命力。

实务训练2-6

SFBT治疗技术的运用

小李进入咨询室时，她可能完全笼罩在她自己的问题当中，她说她的状况一直很糟糕，心理状态很不好。咨询师了解了小李的低落情绪后，试着问小李：“你曾经做过些什么使你的心情好一点？”小李想了半天说：“插花。”于是咨询师针对小李的情况，找到一个例外情境，深入探讨例外情境何以发生。例如：插花的乐趣是什么？你什么时候愿意去插花？怎么能够在心情不好的情况下，还可以做得到去插花？从这个方向探索，可能就在其间发现改变的途径，发展出更多使心情改变的途径。

你认为本案例中的这个咨询师运用了何种 SFBT 治疗技术？

3. 评价[①]

作为一项新的心理咨询的原理与技术，SFBT 已经显示出了它的生命力，其影响正在日益扩大。然而，任何模式都有其长处与短处，SFBT 也不例外，其长处与短处是相对存在的。

① 申雯. 焦点解决短期心理咨询概述[J]. 北京教育学院学报，2007，2(1)：24.

(1) SFBT 的优势。SFBT 的重点是解决问题, 不问症状、不寻找症状背后的原因，引导来访者往问题解决的方向发展，真正体现了心理咨询与治疗“助人自助”的基本精神，且缩短了疗程，减少了治疗成本。SFBT 的过程非常简洁，目标指向也很明确，这与惯常的咨询不太相同。它不去关注原因而是直接指向解决问题这一目标，比较适合咨询时间和次数有限的情况。SFBT 把重点放在探讨问题不发生时的状况，而不像通常的咨询那样把重点放在问题的修订上，这是比较独特的。此外，SFBT 的会谈技巧也比较富于振奋性和激励性。

(2) SFBT 的局限性。首先，SFBT 缺乏丰厚的心理学理论基础。虽然从咨询的目标和结构来看，它是以系统平衡论和认知行为理论为背景的，但是这种理论背景并不能完善地解释整个咨询模式。因此，在咨询过程中显得比较简单化、手段化，尤其是它不关注来访者问题原因的探讨，也不对来访者的问题给予过多的解释，使得咨询缺乏深度。其次，SFBT 的引导性非常强，咨询过程中咨询员的主导性角色尤为突出，这与大多数咨询模式所认同的以来访者为中心的原则有些冲突。最后，SFBT 过于关注问题解决的目标化，较少给予来访者倾诉的机会，对于那些长期受困于不良情绪、急于宣泄自己的情绪的来访者来说，显得过于理性，缺乏深入的共情。

(二) 叙事心理治疗

叙事心理治疗(narrative therapy)是咨询者通过倾听他人的故事，运用适当的方法，帮助当事人找出遗漏片段，使问题外化，从而引导来访者重构积极故事，以唤起当事人发生改变的内在力量的过程[①]。

1. 叙事心理治疗的特点[②]

(1) 对传统的问题定位视角的转变。叙事心理治疗与传统心理治疗模式相比，最根本的变革在于其对心理问题本质的理解。传统心理疗法认为，问题是属于来访者的，咨询师的任务是帮助来访者“去掉”问题。也就是说，各个心理学派都认为心理问题是“看不见的实在，可以被操作、被转移到个体之外”。但是叙事心理治疗认为不是个人“拥有”问题，问题不是一个人静止的空间的存在，而是叙事结构中的一种时间上的存在。所谓的问题只是前后联系的生活经验的一种样式，是意识形态、宏大话语或者叙述造成的一种象征，是个人对主流话语的认同、建构的结果。主流话语会控制人们对生活经验的解释，但是人们不能够自觉地意识到这种影响，因此人是生而被“植入”(positioned)的。认清了主流话语与个人问题的关系，就会认识到所谓的心理问题与其他各种生活样式属于同类别，心理问题不再属于特殊问题，心理问题就是生活本身。

(2) 治疗任务的转变。叙事心理治疗重视当事人生活故事的讲法，帮助他们认清楚自己的叙事结构，领悟到当事人既是故事的主人公，也是故事的作者；故事可能有多种结局，是可以由自己来控制的，当事人可以更换一种讲法，让故事结局变化，让人生改变方向。

(3) 治疗师角色的改变。叙事心理治疗认为传统的治疗模式大都是某种权威理论对个人故事的判断，是对个人精神世界的侵犯和暴虐，这是需要重新评估的。真正的对话必须建立在彼此尊重的基础上，治疗师和当事人必须承认对方话语的真实性和合理性，愿意并且能够互相学习，共同探讨未知的、无限多样的生活可能性。任何人都不能成为生活的权威，治疗师也不例

① 方必基，张樱樱，童辉杰. 叙事心理治疗述评[J]. 神经疾病与精神卫生，2000(6)：76.
② 许艳. 心理咨询与治疗[M]. 合肥：安徽人民出版社，2007：361.

外。治疗师应充当建筑师的角色，鼓励当事人在故事中引入新的意义和理解。

2. 治疗技术

叙事心理治疗没有一套固定的操作步骤，针对不同的来访者和问题，叙事治疗师采取的策略也不相同，这在一定程度上反映了后现代的立场。叙事心理治疗也有一些共同的基本的操作技术，如外化问题、问话、支持程序及重构故事等。

(1) 外化问题。将问题与人分开，把贴上标签的人还原，问题是问题，人是人。如果把问题和人看成是一体的，改变相当困难，治疗师与来访者都会感到相当棘手。如果把问题外化，问题和人分开，人的内在本质会被重新看见与认可，转而有能力与能量去解决自身的问题。

(2) 问话。叙事心理治疗中，治疗师几乎会一直提出问话。当我们提出一种问题，就可能产生一种生活，问话开启新故事的空间。治疗中治疗师会思考问话，组合问话，以和过去不同的方式来运用问话。问话要产生经验，而不只是要收集资料。当来访者产生较喜欢的现实经验时，问话就会对他们产生疗效。在叙事心理治疗过程中，问话有 5 种主要类型：解构式问话、开启空间的问话、较喜欢的选择的问话、发展故事的问话以及意义性问话[①]。

实务训练2-7

叙事心理治疗中的问话举例[②]

学生：老师，我不知道我真正喜欢的是什么？

辅导老师：你自己觉得你是个怎样的人？

学生：我不知道……

辅导老师：同学怎么称赞你？

学生：(笑)他们说我很认真。

辅导老师：怎么说？

学生：就是上次的义卖会啦……

辅导老师：你可不可以谈一下那一次的经验。

学生：上次校庆举办的义卖会，只要我在场，就会硬拉很多人来，我们班级的摊子面前可真是“people mountain people sea”(人山人海)。同学们都不知道我是怎么把他们找来的。我有办法让她们掏出钱来，大家都说我们班的摊位没有我是不行的。

辅导老师：在这件事里，你觉得你有哪些天分？

学生：我……好像……有推销的天分。

辅导老师：过去是不是还有类似的经验？说来听听……

学生：我在初三的时候……老师，我在想，我好像的确有推销的天分，我妈妈也这样说我。

学生：初一的时候，妈妈在摆地摊。有一次她生病，身体不舒服，我刚好考完试，她要我替她一下。那一天我卖得比妈妈还多。好多逛街的人原来只是看看，并不想买，我好像有办法让他们买……

学生：老师，大学的哪些系可以让我将来往这方面发展？

你认为这属于哪种形式的问话？

① 吉尔·弗里曼，等. 叙事治疗——解构并重写生命的故事[M]. 易之新，译. 台北：张老师文化，2000：185-206.
② http://baike.baidu.com/view/1137630.htm?fr=aladdin.

(3) 支持程序。支持程序包括见证和仪式，主要是鼓励、肯定来访者，巩固重构的新故事、新生活，使其改变真实化。来访者由于生活情境中缺少聆听者、欣赏者、知心者，很多美好的生活故事没有机会得到讲述和创作。治疗师是来访者生活故事的一个见证人。此外，对来访者的生活有重要影响的家人、邻居、朋友或者其他重要的人也可以是来访者生活故事的见证人。在来访者力图改变的这个过程中，可以从其他见证人那里汲取力量。治疗师同样鼓励当事人做自己的新生活、新思想、新希望的见证人。叙事治疗的另一个重要的方法就是仪式的运用。来访者在讲故事的过程中，需要开启一个新的章节，在章节之间会有一个承前启后的转折。当生活故事发生重要改变时，作为当事人，会希望有一种外在的力量见证这种转变，于是会举行相应的仪式。仪式具有一种非常奇妙的作用，可以让那些我们本来觉得不那么真实的变化变得非常真实。

(4) 重构故事。重新编排和诠释故事，丰富故事内容。心理学家认为，说故事可以改变自己。来访者在说故事的过程中，可以发现新的角度，产生新的态度，从而产生新的重建力量。好的故事不仅可以治疗心理疾病和精神扭曲，而且可以从中寻找自信和认同。透过令人愉悦、感动的隐喻故事，我们可以重新找到面对烦恼的现实状况的方法，正视我们的过去，并且找到一个继续努力的深层动机和强大动力。

3. 评价

(1) 优势。叙事心理治疗是目前受到广泛关注的后现代心理治疗方式，摆脱了传统上将人看作问题的治疗观念，通过问题外化、问话、支持程序及重构故事等方法，使人变得更自主、更有动力。它极大地扩大了心理学和心理治疗的视野，使得我们不再将自己的视野局限于精神病学，而是将人类生活本身放在后现代的语境下进行重新审视和重新规划。其次，叙事心理治疗方法论为心理治疗理论的整合提供了一种全新的框架。在这种新的框架之中，理论概念的真理性不再是临床专家追求的目标。一方面，叙事心理治疗坚持多元方法论，强调多元性和多样性，反对一元的、大一统的目标。另一方面，叙事心理治疗认为知识是社会建构的结果，因而各种治疗和理论都是一些建构或叙事，而不是所谓的真理。此外，叙事心理治疗方法论促进了心理治疗本土化的发展。叙事心理治疗强调文化对建构或叙事的作用，当它为不同国家、地域、种族的治疗师所使用时，它就具有了本土化特点。

(2) 局限性。叙事心理治疗方法论是后现代主义思潮的一部分，秉承了后现代主义的世界观，其哲学和方法论根基尚未完善，不可避免地继承了后现代主义的局限性。叙事心理治疗是对现代心理治疗的批判，特别是对科学主义方法论所恪守的还原主义、客观主义等方法论原则的批判，带有进步色彩，但容易从一个极端转到另一个极端。叙事心理治疗认为没有绝对的真理，没有所谓的真与假，每一个理论相对于它产生的背景而言都是正确的，可能陷入相对主义。其次，其自身理论体系尚未成型，带有一定的尝试性、幼稚性。宏观上说，叙事心理治疗过于强调批判性而建设性不足，既没有建立完整的建设性方法论体系，也缺乏系统性的研究内容。微观上说，对于后现代主义思想的存在前提、理论构想、发展前景等方面的问题，心理学家们尚未达成共识，更没有形成完善的体系，其许多观点都仅仅处于构想阶段，缺乏事实的支持。

总之，以社会建构理论为基础的后现代心理咨询与治疗否认心理问题的客观存在性，将心理问题理解为一种最自我的建构方式，直接针对这种建构方式进行干预和治疗。关注每一个来访者的心理问题产生的文化、情景、个体的特殊性与差异性，从问题出发，从有问题的人出发，提高了治疗的针对性，同时提高了治疗的有效性。但这种理论虽然具有直接性、短程性、有效性的治疗特点，却往往缺乏治疗的深度，对于严重的心理问题难以达成治疗效果。另外，忽视问题的客观存在，不去解决现实问题，仅仅改变人们建构现实的方式，具有回归认知主义的倾向。目前关于后现代心理学思想存在诸多争论，虽然它对现代心理学采取一概否定的态度是不可取的，但它促使我们拓宽了视野，更新了观念，转变了以往僵化、封闭的思维方式。

案例导读解析

本章案例导读中，不同的人给小林做出的诊断是相同的，都认为小林患有抑郁症，但给出的治疗方法为何各不相同呢？究其原因是，学校的咨询老师、公司的咨询师和医院的心理医生他们各自持有的心理辅导理论是不相同的。正所谓“异曲同工”，同样的症状可以用不同的治疗方法达到相同的效果。对于抑郁症患者，精神分析理论认为，抑郁是对愤怒的压抑，在抑郁情境中，患者把对他人的愤怒压抑成对自己的愤怒，形成了抑郁，从而埋怨自己，觉得自己无能，所以用精神分析理论治疗，治疗的目的是咨询师要帮助患者分析潜意识的“情绪症结”，从而改善情绪反应；而认知理论则认为，认知是造成抑郁的主要因素，患者把自己看作无价值的、无用的就会形成抑郁，治疗的目的是要患者改变这些错误的认知；而行为主义的观点是，抑郁是减少或缺乏强化造成的，比如亲人离世导致的抑郁就是因为积极强化的消失才导致的，治疗中需要对强化做好控制。

小结

作为中学心理辅导教师，要想顺利地开展学校心理辅导工作，就必须了解心理辅导的理论，熟练掌握心理辅导的方法和技术。本章目的不仅是使学生掌握各学派心理辅导的理论与技术，更重要的是使学生懂得在实践中如何根据具体问题情境，运用各种理论解决实际问题，能够综合运用各学派的观点、方法、技术，做好心理咨询与辅导工作。

巩固与操作

一、思考题

1. 弗洛伊德的潜意识理论的主要内容是什么？
2. 弗洛伊德关于人格发展有哪些理论描述？
3. 弗洛伊德关于焦虑与自我防御机制的观点是什么？
4. 精神分析学派心理辅导的常用的方法是什么？
5. 简述精神分析疗法的贡献及局限。
6. 阐述行为主义学派的代表人物及其理论的主要观点。
7. 行为主义学派心理辅导的基本原理是什么？
8. 利用行为主义学派理论进行咨询与辅导时常使用哪些技术？行为主义疗法有何优缺点？

9. 人本主义人性观是什么？它与精神分析人性观有何本质的不同？

10. 怎样看待以来访者为中心疗法？

11. 试评价以来访者为中心疗法的贡献与局限。

12. 简述认知学派的主要代表人物及其观点。

13. 两种认知方法各有哪些独特的心理辅导技术？

14. 简评认知疗法的贡献与局限。

15. 简述后现代心理咨询与治疗理论的主要观点。

16. 简述焦点解决短期心理治疗的特点与治疗技术。

17. 简述叙事心理治疗的特点与治疗技术。

18. 简述后现代心理咨询与治疗的贡献和局限。

二、操作题

1. 有一位 27 岁的女教师，因嫌自己的单眼皮不漂亮，就去做美容手术，没想到手术效果不理想，双眼皮一个大一个小，于是她整个人从此变得自卑、退缩、不愿与人交往，甚至害怕站在讲台上面对自己的学生[①]。

试分析这位女教师所持有的信念是什么？是否合理？不合理在什么地方？

2. 小彬(化名)13 岁，初中一年级学生，爸爸妈妈都是知识分子。在小彬 2 岁的时候，由奶奶独自带了一年，在小彬 8 岁的时候，他爸爸从老家到广州工作，就一直让奶奶带了他 3 年，之后才过来广州。在他爸爸眼里他很不可捉摸，问他什么都不说，说他两句他就生气，“哐”地关上房间的门，经常几天都不愿跟家里人说话，就喜欢打电脑游戏，现在放假了，一天打十多个小时。他在外面的表现倒是蛮乖的，从来也不打架闹事；他遇到一点点小困难就想要放弃、逃避，不愿意去面对，不想办法去解决，也提过不想去上学等。

小彬自己却认为在家里没有人说话，爸爸脾气很暴躁，不太管他，要是管他八成就要挨打，且通常在家长会之后。慢慢地，他就不告诉爸爸他们要开家长会了。妈妈倒比较温和，但是她什么都不懂，他也不知道跟她说些什么。在学校里，因为他个子小，学习成绩也不好，那些男生总喜欢戏弄他或欺负他。那些老师很势利，对此也不管。他最喜欢做的事情就是一个人在家里或在网吧打游戏，在这种时刻他才能感觉到一些快乐和成功[②]。

请根据小彬的实际情况，综合利用本章精神分析和行为主义有关疗法提出相应的心理辅导方案。

3. 某女高中生，她自从初三时因为失恋、父母离婚、担心成绩下滑等原因，两年多来总觉得自己命不好，内心时常处在压抑和痛苦之中，她对医生说已经好久没有真正开心地笑过了，并且这种苦闷的情绪还常常搞得她失眠多梦，精神接近崩溃几次想到自杀。在一次偶然被碎玻璃割破手后，她在疼痛袭来时，却感觉到全身非常放松，于是日渐沉迷在这种自残行为中。

请选择适当方法为以上案例进行心理辅导设计。

① 许艳. 心理咨询与治疗[M]. 合肥：安徽人民出版社，2007：298.

② http://www.red-trees.com/ShowArticle.asp?Articleid=27.

拓展阅读

1. 许艳. 心理咨询与治疗[M]. 合肥：安徽人民出版社，2007.

2. 傅宏. 咨询心理学高级教程[M]. 合肥：安徽人民出版社，2008.

3. 刘晓明，张明. 心理咨询的理论与技术[M]. 长春：东北师范大学出版社，2002.

4. 朱翠英，高志强，凌宇. 心理咨询理论与技能[M]. 长沙：湖南科学技术出版社，2007.

5. 渠淑坤. 青少年心理咨询案例分析与辅导修订版[M]. 北京：中国科学技术出版社，2008.

6. [美]科里. 心理咨询与治疗的理论及实践(万千心理)[M]. 8版. 谭晨，译. 北京：中国轻工业出版社，2010.

第三章

中学生的自我意识

内容提要

本章主要介绍自我意识、中学生的自我意识特点和中学生自我意识的偏差及调适方法。自我意识是个体心理健康的起点，是适应社会的地标，是学习和生活的基石，对中学生有重要意义。

学习目标

(一) 认知目标

1. 了解什么是自我意识；
2. 了解中学生的自我意识的特点；
3. 了解中学生自我意识偏差的调适。

(二) 情感目标

1. 体验中学生的自我意识对中学生健康心理发展的重要性；
2. 体验中学生自我意识偏差对中学生健康心理的负面作用。

(三) 能力目标

1. 掌握中学生自我意识的发展规律和特点；
2. 掌握中学生自我意识偏差的调适方法。

案例导读

老师该怎么办

刘某，男，15岁，初二学生。智力较好，但只有数学成绩较突出，其他成绩一般。性格倔强，个性刚硬，自尊心特强，逆反心理十分严重，经常和父母、老师发生冲突，有很强的抵触情绪。你越是反对的事情，他就越和你对着干。在学校，他这种反抗行为十分激烈、明显，每当老师批评他时，他眼睛直瞪着老师，一副不服气的样子，甚至还和老师顶嘴。课堂上他故意讲话，做小动作，老师点他的名字，他就狡辩，课后不及时完成作业。一段时间，他的数学成绩明显滑坡，竟然亮起了“红灯”。叫他到办公室，他死活不去，老师一拉他，他就抓住门或课桌，班主任找他谈话，他也是听过就算了，回到教室一如往常。为此，老师进行了家访。家长态度很好，表示愿与老师好好配合。但过后他在学校照样我行我素，还经常打同年级的孩子。问他为什么打人，他说，看谁不顺眼我就打谁。刘某回答真是让人好气，真是个令家长和老师都十分头疼的孩子。

第一节　自我意识概述

你知道斯芬克斯之谜吗？传说，众神居住的地方叫作奥林匹斯山，众神的主神叫作宙斯，奥林匹斯山上有一块石碑，碑上刻着一句箴言，宙斯想把这句箴言告诉人类，于是他派了狮身人面女妖斯芬克斯来到人间。斯芬克斯把这句箴言化作了一道谜语给人类猜。斯芬克斯来到了古希腊著名的城堡拜森克，守候在这座城堡唯一的井口旁，要求每一位前来打水的人猜这句谜语，凡是没有猜中的，斯芬克斯马上就把他吃掉。这句谜语给当时的拜森克城民带来了前所未有的灾难。这条谜语是：“什么东西早上四条腿走路，中午两条腿走路，傍晚三条腿走路？”谜底是：“人”。

这个谜语很难吗？其实不难，如果你能站在一生的角度来认识你自己，谜底很轻易就猜到了。认识自己，不仅要认识自己的外表，还要认识自己的内在品质。对于中学生来说，在这样一个身体和心理都剧烈变化的时期中正确认识自己尤为重要。苏霍姆林斯基曾说：“一个少年，只有当他学会了不仅仔细地研究周围世界，而且仔细地研究自己本身的时候；只有当他不仅努力认识周围的事物和现象，而且努力认识自己的内心世界的时候；只有当他的精神力量用来使自己变得更好、更完善的时候，他才能成为一个真正的人。”中学生在这个时期心理上最大的变化莫过于自我意识的变化，斯普兰卡称青少年是“第二次诞生”，指他们发现了一个内心的自我世界。正是这个自我的出现，使得中学生独立性、成人感日趋增强。

一、自我意识的概念

自我意识是对自己身心活动的觉察，即自己对自己的认识，具体包括认识自己的生理状况(如身高、体重、体态等)、心理特征(如兴趣、能力、气质、性格等)以及自己与他人的关系(如自己与周围人们相处的关系，自己在集体中的位置与作用等)。自我意识是人对自己身心状态及对自己同客观世界的关系的意识，是一个比较大的概念。

知识链接3-1

自我意识的内容[①]

根据自我意识定义中所涉及的内容，自我意识可分为以下 3 部分。

(1) 生理(物质)自我。个体对自我躯体、性别、体型、容貌、年龄、健康状况等生理特质的

① 崔丽娟，才源源. 社会心理学[M]. 华东师范大学出版社，2008，2：62-63.

意识。

(2) 心理(精神)自我。个体对自己兴趣、爱好、气质、性格等方面心理特点的意识。

(3) 社会自我。宏观方面是个体对自我隶属于某一时代、国家、民族、阶级、阶层的认识。微观方面是个体对自我在群体中的地位、名望，受人尊敬、接纳的程度，拥有的家庭、亲友及其经济、政治地位的意识。

根据自我意识的客观现实状态来划分，自我意识可分为以下两部分。

(1) 现实自我。个体对自己受环境熏陶铸炼，在与环境相互作用中所表现出的综合的现实状况和实际行为的意识。

(2) 理想自我。个体经由理想或为满足内心需要而在意念中建立起来的有关自己的理想化形象。

人们很难说明自己是否认识自己，或者总是觉得自己既认识自己又不认识自己，就是因为人们很难全面、清晰、准确地认识到自我意识的所有层次和方面。所以，了解自我意识概念的内涵和外延，有助于个体增进对自己的了解。

每个人对自己的意识不是一生下来就有的，而是逐步形成和发展起来的。首先是形成对外部世界、对他人的认识，然后才是逐步认识自己。自我意识是在与人交往的过程中，根据他人对自己的看法和评价而发展起来的，这个过程在我们一生中一直进行着。如果每个人都是一个心灵画家，那这个画家的水平是逐步提高的。当他能意识到自己的身体特征和生理状况，并能认识和体验到内心进行的心理活动，以及感受到自己在社会和集体中的地位和作用时，这张画像就基本完成了。

二、自我意识的特点

自我意识的特点为矛盾性、形象性和独特性。

(一) 自我意识的矛盾性

自我意识的矛盾性主要体现在理想自我和客观自我之间的关系上。当个体的自我意识尚未形成时，是混沌一团的。随着年龄的增长，自我便逐步分化为主观的我和客观的我两个方面，分别体现代表社会要求的“理想的我”和代表现实生活中的“客观的我”。在个体的自我意识中，若主观的我和客观的我、理想的我与现实的我之间产生了差距和矛盾，就会产生丰富复杂的自我情绪体验。比如，一个青年希望自己成为一个开拓性的人才，向往着自己干一番轰轰烈烈的事业，但实际上他缺乏开拓、创新的素质，处处因循守旧，于是就产生了理想的我和现实的我之间的矛盾，他就会自我谴责和自我埋怨。

这样看来仿佛理想的我与现实的我之间的矛盾会给个体带来更多的负性情绪，其实不尽然，这种矛盾也是个体为了摆脱不安与焦虑，力图使理想的我与现实的我统一的动力。有了这样源源不断的动力，个体才会不断努力发展，力求使二者统一，所以判断二者统一的积极意义的标准，在于方向性的正确与否。

(二) 自我意识的形象性

心理学家柯里指出，别人对自己的态度，是自我评价的一面镜子，为个体自我评价提供基础。一个人处在一定的社会关系中，是通过与他人相处，并从他人对自己的评价中看到自己的形象的。自我意识的这一侧面被称为“自我形象”。所谓“自我形象”，就是自己了解自己的一切，自己对自己的认识，就像自己站在镜子面前看到自己的一切一样，这面镜子就是社会上其他人对自己的认识与评价。柯里指出：“人与人之间相互可以作为镜子，都能照出他面前人的形象。”

自我意识的形象包括以下 3 个因素：

(1) 关于被他人看到自己的姿态的自我觉察；

(2) 关于他人对自己所做的评价与判断的自我想象；

(3) 关于对自己怀有的某种感情——自卑或自尊。

(三) 自我意识的独特性

随着年龄的增长，个体在与周围人们的交往中，尤其是与那些重要人物的交往，逐渐把他人的判断内化为自己的判断，于是个体就按照自己所想象的他人的观点来看待自己。随着时间的推移，个体的自我意识也慢慢地脱离了他人的评价，成为自律并发挥作用。到了这个阶段，个体往往会变得“我行我素”，发挥出主动性和独立性，表现出了与众不同的风格与独特的形态，成为其个性中的一个重要的组成部分。

三、自我意识的心理构成

心理学通常将自我意识划分为 3 个成分：自我认识、自我体验和自我调节。

(一) 自我认识

自我认识是自我意识的认知成分。它是自我意识的首要成分，也是自我调节控制的心理基础，包括自我感觉、自我概念、自我观察、自我分析和自我评价。自我分析是在自我观察的基础上对自身状况的反思。自我评价是对自己能力、品德、行为等方面社会价值的评估，它最能代表一个人自我认识的水平。在认知发展过程中，个体不断调节自己对自身的认识和评价，个体的需要、动机等也伴随其中。如果个体对自己的优点缺乏信心，而过于关注自己的缺点，容易产生自卑心理。反之，如果个体长期以自我为中心，盲目乐观，停留在暂时的成绩上，就会阻碍其良好的人际关系的发展。

(二) 自我体验

自我体验是自我意识在情感方面的表现，自尊心、自信心是自我体验的具体内容。自尊心是指个体在社会比较过程中所获得的、有关自我价值的积极的评价与体验。自信心是对自己的能力是否适合所承担的任务而产生的自我体验。总体来说，自我体验就是要回答以下两个问题：自己对自己是否满意？自己是否可以悦纳自己？满意，则是自我满意，自信心足；反之就是自我否定，对自己缺乏信心，自卑。人们都会产生类似的情绪体验，当自己对自己失望的时候，就会觉得整个世界都是灰色的，毫无意义；但是当自己对自己信心十足的时候，对于曾经的缺陷或错误，都可以很好地去正确对待。自我体验就是自己对自己的感受，它的积极与否直接关系到我们对自身发展要求的高低和行动方向的对错。

(三) 自我调节

自我调节是自我意识的意志成分，主要表现为个人对自己的行为、活动和态度的监控，包括自我检查、自我监督、自我控制等。自我检查是个体在头脑中将自己的活动结果与活动目的加以比较、对照的过程。自我监督是一个人以其良心内在的行为准则对自己的言行实行监督的过程。自我控制是个体对自己心理与行为的主动掌握。自我调节是自我意识中直接作用于个体行为的环节，是一个人自我教育、自我发展的重要机制，自我调节的实现是自我意识的能动性的表现。简单来说，自我控制可以理解为自己对自己的控制，包括两层含义：一是自己对自己的设计，即“我应该做什么，我不应该做什么”；二是自己对自己的指导，即“我可以怎么样去做”。良好的自我控制能力有利于个体学习、工作的顺利进行，也能促进良好人际关系的建立和维持。

总之，自我认识是自我意识中最基础的组成部分，决定了自我控制的行动力度；自我控制则是完善自我的实际途径，对自我认识、自我体验都有着调节作用。三方面整合一体，便形成了自我意识。

四、影响自我意识发展的因素

个体的自我意识不是一蹴而就的，也不是一成不变的，影响自我意识发展的因素是多方面的。目前此方面的有关研究多数集中于以下几个方面：年龄、性别差异和学习成绩。

(一) 年龄对自我意识的影响

在一个人的一生中，自我意识是不断发展、不断变化的。有研究者假设，自我意识最不稳定的阶段是在青少年时期的中段，也就是中学时期。我国学者杨善堂(1990)研究证实，初中二年级可能是自我意识发展的一个重要时期；韩进之(1987)等研究发现，我国中小学生自我意识发展的总趋势呈现由低到高的曲线形，小学一年级到三年级发展速度较快，小学三年级以后发展速度逐渐减慢。

知识链接3-2

自我意识发生的标志

自我意识发生或形成主要有物—我知觉分化、人—我知觉分化和有关自我的词的掌握3个标志。

1. 物—我知觉分化

物—我知觉分化可分为3个发展阶段。

初生婴儿不知道自己身体的存在，其吮吸自己的手指、触摸身体部位时就像吮吸、触摸别的东西一样。当婴儿感觉到两者的区别时，婴儿就出现了物—我感觉分化。此时，可以说婴儿出现了主体(自我)感觉。

到1岁末时，幼儿开始能将自己的动作和动作的对象区别开来，对自己的动作与动作的对象或结果产生了知觉分化。例如，推球，球滚；拉床单，床单上的小猫吓跑。这是在物—我感觉分化基础上形成的、对自己动作和与动作联系的外物的分化知觉。

在进一步的发展中，幼儿开始能将自己和自己的动作区分开来，出现最初的随意性动作。幼儿开始知觉到他所做的动作是自己发动的，自己是活动的主体。这标志着儿童出现了最初的主体意识。

2. 人—物知觉分化

人—物知觉分化可分为两个发展阶段。

其一是对人微笑。3个月的婴儿开始出现对他人微笑，表明婴儿对他人刺激发生反应，是一种最初的人际相互作用反应。

其二是从形象上区分他人与自己。婴儿认识他人的形象比认识自己的形象出现得更早。6个月以前的婴儿能对不同的人做出不同的反应，从镜中认识父母的形象。7、8个月的婴儿开始关注镜中的自我像。10个月时出现与镜中自我像玩耍的倾向。1岁零8个月开始能区分同伴。2岁零2个月的幼儿能准确认识镜中或照片上的自我形象，这标志着儿童出现了最初的自我意识——自我知觉。

3. 有关自我的词的掌握

1岁以后，幼儿开始能将自己同表示自己的语词(名字)联系起来。接着，他学会使用自己的名字代表自己，同时发展起对自己躯体的认识和对自己身体的感觉意识。在有关自己的这种表象性认识的基础上，约在2岁末幼儿开始能用物主代词“我的”，直到最后能使用人称代词“我”。“我”的掌握在儿童自我意识的形成上是一个质的变化。儿童从把自己当作客体的人转变为把自己当作主体的人来认识，最终形成了自我意识。[①]

(二) 性别差异对自我意识的影响

学生自我意识发展的总体水平没有明显的性别差异，但是在自我评价一项上男生明显高于女生，具体表现在以下几个方面：

(1) 对自己的身材、外貌、智力、性别等方面，男生的满意度明显高于女生；

(2) 在除学习以外的优点方面，男生的自我评价明显高于女生；

(3) 在情绪稳定性和主导心境方面，男生的自我感觉略优于女生；

(4) 在兴趣爱好的广泛性方面，男生的自我评价明显优于女生。

值得注意的是，在评价自己被别人喜欢的程度时，男生的自我感受明显低于女生。此外，在自我设计、自制力和自我监控水平上，虽然性别差异未达显著水平，但是在有些项目上差异是比较显著的。比如，在做事的计划性上，女生优于男生；在坚持性上，男生优于女生；在自我审视的意识方面，女生比男生更自觉。

① 全国13所高等院校《社会心理学》编写组. 社会心理学[M]. 天津：南开大学出版社，2002：89-90.

(三) 学习成绩对自我意识的影响

在学校中，学生的学习成绩对个体的自我意识有重要影响。许多研究表明，成绩落后的学生往往表现出负面的自我意识，用不及格的成绩来预测低落的自我意识，大致是不会错的。国外有研究者审阅了有关“个性特点和成绩落后”的文献后总结道：差生精神沮丧、意志消沉、自怨自艾、用否定的态度看待自己。国内学者的研究也表明，初中生对成绩好坏的归因普遍趋向于内部归因，特别是失败归因，以内部归因为主的学生是以外部为主的学生的 3 倍，这说明初中生考试成功或失败时，便更多地从自己身上寻找成败的原因。类似的研究表明，自我监控学习行为与学生的成绩有着十分密切的关系，自我概念不同的学生学习成绩有显著差异，高自我概念者倾向于有优良的学习成绩，低自我概念者倾向于有不良的学习成绩。

五、自我意识的作用

自我意识在个体发展中有十分重要的作用。

首先，自我意识是认识外界客观事物的条件。一个人如果不认识自己，也无法把自己与周围环境相区别时，他就不可能认识外界客观事物。自我是个体在探索这个世界时的基点、原点，一切新信息、新事物的认识都要以自我为地标进行划分，并为我所用。

其次，自我意识是人的自觉性、自控力的前提，对自我教育有推动作用。人只有意识到自己是谁、自己应该做什么的时候，才会自觉、自律地进行行动；只有知道自己的长处和不足的时候，才不会过分的自卑或自傲，才会有助于发展自己的优点，克服自己的缺点，取得自我教育自我改善的积极的效果；只有真正地、全面地认识自己，才有可能在人生的各种选择中不会盲从、不会莽撞，才能选择一条自主的、积极的人生之路。

第二节　中学生自我意识发展的特点

自我意识的发展是毕生持续的，不同的阶段有不同任务和特点。对于人一生发展的阶段与轨迹，心理学家埃里克森曾有过经典的描述。

知识链接3-3

埃里克森：个体发展的阶段

跟皮亚杰一样，埃里克森开始并不是从事心理学家这个职业的。事实上，埃里克森根本连高中都没毕业。他早年花了大量的时间学习艺术和环游欧洲。后来他在维也纳与弗洛伊德相遇，就开始学习心理分析。之后，埃里克森移民到美国进修，并且逃离了希特勒的威胁。在很具有影响力的《儿童时期和社会》(1963)一书中，埃里克森提供了一个框架来理解年轻人在社会中的需要，并阐述了社会是青年人成长、学习和做贡献的地方。他之后出版的《同一性 • 青年 • 危机》(1968)和《同一性和生命周期》(1980)，进一步解释了他的观点。

埃里克森的社会心理理论，关注自我的实现、同一性获得、个人与他人关系和社会文化在人一生中所扮演的角色。跟皮亚杰一样，埃里克森把人的发展看作一条经历很多阶段的通道，每一个阶段都有它特殊的目标、关心的问题、需要完成的任务和面对的危机。各阶段的发展是相互依赖的，下一个阶段需完成的任务要看之前矛盾解决的结果如何。埃里克森认为，每个人在每一个阶段里都要面临一个发展危机，即在正确的选择和潜在的不健康的选择之间做斗争。个人解决危机的方法会长期影响个人对自我形象和社会的看法。我们简要地看一下埃里克森理论里面的 8 个阶段(见表 3-1)。①

表3-1 埃里克森提出的关于社会心理发展的8个阶段

阶段	年龄范围	重要事件	具体描述
基本信任对基本不信任	出生～12 至 18 个月	喂食	婴儿与养育者之间形成一种最亲密的信任关系，或者发展出不信任感觉
自主对羞怯和疑虑	18 个月～3 岁	上厕所训练	儿童的能量都用来发展运动技能，包括走路、握东西、控制括约肌。儿童懂得控制自己，但是如果发展不好就会变得羞怯和疑虑
主动对内疚	3 岁～6 岁	独立	儿童变得更加自信和更加主动，但是可能会太激进，导致最终后悔
勤奋对自卑	6 岁～12 岁	上学	儿童必须迎合学习新技能的要求，否则会有自卑、失败和无能的感受
同一性对角色混乱	青少年时期	同伴关系	青少年必须在职业、性别角色、政治地位和种族中获得同一性，否则会角色混乱
亲密对孤独	成人早期	爱的关系	青年人必须发展亲密关系，否则会感到孤独
繁殖对停滞	中年时期	抚养、教育后代	中年人必须寻找方法去满足愿望和养育后代
自我整合对失望	老年时期	反思和接受自己的一生	最终就是接受自己和实现愿望

从埃里克森的理论以及更多的发展心理学研究中可以发现，个体自我意识发展到青年期是一个崭新的时期。人的生理发展与心理发展是密切联系的，在人一生的大部分时间里，生理发展与心理发展的速度是相互协调的，因而使个体的身心能处于一种平衡、和谐的状态，但中学阶段是人类生命全程中的一个极为特殊的阶段，初中生的生理发展十分迅速，但其心理发展的速度则相对缓慢，心理水平尚处于从幼稚向成熟发展的过渡阶段，这样，初中生的身心就处在一种非平衡状态，容易引起种种心理发展上的矛盾，呈现出大量的心理健康问题。以上变化主要体现在初中生的自我评价、自我体验、自我控制 3 方面。其中，自我评价水平是自我意识发展水平的主要标志。3 方面互相影响，互相促进，它们是一个统一的、密不可分的有机整体。

一、中学生的自我评价

(一) 中学生自我评价能力的发展

自我评价是指主体对自己思想、愿望、行为和个性特点的判断和评价。自我评价能力如何，

① [美]Anita Woolfolk. 教育心理学[M]. 何先友，等译. 中国轻工业出版社，2008.7：72-73.

很能反映一个学生的心理成熟程度，是自我意识发展水平的重要指标。

个体的自我评价能力有其自身的发展轨迹，它开始于学龄前期。最初，儿童从成人对自己的评价中进行模仿，依从别人的评价，他们一般是先评价别人后评价自己，先对外部后对内部进行评价。而到了初中阶段，学生逐渐摆脱成人评价的影响，产生了独立评价的倾向。这个过程在初中生的道德判断上体现明显，初中之前学生的道德判断标准往往着眼于行为效果，而初中之后则转向注重内部动机。对于初中生来说，以往对师长的遵从已经变为了重视同龄人的意见，他们最初将同龄人的评价和成年人的评价同等对待，之后就慢慢地表现出更重视同龄人的意见而忽视成年人的意见。

(二) 中学生自我评价的特点

从年龄特征上看，中学生处于从青春发育期向青年期过渡的阶段。埃里克森认为，青少年期是自我同一性形成与同一性混乱相冲突，并获得新的自我同一性的时期。这一时期的青少年热切地寻求着新的自我连续感和一致感。在这一过程中，当原先的自我平衡被打破时，青少年常常陷入困惑、矛盾和不可自拔的心理冲突之中。因此，青少年在心理上往往通过各种途径重新认识自我及自我价值，从而努力建构新的自我。

1. 自我评价的独立性逐渐增强

儿童开始出现自我评价的时候，是以成人对他们的评价为依据的，然后才逐渐摆脱这种权威的影响，产生独立的自我评价。可以说，独立的自我评价，是初中生有主见的表现，这在人的成长过程中有着非常重要的意义。韩进之等人(1990)围绕着一些问题来判断学生自我评价的独立性状况，发现独立进行自我评价的能力随着学生年级的上升而不断提高，到初中二年级后就达到较为稳定的水平。程乐华等人(2000)对初一年级至高二年级学生的自我意识进行研究，发现青少年学生的独立意识随着年级的升高而增长，尤其是初三到高一的变化最大(见图 3-1)。

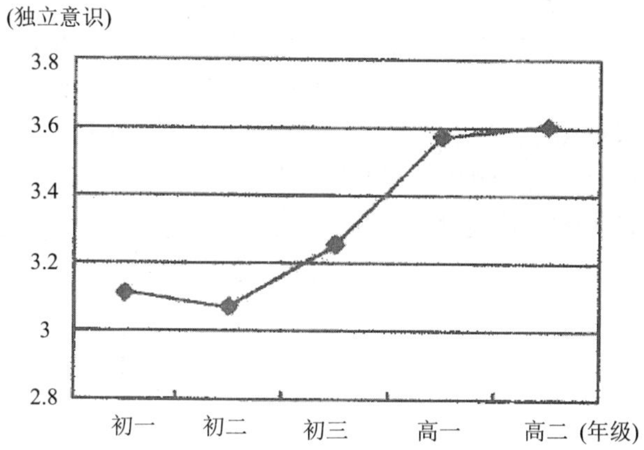

图3-1　青少年独立意识发展的水平

2. 自我评价的抽象水平提高

初中以前的学生在评价自己的时候，多数都从外部表现上或依据行为结果来评价自己，往往就事论事，具体而琐碎，并不能从内部动机来剖析自己，也不能上升到理论高度。而初中时期的学生在评价自己的时候更加概括和深化。

如韩进之等用“你认为怎样才算是一个好学生”之类的问卷问学生，结果将学生的答案分为3类。①具体、外部的答案：上课认真听讲，不骂人，不打架，完成作业等。②抽象、内部的答案：有爱国主义、集体主义精神，有远大的理想抱负，能分清美与丑，表里一致，诚实谦虚，公正无私，有正当的兴趣和爱好，活泼乐观等。③介于前两者之间的评价答案。他们从大连地区小学一年级到高中二年级的几个年级中各抽取了100名学生，将其答案进行分析，结果发现：学生进入初中一年级以后，抽象性的评价人数大幅度上升，而具体性的评价人数越来越少；到了高中二年级，评价注重具体的表面的现象基本上不存在了，这意味着初中阶段是学生的自我意识由具体性向抽象性发展的时期。

3. 自我评价的稳定性提升

自我评价的稳定性，可以反映出学生在评价中的态度和他所采用的标准是否一致。如果认识水平低、标准不明确或者态度随便，就会经常变换自我评价。稳定性差也是自我意识发展不够成熟的表现。它可以用两次或多次有一定时间间隔的自我评价结果来进行比较而找到结论(见表3-2)。

表3-2　全国9个地区自我评价问卷复测相关系数

年级	小一	小三	小五	初一	初二	高二
相关系数	0.37	0.51	0.61	0.67	0.73	0.78

从表3-2中可以看出，随着年级的升高，前后两次测试结果的相关系数也相应增大，中学生自我评价的稳定性越来越好。

(三) 影响中学生自我评价的因素

1. 年级和性别对自我评价的影响

研究表明，男女生的学习自我评价在初一和高三时都达到了一个较高的水平，但是期间的性别变化趋势却不相同。从整体上看，女生的变化幅度比较平稳，而男生的波动则较大。从初一到初三，女生的学习自我评价呈下降趋势，初三到高二期间比较平稳，从高二开始上升。而男生在这方面的自我评价从初一到初二为逐渐下降，初二到初三上升，初三到高一下降，从高一开始一直到高三都在大幅上升(见图3-2)。

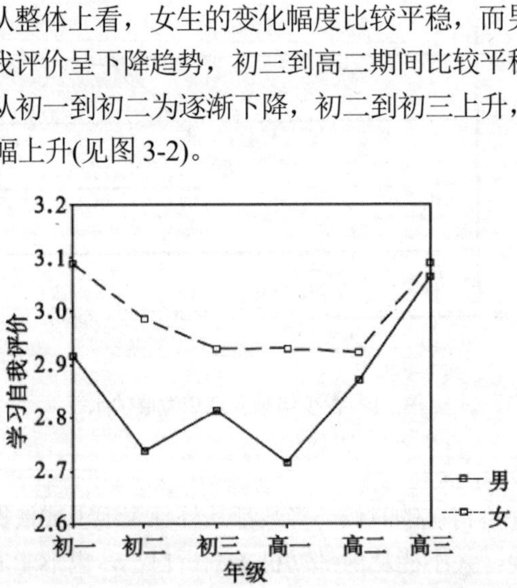

图3-2　中学生学习自我评价的性别和年级差异

2. 人际关系对自我评价的影响

对于人际关系自我评价方面，男女生则没有显著的差异，总趋势是初一时，中学生的人际关系自我评价处于最低点，以后呈缓慢上升的趋势，从高二开始上升迅速，直到高三，达到整个中学阶段的最高点。对于外貌的自我评价来说，男女生并没有显示出性别差异，但年级差异则具有显著性。高中男女外貌的自我评价要远高于初中生，高二时，男女生在外貌自信方面都有一个提升。

3. 教师态度、中学生应对方式对自我评价的影响

虽然在中学阶段学生的自我评价独立性增强，抽象水平提高以及稳定性增强，但是对于中学生来说比较重要的人的评价对其的影响还是非常大的，尤其是教师对学生的态度和评价。如果教师总是给予学生正面的评价，学生对自己的评价水平也会相应提升；反之，如果教师总是给予学生负面的评价，学生对自己的评价水平也会相应降低。

知识链接3-4

期望效应

期望效应又叫“皮格马利翁效应”或“罗森塔尔效应”。这个效应源于古希腊一个美丽的传说。相传古希腊雕刻家皮格马利翁深深地爱上了自己用象牙雕刻的美丽少女，并希望少女能够变成活生生的真人。他的真挚的爱感动了爱神阿劳芙罗狄特，爱神赋予了少女雕像生命，最终皮格马利翁与自己钟爱的少女结为伉俪。后来以美国哈佛大学教授罗森塔尔等人为首的许多心理学家进行了一系列研究，实验证明，学生的智力发展与老师对其的关注程度成正比关系。

罗森塔尔教授在 1968 年和雅各布森(A. L. Jacobson)教授带着一个实验小组走进一所普通的小学，对校长和教师说明要对学生进行“发展潜力”的测验。他们在 6 个年级的 18 个班里随机地抽取了部分学生，然后把名单提供给任课老师，并郑重地告诉他们，名单中的这些学生是学校中最有发展潜能的学生，并再三嘱托教师在不告诉学生本人的情况下注意长期观察。8 个月后，当他们回到该小学时，惊喜地发现名单上的学生不但在学习成绩和智力表现上均有明显进步，而且在兴趣、品行、师生关系等方面也都有了很大的变化。

其实，“罗森塔尔效应”是赏识教育的理论基础，其理论价值远远没有得到老师们的普遍重视。从这个期望效应中我们可以获得一点启示，那就是老师应给予学生更多的鼓励与期望，还应该把这种效应用于学生身上。老师要告诉学生，他们是世界上最聪明的一群人。让学生对自己增强自信心，对自己的人生前途更充满希望。在教学实际中，用对待聪明学生的态度、方法对待所有的学生，多给他们一些积极的期待，学生将会越来越聪明的。同时也给老师提个建议：凡是学生能自己办到的事，坚决不替代；课堂上能少讲的就少讲，能不讲的就不讲；把课堂时间还给学生，把学习的自由权交还给学生。那么，你还给学生的将是更美好的未来。①

教师的态度能不能对中学生的自我评价产生影响以及能产生多大的影响，还取决于中学生的应对方式如何。如果中学生对教师的态度能采取积极的应对方式，即使教师态度不好也会被学生理解为“恨铁不成钢”，同样能对学生产生激励作用；如果中学生总是对教师的态度采用

① http://baike.baidu.com/link?url=kj_r-EtkVa2M8HCPrTnECsMiKWw_ZVgRc7EDF3CQHvLxrKIPcO5VPXzoPTl8SbR5.

消极的应对方式，即使教师态度非常好也很难起到预期的作用。

二、中学生的自我体验

自我体验是指自我意识中对自己情绪、情感的体验和态度。在这一方面来说，我们要特别注意中学生的自尊心，还要了解中学生自我体验的基本特点。

(一) 中学生的成人感

成人感是指青少年感到自己已经长大成人，渴望参与成人角色，要求独立，得到他人尊重的体验。成人感的产生是青少年自我意识迅速发展的一个重要特征，也是儿童个性发展的转折点。

中学生的成人感可以由以下两个途径来判断：独立性和个人私密性意识。中学生对各项事务已经有自己的独立见解了，不会事无巨细地依赖成人，而且强烈希望别人尊重自己的意见，力争处处与众不同。中学生的私密性意识体现在他们开始发现一个内心的、只属于自己的自我，喜欢独处，喜欢珍藏自己的秘密。他们开始疏远父母，选择志趣相投、谈得来的伙伴，交往范围也会不断扩大。

(二) 中学生的闭锁性

中学生闭锁性的发展与他的成人感发展是相辅相成的，成人感发展了，心中的秘密自然增多，闭锁性就会增强。闭锁性是中学生智力发展和情感深化的反映，是成长的信号，老师和家长要妥当处理。

随着年龄的增长，中学生的见识多了，就能掌握事情的分寸和界限。与小学生相比，什么事情该公开，什么事情应当保密，中学生对此会有更深刻的体会和理解。这时中学生往往变得老成一些，平时言谈比以往少，在重要场合不肯轻易发表意见。其实心理上的闭锁与言谈中的沉默是一对孪生兄弟，都是心理防御的表现，而且这种情况与中学生当时所处的情境、场合有关。也就是说，中学生在老师、家长、陌生成人面前紧张时，会尽量表现出不失礼节，内心则保持“封闭”状态，但是在面对同龄人或小学生时，可能是另一回事。

(三) 中学生的自尊

自尊是社会评价与个人的自尊需要之间相互关系的反映。一般来说，当一个人的生理需要、安全需要和社会需要得到一定程度的满足时，人就会产生对荣辱的关心，即自尊需要。中学生的身心，正处于加速发展并渐趋成熟的时期，他们的自尊心明显表现出以下几个特点。

1. 盲目性

当前中学生由于种种原因，在他们的自尊中或多或少地夹杂着盲目自尊的成分：一是由于中学生正处于自我意识萌芽和逐步提高的时期，自我评价的全面性、深刻性、客观性的质量还不高，很容易出现高估或低估自我的倾向，自尊、自信往往表现到过分的程度；二是因为当前的中学生大多数是独生子女，四二一家庭结构使他们从幼小起就处于家庭的核心地位，再加上部分家长不适当的溺爱，逐步养成了其唯我独尊的不良个性特征。

2. 敏感性

随着中学生自我意识不断增强，他们的自尊不仅越来越强，而且变得敏感起来，即使是他人的一个较弱的信号，也能被他们敏感的自尊捕捉，从而引起强烈的自尊体验。

3. 渴求性

中学生渴望在集体中居于适当的地位，得到较好的评价和重视，他们最怕别人看低自己，所以他们会在学校生活的各个方面表现自己，争强好胜。有的中学生在用合乎社会规范的方式无法获得自尊需要时，甚至会用不符合社会规范的方式去寻求满足。即使是当他们自尊已满足时也不会放弃对自尊的渴求，一方面他们会通过种种方式努力捍卫其已获得的自尊；另一方面会把自尊的触角伸向新的领域，去获得新的自尊体验。他们的自尊处于饥渴状态，即使自卑感强的学生，他们的内心深处同样也有十分强烈的自尊需求。

4. 极端性

相对于其他群体来说，中学生的自尊感体验容易走向极端，当社会评价与个人的自尊需要相一致，自尊需要得到肯定与满足时，他们往往会沾沾自喜甚至忘乎所以；如果社会评价不能满足自尊需要或者产生矛盾时，他们可能会妄自菲薄甚至自暴自弃。

实务训练3-1

在学校中鼓励提升自尊的建议

1. 重视和接受每一个学生的努力和成功。
2. 创造一个让学生身心安全的环境。
3. 了解自己对学生的偏见(每个人都有偏见)。
4. 保证你的教学和把学生分组的程序都是必需的。
5. 订立清楚的评价标准，帮助学生学会正确评价自己的成就。
6. 帮助学生掌握合适的自我批评、自我奖励的方法和形成坚持不懈的品质。
7. 避免做破坏性的比较和竞争；鼓励学生与比自己成就更高的人竞争。
8. 即使你不希望学生的某种行为和结果发生，也要接受他们。
9. 记住积极的自我概念来自于社会性发展的成功和重要人物的重视。
10. 鼓励学生对他们处理的事件承担责任；让他们知道自己有机会选择如何去做。
11. 在学校建立支持小组和“学习伙伴”，教育学生如何互相鼓励。
12. 帮助学生建立明确的目标；集体讨论达到目标需要哪些资源。①

三、中学生的自我控制

中学生的自我评价和自我体验的发展，为其自我控制的发展奠定了基础。所谓自我控制，是指一个人对自己的心理与行为的主动掌握。人对自身主观世界的控制，是通过自我意识的作用，采用自我教育、自我调整的手段而得以实现的。

---

① [美]Anita Woolfolk. 教育心理学[M]. 何先友，等译. 中国轻工业出版社，2008，7：95.

(一) 自我需要

外在的社会需要如学校的规章制度、老师的要求、家长的期望等，只有经过自我意识的作用，将所有的社会需要转换为中学生的内在的自我需要时，才能成为学生自觉行动的组成部分。所以，家长或老师在向学生提要求而不起作用的时候，要考虑这个转换是否真正发生了。因为从社会需要转换为中学生的自我需要，开始时可以用强制性的措施予以保证，但最终还是要依靠中学生的自我需要才能产生长期的、持久的效果。没有中学生自我需要支持的行动，是难以持久的，所以，自我需要的转变是教育工作的重要环节，是能否成功的关键。

(二) 自我教育

中学生如何实现自我控制，如何成功地调整自己的行为？这些都是通过中学生的自我教育实现的。自我教育作为中学生个性特征发展的一种内部力量，不是学生自发的教育，而是教育者通过有目的、有计划地施加外部影响，正确地组织教育工作的结果。那么要想达到使中学生能自我教育的目的，要充分运用中学生各种自我激励的手段，比如说引导中学生正确地评价自己的优点、缺点，采用自我鼓励、自我暗示、自我命令、自我监督等方法，有目的、有计划地实现教育意图。

实务训练3-2

提升自我教育的一些方法[①]

1. 警示法

所谓警示法，就是指学生要经常不断地告诫自己严格遵守法律法规，遵守《中学生守则》和《学生在校日常规范》，严格按《中学生守则》要求自己，时时处处叮嘱自己该做什么，不该做什么；同时要“吾日三省吾身”，不断反思自己的行为，经常不断地做自我检查，发扬优点，克服缺点，自我激励，不断前进。中学生处于集体生活的环境中，难免产生矛盾，出现错误，影响团结和学习，加强自我警示并采用防治结合的方法是十分必要的。

2. 榜样法

俗话说：“跟好人学好人，榜样的力量是无穷的，近朱者赤，近墨者黑。”教育学生就要以英雄、伟人、模范人物为表率，教育学生从小树立远大的理想。用航天英雄杨利伟，身残志坚、顽强拼搏的保尔和张海迪，桥梁专家茅以升，数学家华罗庚、苏步青为榜样，严格要求自己，做遵纪守法的模范和刻苦学习的强人，还可以用身边的典型人物事迹对学生进行正面引导和教育。

3. 暗示法

暗示法就是当学生易于产生行为偏差的时候，教师巧妙地用不赞成的眼光或表情予以制止。例如：教师在讲课时发现学生在下面做小动作，或是偷看课外书籍，教师可以暂停讲课，用眼睛看着该学生并用不赞成的目光注视他。如果他还没反应，教师还可以边讲课边走到他的跟前，用手轻轻提示。学生的自我暗示就是要把自己的日常行为、自我要求写在经常可以看到

① 任明良. 中学生自我教育方法探究[J]. 四川工程职业技术学院学报，2008，1：68-69.

的地方，以此不断提醒自己不要犯错，它将暗示自己“要准守纪律、刻苦学习”，当自己要做有损他人利益的事时，他会告诫自己“己所不欲，勿施于人”……这样可以培养学生自我教育的能力，有助于处理和及时矫正不良行为，有助于学生养成良好的行为习惯，增强自觉性，提高自我认识、自我教育水平。

第三节 中学生自我意识的偏差与调适

中学时期是人的身体和心理都发生急剧变化的一个重要时期，也是自我意识走向成熟的一个重要时期。不过同所有的发展规律一样，不同个体的自我意识发展是存在个体差异的。一般来说，成年人大多数能较为客观地认识和评价自己，善于调节和控制自己，自我意识的水平较高。但对于中学生而言，由于他们正处在生理、心理的发育时期，其认识能力还不够成熟，容易出现自我意识偏差的表现，如自负、自卑、自我中心、逆反、放纵等，再加上中学生自控力较差，不善于控制和调节自己，从而带来一些心理问题。这就需要我们教育工作者掌握中学生的心理发展规律，充分了解学生，引导学生认识自我、正视自我，走出心理误区，向着健康的方向发展。

一、中学生的自负与调适

(一) 中学生的自负

大家都见过这种中学生，他们可能很优秀，但目空一切，像一只骄傲的孔雀。他们拿放大镜看自己的长处，对自己的长处无限夸大，炫耀自己，甚至把缺点也视为长处，容易产生盲目乐观的情绪，自以为是，表现出很强的优越感，不易处理好人际关系。由于思维水平的提高，青少年已经不再盲目地听从成人的评价，而是能独立地评价自己。随着年龄的增长，其自我评价逐渐趋于自觉、全面、客观。但是也有一些青少年过高地估计了自己，夸大了自己的长处和优点。其实这都是由于初中生尚不能确切地评价和认识自己的智力潜能和性格特征，很难对自己做出一个全面而恰当的评估，而是凭借一时的感觉对自己轻下结论，这样才导致他们对自己的自信程度把握不当。几次偶然的失利，就会使他们认为自己无能透顶而极度自卑；几次甚至一次偶然的成功，就可以使他们认为自己是一个非常优秀的人才而沾沾自喜，从而出现自我认知偏差，产生不同程度的自我失调感。

(二) 对于自负中学生的调适方法

青少年正处于风华正茂的时候，所谓“初生牛犊不怕虎”，这个时期的人大多有一种蓬勃的朝气，还有一种舍我其谁的霸气，认为什么事情自己都能够做好。这种自负的心理对于他们来说有利有弊，但过度自负就十分不利于青少年的心理健康了。其实“尺有所短，寸有所长”，我们要引导学生既看到自己的长处，又能发现自己的不足，并能从他人身上汲取优点，不断完善自己，这样才能消除自负心理，正确地认识和评价自己。

1. 引导学生正确认识自我

中学生的自我认识受到成人评价的影响，因此家长、教师的评价应尽可能客观、全面。优点要肯定、表扬，但要适度，切忌夸大其词，以偏概全；缺点和不足也要指出，切忌掩耳盗铃、视而不见，甚至帮助掩饰。在帮助中学生进行正确认识自己的过程中，切忌过早地给学生贴上固定的标签，如“好学生”“坏学生”等，应尽量帮助学生认识他们自己的优点和不足，并使他们能虚心地接受他人的批评和建议；还要帮助学生建立正确的社会比较观念，鼓励中学生多与同伴交往，不要以自己的长处去比较别人的短处，也不要把比较的眼光局限在自己的班级与学校；也要帮助他们领悟“山外有山，天外有天”的道理，不仅要进行横向比较，还要用好纵向比较，即用今天的自己和昨天的自己比较，用明天的自己和今天的自己比较，从而不断进步。

2. 帮助学生客观看待他人

在中学生心目中，教师具有一定的影响力，教师对待学生的态度在很大程度上影响了他们对待同伴的态度。因此，教师要用“心”来平等地关注每一个学生的发展，尽可能消除偏爱袒护与厌恶歧视现象，树立客观评价他人的榜样。同时，教师要有意识地开展一些集体活动，让每一个学生都有机会表现自己，展示自己；让自负的学生有更多的机会了解他人。

3. 引导学生正确归因

教师、家长应积极引导自负的中学生全面、客观地分析成功的原因，让他们认识到老师、家长、同学的帮助以及一些客观条件的支持都是非常重要的，切不可把成功完全归功于自己而沾沾自喜。同时，对他人的成功进行归因时也要实事求是，肯定他人的努力和能力，不可一概归之于外部客观因素。

4. 适当安排自负学生受挫

教师可对自负的中学生提出更高的要求，有针对性地在他们的学习生活过程中增加一些挫折训练。比如，增加作业难度，让他们来组织一些活动，有意把一些较困难的事情交给他们做，等等。让自负的中学生经受适度的挫折，可使他们清醒地认识到自己的能力和不足，同时提高抗挫折的能力。

5. 强化合作意识

让自负的中学生意识到每个人都有能力，但只有团结合作、相互帮助，才能使每个人的能力最大化发挥。教师可组织合作学习，把学生安排在有共同任务、有明确责任分工的小组中，进行互助式学习。在小组中，学生要大胆发表自己的见解，虚心听取他人意见，成员之间要进行沟通和交流，相互支持配合，才能完成任务。这个过程能增进成员之间的了解和信任，实现优势互补，相互激励，培养团队合作精神。此外，教师还可利用一些班集体活动，如运动会、广播操比赛、春游、野炊等来增强学生的合作意识和能力，让学生体验合作的成功与快乐。

📖 身边故事3-1

“好学生”的苦恼[①]

他是某重点中学高二的学生，成绩在班上名列前茅。但是他仍然觉得很苦恼，因为他在班上人际关系非常差。他觉得班上其他同学成绩不好，还嫉妒他的成绩好，他说：“当我做作业或看书的时候，有同学叫我拿作业给他抄或叫我传递东西，打乱了我的思路，我感到很讨厌。”

1. 案例分析

有自负心理的人有很强的自尊心，认为自己很了不起，总是把自己凌驾于别人之上。与人交往时，他们倾向于把自己的观点强加于他人，即使明知自己错了，也不愿意改变自己的态度，接受别人的观点。做事以自己为中心，很少关心别人，却要求别人都能为他服务。对别人的成绩非常嫉妒，对别人的失败幸灾乐祸，不向别人提供任何有价值的信息。在别人获得成功时，会用“酸葡萄心理”来维持自己的心理平衡。

自负性格的产生主要是由于错误的自我意识造成的。可以说自负是指缺乏自知之明，对自己的能力和学识评价过高，夸大自己的长处，不明自己的短处。自负者往往缺乏修养，以清高、盛气凌人来显示自己的优越感，对人缺乏尊重。

2. 指导方法

感激与赞美别人，而且是发自内心的，这对于自我评价过高的自负者来说确实不容易，但只要肯积极学习，一定能学会的。青蛙坐在井底时，会觉得自己好大，天很小，但当它跳出井口时，就会发现天好大，自己很小。每个人都有优点和长处，承认他人并且赞美他人，这会改变自负者的人际关系，同时也会得到更多的感激和赞美。

自负者的致命弱点是不能够容忍别人指出自己的缺点与不足，总是自以为是。让他们能够接受批评是矫正自负性格的关键。自负者能够战胜心理障碍，勇于承认自己的缺点，对他们来说是不小的飞跃。当你受到批评和冷落，遇到挫折的时候，你要把它们看成是一剂良药。尽管药是苦的，你也是痛苦的，但是把它吞下去，慢慢消化、吸收，你就会发现，“哦，我原来是这样的，我也有不足”。当你对他人越来越感到满意时，当你坦然承认他人的优点并由衷赞美时，就证明你的自负心已完全纠正。

二、中学生的自卑与调适

(一) 中学生的自卑

与自负的中学生相反，还有一种中学生，他们不喜欢自己，不能容忍自己的缺点和弱点，否定、抱怨、指责自己，他们往往看不到自己的价值，觉得处处低人一等，缺乏信心，严重的还可能由自我否定发展为自我厌恶甚至走向自我毁灭。有很多其实很优秀的学生，由于不适当的自卑，也会产生一些匪夷所思的问题，影响个体的终身发展和学习成就。自卑的中学生缺乏在发展各种能力上的主动积极性，而主动积极性对刺激人的各项感官功能及其综合能力的发挥起着决定性的作用。

① http://www.klczxly.cn/xlal/141/.

对于中学生来说，中学阶段正是他们学习知识、锻炼各种能力的黄金时期。如果学生陷入自卑的泥潭，觉得自己不行，就不敢去尝试，也非常害怕失败，即使对一些能够胜任的工作也不敢承担，并常采用逃避的方法进行自我保护，如此一来，便不能充分把握时机，从而失去很多的锻炼机会，造成自身的多种能力不能得到锻炼和提高。而这种结果进而又会加重自卑感，导致恶性循环。

(二) 对于自卑中学生的调适方法

在当前的学校教育中，教师往往认为只有那些调皮捣蛋、不好好学习、不遵守纪律的学生才是问题学生，才是重点教育的对象，而容易忽视对自卑感强的学生的教育。殊不知，这一部分学生同样需要教师的引导和帮助，对于自卑感很强的学生，教师可以从认知矫正和行为训练两方面来给予必要的指导。

1. 认知矫正方法

(1) 要让学生认识到自卑心理是人普遍具有的一种心理状态。一定的自卑心理对个人的发展具有激励和促进作用，因为自卑感是促进我们改变自身状况、追求更好发展的动力。它能够激励我们动员所有力量发展自己的才能，充分挖掘自己的潜力，如果没有自卑感，那我们也就没有上进心了。

(2) 要帮助学生明确自卑的缘由。学生自卑的原因到底是什么？只有找对了根源，才能有针对性地解决问题，才能从根本上对其进行引导和帮助。教师可引导学生在他人的帮助下明确自卑产生的根源。

(3) 可以引导学生运用升华法提高自己。当学生认为自己的某一方面不行时，就寻求办法来极力改善这一状况，这种方法叫升华法。比如，如果学生认为自己的社交能力不行，那就先帮助他认识到社交能力不是与生俱来的，可以在实际生活中通过逐步摸索和练习得以提高，而后引导他从多方面入手来提高社交能力；可以扩展知识面以增加和丰富话题内容；可以不在影响日常生活的前提下，有意识地给自己创造社交的机会，从而在实践中逐步提高社交能力；等等。

(4) 可以引导学生采用自卑补偿法。引导学生认识到某一方面的缺陷和不足可以通过其他方面的完美和丰富进行补偿和纠正。外在的缺陷，完全可以通过内在的充实来补偿。如，外貌一般可以通过学习补偿；不聪明可以用超出一般人的努力来补偿；可以通过练习如书法、雕刻、绘画、武术、摄影等，获得他人所不及的能力；还可以增加各方面知识的修养，引导学生理智地面对外在的缺陷，寻找合适的补偿目标，从中寻求前进的动力。通过自我宽慰和自我激励，取得心理平衡，同时也可以丰富自己的精神生活。

(5) 可以引导学生进行积极的自我暗示。心理学家墨顿曾提出“预言自动实现”原则，认为人们具有一种自动促使预言实现的倾向。因此，教师要引导学生认识到积极的自我暗示的作用。告诉学生，当感到信心不足时，不妨给自己壮壮胆，进行积极的自我暗示，用“我有能力干好这件事”“我一定会成功”“我也有过人之处”等话语鼓励自己。抱着积极的心态，才能完全地调动自己的全部身心，全心全意地投入工作或学习中，才能正常或超常发挥潜能，完成工作或学习任务。

2. 帮学生进行行为训练

征服畏惧，战胜自卑，不能夸夸其谈，止于幻想，而必须付诸实践，见于行动。战胜自卑可以从日常的实际行为的改变入手。教师在对学生进行认知方面的引导和教育的同时，还可以对学生进行行为方式的训练。比如，鼓励学生挑前面的位子坐，在与人交流的时候鼓励学生睁大眼睛正视别人，走路时养成昂首挺胸、快步行走的习惯，增加自卑学生当众发言的机会等。

总之，教师应根据每位学生的具体情况，选择合适的方法，对其进行积极的引导和教育。教师是学生成长路上的引路人，帮助学生挺起自信的胸膛，积极乐观地学习和生活，是教师义不容辞的责任。

身边故事3-2

小明的故事①

小明平时上课听讲不捣蛋，不讲话，点他发言却是答非所问，不知所云，作业拖拖拉拉，特别是作文，干脆不写。他的理由是：不会写。在对小明的跟踪调查中教师了解到，小明在小学时就从来不写作文(具体原因无从考证)。以前的老师和家长都表示，小明“确实”不会写作文。真的是这样吗？班主任找小明聊天，无意中小明说起周末和爸爸妈妈去踏青的事，发现他讲得眉飞色舞，说话也很有条理，眼中的茫然一扫而空。于是班主任要求小明把叙述的内容写在作文本上。

第二天，小明的作文本交上来了，果然写的是春游的事。虽然文笔很笨拙，还出现了不少错别字，但是文章很有条理，叙述得还相当生动。班主任在作文课上把小明的文章念给同学们听，并表扬了他。小明有些害羞，低着头；再抬起头时，他的眼里明显有了些许自信和期待。

从那以后，内向的小明活泼多了，上课时不仅举手发言，作业也能按时交了。期末考试，小明的语文得了 70 分，这可是他第一次语文考试及格。一个本来是活泼开朗、能说会道的学生，却因为缺乏自信而忽视了自己潜在的能力，变得内向、自卑、茫然、不知所措，针对这样的学生，教师要帮助学生找到产生自卑的原因，纠正其不合理的想法，重拾自信，找到他身上容易被忽视的潜力，将其挖掘出来，变成使学生前进的动力，帮助他重新塑造一个自信、开朗、健康向上的新形象。

三、中学生的自我中心与调适

(一) 中学生的自我中心

具有自我中心倾向的中学生，总是以为自己有无穷的力量，自己是完全正确的、无所不能的、完全有能力按照自己的设想来改造社会和世界，使之达到理想的境界。这种想要使别人乃至整个社会适应于自己的观点、理想，而不考虑他人的意见、观点、态度、利益等的自我中心状态，其认识的根源是过高地评价自己，把个人的观点、利益等摆在不适当的位置。在其为人处世的过程中，很少关心别人，与他人关系疏远，不能和谐相处，固执己见，不容易改变自己的态度，盲目地坚持自己的意见，最终将导致自己不能与他人建立良好的人际关系。在中学生

① 胡晓燕. 中学生自我意识偏差的表现与矫治[J]. 学校党建与思想教育，2006，5：63-64.

的成长发展过程中，一旦不能与同学或他人建立良好的人际关系，人与人之间缺少了沟通与交流，没有了和谐、友爱，必将导致其社会化进程受阻，在群体中缺乏安全感，阻碍其自我形象的建立，学业成绩等也受到影响，最终影响到心理健康的正常发展。

(二) 对于自我中心中学生的调适方法

1. 提升中学生自我评价能力

中学生的自我意识出现偏差，多是因为自我定位不准确，自我意识没有达到一个较高的成熟水平。比如，自负是自我定位过高，自卑是自我定位过低，而自我中心与自负相近，也是由于中学生过高地估计自己的能力，把自己摆在一个不适当的位置，处处以自己的观点和想法为中心，不顾其他。这样的结果就是中学生可能四处碰壁，影响他一贯的信心，反过来可能由极端的自信变为极端的自卑，陷入严重的心理危机，所以要通过多种途径提升学生的自我意识。

2. 培养学生社会视角转换技能

社会视角转换是一种社会认知技能，是指在自我认识或社会交往中摆脱自我中心的限制和自我与他人之间的限制，在自我与交往对象之间转换观察问题的角度，将自我与他人的观点进行比较，体验他人的观点，最后得出较为客观、全面的观点或结论。社会视角转换就是通常人们所说的“换位思维”，即我们应该站在别人的角度来看问题。社会视角的转换保证了自我认知，能使自我评价达到一定的客观化程度，从而对他人产生认同感，做到理解他人、接纳他人，消除不应有的狭隘心理。中学生的心理是在与同学、家长及社会各方面成员进行交往的过程中发展起来的，尤其是在与同学、同伴的交往中，他们的观点、态度往往影响着他们与同学、同伴的关系。能不能与同学、同伴建立良好的关系，影响到他们的社会化进程，而在这样的交往中，需要自己能够时时考虑其他人对同一问题的看法和态度，只有这样才能得到同学、同伴的接纳和认可。

3. 鼓励学生积极参与社会实践活动，在活动中培养良好品德

中学生的自我中心倾向反映在现实中，往往有只顾自己利益、不考虑集体和他人利益的表现，甚至为了自己的利益铤而走险。这样的问题也反映出他们的思想品德水平方面的缺陷。所以，在日常生活和教育中，需要对学生的品德进行培养。一个具有良好思想品德的学生，能够按一定的社会品德标准去规范自己的言行，能够做到时时关心同学、处处关心集体，可以为了集体和他人的利益而牺牲自己的利益。同时在活动和交往中，通过活动使他们认识到自己的不足和别人的长处，提高他们的自我评价能力，也使他们认识到只有学会关心他人、关心集体，才有可能得到他人的回报，从中体验到人生的价值与贡献。因此可以认为，良好的思想品德的形成和发展，有助于他们克服自身的自我中心倾向。

📖 身边故事3-3

假如别人这样对待你[①]

晶晶，独生子女，聪明漂亮，在家是掌上明珠，在学校泼辣能干，是老师的好帮手。但同学关系紧张，她担任语文课代表，工作认真负责，但态度粗暴且歧视同学。比如：上早自习时

① 胡晓燕. 中学生自我意识偏差的表现与矫治[J]. 学校党建与思想教育，2006，(5)：63-64.

她要同学读书，有几个却在偷偷赶作业，她二话不说，上去就把同学的作业本撕个粉碎；班上有个男生当面顶撞了她几句，她就把那位同学的书包扔到窗外；班干部会上，她总是指责别人工作没有做好；在班上喜欢指使别人为她做事，否则暗示要报复……

像晶晶这类学生很多，她们一方面想表现自己，却对自己的不足视而不见；另一方面又要求别人服从自己，不以平等的方式与同学相处，这样很容易出现一些问题。中学生的交往是建立在平等基础上的关系，在这种交往中，他们必须放弃以自我为中心，站在他人的角度上看问题。针对这种情况，班主任举行了一次主题班会，以“假如别人这样对待我”为题，用角色表演、小组讨论等形式，进行换位思考，帮助学生克服自私心理，走出自我中心。

四、中学生的逆反与调适

(一) 中学生的逆反心理

据调查，许多中小学教师和家长都普遍感到现在的学生难教育，听不进教师和家长的意见，本来自己想做的事，可要是教师和家长提出来，他们就不愿做了。他们不愿意听教师的意见，也不愿意听家长的话，对教师和家长有明显的对立情绪。这些都属于逆反心理。

逆反心理是指人们彼此之间为了维护自尊，而对对方的要求采取相反的态度和言行的一种心态，是指个体对于外界的教育引导所采取的一种负向心理活动。它是一种反常的情感体验和行为倾向，通常表现为情感上的对立、抗衡和情绪上的嫌恶和不满。中学生的逆反心理的普遍存在，给学校和家庭教育带来了很大的难度。

(二) 对于逆反心理中学生的调适方法

1. 构建和谐的师生关系

初中生听不进去教师的说服与建议，多数都是因为师生关系不良。如果本身师生就处于对立状态，教师的真心说服也会被中学生理解为别有用心。教师必须树立新的学生观，构建新的、平等的互动式的教学观和师生关系，要在教学中给学生平等参与权，要坚信每个学生都有学习的潜能，要细心发现每个人的长处和兴趣，看到他们的每一点进步，对学生的意见加以保护和鼓励。对出现认知障碍的学生不歧视，而是给予他们更多的鼓励，让他们通过自主学习、合作学习和探究学习去发现错误、纠正错误。教师应把自己放在学习者的位置上和学生平等交流，不能居高临下。

2. 改进教育内容和方法

教育内容和方法直接影响教育效果。如果教育内容陈旧、教育方法简单，那么空洞的说教很容易引起学生的逆反心理。因此，学校教育要密切联系社会和学生的实际，加强对学生的思想教育和道德教育。要坚持正面疏导和教育，要充分发挥教师的人格魅力和教学魅力，克服教学与学生理解之间的沟通障碍。

3. 要重视青少年的自我教育，注意调动他们自身的积极性

真正的教育是自我教育，教育就是要迫使人去思考自己。中学生自我意识很强，教育者要学会调动他们自我管理的积极性，尊重他们，不能打击他们自我教育的主动性。要引导学生正

确认识社会，加强对社会文化现象的分析。因为面对错综复杂的文化现象和社会问题，青少年还没有完全具备正确的分析能力，这就需要教育者及时、有效、准确地帮助青少年建构正确的认知，避免盲目性。

实务训练3-3

阳奉阴违的真正原因是什么[①]

吕玉国被查出偷偷吸烟，经过老师教育，以为他不会再犯。但出乎意料的是，他又接二连三地吸烟，而且每当老师询问他，他总是信誓旦旦地说绝不再犯，这真让人火冒三丈。到底问题出在哪？老师把吸烟的危害说得淋漓尽致，也告诉他盲目模仿成年人不可取。怎么他就不能改掉呢？经过深入的调查发现，原来吸烟的学生形成了一个固定的小帮派，在这个圈子里，谁要因为被老师教育而不再吸烟，其他学生就会讥笑他。出于逞能的心理，吕玉国就阳奉阴违。明白了关键所在，老师就找来了所有和他经常一起吸烟的学生，让他们自己说一说当时吸烟时的想法，当学生们敞开心扉的时候，他们自己就意识到了原来自己的一些想法是多么幼稚。这件事也让我们深深意识到，错误原来也是学生学习的宝贵财富。

如果出现以上这种情况，作为班主任应该从以下几个方面去做。

(1) 引导学生认识逆反心理的客观性。让学生认识到初中时期出现逆反心理和行为，是一种生命现象和生命规律，但是不要放纵自己，更不要过分责怪自己，要想方设法地超越这一生命局限。

(2) 勇于向学生承认自己的错误。此年龄段的学生迫切渴望与成年人平等相处，当老师与学生发生冲突时，不要一味地要求学生承认错误，老师也要反思自己的行为是否合理、公正、正确，并设法让自己平静下来，坦诚地向学生承认错误，同时指出学生的问题，这样才能保证师生的正常沟通。

(3) 不要使用高压手段处理逆反心理和行为。学生的逆反行为发生正是出于对师长的不满和愤怒，压服和威胁虽然一时可以使反抗行为减少，但是却增加了学生的愤怒，使其以后更容易再度产生逆反行为。

(4) 要保护学生的自尊心。初中班主任在面对学生的逆反心理时，不要讽刺、挖苦学生，因为学生在自尊心受损时，往往会采取反抗行为进行报复。逆反心理体现了学生渴望被关注的需要。逆反心理只是学生复杂心理斗争的一个缩影，一方面学生渴望和周围人不一样，希望突出自我；另一方面他们又希望和周围人一样，以获得足够多的认同。老师要正确理解这一点。

(5) 宽容学生，对逆反行为采取退避处理的方式。当学生表现出逆反行为时，初中班主任要“接受”他的逆反，不发脾气，也不处理，这样让学生的逆反没有了对象，逆反行为自然会终止，过后再处理这件事情。

以上是初中生常见的几种自我意识的偏差及调适方法，教师要在了解自我意识的发展规律，了解初中生自我意识发展特点的基础上，科学、全面地对初中生的自我偏差进行有效调节。但不要忘记不同的个体有不同的发展特点，面对一个真实的中学生的具体问题，要具体问题具体分析，这样才能有效提升初中生的自我意识，使初中生更加健康发展。

① http://www.bamaol.com/Html/2013103111323122.shtml.

案例导读解析

由于初二正处于成长过渡期，学生独立意识和自我意识日益增强，迫切希望摆脱家长和老师的监护，反对成人把自己当成小孩子。同时，为了表现自己的与众不同，其易对任何事情持批判的态度。学生的“逆反心理”是一种消极的抵抗心理，这种心理一旦产生，就会形成一种固定的思维模式，对教师的教育乃至所有的言行都持否定的态度，使教育达不到预期的效果，久而久之还可能导致矛盾激化。因此，教师一旦发现学生对自己形成了“逆反心理”，应及时采取措施，予以疏导。

刘某的叛逆行为是其进入成长过渡期的一种表现，许多即将进入青春期的孩子对大人都有一种逆反心理。他们往往把家长和老师的批评、帮助理解为与自己过不去，认为伤害了自己，因而就会表现出严重的敌对倾向。分析其原因主要有 3 个。

(1) 家庭教育方式不当。刘某的父亲忙于生意，和孩子的交流很少，遇到问题就会斥责、谩骂孩子，在老师面前又要袒护孩子；而他的母亲主要关心孩子的营养状况和学习成绩，忽视孩子的思想教育，认为孩子还小，大了就会懂事的。在孩子的教育问题上，两人的方式常常不一致。

(2) 学校方面，老师为追求教学质量，对学生的要求过高，加重学生的课业负担。并且，老师以成败论英雄的考核标准，不但容易让孩子丧失继续追求成功的热情，也为孩子的心理健康问题埋下了祸根。同时个别老师不懂得学生的心理特点，不能正确对待他所犯的错误，处理方式不当，使矛盾和冲突日益恶化起来。

(3) 初二学生特殊的年龄特点，使他看问题容易产生偏见，以为与老师、家长对着干是勇敢，是一种英雄行为，因而盲目反抗，拒绝一切批评。

针对刘某的实际情况，应采取以下处理方式。

(1) 多一些理解与沟通，指导他进行自我调节。在了解了原因后，经常在课间、课外活动时抽点儿时间，以平等的姿态，跟刘某谈谈心，知道他心里正在想些什么，知道他最担心的是什么。不盛气凌人地训斥他，多表示一些理解，适当地给一些点拨，指导他阅读一些伟人、科学家成功事迹的书刊，开阔视野，不断激励自己，使他明白只有胸怀宽广，能接受他人意见的人才能成就伟大的事业。这样把刘某的注意力引到学习上，启发、诱导他走出错误的心理误区。

(2) 春风化雨，坚持疏导教育。对待刘某，避免直接批评，不与他发生正面冲突，注意保护他的自尊心，采取以柔克刚的教育方式。当他犯错误时，不当着全班同学的面点他的名字，而是在与他个别交谈时动之以情，晓之以理，耐心帮助他分清是非，意识到自己的错误，并愿意主动地去改正，逐渐缓解紧张的师生关系。

(3) 因势利导，扬长避短。充分利用刘某在数学方面的优势，让他成立一个数学兴趣小组，让其担任组长，使他把大部分心思转移到他喜欢、感兴趣的事情上，并对他的进步即便是点滴进步给予及时、热情的表扬。想方设法创造条件，让他体验到成功的快乐，使他对学习、对生活、对自身逐渐积累信心。

(4) 经常、持久地进行心理辅导。刘某这种顽固的逆反心理不是一两次说服教育就可消除的，要反复抓，抓反复，平时就多留意观察他的情绪变化，经常与他交流、沟通，深入了解他的内心世界，帮助他解决心理上的问题。

(5) 与家长沟通与协调。通过家访、电话联系、家长到校面谈等多种方式，对刘某家长的教育态度表示理解，同时指出这样的教育方式不但得不到效果，反而会令孩子产生逆反心理。

要求家庭多给孩子温暖，父母在教育孩子的问题上要达成一致意见，共同做好转化工作。同时指导家长如何做，如定期检查孩子的作业；指导学习，帮助孩子解决学习中的困难，多抽时间与孩子交流，对孩子的进步给予及时的鼓励。

小结

自我意识是对自己身心活动的觉察，即自己对自己的认识，具体包括认识自己的生理状况(如身高、体重、体态等)、心理特征(如兴趣、能力、气质、性格等)以及自己与他人的关系(如自己与周围人们相处的关系，自己在集体中的位置与作用等)。自我意识的特点为矛盾性、形象性和独特性。心理学通常将自我意识划分为3个成分：自我认识、自我体验和自我监控。个体的自我意识不是一蹴而就的，也不是一成不变的，影响自我意识发展的因素是多方面的。目前此方面的有关研究多数集中于以下几个方面：年龄、性别和学业成绩。初中生的自我意识变化主要体现在初中生的自我意识、自我体验、自我控制3个方面。3种成分互相影响，互相促进，它们是一个统一的、密不可分的有机整体。对于中学生而言，由于他们正处在生理、心理的发育时期，其认识能力还不够成熟，容易出现自我意识偏差的表现，如自负、自卑、自我中心、逆反、放纵等，再加上中学生自控力较差，不善于控制和调节自己，从而带来一些心理问题。这就需要我们教育工作者掌握中学生的心理发展规律，充分了解学生，引导学生认识自我、正视自我，走出心理误区，向着健康的方向发展。

巩固与操作

一、思考题

1. 自我意识有哪些特点？
2. 初中生自我评价有哪些特点？
3. 初中生的自我体验有哪些特点？
4. 中学生的自我控制有哪些特点？
5. 初中生常见的自我偏差有哪些？
6. 初中生的自我偏差对于初中生有怎样的影响？

二、操作题

小强是个处事果断、遇事有主意的女同学。但是，她十分任性，脾气暴躁，喜欢用指甲掐人。她平时对同学说话时也相当不客气，因而很多同学宁可躲着她，也不愿和她发生冲突。对于这一点，小强是心知肚明的，她自己也很苦恼。前几天她与一个大个子的男同学发生了一点不愉快，本是件小事，但她却将这火撒到了同桌同学身上，一连几个指甲血印落在了同学胳膊上，同桌同学未还手，同学们见此情景都愤愤不平，纷纷对小强进行指责、批评。在这种情况下，小强采取沉默作为消极抵抗的办法。

如果你是班主任，对于小强同学这种情况，你会采取什么方法改变这种状况？

拓展阅读

1. [美]杰弗里·阿内特. 阿内特的青少年心理学[M]. 北京：中国人民大学出版社，2009，4.
2. [美]戴维·迈尔斯. 社会心理学[M]. 北京：人民邮电出版社，2006，1.

第四章

中学生的学习心理

内容提要

学习是中学生的主导活动，教师和学生只有充分了解学习的规律才能实现有效的学习。本章主要介绍中学生学习的主要特点、中学生的认知特点与学习的关系，以及中学生容易出现的学习问题和调适方法，希望能帮助广大教师和学生实现有效的教学和学习。

学习目标

(一) 认知目标

1. 了解中学生的学习特点；
2. 了解中学生认知过程的特点；
3. 了解中学生常见的学习问题。

(二) 情感目标

1. 体验理想中学生的目标与任务；
2. 体验符合认知规律的学习是怎样的。

(三) 能力目标

1. 能根据中学生认知过程的特点提高学生的学习效率；
2. 能对中学生的学习问题进行有效调节。

案例导读

陈同学怎么了[①]

陈同学，男，15 岁。父亲常年在新疆经商，平时无暇顾及儿子的学习与生活，自小他在爷爷奶奶的宠爱下长大。今年父母由于感情问题离异，其被判归父亲抚养。近来，老师发现在

① https://bxxjy.30edu.com.cn/Article/a7b5b353-6f09-4b6a-b1b7-d26a373b54a0.shtml

这个孩子身上出现了一些问题，通过观察交谈发现该同学突出表现为在课堂上和各种活动中，小到一次课堂发言，大到学校组织的活动，都显得没有热情，参与意识淡漠；不合群，平时沉默寡言，独来独往，偶尔也流露出想和同学们交往的想法，但显得不知所措，不自觉地流露出自卑；不喜欢读书，不想上课，逃课、旷课时有发生，在上课的时候经常趴在桌子上睡觉、看窗外。

第一节　中学生学习的特点

每个年龄阶段都有一个主导的活动，比如说幼儿的主导活动是游戏，而中学生的主导活动是学习。中学生的学习不同于小学生的学习，也不同于大学生的学习，是一种具有独自特点的学习。

一、中学教育的定位

中学教育定位的依据，是《国务院关于基础教育改革与发展的决定》(2001 年 5 月)和《国家中长期教育改革和发展规划纲要(2010—2020 年)》，以下分别简称为《决定》和《纲要》。

中学生包括初中和高中，其中初中教育属于九年义务教育。义务教育是对所有适龄儿童、少年统一实施的教育，具有强制性、免费性和普及性 3 个特点。实行义务教育，既是国家对人民的义务，也是家长对国家和社会的义务。《纲要》明确指出，义务教育阶段应注重品行培养，激发学习兴趣，培养健康体魄，养成良好习惯。也就是说，要注重学生德、智、体、美全面发展。义务教育在教育思想上，应体现大众教育、全面教育的思想；在教育目标上，应以培养民族素质教育、基础文化教育为核心，弘扬“全面发展”的时代精神；在办学模式上，应当形成规划教育、标准化教育的基本格局。政府应采取有力措施，消除学校间差异，最大限度地实现教育公平的理想追求。

以上定位是初中生学习的基础。

而高中教育按《规定》所确立的培养目标，特别强调学生应做到以下几点。

(1) 初步形成正确的世界观、人生观、价值观；热爱社会主义祖国、热爱中国共产党，自觉维护国家尊严和利益，继承中华民族的优秀传统，弘扬民族精神，有为民族振兴和社会进步做贡献的志向与愿望。

(2) 具有民主与法制意识，遵守国家法律和社会公德，维护社会正义，自觉行使公民的权利，履行公民的义务，对自己的行为负责，具有社会责任感。

(3) 具有终身学习的愿望和能力，掌握适应时代发展需要的基础知识和基本技能，学会收集、判断和处理信息，具有初步的科学与人文素养、环境意识、创新精神与实践能力。

(4) 具有健康的体魄、顽强的意志，形成积极健康的生活方式和审美情趣，初步具有独立生活的能力、职业意识、创业精神和人生规划能力。

(5) 正确认识自己、尊重他人，学会交流与合作，具有团队精神，理解文化的多样性，初步具有面向世界的开放意识。

以上定位是高中生学习的基础和目标。

知识链接4-1

中学生的基本素养

1. 心理和谐

(1) 信心。信心是人与自我关系的首要因素，是指中学生相信自己的愿望或预想一定能够实现，并具有自信、自尊、自立、自强的优秀品质。

(2) 合作。合作是人与人关系的重要因素，是指中学生能尊重、欣赏和信任他人，敢于沟通、善于沟通、勤于沟通，具有团队合作的精神和能力。

(3) 国家意识。国家意识是人与社会关系的重要因素，是指中学生具有国家主人翁责任感、自豪感和归属感，能够“明国情、懂国格、树国威、知国耻、扬国魂”。

(4) 环境意识。环境意识是人与自然关系的重要因素，是指中学生应树立良好的环境观，形成爱护生命、爱护环境、爱护自然的品质。

(5) 自强不息的精神。自强不息的精神是软件与硬件关系的重要因素。也就是说，软件的核心是自强不息，这样才能发奋图强、坚忍不拔。这里是指中学生在生活和学习中应表现出认真与勤奋、主动与顽强的心理状态。

(6) 国际意识。国际意识是中国与外国关系的重要因素，是指中学生应具有强烈的民族自豪感，具有振兴中华的责任感，以及辨别是非、理智爱国的品质。

2. 成才要素

(1) 志向(生涯规划)。志向是指中学生的人生目标，即选择与未来职业活动有关的目标和企图达到这种抱负的意向，个人志向应该与祖国、人民的需要联系起来，与个人的兴趣爱好相结合，实现二者的统一。

(2) 兴趣。兴趣是指中学生有较稳定持久的兴趣，兴趣广泛，并成为推动其他活动的重要力量，是成才的契机。

(3) 质疑。质疑是指中学生具有问题意识，善于并敢于提出问题，并掌握提出问题的基本方法或技巧。

(4) 毅力。毅力是指中学生应具有坚强的意志，为了达到自己的目标，坚持不懈地勤奋努力、克服困难，并善于调控自己的情绪和言行。

(5) 社会责任心。社会责任心是指中学生能坚持道德上正确的主张，能以主人翁的态度对待社会，以集体和国家利益为重，具有较强的民族自豪感、自尊心。

(6) 实践。中学生应具有强烈的实践动机，具备一般实践的能力，并能根据自身能力和具体情境条件，恰当地决定实践方法并付诸实现。

3. 知识结构

(1) 语言素养。语言素养要求中学生树立公民意识，并能够运用母语和外语实现人与人之间的理解、表达等互动，具有较好的听、说、读、写等口头及书面语言能力。

(2) 数学素养。数学素养要求中学生能够运用数学知识和数学思维解决日常生活中的各种难题。

(3) 艺术素养。艺术素养要求中学生能够感受和欣赏各种美的事物(如音乐、表演艺术、文献和视觉艺术灯)，理解其中的思想、经验和情感表达，提升日常生活品质。

(4) 科技信息素养。科技信息素养要求中学生能够适当地运用科学知识、信息技术来解决问题，实现良好的目标。

(5) 公民素养。公民素养要求中学生树立公民意识并能够积极理解和欣赏本国的历史文化，以开放的、多角度的思维方式看待世界各地的历史文化，主动关心和参与社会活动，理解和关心自然与生态环境，为社会的发展做出贡献。

(6) 道德和法律素养。道德和法律素养要求中学生具有尊重与包容精神、诚实守信的意识，能够遵纪守法，并且能够运用法律手段主张和维护自己的权益。

4. 健康要求

(1) 身体健康。身体健康包含两方面含义：一是指主要脏器无疾病，人体各系统有良好的生理功能；二是指对疾病的抵抗能力，能适应环境变化、各种心理生理刺激以及致病因素对身体的作用，即维持健康的能力。

(2) 心理健康。心理健康包含两方面含义：一是没有心理障碍，不会因为心理问题而影响正常工作、学习和生活；二是在学习、人际和自我等方面，有积极的思考方式和乐观向上的态度①。

二、中学生学习特点的表现

学习是由于经验所引起的行为或思维的比较持久的变化。学习的发生是由于经验所引起的；可以是行为的即时变化，也可以是行为潜在的变化，变化都是比较持久的；不能简单地认为凡是行为的变化都意味着学习的存在，如本能、疲劳、适应、成熟等原因产生的变化就不是学习。而且学习是一个广义的概念。不仅人类普遍具有，动物也存在学习；不仅指有组织的知识、机能、策略等的学习，也包括态度、行为准则等的学习；既有学校中的学习，也包括从出生以来就出现并一直持续终生的日常生活中的学习。

中学阶段的学习与一般意义上所说的学习不同，是专指学生在校期间的学习活动。它具有学校教育的一般共性，就是学生要在规定的有效时间里，高效率地掌握前人积累下来的知识和经验，这些知识经验以书本知识为主要内容，并不需要学生事事躬亲，逐一验证；学生的整个学习活动都是在教师的组织和指导之下，有目的、有计划地进行的。其主要特点如下。

(一) 中学生成绩分化明显

一般来说，高中高年级和小学高年级的学生，一个班的学生学习成绩比较稳定，学习成绩的名次也比较稳定。根据林崇德的研究：高二以后的学生，他们的智力日益稳定和成熟，高中一年级的学习尖子生，绝大多数都能保持其优势；高中毕业时的学习尖子生，约有80%在上了大学之后，仍是学习尖子生。

与这种情况形成鲜明对比的是，初中生的学习成绩波动很大，可以说是充满着动荡与分化。小学生进入初中以后，会面临一个学习和生活上的全新适应过程，科目数量的增多和学习内容的加深使得很多学生非常困扰，很多小学时很优秀的学生在初中的时候可能会降为中等生甚至差生，而很多在小学时成绩一般的学生在初中会如鱼得水。据调查，重点学校初中入学考试前

① 林崇德. 中学生心理学[M]. 中国轻工业出版社，2013，10：81-83.

10 名的学生，一年后只有一半的人能进入班级的前列。在普通中学的情况也如此，入学考试数学、语文都是前 10 名的学生，一年以后保持班级前列的不到一半，甚至还有两名学生落到班级后 10 名中。与此相反，升学考试成绩在班级后 10 名的学生，一年以后重点学校中有 90%的成绩大幅提高，普通学校中有 70%成绩大幅提高，甚至还有几名学生成了班里的佼佼者。教育界时有议论的所谓初中二年级的“分化点”，就是指这种状况。

不同学生对初中学习表现出来的不同的适应状况，事实上已经成为教师判断学生学习潜力的重要依据。只要细致观察，掌握一定的资料，同时又能排除一些偶然因素的话，这种观察结果还是相当准确的。对于老师还有家长来说，加强初中生的适应能力有助于他们学习成绩的提高。

(二) 中学生自学能力的作用日益明显

教育家苏霍姆林斯基讲：“一个人到学校上学，不仅是为了取得一份知识的行囊，而重要的是应获得各方面的学习能力，学会思考，真正的学校乃是一个积极思考的王国。”因此，自学是一生中重要的学习方法。自学能力是指一个人独立地去获取知识的能力，指一个人多种智力因素的结合和多种心理机制参与的一种综合性的能力。中学生正处于能力发展的关键年龄，学会自学，从学生的成长意义上说，要比学到某些知识和学会某种技能，更具有长远的意义。

进入中学以后，学生在学习上的独立性逐步增强，在课堂以外，学生能较自觉地独立安排自己的学习活动，因此，自学能力的强弱对学习成绩有较大的影响。学生的自学能力既取决于学生的学习习惯和学习反思能力，又取决于对学习的兴趣、期待和持之以恒的毅力。培养学生自学能力是教师教学活动中的一个不可忽视的环节，是教学的一个重要程序。认识了这个问题，就要求广大教师从自己所教学科出发，从中学生心理特点出发，去帮助学生制订学习计划、步骤。我国教育家叶圣陶先生曾提出：“教师的任何功课，讲都是为了达到用不着讲，教都是为了用不着教。”不讲和不教，正是达到了学生能够脱离教师、不需要“拐杖”的地步。所以，积极探索教学规律，对中学生进行自学能力的培养，是摆在中学教师面前的重要任务。

(三) 中学生的学习主动性两极分化

学生是学习的主体，在课堂教学过程中，这种主体性表现为学生积极、主动地参与教学活动。课堂中，学生有无积极主动性，已成为达到教学目标的决定性因素。从个体发展角度来讲，中学生的学习应该更加主动，更加自觉。但实际情况是，中学阶段学生的主动性呈两极分化的状态。一部分中学生由于在学习中体验到了成就和乐趣，学习更加主动；另一部分中学生的学习主动性却随着年级的上升逐渐消失。据初步调查，学生的学习主动性消失的递减比率达 14.3%。又如《北京青年报》报道，据全国少工委的一项统计，在我国现有的 3 亿学生中，被老师和家长列入“差生”行列的学生已经达到 5000 万人，每 6 个学生中就有 1 个差生，所以在教育当中要注重对学生学习主动性的培养。

第二节 中学生的认知过程与学习

“知识就是力量”，而人类的认知能力又是发现知识、理解知识、运用知识的力量。认知涉及接纳、加工、保存和提取内外信息的一系列过程，是一个复杂的智慧体系。对于每个具体的人而言，认知能力需要 20 年左右的时间才能成熟和完善。虽然认知各方面的发展速度和进程不尽相同，但从整体上看，一个人从出生到 16～17 岁是认知能力随年龄的增长而不断提高的阶段，从 16～17 岁到 40 岁是认知能力发展的高峰期。中学生的认知发展正处在上升和逐渐成熟的阶段，他们对事物的理解达到了更抽象、更客观的层次。与此相应，中学生无论在学习活动的性质上还是在学习内容上都有别于小学时期。

一、中学生的注意特点与学习

面对四五十人的一个初中班级，教师会发现有的学生听课专心致志、注意力集中；有的学生东张西望，很不安定；有的学生做什么事都漫不经心，拖拖沓沓；而有的学生却从来不受任何干扰，认认真真学好各门功课。这些都是中学生的注意力品质和水平不同所导致的。

(一) 注意的内涵

注意是指心理活动对一定事物的指向性和集中性。其中指向性是指认知活动总是选择一个或几个事物为当前的认知对象，而排除其他事物；而集中性是指认知活动在进行过程中有一定的紧张度和强度，从而保证这一活动的顺利完成。注意可以分为无意注意、有意注意和有意后注意。

无意注意也叫不随意注意，是指预先没有目的，也不需要意志努力的注意。生活中我们经常会有无意注意出现，一些有特异性的刺激、强烈的刺激、运动的刺激以及个体感兴趣的刺激、有期待的刺激、需要的刺激，都会引起人们的无意注意。

与无意注意相对的是有意注意，或叫随意注意，是指有预定目的的，需要一定意志努力参与的注意。个体的学习和工作更多地依赖这种注意来完成，它是一种积极主动的注意形式，是通过内部言语的形式实现对行为的调节和控制的。

有意后注意是在有意注意的基础上发展起来的，也叫随意后注意，是指有一定目的的，不需要意志努力的注意。有意后注意兼有无意注意和有意注意的双重特征：一方面和自觉的目的、任务联系在一起，另一方面又不需要意志努力的参与，是一种比较理想的注意形式。有意后注意是有意注意发展进一步深化的结果，是教师对学生学习能力培养的一个重要目标。

(二) 初中生注意发展的特点与学习

有经验的教师都会知道，随着年龄的增长，越来越多的学生都能坐得住板凳了，这正是注意水平提高的表现。青少年注意的发展主要呈现出以下几种趋势。

1. 中学生注意稳定性的特点与学习

注意的稳定性是指在同一对象或活动上注意所能持续的时间，是注意在时间上的特征。一些初中生学习成绩不好，往往和注意力不能集中、在学习中容易分散注意力有直接的关系。从初一到初二年级，学生的注意稳定性是迅速发展的，这也是有研究者认为初中二年级是学生成绩分化的关键时期的原因之一。如果教师能在初一到初二学生中进行注意稳定性的教育和培养，这对初中阶段的学生有重要的影响，一定会获得较好的教育效果。需要注意的是，从小学三年级开始到初中三年级，各年级的男生的注意稳定性都普遍低于女生的，这也决定了女生在心理上懂事、自尊自爱、讲礼貌、守纪律。作为教育工作者，应从中找出规律，有针对性地做好工作。

2. 中学生注意广度的特点与学习

注意的广度也称注意的范围，是指在一定时间内能清楚地把握对象的数量。很明显，这个品质与个人的信息注意范围有关，如果一个人在一定时期内能注意广泛的对象，那么他的学习效率可能会很高，比如“一目十行”的学生读书就要比“一目一行”的学生效率高。那么，怎么提高学生的注意广度呢？研究表明，学生的注意广度的大小同知觉对象的特点有关，如注意对象越集中、组成越有规律，越能成为相互联系的整体，那么注意广度就越大；反之，注意广度就越小。所以，在教学中要利用以上规律改善教材的呈现方式和知识在课堂上的呈现方式，有利于学生学习水平的提高。

3. 中学生注意分配的特点与学习

注意分配是指在同一时间内把注意指向不同的对象。它与人的动作自动化程度有密切关系。在同时进行的两项活动中，必须有一项是熟练的、自动化了的，这样大部分注意力都能集中到较生疏的另一项活动上，从而做到活动的协调进行，如学生可以边听歌边写作业、边骑车边谈话等。研究表明，人的注意分配能力发生较早但发展缓慢，在中学阶段的各个年级基本处于相同水平上。所以，在学习中教师一贯强调学生要“专心致志”“一心一意”，就是为了避免学生在注意分配的过程中出现资源损耗。总之，“一心不能二用”是基本的规律，要想做到“一心二用”，必须经过严格的训练，使不同动作之间形成一定的反应系统，使注意需要维持的水平调节到最佳状态，这样才能使注意进行合理的分配。注意分配能力是顺利进行各项活动的必要条件之一，也是提高工作效率的保证。

4. 中学生注意转移的特点与学习

注意的转移，是指个体根据任务要求，主动地把注意从一个对象转移到另一个对象上；或根据新任务的需要，主动地变换注意的中心，使之符合活动任务的要求。注意的转移主要取决于个体原来的注意紧张程度和新对象对它的吸引程度。原来注意的紧张程度越高，注意的转移就越慢越困难；个体对新对象越感兴趣，越被它吸引，注意的转移也就越容易实现。注意转移在初中生学习中的地位不言而喻，如一些初中低年级学生，在课间玩得过于兴奋，重新上课时心思还在课间的游戏上，自然不能保证上课质量，所以教师要在讲授新课前，可以利用 1～2 分钟的时间将学生的注意力转移到教学内容上来，以便确保每个学生的听课质量。

心理测试4-1

怎样知道自己注意力的好坏①

仔细阅读下面的问题，认为符合自己情况的，在括号内画“✓”，不符合的画“×”。

(1) 听别人说话时，常常心不在焉。 (　　)

(2) 学习时，往往急于想干另外的一项工作。 (　　)

① 刘国权，孙崇勇，赵晓光. 心理学[M]. 吉林大学出版社，2009：160.

(3) 一有担心的事，便终日萦绕在心。 (　　)
(4) 学习时，常常想起毫无关联的其他事情。 (　　)
(5) 学习时，总觉得时间过得太慢。 (　　)
(6) 被别人指责时的情景始终不会忘记。 (　　)
(7) 有时忙这忙那，什么都想干。 (　　)
(8) 想干的事情很多，却不能专心于一件事情。 (　　)
(9) 听课时常哈欠不断。 (　　)
(10) 说话时，有时会毫无意识地说出其他事情。 (　　)
(11) 在等人时，感到时间长得难熬。 (　　)
(12) 对刚看完的笔记会重新阅读好几遍。 (　　)
(13) 读书不能坚持两小时以上。 (　　)
(14) 一件事做得时间太长后，就会急躁地希望早点结束。 (　　)
(15) 学习时，对周围的人说话声听得很清楚。 (　　)

注：把画“×”的问题相加得分，每个“×”为 1 分。0～3 分者为注意力差；4～7 分者为注意力稍差；8～11 分者为注意力一般；12～13 分者为注意力好；14～15 分者为注意力很好。

二、中学生的感知特点与学习

和每个人一样，初中生认识事物也是从感知心理过程开始的。中学生的学习是一个很复杂的过程，“好的开始等于成功的一半”，不能忽视中学生的感知过程对于整个学习的重要作用。

(一) 中学生的感知觉

感知觉是人与世界相互作用的最基本的方式和最原始的条件，是整个认识过程的开端。人们通过感知建立起关于客观事物的最初印象，这些印象又可以进一步加工为头脑中的记忆痕迹，再成为人们驰骋想象的素材，成为抽象思维和解决问题的前提条件。

感知觉包括感觉和知觉。感觉是指人脑对直接作用于感觉器官的客观事物的个别属性的反映；知觉是指人脑对直接作用于感觉器官的客观事物的各个部分和属性的整体的反映，是对感官信息的整合和解释。感觉和知觉虽然在定义上是严格区分的，但在实际生活中却很难分开，所以通常把它们合称为感知觉。

知识链接4-2

感觉通道差异与学习①

在学习过程中，有些人善于通过读(看)来学习，有些人善于通过听来学习，有些人善于通过做来学习，还有些人最善于通过谈来对概念性的材料进行分类、组织和比较。一般来说，所谓感觉通道的差异，是指学习者对于视觉、听觉和动觉的偏好程度。学习者在感觉通道偏好上存在以下 3 种典型类型。

① 陈琦，刘儒德. 当代教育心理学[M]. 北京师范大学出版社，2007，4：58.

(1) 视觉型学习者。这类学习者对于视觉刺激较为敏感，习惯于通过视觉接收学习材料，如景色、相貌、书籍、图片等。他们适合自己看书和做笔记进行学习，而不适合教师的讲授和灌输。

(2) 听觉型学习者。这类学习者较为偏重听觉刺激。他们对于语言、声响和音乐的接受力和理解力较强，甚至喜欢一边学习一边戴着耳机听音乐。当学习外语时，他们喜欢多听多说，而不太关心具体单词的拼写或者句型结构。

(3) 动觉型学习者。这类学习者喜欢接触和操作物体，对于自己能够动手参与的认知活动更感兴趣。因此，教师用手轻拍他们的头表示赞赏，要比口头表扬产生的效果更好。

(二) 中学生感知觉的规律与学习

通过感觉器官来了解客观事物，能获得生动、具体、直接的知识，能增强人们的理解效果，而且，只有在获得有关事物的大量感性知识的基础上，人们才能进行复杂的思维活动。人的感知是有规律的，具体规律有如下几种。

1. 强度律

对被感知的事物，必须达到一定的强度，才能感知得清晰。一般人对雷鸣电闪是容易感知的，因为它的感知强度很高，而对于昆虫的活动，如对蚂蚁行走的声音就难以察觉。因此，在实践中，要适当地提高感知对象的强度，并要注意那些强度很弱的对象。

2. 差异律

差异律是针对感知对象与它的背景的差异而言的。凡是观察对象与背景的差别越大，对象就被感知得越清晰；相反，凡是对象与背景的差别越小，对象就被感知得越不清晰。例如万绿丛中一点红，这点红就很容易被感知，鹤立鸡群也属于这类情形，但是在白幕上印白字，则几乎无法辨认。

3. 对比律

凡是两个显著不同甚至互相对立的事物，就容易被清楚地感知。因此，在观察中要善于用对比的方法，把具有对比意义的材料放在一起，甚至还可以制造对比环境，例如观察高矮对比、色彩对比。

4. 活动律

活动的物体比静止的物体容易感知。魔术师用一只手做明显的动作吸引观众的注意力，而另一只手却在耍手法以达到他的表演目的。所以，在观察中要善于利用活动规律，达到观察的目的。

5. 组合律

心理学的研究告诉我们，凡是空间上接近、时间上连续、形式上相同、颜色上一致的观察对象，容易形成整体而为我们清晰地感知。因此，在实际观察中，要把零散的材料或事物，按空间接近、时间连续、形式相同或颜色一致的形式组合起来进行观察，从而找出各自的特点。例如在一堆乱物件中选大小相差不远、颜色相近的若干件排列起来比较，就可看出彼此的差异。

6. 协同律

协同律指在观察过程中，有效地发动各种感知器官，分工合作，协同活动，这样可以提高观察的效果，也指同时运用强度、差异、对比等规律去观察对象。17 世纪，捷克著名教育家夸美纽斯就曾要求人们尽可能地运用视、听、味、嗅、触等感官进行感知。我们学习要做到“五到”，就是眼到、耳到、口到、手到和心到，目的是要通过多种感知的渠道，提高观察的效力。

7. 关注律

关注律指养成持久的观察习惯。贝弗里奇说：“培养那种以积极的探究态度关注事物的习惯，有助于观察力的发展。在研究工作中养成良好的观察习惯比拥有大量的学术知识更重要，这种说法并不过分。”一个人有了持久的观察习惯，他能克服观察过程中所遇到的各种障碍和困难，把观察进行到底。而观察力就正是在这种“锲而不舍”的过程中得到锻炼和提高的。

以上规律在教学中无处不在，在教学中教师要善于遵循学生的感知规律，这样才会提高学生的感知效率和学习效率。

实务训练4-1

谁的教学效果好[①]

中学教师甲、乙二人教学态度都很认真，但在教学风格等方面有差异。教师甲的声音稍小，略显平淡；教师乙的声音洪亮，抑扬顿挫。教学过程中，教师甲的身体基本上靠在讲台上不动，只是有时去写板书，才挪动一下身体；教师乙除写板书外，偶尔在教室前面或中间走动，并伴有一些肢体语言。从板书来看，教师甲比较随意，讲到哪里就写到哪里，看不出主板书与副板书之分；教师乙的板书排列得体、层次分明，主板书在中间，副板书在两边，且重要部分还用红笔画线。

你认为教师甲、乙二人谁的教学效果更好，更受学生欢迎呢？

长期担任初中语文教学工作的特级教师高润华，在谈到写作的教学体会时说：“在进行写作教学时，不能只注意表达能力的提高，而忽视认识能力的培养……如果对生活不去观察，没有感受，就谈不上表现。或观察后不会分析，看不清实质，也不可能表达深刻，所以，只有提高观察、分析生活的能力，才能提高表达能力。从这个意义上来说认识能力的培养，的确又是培养表达能力的基础。”其实认知能力的培养，对于任何一门学科的学习都是基础工作。一般认知能力即智力，是中学生学好各门课程的必要条件，而观察能力的提高又是他们整个认识能力发展的先导。教师在教学过程中如果碰到有学生在学习中遇到困难，常归因为学生学习态度不认真或学习不勤奋，其实有很多时候态度和勤奋不是关键原因，如果从学习一开始信息进入学生头脑里的效率就不高，接下来很难产生很好的学习效果。

三、中学生的记忆特点与学习

(一) 中学生的记忆

记忆是在头脑中积累和保存个体经验的心理过程，运用信息加工的术语来讲，就是人脑对

① 夏凤琴. 教育心理学[M]. 高等教育出版社，2010，9：91-92.

外界输入的信息进行编码、存储和提取的过程。人们感知过的事情、思考过的问题、体验过的情感或从事过的活动，都会在人们头脑中留下不同程度的印象，其中有一部分作为经验能保留相当长的时间，在一定条件下还能恢复，这就是记忆。记忆连接着人们的心理活动的过去和现在，是人们学习、工作和生活的基本技能，学生凭借记忆才能获得知识和技能，不断增长自己的才干。离开了记忆，学生就什么也学不会，所以了解记忆的规律有助于提高学生的学习效率和学习水平。

知识链接4-3

记忆的分类

记忆可以从不同的角度进行分类。

1. 情景记忆和语义记忆

情景记忆是指人们根据时空关系对某个事件的记忆。这种记忆与个人亲身的经历是分不开的，如想起自己参加过的一个会议或曾去过的地方。

语义记忆是指人们对一般知识和规律的记忆，与特殊的地点、时间无关。它表现在单词、符号、公式、规则、概念这样的形式中，如记住化学公式、乘法规则等。

2. 内隐记忆和外显记忆

内隐记忆是指个体在无法意识的情况下，过去经验对当前作业产生的无意识的影响，有时又叫自动的无意识记忆。

外显记忆是指在意识控制下，过去经验对当前作业产生的有意识的影响。它对行为的影响是个体能意识到的，因此又叫作受意识控制的记忆。

3. 感觉记忆、短时记忆和长时记忆

感觉记忆也叫感觉登记，是指当客观刺激停止作用后，感觉信息在一个极短的时间内保存下来。它是记忆系统的开始阶段，储存时间大约为0.25～2秒。

短时记忆是感觉记忆和长时记忆的中间阶段，保持时间大约为5秒到2分钟，包括直接记忆和工作记忆两个部分。直接记忆是输入的信息没有经过进一步的加工，容量有限，大约7±2个信息单位；工作记忆即输入的信息经过再编码，使其容量扩大。由于与长时记忆中已经储存的信息发生了意义上的联系，编码后的信息进入了长时记忆。

长时记忆是指信息经过充分的和有一定深度的加工后，在头脑中长时间保留下来。这是一种永久性的储存。它的保存时间长，容量也没有限制。信息的来源大部分是对短时记忆的加工，也有由于印象深刻一次获得的。

4. 陈述性记忆和程序性记忆

陈述性记忆是指对有关事实和事件的记忆，可以通过语言传授而一次性获得，但提取往往需要意识的参与，如我们在课堂上学习的各种课本知识和日常的生活常识都属于这类记忆。

程序性记忆是指如何做事情的记忆，包括对知觉技能、认知技能和运动技能的记忆。这类记忆往往需要通过多次尝试才能逐渐获得，在利用这类记忆时往往不需要意识的参与。①

① 彭聃龄. 普通心理学[M]. 北京师范大学出版社，2001，5：202-203.

(二) 中学生的记忆特点与学习概述

在中学阶段，学生的记忆力呈以下特点。

首先，中学生的记忆由形象思维向逻辑思维过渡，逻辑记忆能力得到显著提高。由于中学生所学课程种类繁多，教材内容逐渐加深，学习质量标准不断提高。这种客观的高标准、高要求，促使中学生的记忆由形象思维向逻辑思维过渡，并且逻辑记忆能力逐渐发展起来。

其次，中学生的各种记忆品质得到良好的发展。中学生由于正处在学习记忆的最佳年龄阶段，是记忆能力发展的黄金时期，因而他们记忆的敏捷性、持久性、准确性、准备性等各种品质都全面发展起来。可以说，中学生的记忆不仅速度快、容量大、持久性好，而且准确，是人生记忆的最旺盛的时期。

最后，中学生可以掌握各种有效的记忆方法。中学生随着各种认知能力的不断提高和知识经验的积累，并经过自己的亲身实践，学习和掌握了一些实用而有效的记忆方法，如联想法、谐音法、组块法等。中学生要善于利用记忆特点和规律，有效地提高自己的学习效率。

1. 中学生要明确记忆的目的任务，不断提高记忆的自觉性

提出明确的识记目的和任务对识记的效果有极为重要的作用。因为有了明确的识记任务，人们就能把全部精力集中到识记的任务上去，并采取各种方法去实现它。所以，在其他条件相同的情况下，有意识记要比无意识记有效得多。教育家赞科夫曾对两组被试进行实验，要求甲组被试尽可能完全地记课文，而对乙组则不提出识记任务。结果甲组被试平均记住了课文中的12.5个句子，而乙组只记住了8.7个句子，即提出明确识记目的和任务效果好。另有人研究，要求两组学生记忆难度大致相同的两篇课文，告知甲组一周以后测验，告知乙组两天后测验，实际上都在两周后同时测验，结果表明甲组成绩明显优于乙组。这就说明，记忆目标的长期性决定着记忆效果的持久性。

2. 中学生识记材料的数量要适当

材料的数量多少，对识记的效果是有很大影响的。一般来讲，要达到同样的识记水平，材料越多，识记所用的平均时间和次数也就越多。实验证明，在识记12个音节时，平均每个音节需要14秒；识记24个音节时，平均每个音节需要29秒；而识记36个音节时，平均每个音节需要42秒。所以，指导学生记忆时要使识记材料的数量适当。

3. 中学生要加强对识记材料的理解

以理解为基础的意义识记在全面性、敏捷性、准确性和牢固性等方面都比机械识记的效果好。所以，要指导学生在记忆时一定要对材料进行分析、归类和编码，这样才有助于提高记忆效果。

4. 中学生要掌握正确的识记方法

引导学生掌握科学的记忆方法，对于提高他们的记忆能力具有重要意义，常能收到事半功倍的效果。下面就介绍几种常用的记忆方法。

(1) 形象记忆法。把抽象的材料加以直观形象化来记忆。学生在学习理性知识时，必须以相应的感性经验为支柱才能真正理解和牢固地记住，例如记忆地形图，意大利像靴子。

(2) 谐音记忆法。谐音记忆法是利用谐音为中介的一种记忆方法。这种方法能把无意义的材料变成有意义的材料，把生疏的材料变成熟悉的材料，如马克思诞生于1818年，卒于1883年，可以记为“一拔一拔，一拔拔散”或“一爬一爬，一爬爬上山”。

(3) 逻辑记忆法。逻辑记忆法即前面说的理解记忆法，如记忆数字 149162536496481，可以理解为1～9的平方。

(4) 口诀记忆法。学习中，如果把需要识记的材料编成合辙押韵的歌诀，能收到极好的记忆效果。如可以把我国的历史朝代编为“唐尧虞舜夏商周，春秋战国乱悠悠，秦汉三国分两晋，南北两朝是对头，隋唐五代又十国，宋元明清帝王休”的口诀，把二十四节气编为二十四节气歌等。

(5) 归类比较法。对那些在认识上容易混淆的相似材料，通过归类比较，分辨其思维的差别，就能保持牢固的记忆。例如，对形近而音义不同的“己”“已”“巳”3个字与“戊”“戍”“戌”“戎”4个字，根据其笔画在空间上占有情况不同，进行归类比较。同时用歌诀记忆法把它们编成“己字空，已字中，巳字不透风”与“点戍横戌戊中空，横若通头就是戎”的顺口溜，则记得更快、更牢。

(6) 联想记忆法。联想记忆法就是利用记忆内容在时间、空间或意义上的联系建立联想来帮助记忆。例如，历史上淝水之战发生于公元383年，通过“淝”可以联想到“肥胖”，由“肥胖”联想到“胖娃娃”，而8字的两个圆正好是胖娃娃的头和身体，两个3则好像是两个耳朵，这样一想就记牢了。

(7) 定位记忆法。定位记忆法就是将记忆项目与熟悉的地点位置相匹配，使地点位置作为恢复各个项目的线索。

5. 利用遗忘规律正确组织复习

不是任何复习都可以得到良好的效果，需要正确地组织复习，要使复习取得良好的效果要注意以下几点。

(1) 复习要及时。我们知道，在识记之后不久，遗忘就迅速开始。遗忘开始的一般标志是识记的精确性降低，相似、相近的材料在再认与回忆中容易发生混淆，有时也表现为只能再认而不能回忆(不完全遗忘)。所有这些都表明遗忘已经开始了。遗忘的规律是“先快后慢”“先多后少”，所以要想提高复习的效果，必须在遗忘还没有发生以前及时进行，这样才能节省学习时间。如果等大部分材料都已经遗忘以后再开始复习，则要花费更多的时间和精力。如果学生只重视课上听讲、课后做作业，而忽略复习环节，就会使所学知识的系统性、完整性受到破坏，时间一长所学的知识就会模糊、忘却、不系统，最容易忘记的是那些暂时还不理解的知识。所以，教师在教学上也要遵循“及时复习”的原则，使复习紧随课堂教学，从而提高教学效果。

(2) 合理地分配复习时间。分散复习之所以优于集中复习，一方面是因为集中复习很容易疲劳，引起大脑的保护性抑制。复习越集中，抑制作用就越大。而在分散复习时，休息能使神经细胞恢复工作能力，抑制作用明显减弱。另一方面，每次复习的材料数量越多，越容易产生前摄抑制和倒摄抑制，干扰增强，影响复习效果。虽然分散复习优于集中复习，但在学习中如何合理地复习要根据材料的多少、难易来确定。一般来讲，复习的材料较少，复习的时间可以相对集中些；最初复习时，各次复习的间隔可以稍短些，以后对材料熟悉，各次复习的时间间隔可以逐渐加长。

(3) 阅读与尝试回忆相结合。复习时单纯地一遍一遍阅读的效果并不好，应当在没有完全熟记以前就试图回忆。回忆是一种比阅读更为积极的过程。它要求积极的思考，发现哪些记住，哪些没记住，使整个复习过程更有目的性。另外尝试回忆又是一种自我检查的过程，可以集中精力掌握难点和改正回忆中的错误。

(4) 复习的形式要多样化，多种感官协同活动。单调的重复容易引起学生的疲劳和厌倦情绪，并降低复习的效果。因此，复习必须多样化。复习时要尽可能利用多种分析器的协同活动，来提高复习的效果。也就是说，让学生在复习时，手、脑、眼、耳并用，把机体中的多种分析器的积极性调动起来帮助复习。

四、中学生的思维特点与学习

(一) 中学生的思维

思维是人脑借助于言语、表象和动作而实现的对客观事物的间接、概况的反映，是组成人智力的核心。思维也是人区别于其他动物最具有代表性和独特性的认知方式。思维通常与问题解决有关。

知识链接4-4

思维的种类

从不同的角度来划分思维就有不同的种类。

1. 根据思维的凭借物和个体发展水平分类

(1) 动作思维。动作思维是依赖具体的动作进行的思维。其特点是直观的，是结合实际操作发生和进行的。从个体思维发展来看，首先发展的是动作思维。3 岁前的儿童是动作思维时期，其思维是伴随着动作进行的，他们不能离开动作进行默默思考。例如，他们离开掰手指或摆弄算盘珠的动作，就不能进行数数，离开把物体拆开又重新组合的实际动作，就无法对物体进行分析、综合。成年人仍有动作思维，往往是伴随着劳动操作进行的。例如，当布置房间或修理自行车的时候，常常是一边操作一边思考。但成年人的动作思维比儿童的动作思维要复杂得多，并且是与其他形式的思维结合进行的。

(2) 形象思维。形象思维是凭借事物的具体形象和表象的联想来进行的思维。儿童在动作思维的基础上，进一步发展起来的便是形象思维。3 到 6、7 岁的学前期属于形象思维时期，他们还不能运用概念进行判断推理，主要依靠具体形象或表象来思考。成年人也有形象思维，特别是艺术家的艺术形象思维是一种较为高级和复杂的形象思维。

(3) 抽象思维。抽象思维是运用概念，以判断、推理形式进行的思维。它是人类特有的复杂而高级的思维，借助这种思维能够达到对事物本质属性和规律性的认识。从个体思维发展来看，学龄儿童已逐步进入抽象思维的时期。

2. 根据思维时是否遵循明确的逻辑形式和逻辑规则分类

(1) 直觉思维。直觉思维是未经有意识的逻辑推理过程，而迅速对问题的答案做出合理的设想或突然领悟的思维过程。例如，敏锐的洞察力，对某些不解的现象突然提出的看法、猜想或假设。它是以实践经验和丰富的知识为基础的。

(2) 逻辑思维。它是指有明确的逻辑形式、遵循一定逻辑规则的思维。例如，学生解几何题的多步推理与论证；军事指挥员按一定程序分步剖析形势，敌我双方的力量对比、行动的条件与后果而做出决策的过程等。

3. 根据思维在解决问题时探寻方法、途径的方向分类

(1) 辐合思维。辐合思维亦称集中思维、聚合思维、求同思维，是指综合问题所提供的各种信息，得出一个正确的答案、结论或方案的思维方式。

(2) 发散思维。发散思维亦称辐射思维、分散思维、求异思维，是指沿着不同的方向去探求多种答案、结论或可能性的思维方式。

4. 根据思维是否具有创新成分并导致新事物的出现分类

(1) 常规思维。常规思维是指用习惯的方法、方式、固定的模式来解决问题的思维。例如，学生按照教师教给的解题方法去估量或计算土地面积、产值。

(2) 创造性思维。创造性思维是指打破常规、具有创见性的思维，或者是指重新组合已有的知识找出新的解决方法的思维。例如，发明家仿照生物原型研制出前所未有的仪器、仪表，艺术家进行新作品的构思，学生独立地想出问题新的解决方法。①

(二) 中学生的思维与学习

思维是智力活动的核心成分，中学生思维的发展是在身心发展的基础上，在学校教育、教学和社会影响下，通过个人努力而实现的。因此，中学生思维发展的主要特点如下。

首先，中学生的抽象思维日益占主导地位。中学生能够理解一般抽象概念，掌握原理定理并且进行逻辑推导，对许多现象能够进行抽象和概括。但还不能说中学生的思维完全达到了抽象思维水平，他们的思维发展还是“经验型”的，在思维过程中具体形象成分仍然起主要作用。他们在进行抽象逻辑思维的时候，常常还需要具体的、直观的、形象的、感性经验的支持，不然就会出现理解、判断、推理上的困难。具体表现如下：①把握概念的本质特征，在抽象上存在困难。初中生限于抽象思维能力的限制，在各科学习中，抽象概念的掌握存在一定的困难，这是教学中经常遇到的问题。例如，什么叫“世纪”，沉浮与悬浮的区别是什么，怎样理解语法等，都需要教师用一定的演示或情境教学提供感性经验以后，才能使初中生正确掌握这些概念的本质特征。②把握文章的整体，在概括上存在困难。初中生抽象逻辑思维能力发展不够完善，概括能力较差，不能很好地概括整篇文章的内容，这在语文教学中是经常遇到的。例如，学生在复述一篇较长的课文时，注意到了次要的枝节内容而丢弃了重要内容，被一些情节纠缠而不理会文章的实质内容，那么，若需要从文章引申去做进一步联系实际的理解就更为困难了。理解上的表面化，导致初中生在课文复述中的简单化，所以提高学生对课文的理解力，要提高学生思维水平的发展。③在作文写作上，写作手法运用困难。除了一些训练有素的学生外，中学低年级的学生不少人在写作时存在困难。他们虽然听老师讲解了多种写作手法，但是轮到自己运用时，仍困难重重、不知所措。究其原因，这与中学生的思维能力发展有着直接的关系。④归纳胜过演绎，复杂推理困难。在逻辑推理上，中学生的归纳推理发展水平高于演绎推理发展水平。

① 夏凤琴. 教育心理学[M]. 高等教育出版社，2010，9：107-108.

其次，中学生思维的独立性和批判性得到明显发展。中学生由于知识经验的不断积累，思维水平的日益提高，使得他们容易高估自己的实际能力，常常不满足于教师或教科书的理解，不喜欢现成的结论，大胆地提出自己的意见。但是从总体上看，他们毕竟知识有限，独立性和批判性还欠成熟，片面性和表面化的倾向难以掩饰，表现在有时会毫无根据地争论，好走极端，以及孤立地看待事物。这些都有待于他们思维能力的进一步完善，特别是有赖于其辩证思维能力的发展。

由于中学生思维发展不完善且存在个体差异，所以教师要注意学生学习发生问题的真正原因所在。在教学中要想真正提高学生的思维水平，就要使学得的知识能真正实现在思维水平上的运用。教育心理学认为，知识一旦获得以后，就能在认知活动中发挥作用，从而对认知活动产生重大影响，但是在运用时存在两个水平：知觉运用与思维运用。在知觉水平上，运用通常是运用回忆或再认过程；而在思维水平上，运用才真正对思维的发展产生推动作用。教师在教学过程中不能满足于学生在知觉水平上运用知识，无论在课堂教学还是作业练习或是考试过程中，都要让学生把新学得的知识运用到思维水平上。

身边故事4-1

大家为什么喜欢吴老师的课①

无论是一班还是二班的学生，都愿意上吴老师教的物理课，因为吴老师不仅课讲得准确、清晰、生动，而且还总是提出一些让人意想不到的问题，使学生学习物理知识的兴趣更加浓厚了。吴老师经常在讲完一个原理或一件机械的构造后，提出一个“假如”，如“假如这个电路上增加一个二极管会怎样？”“假如这儿的力突然停止作用，物体会做何运动？”，等等。除了“假如”，吴老师常用的词还有“除了”“比较”“可能”“替代”，如“活塞运动除了可以用于发动机，还可以干什么？”“比较一下汽车与风帆有什么相似的地方？”“飞机在大风天飞行可能会遇到什么困难？”“可能是什么原因造成的？”“这个机械装置中的滑轮用什么东西可以替代？”，等等。另外，吴老师还经常让学生“列举”，如“尽可能多地列举出应用电池并联的电器”，“列举出你能想到的所有可以应用摩擦生电原理解决的生活中的问题”，等等。无论何时，吴老师对于学生的回答，不管它是多么的荒谬，都不加以讽刺和贬低，所以学生都喜欢吴老师，更喜欢他的物理课。

总之，个体的认识过程主要包括注意、感知觉、记忆、思维等过程，这几个过程与学习过程息息相关。注意虽然不是单独的认知过程，但是它贯穿个体认知过程的始终，学习必须从注意开始，因为被注意到的信息才可能被加工，没被注意到的信息就不可能被加工；信息要想进入个体大脑，必须经过个体的感知过程，个体的感知能力直接决定了信息输入的效率和质量；经过加工的信息都存储在记忆中，记忆是一个庞大的信息库，在学习过程中发挥巨大作用；而思维是问题解决能力的终极体现，记忆中的信息要想发挥更大作用，必须经过个体的思维过程。中学生是一生中的一个非常重要的时期，在这个时期更要发挥认知过程中各个环节的功用，为一生发展打下坚实的基础。

---

① 陆海东. 学校教育心理学[M]. 大连：东北师范大学出版社，2000：75.

第三节　中学生常见的学习心理问题辅导

中学生在学习中经常会遇到一些问题，比较突出的有学习困难、学习倦怠和考试焦虑等。这些问题能否解决好，将直接影响中学生的学习及身心发展。教师要了解这些学习问题的原因及解决策略，以便及时对出问题的中学生进行帮助和辅导。

一、中学生的学习困难辅导

(一) 学习困难的定义及分类

学习困难并不是因为学生智力低下，一般来讲，学习困难的学生有正常或高于正常的智力，但在一项或多项的基本学习技能(通常如阅读)上则有明显的困难。值得注意的是，学习困难可能出现在任何智力层次的学生身上。由于界定标准的差异，在现实教学中很难对学习困难下一个准确的定义。目前国内对于学习困难的界定为：学习困难的学生是指感官和智力发展水平正常，与其同年龄的大部分学生相比在学习上有明显困难，学习效果低下，在各门功课的测试中总是处于班级末位而且多门功课不及格，且学习结果远未达到教学目标要求的学生。

国内学者将学习困难分为 3 种类型：相对学业不良、绝对学业不良和成绩不足。

1. 相对学业不良

以一特定群体的平均成绩作为参照标准，明显低于平均水平的为相对学业不良。按照这种方法，每一所学校、每一个班级都可以区分出比例大致相同的学业不良学生。其缺陷在于，学业不良的划分，随着环境变化而变化，一个学生在重点中学是“学业不良”，而到了普通中学就可能不属于“学业不良”。这种人为划分不很合理，总要打击一部分学生的学习积极性。

2. 绝对学业不良

以规定的教学目标作为评价的参照标准，达不到教学目标者为绝对学业不良。这里的目标，是指各年级、各门学科领域可以期待学生达到的水平。这种界定虽比相对学业不良合理些，但也不是没有问题。关键在于基本标准(目标)如何定。若目标定得过高，将会出现许多学业不良的学生；若目标定得过低，则又会减少许多“学业不良”的学生。因此，目标水准的确定，成为左右“学业不良”学生发生率的唯一因素。另外，立足于绝对学业不良观，并没有对每一个学生的个人因素及条件做充分的考虑。在这种观点背后潜藏着这样一个观念，即把一切学生的学习能力和条件一律视为同等的。

3. 成绩不足

以个人的能力水平为评价的参照标准。如果学生的实际学业成绩，明显低于从其能力来看应达到的水平，这种现象称为成绩不足。例如，某学生的智力水平在该年龄中属于较高水平，而实际学习成绩呈中下水平，可认为是成绩不足，这种界定着眼于每个学生已有的潜在能力，从每个学生个人自身中去寻求问题的答案，比较符合尊重学生个性的教育精神。

(二) 中学生学习困难的原因

中学生学习困难的原因很多，研究者曾从不同角度解释学生学习困难的原因。有研究者认为学习困难是由神经系统的缺陷引起的，有研究者认为学习困难是由注意力缺乏引起的，有研究者认为学习困难是由于学生缺少学习动机，还有研究者认为学习困难的学生的信息加工过程存在问题。综合各种理论与解释，我们从以下几方面来探讨学生学习困难的原因。

1. 认知过程不完善

学习困难的学生注意存在突出的问题，有明显的注意缺陷，直接影响他们的信息加工的效果与质量；记忆方面，感觉记忆中的信息编码、提取的速度较慢，短时记忆偏重复述而缺少组织；问题解决能力较差，不知道什么是要解决的问题，也不能有效地计划、监控解题步骤以达到目标；不能灵活地选择相应的策略，也很少有运用策略的意识。有调查表明，学习困难的学生的语言文字的识记和表达能力、数理的运算和逻辑思维能力、记忆的技巧和深度、观察事物的方法和策略、空间的想象和旋转能力、劳技实验的操作能力，甚至身体与四肢运动时的协调能力，都与其他学生有差异。

2. 元认知水平有待提高

元认知是美国心理学家弗拉维尔在20世纪70年代提出的，是个体对自己的思维过程的意识监控。其实质是个体对自己的认识活动的自我意识和自我监控。它一方面使学生了解自己信息加工的过程和能力(元认知知识)，另一方面又使学生懂得如何采取措施以调节和控制自己的信息加工过程(元认知调控)。

在研究中发现，学习困难的学生缺少对自己的心理状态、能力、任务、目标、认知策略等方面的知识，所以在学习的时候，往往不知道学什么，也不知道该怎样学习。而且，学习困难的学生不能很好地预期自己或计划自己的学习。他们的学习都是被动的，抱着“做一天和尚撞一天钟”“向老师交差”的思想，被动地完成各种学习活动，不善于在自我评价与分析的基础上，判明练习的目标是什么。与此同时，也影响到学生的进一步活动。

3. 缺乏学习动机

现代教育心理学认为，学习动机是直接推动学生进行学习的一种内部动力，是激励和指引学生进行学习的一种需要。学生的学习受多方面的因素的影响，其中主要是受学习动机的支配。学习困难的学生的学习动机来自于外部，不是因为对学习本身感兴趣而学习，而是为了父母或者为了老师，他们认为自己是“委曲求全”来学习，是为了父母和老师的任务，为他们做贡献，或者是因为别人都在读书学习，自己没什么别的事情做，也茫然地学习。持这种学习动机的学生，学习起来自然困难重重。

4. 缺乏良好的意志坚持性

意志坚持性是指学生在智力活动中克服内部和外部困难的自觉程度和坚持性水平。任何学习活动，特别年级越高，学习的内容就越复杂与深奥，总会遇到一些困难与障碍，这时候就必须有一定的意志水平作为支撑，让自己能够保持较高的学习兴趣，维持足够的学习动力，才能持之以恒取得良好的成绩。学习困难的学生缺乏足够的坚持力，他们虽然也希望自己的学习成绩好转，但是不愿付出艰辛的努力，特别是一旦遇到学习中的困难和障碍，由于其承受挫折的能力较低，就很容易丧失信心，半路上就打退堂鼓，不能坚持到底，最终是功亏一篑、前功尽弃。

(三) 中学生学习困难辅导

学习困难的学生的辅导是一项比较复杂而艰苦的工作。一般来说，需要根据诊断分析结果，由教师、家长和学生本人一起制订详细的个案辅导计划，并加以认真地实施，以解决其学习困难，提高自信心，最终提高学习成绩。对于不同类型的学习困难的学生，个案的辅导方法、过程和成效可能不尽相同。有的顺利些，有的困难些，辅导人员应该有足够的心理准备。

实务训练4-2

学习困难的女生

王某，16 岁，女。

王某的平均成绩一直处在班级的后 10%，且在初中阶段的各门课程中没有优势科目。班主任说王某平时不爱说话，她几乎注意不到班里有王某的存在，因为这个学生没有特点，所以任课老师对她几乎都没有什么印象。在开家长会的时候，当王某的家长问及王某在学校的表现，老师都几乎不能回答。在问王某的学习时，她这样回答:

“现在每天都很忙，总是在考试，考完一次又一次，感觉没完没了。”

“我的成绩还是那样，没什么进步。英语也是，不太会，都是以前的问题。”(单词和语法都不会)

“我已经坚持了两个月每天早晨起来背单词了，都能记住，但是还是不会用。可是我也不着急，反正也是不会用。”[①]

通过以上分析和本章学习，请思考对王某的问题的解决方法。

二、中学生的学习倦怠辅导

(一) 中学生的学习倦怠

长期以来，中学生一直存在着由于学习压力过大产生的学习倦怠。学习倦怠是个体学习过程中产生的对学习的一种消极表现，它严重影响了个体的生活、学习等各种表现。心理学认为，学习倦怠是指学生对学业没有兴趣或者缺乏动力却又为外部因素所迫不得不为之时，其对学习的有关认识就会发生改变，从而感到厌倦、疲惫、沮丧、挫折和缺乏热情等身心俱疲的心理状态，并有以消极或者逃避的态度对待学习的一系列行为。

学习倦怠的形成不是一蹴而就的，其产生是多种多次消极经验累积的结果，其中包含了一系列心理变化的过程。具体要经过以下 3 个过程。

1. 偶然失败阶段

处于这个阶段的学生，在认知的基础上对自己偶然失败的原因、结果、对自己的意义以及自己掌握知识的好坏偏重程度等客观性和情感性的信息进行加工处理，实现对情感认知、信息

① 崔妍. 学习困难学生特点及影响因素个案研究[J]. 改革与开放，2011，1：170.

的同化与吸收。

2. 经常失败阶段

在这个阶段，个体对自己的能力产生了怀疑，并影响到个体对失败的归因，这种归因将会导致两种不同的结果：一部分把失败归为自己能力不足的学生，会丧失学习兴趣，认为自己再怎么努力也不会成功的，因此放弃学业，破罐子破摔下去，最终导致学习倦怠；另外一部分认为失败是自己努力不够的学生，则会比以往付出更多的努力去学习，但这时的学生其认知水平和认知能力下降，注意、记忆、想象和思维等多种智力活动的能力和效率都会有不同程度的减弱。

3. 学习倦怠的形成阶段

个体对待学习产生一种冷漠、消极应对的态度，以此作为一种防御机制，抵御来自学习方面的伤害。

(二) 中学生学习倦怠形成的原因

1. 中学生学习压力大

据《中国青年报》报道，81%的北京中学生认为自己的最大压力来自学习。这是一项由《中国青年报》社会调查中心和北京市东城区教育团工委合作完成的调查得出的结论。这项调查共访问了北京市东城区 6 所中学的 705 名初一到高三的学生。目前中学生中普遍存在三多和三少的现象，即作业多、考试多、补课多；睡眠少、体育活动少、课外活动少。严格的课堂纪律、高负荷的学习压力、激烈的升学竞争使得很多学生时刻处于应激状态。

2. 中学生的校园生活单调

大部分学校体育课、音乐课、美术课、科学课及综合实践活动课等没有严格按照规定开齐课程、开足课时，甚至这些课程被其他的学科挤占，课外活动少之又少，在以高考为指挥棒的学校教育下，繁重的学业负担，造成了校园生活的单调、机械，也造成了学生强烈的压抑感、孤独感。校园生活没有趣味，缺乏应有的活力，学生的情感需求无法得到满足，他们丰富的想象力、创造力和丰富的个性人格得不到应有的发展。

3. 部分教师教学方法不当

在教学方面，一些教师教学理念落后，教学方法陈旧和单一，教学缺乏激情，是中学生形成学习倦怠心理的重要原因。现行教学方法以课堂教学为主，课堂教学又主要以教师为主，"一支粉笔，一块黑板"，采用缺乏互动性的"填鸭式"或"满堂灌式"的授课法，缺少讨论、启发、谈话、参观等多种多样的教学形式。同时，由于条件限制，录音、录像、投影、计算机等先进的教学手段也较少使用。单调的课堂氛围，固定不变的教学模式，使学生学起来索然无味，课堂气氛沉闷，教师讲授的内容无法在学生中产生共鸣与回应，学生很容易产生疲劳感，精神倦怠。

4. 部分家庭教育不当

家长对子女有着"望子成龙，望女成凤"的期望。家长对子女过高的期望值和不恰当的教养方式，容易给孩子带来沉重的精神负担，是导致学生对学习产生倦怠、畏难或恐惧心理的原因之一。现在的家长往往把不合理的期望强加在孩子头上，在孩子达不到的时候贬低孩子，在孩子达到的时候，新的期望又产生了。对孩子没有更多的肯定，只有不断的期望，这让孩子觉得自己永远也达不到父母的要求，从而产生学习倦怠。

5. 中学生自我效能感低

班杜拉认为所谓自我效能感是指个体在执行某一行为动作之前能对自己在什么水平上完成该行为活动所具有的信念、判断或自我感受。学业自我效能感源于班杜拉的自我效能感理论，是指学生在学习活动中对自己是否有能力完成学习任务或进行具体学习活动的能力的预测。作为对自身学习能力判断和估计的学业自我效能感，实际上体现了学生对自身学习的一种自信和期望。如果个体确信自己有能力顺利进行和较好完成某一次活动，则其具有高自我效能感。有研究表明，自我效能感对中学生学习成绩有直接的影响。自我效能感高的学生富有自信心，能积极面对各种困难和挫折；而自我效能感低的学生则缺乏自信，在遇到困难和挫折时，就会消极面对，甚至心灰意冷。

(三) 中学生学习倦怠的应对策略

1. 减轻学生的学习负担

减轻学生过重的课业负担，促进学生全面发展。要采取有力的措施，切实把学生过重的课业负担减下来。要统筹好各科作业，要制定减轻学生作业量的具体的实施办法。要鼓励学生通过上网、读书、翻阅资料等办法来自学，还可以有计划地组织中小学生开展校外实践活动，撰写调查报告、制作科技作品。限制考试次数，降低考试难度，不对考试结果排名，考试实行多种形式。学校要严格执行学校制定的作息时间、课时标准，不搞各种形式的补课活动。还要保证中学生每天 1 小时的体育锻炼时间，音乐、美术、体育、信息技术教育、劳技、研究性学习等课程都要开设齐全，社会实践活动要落到实处。

2. 开展健康多元的校园文化活动

《中共中央关于进一步加强和改进学校德育工作的若干意见》中指出：“要大力开展学生喜闻乐见的丰富多彩、积极向上的学术、科技、体育、艺术和娱乐活动，建设以社会主义文化和优秀民族文化为主题、健康生动的校园文化。”中学生正处于身心发展开始走向成熟、人生观初步形成的阶段，他们性格活泼，有着强烈的个性发展的愿望，对新事物敏感，乐意参加各种内容丰富、形式多样的活动。健康多元的校园文化活动，符合学生的身心特点，对学生有着较大的吸引力。健康多元的校园文化活动能充分发挥学生的主体作用，培养中学生较强的创新意识、组织能力、交际能力、应变能力等，促进中学生的全面发展，对中学生的后续学习和持续发展产生积极的作用。

3. 丰富教学手段，激发学习兴趣

教育家苏霍姆林斯基说：“教师如果不想方设法使学生产生情绪高昂和智力振奋的内心状态，而是不动感情的脑力劳动，就会带来疲倦。”常言道，兴趣是最好的老师，因此，教师在教学过程中要精心设计教案，以丰富多彩的教学手段激发学生学习兴趣，用兴趣来激活他们的思维，唤起他们的注意，进而充分调动学生的学习积极性，让他们积极参与到教学中去，真正成为课堂的主人。

4. 提高自我效能感

中学生学习成功和失败的经验对他们的自我效能感影响最大，成功的经验会提高自我效能感，失败的经验会降低自我效能感。因而，教师应该尽量让学生在学习活动中更多地体验到成功。引导学生更多地进行自我比较，看到自己的进步，从中获得信心，提高自我效能感，减少焦虑。学生失败了，应引导学生进行正确的归因，同时，帮助学生端正学习态度，掌握合适的学习方法。

知识链接4-5

自我效能感的影响因素①

研究表明，自我效能感对学生的心理和行为有着多方面的影响：

(1) 影响人们对活动的选择，以及活动时的坚持性。自我效能感强的人喜欢选择富有挑战性的任务，在困难面前能坚持自己的行为；而自我效能感弱的人则相反。

(2) 影响人们在困难面前的态度。自我效能感强的人敢于面对困难，有较强的自信心，相信通过努力一定能克服困难取得成功；而自我效能感弱的人则会缺乏自信，不愿尝试。

(3) 影响人们对新行为的习得和习得行为的表现。

(4) 影响人们活动时的情绪。自我效能感高的人活动时情绪饱满、信心十足；而自我效能感弱的人则充满恐惧和焦虑。

班杜拉及其同事对自我效能感的形成条件及其对行为的作用问题进行了大量的研究，并发现学生的学业自我效能感受到以下因素的影响。

(1) 行为的成败经验。先前的成功会提高个体的自我效能感，持续的成功能巩固自我效能感，不断失败会降低自我效能感。

(2) 替代经验。当学生观察到教师或同学良好的榜样示范时会增强自我效能感。

(3) 目标设置。为学生设置合理的近期目标，学生在达到目标的同时就可以增强他们的自我效能感。

(4) 成败归因。将学生的成功与努力相连，可以提高学生的自我效能感，将成功归结为个人的能力也能增强自我效能感。

(5) 奖励。对学生良好的学习行为给予适当的奖励会增强他们的自我效能感。

(6) 学习监控。在学生自我监控或教师外部监控两种情况下，均能对学生自我效能感的增强起到积极的作用。

三、中学生的考试焦虑辅导

(一) 中学生的考试焦虑

很多中学生都有过这样的经历：考试前数天就开始紧张不安，睡不好觉，不能集中精力复习，且紧张程度随着考试日期的临近而日益加重，特别是在进入考场后，往往出现心慌手颤、胃肠不适、尿频、焦躁不安、多余动作增加、注意力无法集中、对所学知识提取困难等症状。

① 夏凤琴. 教育心理学[M]. 北京：高等教育出版社，2010，9：52-53.

这些都是考试焦虑的表现，考试焦虑是人由于面临考试而产生的一种特殊的心理反应，是在应试情境刺激下，受个人的认知、评价、个性、特点等影响而产生的以对考试成败的担忧和情绪紧张为主要特征的心理反应状态。考试过度焦虑不利于复习和应试，它会降低考生的学习效率和考试成绩，也会影响考生的身心健康。据调查表明，中学生具有中、高度焦虑的学生高达40%以上。

(二) 中学生考试焦虑成因

1. 中学生对考试的不正确认知

不正确认知是一个人对客观事物产生的不正确的认识和评价。一个人对客观事物认知与评价的正确与否，直接影响人的行为。例如：考试焦虑的同学认为，这次考试一定会很难，自己能力不行，可能会考不好，要是考砸了一切都完了……这些都会使个体紧张，越紧张头脑越乱，结果真的很难考好。

2. 中学生心理压力过大

中学生学习任务重，学习压力大，这种压力不仅来自于自己，还来源于家长的期望和老师的要求以及同学们的竞争。家长都望子成龙、望女成凤，对于孩子的期望没有最高，只有更高；学校要成绩，要升学率，家长也不断对学生加压。同学之间也存在激烈的竞争，大家争先恐后，唯恐别人超过自己；还有一些学生对自己的期待也很高，这种期待也给自己增加了很大的压力。

3. 中学生学习方法不当

有关调查表明，只有46%的高中生有适合自己的学习方法，有一半以上的学生没有自己的学习方法，或学习方法不当。而有学习计划的学生也仅占四分之一。缺乏计划和学习方法欠妥的人必然难以对学习树立起信心，心理上有一种预期的紧张，对未知的考试结果过分担心、期望和关注。在这种心理支配下，自我调控能力下降，自信心不足，心理上总处在一种恐惧和紧张焦虑之中。

4. 缺乏良好的情绪和意志品质，不能有效地自我调节

紧张和焦虑并不是对学生没有积极作用，这种感觉可以促进学生进行学习活动并提高学习效率，但过于紧张和焦虑就会产生副作用，所以需要学生自主进行调节。一些中学生缺乏对自己的情绪和意志的调控能力，一点小事也能引起他们巨大的内心震撼，容易心烦意乱、喜怒无常、无精打采、怨天尤人，自然无法摆脱考试焦虑的困扰。

实务训练4-3

如何考试不焦虑[①]

王明明，女，平时学习刻苦努力，学习成绩一直很好，但心理压力十分沉重，正如该生自己说的：“进入这所市重点学校，情况发生了变化，学校的要求高了，家庭的希望大了，心理不知不觉就变得沉甸甸的，我对此感受很深。我从进校门的第一天，学习就相当刻苦，我几乎

① . http://chenshengguo06.blog.163.com/blog/static/116966172201193195439578/选编.

把所有的时间和精力全部用在了文化学习上。有一分耕耘就有一分收获，我的文化学习取得了较好的成绩。与此同时，也给自己带来了超负荷的心理压力，我怕看到老师和家长期待的目光，一遇到考试就十分紧张，唯恐出现失误，对不起学校和老师，对不起父母，对不起自己的努力。考试的分数像一块巨石压在我的心上，久久不能搬去。无疑，对我的学习和健康都产生了不利的影响，我有时也知道这样不好，但是不能自拔。”

王明明产生焦虑的原因，一是她有很强的自尊心，一心期望在考试中获得好成绩；二是她在考试遇到挫折之后，就陷入极度的苦恼之中，例如，她觉得分数像一块巨石压在心上，久久不能搬去。

面对中学生比较轻微的考试焦虑，作为家长和老师该怎样调节？

(三) 中学生考试焦虑辅导

考试焦虑会影响学生考试正常发挥，影响学生的考试成绩，降低学生的自信与自尊，最终影响学生形成健康人格，所以教师要对学生进行辅导，以降低考试焦虑对学生的不良影响。

1. 帮助学生建立正确的认知和合理的期望

正确的认知是减轻考试紧张的根本原因，即使是客观因素，也是以主观的态度和体验为中介发挥作用的。期望是对个体自身和他人行为结果的某种预测性认识，不仅会影响个体的行为结果，而且也可能对个体在行为过程中的焦虑产生影响，太高的期望和较低的期望都会给考生带来压力或挫伤积极性，只有客观、准确地进行估计才能使考生在心理上做好准备，从而合理地确定活动目标，顺利地克服障碍，获得考试的成功。为此，家长和老师在考前要帮助考生恰如其分地做出估计，不要盲目乐观，也不要低估自己，使评价恰到好处，使考生处于自信而不自满、自尊而不自负、自善而不自弃的心理状态。

2. 给学生创造一个轻松的环境

环境作为一种客观存在是不以人们意志为转移的，然而教育是一种有目的、有计划、有组织的育人活动，应该也可能有意识地创造一个有利于中学生健康成长的环境。健康的教育环境应是有利于中学生充分发展潜能，形成健全人格的环境。除了社会要提供有利于中学生考试的良好环境外，学校、家庭也要营造一个轻松和谐的考试环境。

3. 适当转移学生注意力

焦虑的中学生成天想着考试，尤其是考前几天，从而影响精力，影响临场发挥，所以分散考生的注意力是减轻紧张的关键。放松，实际上就是消除紧张状态，使人感到轻松愉快，如考前适当放松，看看书、听听音乐等。对于入场前仍然处于紧张状态的学生，可以做几次深呼吸、做做伸展运动、哼哼歌曲、想点与考试无关的事情、积极参加有趣的谈笑来冲淡紧张情绪。

4. 帮助学生做好考前准备

一是树立必胜信心。有些中学生之所以发生“怯场”“晕场”现象，往往是因为信心不足。因此，考前振奋士气、树立信心对考生很重要。信心就是力量，信心就是胜利。

二是保证充足的睡眠。如果考生长期睡眠不足，到了考试时便会心力交瘁，无法考出应有的水平，有了充足的睡眠，在考场上才会有清醒的头脑和好的思维效果。

三是要做好物质准备。考生要带足考试所需的学习用品和生活用具，提前熟悉考试地点与考试环境等。

案例导读解析

【对问题行为的评估和诊断】“厌学是指学生对学习否定的内在反应倾向”，包括厌学情绪、厌学态度和厌学行为。陈同学表现为对学习厌恶反感，经常逃学或旷课，它的直接后果就是导致学生学习效率下降。在本案例中，陈同学即使知道学习的结果直接影响到他的未来，但是他仍然对学习表现得非常反感，或是逃课，或是在课堂上睡觉，做一些与学习无关的事。这些行为的直接结果就是学习成绩的急速下降，从他的表现中可以判断他存在着极度严重的厌学心理，而且在这种厌学心理的指导下，他无心向学，与同学交往出现困难。

【辅导方法】

(1) 与家长多联系、沟通，希望他们用正确的方式对待孩子，走出爱的误区。我与他的爷爷奶奶多次交谈，让他们明白在孩子遇到困难的时候，应该教会他如何解决，而不是替他做，并通过电话与他的父母分别进行沟通，让他们意识到孩子身上存在的问题及问题的严重性，在孩子犯错的时候，应当对他进行适当合理的批评与教育，让他认识到错误，鼓励他改正。使他们明白：钱不能弥补自己对孩子的歉意，无节制、不合理地满足孩子物质上的所有要求实际上是在害孩子，会让孩子滋生好逸恶劳、铺张浪费的恶习，其实孩子在这个时候最需要的是关心，给他关怀，特别是关心他的学习与生活情况，并对孩子取得的每一点微小进步给予及时肯定与赞美。这样才能让孩子感到父母对自己学习的关心，要让孩子知道学习的重要性。

(2) 帮助孩子树立自信，融入集体，找到和同伴交往的乐趣。利用开班会的时机，与班干部约定，要用爱心感染他，耐心帮助他，他的缺点要包容，帮助他克服；对于他的任何进步，班委们都不要吝啬赞美。帮助他制订近期目标，共同制订计划，对他提出一些具体要求。①要求他不论是否完成作业，都要坚持到校上课，认真听讲。②给他两个星期作为适应期，在这两个星期里，别人一次做完的作业，允许他分两次做，但一定要做完。③给一个星期作为过渡期，在这个星期里，要求他跟别人一样，每次作业都要一次性完成。考虑到他基础较差，允许他当天要交的作业最迟不能超过放学前交。④在巩固期要求他不仅每次作业能一次完成，还要和同学们一样，按时交作业，并且准确率要有所提高。

小结

中学阶段的学习与一般意义上所说的学习不同，是专指学生在校期间的学习活动。它具有学校教育的一般共性，就是学生要在规定的有效时间里，高效率地掌握前人积累下来的知识和经验，这些知识经验以书本知识为主要内容，并不需要学生事事躬亲，逐一验证；学生的整个学习活动都是在教师的组织和指导之下，有目的、有计划地进行的。个体的认识过程主要包括注意、感知觉、记忆、思维等过程，这几个过程与学习过程息息相关。中学生在学习中经常会遇到一些问题，比较突出的有学习困难、学习倦怠和考试焦虑等。这些问题能否解决好，将直接影响到中学生的学习及身心发展。教师要了解这些学习问题的原因及解决策略，以便及时对出现问题的中学生进行帮助和辅导。

巩固与操作

一、思考题

1. 中学生的注意特点有哪些？
2. 怎样根据中学生的注意特点进行有效的教学？
3. 中学生的感知觉特点有哪些？
4. 在实际教学中，怎样根据中学生的感知特点进行教学安排？
5. 如何根据中学生的记忆和思维特点进行教学和复习？
6. 中学生常见的学习问题有哪些？如何进行调试？

二、操作题

胡海飞，男，上初中(非重点中学)时，该生的学习成绩很好，又是一班之长。在学校的各种竞赛中经常获奖。后转入市重点中学中，他非常兴奋和高兴，并对自己充满了信心。他想通过自己的勤奋和努力，取得比初中时更优异的成绩。但刚入学的摸底考试，就让他大失所望。在极度的痛苦之后，他又振作起来，更加勤奋和刻苦，但期中考试的成绩仍不理想。于是他开始怀疑自己，考试期间常常认为别人比自己强得多。他怀疑自己并不像原来那样聪明。考试之前，他常常缺乏信心，精神紧张，并伴有呕吐、恶心、小便频繁、睡不好觉等症状。

如果你是他的老师或家长，应该怎样帮助他？

拓展阅读

1. 杨廷佐. 突破困难、成功学习：中学生学习心理辅导[M]. 上海：上海科学普及出版社，2003，8.

2. 龚正行. 中学生学习方法指导(修订版)[M]. 北京：华夏出版社，2013，1.

3. 李笑群. 中学生学习心理指导[M]. 吉林：吉林人民出版社，2012，4.

第五章

中学生的情绪管理

内容提要

本章从认识情绪开始，首先介绍情绪的含义、分类、发生发展以及对人的影响；其次介绍中学生的五大情绪特点以及常见的情绪困扰，分析中学生不良情绪的成因；最后从主观和客观两个方面入手寻找调节情绪的措施。

学习目标

(一) 认知目标

1. 记住情绪的含义、分类以及发生发展的过程；
2. 了解中学生不良情绪的成因。

(二) 情感目标

1. 能联系实际理解学习情绪管理的意义；
2. 培养调适情绪的主动性。

(三) 能力目标

1. 能结合自身情绪的特点，分析不同的情绪在学习生活中的不同作用；
2. 能用所学方法调节自己的情绪。

案例导读

变化巨大的男孩①

肖女士的儿子从小老实憨厚，比较听话。肖女士对他的管教也比较严格，孩子有点怕妈妈，妈妈说的都会乖乖地照做。想不到儿子进入初中后，逆反情绪突然爆发，事事与妈妈对着干，成绩也严重下滑，多门功课不及格。肖女士对孩子的学习情况非常着急，多说了孩子几句，想不到孩子大发雷霆，吓得肖女士不敢再像之前那样严格地管理他，但是面对儿子不断下滑的成绩又不能不管。

① http://www.aoshu.com/e/20180417/5ad586284a0a0.shtml

第一节　认识情绪

情绪在日常生活当中非常重要，是表达人的感觉的无声语言。情绪的好坏决定处理事物的结果。在健康的情绪状态下解决问题时，其结果令人满意。相反，在心情郁闷、厌烦、紧张、愤怒的状态下解决问题时，往往出现过激的行为，或出现严重的不良后果。中学生由于年龄的特点，其行为更容易受情绪的控制，在不良情绪状态下会走向违法犯罪的道路。可见，了解中学生情绪的特点，探索中学生不良情绪产生的原因，研究中学生不良情绪矫正的途径和方法，就更彰显出它的重要性了，而这一切都需要从认识情绪开始。

一、情绪的定义

在现实生活中，当我们与人或事打交道时，总会产生一定的态度，如喜、怒、哀、乐都是我们对客观事物所形成的一种态度上的体验，这种体验心理学上称之为情绪。情绪的字面含义是指一种被激起状态，心理学家认为任何情绪都含有以下 3 种成分：主观体验、生理唤起和表情行为。主观体验是自身情绪状况的感知，通常可以用各种词语加以描述，如快活、害怕、生气、悲伤、恐惧、愤怒等。[①]

情绪的生理成分包括所有的生理变化，如日常语言中经常用“像小兔子在心里扑通扑通跳”表示忐忑不安的情绪，用“犹如咽下了一只苍蝇”表示厌恶情绪等。由于情绪体验需要有神经系统、内分泌系统的参与，所以情绪活动常常伴随着对内脏器官，如心脏、胃活动的感受。表情行为包括各种情绪体验在身体姿势、面部表情上的外在表现。眼、耳、鼻、嘴、脸色等的变化最能表现一个人的情绪，如：两眼闪光表示惊喜，眼泪汪汪表示悲哀委屈，眉毛紧锁表示忧愁，扬眉表示得意，双目瞪圆表示愤怒，脸色苍白表示惊恐。根据情绪的 3 个要素我们可以定义任何一种情绪。

知识链接5-1

情绪的早期理论：詹姆斯—兰格理论[②]

詹姆斯—兰格情绪学说是有关情绪的生理机制方面的第一个学说，在心理学上很有名气。19 世纪的美国心理学家威廉·詹姆斯(Willian James，1842—1910)和丹麦生理学家卡尔·兰格(Carl Lange)，分别于 1884 年和 1885 年不约而同地提出了同一种关于情绪的生理机制的观点。

我们一般认为人是先害怕后逃跑，詹姆斯认为是先跑后怕；一般人认为是先怒后斗，詹姆斯则认为是先斗后怒。他认为情绪的主观体验(即主观上觉得的那种心理状态)只是情绪的生理变化的原因，而情绪的生理变化才是情绪的心理状态的原因。詹姆斯认为，通常的说法正是把这个因果关系弄颠倒了，这就是这个学说的要点所在。在情绪这件事上，詹姆斯认为心理变化不是身体变化的原因。怕是什么？怕是心理活动；跑是什么？跑是身体活动。心理活动不是身体活动的原因。

兰格是医生，他的情绪理论与詹姆斯的说法基本一致，不过兰格特别强调血液循环系统的

① 吴增强. 现代学校心理辅导[M]. 上海：上海科学技术文献出版社，2002.6：74-75.
② 桂守财，欧何生. 基础心理学[M]. 北京：人民教育出版社，2007，32-33.

变化，如心跳等，而詹姆斯所说的生理变化则是全部内脏的变化再加上肌肉的收缩，比如：眼睛看见老虎，耳闻虎吼，于是，老虎的形象和声音通过我们的眼睛和耳朵这两种感觉器官传到大脑皮层，使我们产生了对于老虎的认识，即知道这是老虎，又联想到老虎是野兽、很厉害、可能会吃人等(詹姆斯认为这时候人还没有情绪，只是认识)，于是，由大脑皮层的外导神经通路引起肌肉的收缩(一般人见到老虎就逃跑或爬上树，这些都是肌肉收缩)；另外，还出现心跳和呼吸加快、肾上腺素分泌增加、唾液分泌减少等生理变化，这些变化通过内导神经通路传回大脑皮层，使人产生一种主观的体验，这就是情绪。也就是说，由感觉器官到大脑皮层(如看见老虎，知道是老虎，联想到老虎可能吃人等)，这只是认识，而由此引起的一系列生理变化通过内导神经再传回大脑皮层，才有了情绪的体验或情绪的意识，这就是所谓的先跑后怕的具体过程。

该理论基于情绪状态和生理变化的直接联系，提出情绪是对机体变化的感知，是机体各种器官产生变化时所引起的感觉的总和。詹姆斯说："我认为，当我们一知觉到使我们激动的对象时，立刻就引起身体上的变化。在这些变化出现之时，我们对这些变化的感觉，就是情绪。""我们因为哭，所以愁；因为动手打人，才生气；因为发抖，所以怕。并不是我们愁了才哭，生气了才打，怕了才发抖。"詹姆斯认为，情绪就是对身体变化的直觉。当一个情绪作用于感官时，立刻会引起身体上的某种变化，激起神经冲动，传至中枢神经系统而产生情绪。兰格说："任何作用凡能引起广泛的血管神经系统功能的变化的，都会有情绪表现。"他认为，情绪是内脏活动的结果，强调情绪与血管变化的关系，情绪决定于血管受神经支配的状态、血管容积的改变以及对它的意识。詹姆斯与兰格在情绪产生的具体描述上虽有不同，但他们的基本观点是相同的，他们都认为情绪刺激引起身体的生理反应，而生理反应进一步导致情绪体验的产生。詹姆斯一兰格情绪学说强调生理变化对情绪的作用，有一定的历史意义，他们看到了情绪与机体变化的直接关系，强调了植物性神经系统在情绪产生中的作用，这有其合理的一面；但是它片面夸大了外围性变化对情绪的作用，而忽略了中枢对情绪的主导作用，因而引起了很多的争议。

二、情绪的分类

情绪本身是非常复杂的，因此要对情绪进行准确的分类就显得尤为困难。许多研究者对此进行了长期的探索，其中有两种分类方法颇具代表性。

(一) 依据情绪的性质分类

1. 快乐

快乐是盼望的目的达到后，继之而来的紧张解除时的情绪体验。快乐的程度取决于愿望满足的意外程度。快乐的程度从满意、愉快到大喜、狂喜。快乐是一种追求并达到目的时所产生的满足体验。它是具有享乐色调的情绪，具有较高的享乐维和确信维，使人产生超越感、自由感和接纳感。

2. 愤怒

愤怒是由于受到干扰而使人不能达到目标时所产生的体验。愤怒是目的和愿望不能达到，一再受到阻碍，从而积累了紧张，以致产生愤怒。特别是所遇到的挫折是不合理的或被人的恶意所造成的时候，愤怒最容易发生。当人们意识到某些不合理的或充满恶意的因素存在时，愤怒也会骤然发生。其程度由高到低依次为：不满、生气、愠怒、大怒、暴怒。

3. 恐惧

恐惧是企图摆脱、逃避某种危险情境时所产生的情绪体验，往往是由于缺乏处理、摆脱可怕情境的力量和能力而造成的。例如熟悉的情境突然变化，失去了掌握处理办法时就会产生恐惧。引起恐惧的重要原因是缺乏处理可怕情景的能力与手段。

4. 悲哀

悲哀与失去所盼望、所追求的东西和目的有关，是在失去心爱的对象或愿望破灭、理想不能实现时所产生的体验。悲哀情绪体验的程度取决于对象、愿望、理想的重要性与价值。其程度由高到低依次为：遗憾、失望、难过、悲伤、哀痛。悲哀所带来紧张的释放会产生哭泣。

在以上 4 种基本情绪之上，可以派生出众多的复杂情绪，如厌恶、羞耻、悔恨、嫉妒、喜欢、同情等。

(二) 依据情绪状态分类

1. 心境

心境是一种使人的一切其他体验和活动都染上情绪色彩的情绪状态，是持续的、微弱的、平静的。人逢喜事精神爽，生活中的事件如事业的成败、工作的顺利与否、与周围人的关系，机体状态如健康程度、工作、疲劳、休息、睡眠情况，都影响心境。还有些原因人们不一定认识到。心境是一种具有感染性的、比较平稳而持久的情绪状态。当人处于某种心境时，会以同样的情绪体验看待周围事物。例如人伤感时，会见花落泪，对月伤怀。心境体现了“忧者见之则忧，喜者见之则喜”的弥散性特点。平稳的心境可持续几个小时、几周或几个月，甚至一年以上。

2. 激情

激情是一种爆发快、强烈而短暂的情绪体验。如在突如其来的外在刺激作用下，人会产生勃然大怒、暴跳如雷、欣喜若狂等情绪反应。在这样的激情状态下，人的外部行为表现比较明显，生理的唤醒程度也较高，因而很容易失去理智，甚至做出不顾一切的鲁莽行为。因此，在激情状态下，要注意调控自己的情绪，以避免冲动性行为。处在激情状态下，人的认识活动范围往往会缩小，仅仅指向与体验有关的事物。理智分析能力减弱，往往不能约束自己的行为，不能正确地评价自己行为的意义和后果。激情持续的时间较短，通常由于一个人生活中的重大事件，对立意向(要求)的冲突，过度抑制和兴奋等因素所引起的。激情也有积极和消极之分，积极的激情可以成为人们积极地投入行动的巨大力量。

3. 应激

应激是出乎意料的紧张状态所引起的情绪状态。在突如其来的或十分危险的条件下，必须迅速的、几乎没有选择余地地做出决定的时刻，容易出现应激状态。当人面临危险或突发事件时，人的身心会处于高度紧张状态，引发一系列生理反应，如肌肉紧张、心率加快、呼吸变快、血压升高、血糖增高等。例如，当遭遇歹徒抢劫时，人就可能会产生上述的生理反应，从而积聚力量以进行反抗。当驾车出现危险情境的时刻，在遇到巨大自然灾害的时刻，这时就需要人们根据自己的知识经验和集中意志力，迅速地判明情况，果断地做出决定。在应激状态下，人可能有两种表现：一种是目瞪口呆，手足无措，陷入一片混乱之中；另一种是头脑清醒，急中生智，动作准确，行动有力，及时摆脱困境。对付应激状态是可以训练的，但应激的状态不能维持过久，因为这样很消耗人的体力和心理能量。若长时间处于应激状态，可能导致适应性疾病的发生。

心理测试5-1

你的情绪稳定吗

指导语：该测验共有 30 道题，每道题都有 3 种答案可供选择，请你从中选择与自己的实际情况最接近的一种答案。对测验题中与自己生活、身份不相符的情况，可以不予选择。

1. 看到自己最近拍的照片，你有何感想？
A. 觉得不称心　　B. 觉得很好　　C. 觉得可以

2. 你是否想到很多年后会发生使自己极为不安的事？
A. 经常想到　　B. 从来没想到　　C. 偶尔想到

3. 你是否被朋友、同学起过绰号、嘲笑过？
A. 这是常有的事　　B. 从来没有　　C. 偶尔有过

4. 你休息以后，是否经常再起来一次，看看门窗是否关好？
A. 经常如此　　B. 从不如此　　C. 偶尔如此

5. 你对与你关系最亲密的人是否满意？
A. 不满意　　B. 非常满意　　C. 基本满意

6. 你在深夜的时候，是否经常感到有什么值得恐惧的事？
A. 经常　　B. 从来没有　　C. 极少有这种情况

7. 你是否经常因噩梦而惊醒？
A. 经常　　B. 从来没有　　C. 极少

8. 你是否曾经有重复做梦的情况？
A. 有　　B. 没有　　C. 偶尔有

9. 有没有一种食物使你吃后呕吐？
A. 有　　B. 没有　　C. 说不清

10. 除去现实的世界外，在你心里是否还有另外一个世界？
A. 有　　B. 没有　　C. 说不清

11. 你是否经常认为你不是现在的父母所生？
A. 时常　　B. 没有　　C. 偶尔有

12. 你是否曾经感到有一个人爱你或尊重你？
A. 是　　B. 否　　C. 说不清

13. 你是否常常认为你的家庭对你不好，但是你又确知他们的确对你好？
A. 是　　B. 否　　C. 说不清

14. 你是否觉得没有人对你很了解？
A. 是　　B. 否　　C. 说不清
15. 你每天早晨起来的时候最多的感觉是什么？
A. 忧郁　　B. 快乐　　C. 说不清
16. 每到秋天，你常有的感觉是什么？
A. 秋雨霏霏或枯叶遍地　　B. 秋高气爽或艳阳天　　C. 不清楚
17. 你在高处的时候，是否有站不稳的感觉？
A. 是　　B. 否　　C. 有时候这样
18. 你平时是否觉得自己很健康？
A. 是　　B. 否　　C. 不清楚
19. 你是否一进家门就把房门关上？
A. 是　　B. 否　　C. 偶尔是
20. 你待在房间里关上门后，是否感到心里不安？
A. 是　　B. 否　　C. 偶尔是
21. 当一件事需要你做出决定时，你是否觉得很难？
A. 是　　B. 否　　C. 偶尔是
22. 你是否经常用抽签、玩纸牌、抛硬币之类的游戏来测吉凶？
A. 是　　B. 否　　C. 偶尔
23. 你是否常常因为碰到东西而跌倒？
A. 是　　B. 否　　C. 偶尔
24. 你是否需用一个多小时才能进入梦乡，或醒得比你希望的提前一个小时？
A. 经常这样　　B. 从不这样　　C. 偶尔这样
25. 你是否曾听到、看到或感觉到别人察觉不到的东西？
A. 经常这样　　B. 从不这样　　C. 偶尔这样
26. 你是否认为自己有超常的能力？
A. 是　　B. 否　　C. 不清楚
27. 你是否曾经感觉有人在跟着你而心里不安？
A. 是　　B. 否　　C. 不清楚
28. 你是否感到有人在注意你的言行？
A. 是　　B. 否　　C. 不清楚
29. 当你一个人走夜路时，是否觉得前面有危险？
A. 是　　B. 否　　C. 不清楚
30. 你如何看待别人自杀？
A. 可以理解　　B. 不可思议　　C. 不清楚

评分标准：

答案选A得2分，选B得0分，选项C得1分；请将你的得分统计一下，算出总分。

测试结果：

总分0～20分，表明你的情绪基本稳定，自信心强，具有较强的美感、道德感和理智感。

你有一定的社会活动能力，能照顾别人的心情，顾全大局。你一定是个个性开朗，受大家欢迎的人。

总分 21～40 分，说明你的情绪基本稳定，但比较深沉，对事情的考虑过于冷静，处事淡漠消极，不善于发挥自己的个性。你的自信心受到压抑，办事热情时高时低，瞻前顾后，犹豫不决。

总分 41 分以上，说明你的情绪很不稳定，日常烦恼非常多，使自己的心情处于紧张和矛盾之中。如果你得分在 50 分以上，则是一种危险信号。你必须请心理医生进一步诊断。

三、情绪的发生与发展

(一) 情绪经验的形成

尽管心理学家对于情绪的发生、发展机制争论不休，但他们一般都认同：情绪表达的方式是天生的，有其先天遗传基础，而如何因时、因地、因境地表达情绪则主要是后天学习的结果。例如心理学家发现，婴儿出生四五个月后就已经学会借面部动作表达社会性的微笑，至 3 岁时已完全能辨别他人面部的表情。尽管种族各异、文化背景各不相同，但不同种族文化的人的情绪表达方式相似，这说明情绪有其先天遗传的基础。至于什么时候，在什么背景和情境下，表现出什么样的情绪以及表情的细节，则主要是模仿、学习、受教育或训练的结果，如上课时不能大哭大笑，葬礼上要表情肃穆、庄重。也正因如此，情绪训练与辅导才有了可能性。

至于青少年情绪的发展，则是个体生理、心理基础和环境作用的共同结果。随着青少年生理的发展，智力、能力水平的提高，情绪也得到相应的发展，其内容日益丰富、深刻，其表情动作日益分化、精细，更具表达力，他们还学会了对自己情绪的掩饰和控制。早期的情绪剥夺将损害青少年情绪的发展，它使青少年的情绪发展缺乏适宜的刺激和模仿、学习的对象，使青少年表现出冷漠、孤独、抑郁、恐惧、焦虑等情绪障碍。青少年早期是这样，成人后亦是如此。例如，现代社会由于计算机的普及和应用，许多人迷上了计算机，成天与计算机结伴，久而久之，他们缺乏与人的情感交流，可能影响心理健康。计算机辅助教学的不足之处就在于其教育过程的非情感性，不利于青少年情感的发展和身心健康。

(二) 关于情绪的认知理论

情绪经验的形成主要从发展的角度论述了情绪经验的获得过程，但就某一具体时刻某一种情绪的产生机制来说，心理学家迄今仍争论不已。在形形色色的理论中，最具影响力和生命力、与心理辅导联系最密切的当是关于情绪的认知理论，其中又以美国心理学家沙赫特、辛格及阿诺德为代表。他们于 20 世纪五六十年代提出，情绪的产生是由环境事件(刺激因素)、生理状态(生理因素)、认知过程(认知因素)3 个条件所制约的，其中，认知因素是决定情绪性质的关键因素。例如，同是考试得 70 分，甲认为考得还不坏，毕竟及格了，因而庆幸而满足；乙则认为刚过及格线，距满分相差甚远，因而不满而失望。对同一个人而言，第一次考试得 70 分，个体认为考题超出了教学范围，因而自己也算考得不错了，还是很高兴；但第二次得 70 分，个体认为自己没做准备乃是由于粗心大意造成的，于是非常难过。可见，同样的刺激事件之所以引起不同的情绪反应，皆是缘于个体对之做了不同的认知评价。艾里斯治疗体系的核心是改变个体对引起情绪的客观事件的认知评价，从而达到处理情绪困扰的目标。

实务训练5-1

如何缓解情绪

1. 每位同学将自己最烦恼、痛苦或焦虑的一件事情写在纸条上，不用署名。将纸条收集到一起，老师每次随机抽取一张纸条，读给同学们听。请班级同学想出缓解情绪的方法和建议并发言表述。

讨论：(1) 听到其他同学写下的消极情绪和事件，你有什么感受？

(2) 今天是否学到了更多的处理消极情绪的方法？是哪些方法？

2. 脑力激荡。请全班每一个同学轮流大声地说出自己的方法："当我情绪不好时，我通过……来调节。"

思考：(1) 学到新方法了吗？

(2) 愿意试试哪些方法呢？

四、情绪对人的影响

情绪是一种主观体验，对人类的生存有重大的影响。

(一) 情绪可以调节和影响认知过程

心理学家赫布发现，当情绪的唤醒水平达到最佳状态时，操作效率最高；当情绪的唤醒水平极低时，人就处于深度睡眠状态；当情绪的唤醒水平过高，则会干扰操作。心理学研究还发现，良好的学习情绪即愉快的、高兴等情绪能促进个体智力的发育，这时人的头脑清晰，思维敏捷，记忆力强，学习效力高；而当情绪低落如个体烦躁不安、痛苦悲伤时，人的思维迟钝，记忆困难，头脑糊里糊涂，学习效果很差。因此，情绪愉快、乐观的儿童，不仅生长发育正常，而且智力较高；情绪忧郁的儿童，身心也会受到影响：神情呆滞，智力较低。[①]一个平时学习很不错的心情开朗的孩子，由于父母亲的离婚，情绪会一落千丈，学习成绩也跟着下降。在现实生活中这样的例子并不少见。

(二) 情绪可以影响社会交往和人际关系

人际关系的维持和发展离不开人类的语言(包括口头语言和体态语言)，人类的语言受情绪的干扰。当人的情绪高涨时，可能连走路都轻松自如，说话也口若悬河，这时非常乐于与人交往；而当人的情绪低落时，则可能连走路都无精打采，闷闷不乐，懒得与人交往。这种情况持续的时间越长，影响则越大。前者就可能获得良好的人际关系，后者则可能失去很多朋友。

① 吴增强. 现代学校心理辅导[M]. 上海：上海科学技术文献出版社，2002，6：75-76.

身边故事5-1

男孩钉钉子

有一个男孩很任性，常常对人乱发脾气。有一天，他的父亲给了他一袋钉子，让他在每次发脾气的时候，在后院的墙上钉一枚钉子。第一天，这个男孩发了37次脾气，所以他钉了37枚钉子。慢慢地，男孩发觉控制自己的脾气比钉钉子要容易些，所以他每天发脾气的次数就一点点地减少了。终于有一天，这男孩能够控制自己的情绪，不再乱发脾气了。这时父亲又告诉他，从现在开始，每次忍住不发脾气的时候，就拔出一枚钉子。过了很多天。男孩终于把所有的钉子都拔出了。父亲拉着他的手，来到后院的围墙前，说："孩子，你做得很好，但是现在看看这布满小洞的围墙吧，它再也不能恢复到从前的样子了。"

你生气时说的伤人的话，也会像钉子一样在别人的心里留下伤口，不管你事后说多少对不起，那些伤疤将永远存在。因此，人不论在什么情况下，都应调节好自己的情绪，保持愉快的心境，这样才能有一个良好的人际关系。

(三) 情绪影响人适应环境

情绪是随着人类社会的产生进化而来的，随着社会的发展而分化。达尔文在《人和动物的情绪表达》中强调，人和动物情绪方面的连续性，情绪最根本的意义在于适应。比如，愤怒的情绪是当个体的活动受到严重阻碍时引起的。这时，机体会调动自身能量帮助人克服困难。生物学家达鲁茵认为，人类许多表情行为和面部反应是曾有实际意义的或有用的动作的残留物。例如，原始森林搏斗中裸露牙齿的动作，在文明社会中演变成表示愤怒的表情行为。在现实生活中一个情绪良好的个体，对于自然界或人类社会发生的突变或变革，都能从容适应。

第二节　中学生的情绪特点及常见的情绪困扰

中学生，正值青春年华，应该是朝气蓬勃、昂扬向上的，但越来越多的中学生被不良情绪困扰，具体表现在悲观、厌学、自卑、嫉妒、伤感、郁闷、颓唐、不能自制、担忧、恐惧、骄傲、不适应环境、记忆下降、反应迟钝、失眠等。然而，随着抑制和自我控制能力的发展，中学生的情绪反应能力也在逐步提高，情绪正日趋丰富而强烈。

一、中学生的情绪特点

(一) 情绪活动的丰富性

在中学生的学习活动中，随着自我意识的不断发展，不断产生各种新的需要，而其需要的强度也在不断增加。由于新的需要不断涌现，中学生有了对自我认识的态度体验，如自尊、自信、自我、自负等。情绪活动的丰富性，也导致了中学生情绪更加趋于复杂化，其表现为情绪带上了文饰的、内隐的、曲折的性质，面部表情不再是心理世界的显示器，如有时对某件事感到厌烦，但出于某种原因，既可以表现得不在意，也可以表现出热心：对一个人明明有好感，愿意接近，却由于自尊心或其他原因，会有意表现出冷淡的态度。

(二) 情绪变化易受环境影响

刚出生的婴儿和幼儿的情绪常表现为爆发式的，情绪状态是平静和爆发交替出现，内部情感和刺激情境不可分离。随着年龄的增长，对主、客观世界逐渐分清，11 岁以后，已完全能认识到情绪是内在的、个人的。到了中学时代，人的自我意识强烈，自尊需要迫切，这个年龄阶段的人，十分珍视荣誉，尽一切努力保护自尊心。因此，当意识到有某些威胁自尊心的因素存在时，就会产生强烈的不安、焦虑、恐惧，当自尊心受到伤害，马上会生气、愤怒，对别人的嘲笑、蔑视反应非常强烈，对家长、教师的忽视、压制、不公平对待非常敏感。

(三) 情绪体验的冲动性

人在少年时期的情绪对刺激的反应不敏感，有时还比较迟钝，故而情绪变化不是很激烈；而在中学生时期则非常敏感、好胜，易狂喜、狂怒，也容易极度悲伤和恐惧，情绪来得急，去得快，于是遇事好激动，忽冷忽热，往往顺境时得意忘形，逆境时垂头丧气。这种冲动性与他们的生理发育，特别是神经活动的兴奋过程强、抑制过程弱有一定关系。具体表现为：他们喜欢感情用事，遇事好激动，对自己认为不良的现象动辄深恶痛绝，对罹难者则多有恻隐之心；他们对外部刺激反应迅速、敏感，高兴时欢呼雀跃，甚至忘乎所以，失败时极端苦闷，悲观失望；有时为一点小事，或是动怒，与人争吵，有时又会转向反面，变得泄气、绝望；在强烈的感情冲击下，可能会遇事武断，行为固执，不听劝告，我行我素。

(四) 情绪活动的心境化

中学生情绪在时间上比小学生有更长的延续性，一件事引起的反应能够较长时间的留在心头，这种拉长了的情绪则会转为较稳定的心境化。具体表现为：在愉快的心境下，心情舒畅，对周围的人和事都会感到满足，干什么事都有劲，甚至对平时不感兴趣的活动也津津乐道；相反，若心境不佳，则对什么事情都不感兴趣。由于情绪延续性的增加，他们不再出现破涕为笑的现象，在一段时间内，或是欢乐愉快，或是安乐宁静，或是抑郁低沉。他们在某一方面得到快乐和高兴的情绪，会延续成为良好的心境；由于挫折或失败引起的不快或苦恼的情绪，也会延续较长的时间，而成为闷闷不乐的不良心境。这种不良心境如果延续下去，不仅会影响中学生的学习和生活，也会影响他们的身心健康。

(五) 情绪变化的两极性

中学生情绪变化的两极性具体表现在以下几个方面。

1. 复杂与简单共存

进入中学以后，随着环境的改变，视野的扩大，知识增多，中学生的情绪领域也在不断扩宽。情绪内容日趋复杂，其范围已经发展到对学习、生活、友谊等的体验，以及对一切所热衷的事物的体验。但是，由于诸多因素的影响，中学生的所有情绪体验，尤其是高级情感体验尚存在一定的简单性，如有的中学生对理想的追求仅仅是因为兴趣浓厚，对学习的热情仅仅是为了荣誉，把友谊理解为“义气”等。

2. 强与弱共存

中学生的情绪十分强烈，为一件事或暴跳如雷，或欣喜若狂，或垂头丧气，屡见不鲜。与此同时，他们的情绪还有着温和、细腻的一面，在与知心朋友、所敬重的师长交往时，他们也会表现出温文尔雅、和颜悦色的形象，即使有令人不快的事情发生，有时也能冷静、理智地对待和处理。

3. 波动和稳定共存

中学生的情绪波动性表现为情绪的大起大落，往往从一个极端走上另一个极端，顺利时晴空万里，受挫时愁云满天，今天对某人佩服得五体投地，明天又觉得不屑一顾。与波动性相对的是稳定性，中学生在形成一种看法后，有时也会表现出一定的坚持性，不易改变。

4. 微妙的隐蔽性

中学生的情绪不再像儿童那样天真直露、心口如一，其表现具有文饰、内隐的性质，有时会把自己真实的内心情绪世界封闭起来，对自己内心真实想法或真实情绪，是否予以表现也时常依时间、对象、场合而改变。但中学生毕竟阅历较浅，涉世未深，内心深处存在希望被理解的强烈愿望，依然比较直率，当意志不能完全控制情绪时，也会锋芒毕露，遇到知己时，也会倾诉真情，所以，情绪的隐蔽性是相对而言的。

知识链接5-2

中学生不健全情绪的表现及危害①

1. 促动以致强化错误的情绪性行为

如某一学生因交作业与老师发生误会，产生了愤怒的情绪。在这样的情绪驱使下，他听不进老师的解释，发展到大吼大吵，与老师顶撞，离开课堂，拒绝学习这位老师所教的课程。

2. 过激的情绪状态抑制人的思维活动

“得意忘形”“乐极生悲”“痛不欲生”，都是在情绪活动过强时，高度兴奋的皮层中枢抑制大脑皮层的活动，使人的思维活动受阻、认识范围缩小，不能正确评价自己的行为和后果以致失去自我控制能力、造成举措失常。

3. 冷漠的情绪不利于充分发挥潜力

适度的紧张情绪和对刺激的敏感性是人的工作、学习、生活中所必需的。它会使人思维活跃、反应速度提高、动作更加机敏，如运动员在赛前，除休息好外，还要调节兴奋感。不然肌肉松弛，情绪淡漠，比赛时不可能赛出速度、赛出水平。学生在考前表现出适度的紧张、焦虑是很正常、很必要的。对一切都无所谓，认为考好考坏没关系的学生是不太可能发挥最佳水平的。

4. 长时期处于应激状态有损于心身健康

情绪活动总是伴随着对应的生理变化。人受一次打击，像生一场大病。若不良情绪(如郁闷、愤怒等)活动长久持续下去，相应的生理方面的变化也随着持续发展。久而久之，生理功能会出

① 杨敏毅. 中学生健全的情绪及其培养[EB/OL].[2014-01-16]. http://www.binheedu.net/xinyuan/xlcl/xlcl-qxkz11.htm.

现障碍，如《红楼梦》中的林黛玉，多愁善感，忧郁成疾。又如某高三学生，离高考只有几个月了，老师、家长对其寄予很高的期望，他感到压力很大，焦虑万分，不堪重负，常常失眠，全身无力，记忆力下降，学习成绩大幅度滑坡，经医生检查，其患有神经衰弱症。这是不良情绪导致的心理疾病。

5. 异常情绪会破坏正常的人际关系

情绪总伴着特定的神态、动作、语言、语调、表情，是表达内心世界的重要工具。少数中学生对别人怀有嫉妒之心，怨恨他人，难以与同学友好交往、和睦相处。也有学生情绪反应过于强烈，有可能引起别人对他的不满。还有的学生情绪反应过于敏感，别人偶尔一句话，也会引起他的不快和多心猜疑，结果使别人与他远离。

在中学生的学习生活中，一定会遇到种种的困惑，如情绪的伤害、疾病的缠绕，又如由学习成绩不满意带来的焦虑、忧郁、自卑、恼怒等不良的情绪。对不良的情绪，一方面要学会如何消除、调节、自控；另一方面也是很重要的一方面，就是防患于未然，培养中学生健康的情绪，具备良好的心理品质，有较强的耐挫能力和调控水平，就能预防不良情绪的产生。

二、中学生常见的情绪困扰

(一) 焦虑症

焦虑症又叫焦虑性神经症，是一种常见的神经症，患者以焦虑情绪反应为主要症状，同时伴有明显的植物性神经系统功能的紊乱。焦虑症在正常人身上也会发生，这是人们对于可能造成心理冲突或挫折的某种特殊事物或情境进行反应时的各种状态，同时带有某种不愉快的情绪体验。这些事物或情境包括一些即将来临的、可能造成危险或灾难的，或需要付出特殊努力加以应付的东西。如果对此无法预计其结果，不能采取有效措施加以防止或予以解决，这时心理的紧张和期待就会促发焦虑反应。过度而经常的焦虑就成了神经性焦虑症。

青春期是焦虑症的易发期，其身心变化处在一个转折点上，随着第二性征的出现，个体对自己在体态、生理以及心理等方面的变化会产生某种神秘感，甚至不知所措。诸如女孩由于乳房发育而不敢挺胸、月经初潮而紧张不安；男孩子出现性冲动、遗精、手淫后追悔自责等，这些都将对中学生的心理和行为带来很大影响。他们往往由于好奇和不理解而导致出现恐惧、紧张、羞涩、孤独、自卑，同时还可能伴有头晕头痛、失眠多梦、眩晕乏力、口干厌食、心慌气促、神经过敏、体重下降和焦虑不安等症状。患者常因此而辗转于内科、神经科求诊，经反复检查并没有发现任何器质性病变，这类病症在精神科通常被诊断为青春期焦虑症。

心理测试5-2

焦虑自评量表

下面的问题能帮助你更好地了解自己的情绪。根据你最近一周的实际感觉，在适当的数字上画“√”表示。1.偶或无，2.有时，3.经常，4.持续。

1. 我觉得比平时容易紧张和着急。 1 2 3 4
2. 我无缘无故地感到害怕。 1 2 3 4

3. 我容易心里烦乱或觉得惊恐。	1	2	3	4
4. 我觉得可能将要发疯。	1	2	3	4
5. 我觉得一切都很好，也不会发生什么不幸。	1	2	3	4
6. 我手脚发抖。	1	2	3	4
7. 我因为头疼、颈痛和背痛而苦恼。	1	2	3	4
8. 我觉得容易衰弱和疲乏。	1	2	3	4
9. 我觉得心平气和，并且容易安静地坐着。	1	2	3	4
10. 我觉得心跳得很快。	1	2	3	4
11. 我因为一阵阵头晕而苦恼。	1	2	3	4
12. 我有过晕倒发作或觉得要晕倒似的。	1	2	3	4
13. 我呼气、吸气都感到很容易。	1	2	3	4
14. 我的手脚麻木和刺痛。	1	2	3	4
15. 我因为胃痛和消化不良而苦恼。	1	2	3	4
16. 我经常要小便。	1	2	3	4
17. 我的手脚经常是干燥温暖的。	1	2	3	4
18. 我脸红发热。	1	2	3	4
19. 我容易入睡，并且一夜睡得很好。	1	2	3	4
20. 我做噩梦。	1	2	3	4

评分规则

焦虑自评量表采用4级评分法。第5，9，13，17，19项，按4～1顺序反向计分。其余为正向积分。将得分相加乘以1.25，转换为标准分。50分以上者有焦虑症的可能，分数越高则越严重。

(二) 抑郁

所谓抑郁就是人们常说的忧郁。它是一种以情感低落为主要表现的心理状态。正常人也有抑郁的时候。应该说，这是一种正常的情绪反应。然而，如果抑郁毫无原因，或虽有原因，但却没有必要也不应该耿耿于怀，甚至不能自控地显得心事重重、愁眉苦脸的样子，则属于心理问题了。作为心理问题的抑郁，其核心表现是一段时间内的郁郁寡欢。当然，具体表现形式因人而异。在通常情况下，总是显得内心愁苦，缺乏愉快感，思维迟钝，注意力不集中，记忆力减退，动作缓慢，疲乏无力，常感到不顺心，对什么事情都没有兴趣，缺乏信心，有时还伴有失眠或昏睡、体重下降、饮食过多或过少等生理变化。

青少年的抑郁多半是由于学习或生活中各种各样的烦恼造成的。一个人在工作、学习和生活中，总会遇到这样或那样的困难和挫折，一旦暂时不能克服这些困难，摆脱挫折的影响，烦恼便会随之而来。如有的人总是觉得“生不逢时”，有一种“怀才不遇”的感觉，于是抱怨生活对自己不公平，对一切都不顺心、不满意；有的人将个人的利害关系、荣辱得失看得过重，为一些微不足道的小事，整日患得患失、忧心忡忡，以致心理疲劳，影响正常的工作、学习和生活；有的人甚至“庸人自扰”“杞人忧天”，担心这个，害怕那个，自寻烦恼。

(三) 挫折心理

中学生常常抱有各种各样的幻想，为了将其变成现实，他们会付出种种努力甚至刻意追求。当这种需求持续不能得到满足或部分满足时，就容易产生挫折。挫折一般是指需要得不到满足时的紧张情绪状态。如果挫折产生于较为重大的目标，如学业、工作、爱情等，这种挫折可称之为失败；如果挫折的障碍与压力持续时间长，影响范围广，使其处于一种不利于身心发展的位置，则称为身处逆境。挫折、失败和逆境容易给中学生带来失望、压抑、沮丧、忧郁、苦闷等紧张心理状态和情绪反应，心理学上称之为挫折感或挫折心理。

挫折感在中学阶段表现较明显。这个时期的青少年常常会因为对人生的思索、学业的担忧、爱情的烦恼、社交的障碍而体验到令人失意的挫折心理。中学生挫折心理产生的原因大致可分为两类：首先，主客观矛盾是中学生挫折心理产生的主要原因。主观方面是指中学生的自我需求，客观方面则是指满足其需求的现实条件。主客观矛盾的表现主要有：中学生物质生活需要与社会、学校、家庭有限物质条件之间的矛盾；学业成功、工作出色的愿望与同学、同事竞争的矛盾；自我表现的需要与机遇不平等的矛盾；独立、自主需要与纪律约束的矛盾；社交需要与自己在组织中的地位之间的矛盾等。其次，个性不完善也是中学生挫折心理的重要原因。中学生虽然朝气蓬勃，思想活跃，兴趣广泛，勇于探索，富于创造性，但从社会成熟的角度看，他们个性还不够完善，如情绪不稳定，认识片面，自尊心与好胜心强，理想浪漫，容易偏激，世界观不明晰，缺乏扎实的实践基础，耐力不强等。青少年这种不完善的个性成了挫折心理产生的一张温床。

📖 身边故事5-2

排名突然在“滑坡”[①]

学生小吴初中阶段一直是班长，学习成绩也很优秀，每次考试在班上都是名列前茅，家长对他抱有很高的期望，他也很幸运地考上了一所知名高中。但是进入高中以后的第一次考试，小吴却大受打击，他在班上的排名竟在中下水平！从那以后，他一直闷闷不乐，感到自己不是别人的对手，学习的兴趣大不如从前，家长紧张得不得了，频频追问孩子怎么了，到底出了什么问题？

问题分析：高中新生入学后，有3个阶段的变化。第一阶段，叫作兴奋期阶段。刚开学，同学们来自各个不同的学校，有一个相互认识、相互了解的过程，这时候，同学们对任何事情都充满了好奇心。然而到了第二阶段问题就来了，学校把这个阶段称为低迷阶段。因为学习一个月后，就得进行一次考试，学生发现，摆在自己面前的题目有难度，考试成绩也远远低于自己预想的。尤其是一些好学校的学生，他们原本都是各个学校的佼佼者，没想到高中的第一次考试竟然落在许多人的后面，心理上无法接受。第三个阶段是学生要面临期中考试，这个阶段家长和学生也将会承受一定心理压力。家长和学生如何正确看待一二次考试的成绩排名，非常关键。

解决方法：进入高中以后，教学方式与初中相比有较大差异，再加上学习的课程多、学习内容深，部分同学一时尚未适应，在考试中成绩不占优势，就感到压力大，产生自卑感，认为

---

① 袁晶，陈晓东. 中学生情绪问题探究报告[EB/OL].[2010-08-13]. http://www.docin.com/p-70831968.html.

自己不行了，其实大可不必。这时最需要的是学会自我激励。第一，以自己过去的经历和成就来激励自己，相信别人能做到的，自己也一定能做到。这时家长有一个平和的心态是很重要的。家长要引导孩子把自己放在正确的位置，走出初中的“光环”。可根据孩子的能力、实力和学习要求，帮助孩子制定通过努力能够达到的目标。第二，发挥自己的特长。自己在某一方面或某一门学科有特长，要积极在教师、同学们面前展示出来，从而得到老师、同学的肯定与鼓励，增强自信，并且下决心把自己的薄弱学科努力学好。第三，为自己树立榜样。以班上比你稍好的同学为目标，暗中和他较量，向他学习，一步步追上，这同样能增强你自己的信心与前进的力量。高中课程对刚从初中走出来的孩子来说有点儿难，所以只要孩子有提高，家长就应鼓励表扬。第四，不断总结自己。明白自己的优点与不足，从而明确今后努力的目标，这样你肯定会进步，甚至突飞猛进。

(四) 逆反心理

逆反心理是指个体彼此之间为了维护自尊，对对方的要求采取相反的态度和言行的一种心理状态。在现实生活中，有的中学生就是“不受教”“不听话”，甚至经常与老师、家长“顶牛”“对着干”。这种与常理背道而驰，以反常的心态来显示自己的“高明”“非凡”的行为，往往是逆反心理的表现。这种心理在青少年成长中的每一阶段都可能发生，而且有多种表现。例如，对正面宣传做不信任、不认同的反向思考；对先进人物、榜样无端怀疑，甚至根本否定；对不良倾向持认同感，为其喝彩；对思想政治教育消极抵制、蔑视对抗等。

逆反心理产生的原因表现在两个方面：主观上是中学生正处于“过渡期”，其独立意识和自我意识日益增强，迫切希望摆脱成人的监护。他们讨厌成人将自己当“小孩”，要求以成人自居。为了表现自己与众不同，他们对任何事物倾向都持批判态度。正是由于他们觉得或担心外界无视自己的独立存在，故产生用各种手段、方法来确立“自我”与外界对立的情绪。客观方面，教育者的可信任度、教育手段和方法、教育的时机不适当，往往也会导致逆反心理。作为一种反常心理，逆反心理尽管不同于变态心理，但已带有变态心理的某些特征。就其后果而言，它会导致中学生出现对人或对事多疑、偏执、冷漠、不合群的异常性格，使其信念动摇、理想泯灭、意志衰退、学习被动、精神不振等。逆反心理的进一步发展还可能向犯罪心理或病态心理转化。

心理测试5-3

测一测你是否有严重的逆反心理

请用是否来回答下列问题。

1. 你不喜欢按照别人说的去做吗?
2. 你是否认为绝大多数规章制度是不合理的，应该废除?
3. 如果父母再一次叮嘱同一件事，你就厌烦吗?
4. 你欣赏与老师对着干的同学吗?
5. 你经常考虑事情的反面吗?
6. 你是否对班干部指手画脚很讨厌，而故意不按他的要求去做?
7. 老师和父母越是要你用功学习，你越是不想学习吗?

8. 老师的话很多都是有漏洞、有问题的吗？

9. 你喜欢与众不同吗？

10. 违反学校里的某些规定使你感到一种快乐吗？

11. 别人的批评常常引起你的反感和愤怒吗？

12. 你是否认为老师有很多缺点和错误？

13. 对别人不敢干的事你特别想尝试一下吗？

14. 你喜欢搞一些被捉弄者痛苦或愤怒的恶作剧吗？

15. 你是否觉得父母和老师不应该为一些小事大惊小怪、小题大做？

16. 你蔑视权威吗？

17. 对批评你的人，你都感到讨厌和恼恨吗？

18. 你是否认为冒险是一种极大的快乐？

19. 你习惯上总是按照大多数人说的去做吗？

20. 对你感到没有意思的事，别人怎么说你也不会好好去干吗？

21. 你特别爱做令人大吃一惊的事吗？

22. 人们对你很不重视吗？

23. 一旦决定了干一件事，不管别人指出这件事多么不好，你也不会改变主意吗？

24. 你总是对老师表扬的同学感到反感，不想理那个同学吗？

25. 你喜欢干一些能引起很多同学注意的事吗？

26. 当你被别人说的火冒三丈时，你就故意不按照他说的去做吗？

27. 你讨厌那些当干部的同学吗？

28. 你认为上课时出现一些老师没有预料到的情况令人开心吗？

29. 对伤了你的自尊心的人，你是否要给他添一些麻烦，让他感到你不好惹的？

评分规则：

第 19 题答“是”记 0 分，答“否”记 1 分。其余各题答“是”记 1 分，答“否”记 0 分。各题得分相加，统计总分。

0～9 分：你的逆反心理很弱，这使你只干并且只喜欢干该干的，不去干不该干的。

10～20 分：你存在一定的否定倾向，激动时你可能丧失理智，意气用事，有时会做一些不该做的傻事。

21～29 分：你有相当严重的逆反心理。你所做和所干的总是与众不同，与习俗和规定不符。如果你不清醒地意识到这一问题，并不努力加以克服，你只能是一个不受大家欢迎的独行者。

(五) 强迫

这里所说的强迫，并非指强迫症，而主要是指出自内心，虽无意义却反复出现，但有时也能克制和摆脱的某些观念和行为。它属于一种意志上的心理问题。有这种心理问题的青少年，经常莫名其妙地出现某些不必要的观念和行为，所以常常被紧张不安和内心冲突所困扰。造成自我强迫多是由于性格过于内向和拘谨，自我封闭，使心中的想法不能宣泄于外，或是过分注意细节，责任感过强，追求十全十美所致。自我强迫虽然也主要表现为强迫观念和强迫行为，但其严重程度和频率远不如强迫症。强迫观念主要只是表现为对已做妥的事情感到不放心，如出门后又回到门前，检查一下门是否锁好了；对当前事物常常联想到一些可怕或不祥的情景，如看到安全行驶的汽车，有时会联想到严重的车祸；脑子里经常浮现过去的某段经历；明知没有必要深究，却反复思考，如“世界上是先有鸡还是先有蛋”。强迫行为则是屈从于强迫观念的具体动作，如过度洗手，认为手总是越洗越干净，于是一遍一遍反复洗手。

由于自我强迫不是外力所强加的，而是自己脑子里产生的，所以矫治起来可能困难一些，但还是可以通过意志努力等予以改善和克服。

(六) 恐惧

恐惧作为一种心理问题，是指对某种特定对象或境遇产生了强烈、非理性的害怕。而实际上这类引起害怕的对象或境遇，一般并不导致危险或威胁。这种情况多发生于儿童和青少年时期，如怕黑、怕孤独、怕一些小动物等。随着年龄的增长，恐惧感会逐渐减弱或消失。但是，因个人的认知能力和神经系统的耐受性以及个人生活经验、意志品质等方面的偏差和缺陷，加上某种令人恐怖的刺激情况的强烈且长期作用，也会使一些年龄稍大的青少年仍然存在着不合情理的恐惧心理。当人处于这种恐惧状态时，不仅会出现明显的紧张、焦虑，甚至愤怒等情绪反应，有时还常伴有心悸、出汗、头痛、头晕等强烈的生理反应。恐惧心理有各种各样的表现。对某一特定事物或现象的特殊害怕，是青少年最为普遍的恐惧心理。如一位高中学生，有一次偶然看到一场葬礼，这时他突然想到总有一天自己也要死，于是这种对死的恐惧时时笼罩着他。开始只是晚上无人时害怕，后来一天到晚被这种恐惧所困扰，整天都感到心里像压了块巨石。严重时大脑昏昏沉沉，并伴有头痛，脖子僵硬等现象。虽然他也曾努力控制自己，但这种恐惧却总摆脱不掉，使其身心健康受到很大影响。

人际交往中出现的恐惧心理也是青少年较为普遍的。青少年由于神经系统功能还不稳定，对心理压力的承受力较弱，再加上为人处世的经验不足，社交技能欠佳，因此，在人际交往中难免会遇到这样或那样的问题，受到种种挫折。如有的青少年因与自己的好朋友发生了矛盾，便觉得人与人之间存在太多的虚伪；有的青少年因曾在众人面前受过伤害，觉得丢了脸面，于是在这种心理压力驱使下，回避众人，逃避交往，甚至不出门，将自己孤立起来，不仅拒绝朋友、熟人，甚至泛化到陌生人。但是，他们在逃避交往的同时，内心又十分渴望与人交往。正是这种矛盾心情，使他们备感苦恼和焦虑，陷于忧郁和痛苦之中。有社交恐惧心理的青少年大多性格内向，并且有不同程度的神经质、自卑或自尊心、虚荣心过强的问题。

当然，青少年的恐惧心理作为一般的心理问题，通常并不严重，也不会持续过久。但如果不以为然，不加重视，就有可能累积，演变成恐怖症，而这将成为另一种性质的也更难矫治的心理障碍或心理疾病，所以对此千万不能掉以轻心。

(七) 易怒

所谓易怒就是指容易冲动、急躁，爱发脾气。从心理学上讲，这是因为兴奋过强或紧张过度而出现的心理异常，表现为情绪反应过敏，情绪的自我控制能力减退，激惹性增高，即使是轻微的刺激，也容易引起强烈而短暂的情绪反应。现实生活中，有些青少年朋友常常会出现这样一种情况，本来只是一些鸡毛蒜皮的小事，在别人看来不以为然，而他却大发脾气，火冒三丈。为此，经常损害朋友之间或同学之间的感情，把一些本来能办好的事情搞糟，甚至对个人的身心健康、事业成败都有影响。客观上讲，愤怒对人是没有任何好处的；从生理角度说，愤怒易导致高血压、心脏病、溃疡、失眠等疾病；从心理角度而言，愤怒会破坏人际关系，阻碍情感交流，使人内疚、情绪低沉。很多青少年朋友虽然懂得这个道理，但在实际生活中却难以自控。一遇事就急躁易怒，容易冲动。

(八) 冷漠

所谓冷漠，从心理学上讲是指情感冲动强度较弱、情感表现冷漠的心态。这是一种情感上的心理问题，表现为对外界刺激缺乏相应的情感反应，对亲友冷淡，对周围事物失去兴趣，面部表情呆板，内心体验贫乏，严重时对一切都漠不关心，与周围环境失去情感上的联系。造成情感冷漠的主要原因是外界刺激、打击或遭受挫折。有些青少年朋友，由于在现实生活中碰了几次钉子，受到些挫折和打击，就变得心灰意冷了，原来生活的热情消失了，对一切事物的兴趣也没有了，对周围一切都漠然处之、麻木不仁了，他们看不到生活的本质和人生的真谛，看不到希望和曙光，不能寻觅到挚友和知音，也激发不起对生活的热情和兴趣，终日伴随自己的只是内心深处的孤寂、凄凉和空虚。这种对人和事都采取漠视和冷淡态度的人，不仅会丧失青春活力，而且容易步入歧途，这无疑是一种可悲的自我摧残和自我埋葬。

三、中学生不良情绪的成因

中学生不良情绪产生的原因很多，概括起来有两大方面：主观原因和客观原因。这两方面又具体分为如下若干层次。

(一) 主观原因

1. 自身性格造成的

人的性格有内向型、外向型和介于内向与外向之间的性格。外向型的人性格开朗、活泼，喜欢倾诉和语言表达，自己有了不顺心的事喜欢和朋友一吐为快，这种人不容易产生不良情绪。内向型的人经常自我剖析，做事谨慎，深思熟虑，疑虑困惑，交往面窄，害怕困难，等等。这类学生因为不善与他人交往，没有信赖的同学和朋友，有烦恼而无处倾诉，内心充满压抑、烦闷。有的独生子女，回到家里，没有可以沟通的兄弟姐妹；也不愿与老师和父母倾诉，久而久之，产生孤独感。这种性格的人往往会出现各种不良情绪。介于内向与外向之间的性格，如果内向性格占了上风，结果和内向型的人一样，会出现不良情绪。

2. 自身素质造成的

自身素质包括身体素质、文化素质、心理素质等。因身体素质差，同样一件事情同龄人能做的而自己由于身体原因做不了，就会产生自卑心理，出现不良情绪。因文化素质低，认知程度差，遇到某件事情不能够从科学的角度去分析，总往坏处想，又不愿意和人交流，这样就出现了不良情绪。因经济条件差，物质生活不如别人，衣饰穿戴没别人高档时髦，学习用品没别人新颖高级，没钱购买参考书，就觉得低人一等，自卑心理严重。

3. 自身兴趣爱好造成的

中学生自身兴趣爱好的差异也会影响情绪的波动。比如，有的学生兴趣广泛，他们的不良情绪可以通过这些兴趣进行调节；而兴趣少甚至没有什么兴趣爱好的学生，他们无法排解心中的郁闷和不快，这样长期下去就可能产生不良的情绪。

4. 青春期躁动

如今青少年的青春期普遍提前，有些学生进入青春期后，渴望与异性交往，交往中把握不住分寸，模仿影视作品中的浪漫情节，不思学业，对男女间的感情有很大的好奇心，行为又受老师和家长的约束，甚至误解、责罚。如果理智的防线崩溃，将失足成恨。这些学生时常被不良情绪所包围。

(二) 客观原因

1. 家庭教育的消极影响

父母是孩子的启蒙老师，父母的一言一行都会影响孩子的发展。国外研究表明：如果父母自己有不良行为习惯；文化教育水平较低；对孩子过分严厉，孩子缺少关怀与支持；婚姻破裂或孩子生活在单亲家庭中，那么孩子更可能形成不良行为。现在的许多学生是独生子女，父母的娇惯、纵容、溺爱，致使孩子任性、懒惰、自私，在生活中不能自理，不能与他人和睦相处，使学生处处以自我为中心。自私是不健康的自我观念，同时又是其他异常心理和行为的根源。部分父母希望能“棒槌之下出孝子”，对子女教育非常严厉。孩子一旦做错一丁点儿事情，不是打就是骂，甚至挨饿。这样的教育使孩子不是懦弱、自卑，便是冷漠、攻击。还有的父母忙于工作，特别是那些经商的父母，常年在外，只是及时地满足、充裕孩子的生活花费，却缺少交流，使孩子缺少约束，缺少关爱，缺乏对别人的理解。单亲家庭对孩子的影响更大，有的对子女过分放纵、溺爱，有的对孩子随意打骂，这使孩子缺少温馨的家庭教育环境。

2. 学校教育的不均衡

由于中考高考指挥棒的作用，很多学校往往忽视心理健康教育，心理健康教育对学生的健康发展起到非常重要的作用。但是，不少学校因片面追求升学率而忽视了健康教育，或者开设了健康教育课，也往往流于形式，形同虚设。有的学校随便指定一名教师做心理咨询工作，缺乏必要的系统的专业知识，咨询工作缺乏科学性。还有的学校在教育上采取严加惩罚，简单粗暴的方式，致使一部分青少年产生逆反心理，恶化了他们不健康行为。相当一部分学校忽视德育教育，工作起来没有针对性，没有实效性。班、团活动课全部改为自习课，甚至用来上文化课，兴趣活动课取消，甚至音乐、体育、美术也靠边站，周六、周日补课；把文化课的分数进行排名，分数高的代表什么都好，忽视了对学生健康人格的培养。对问题学生未采取必要、有效的措施，使这部分学生找不到归宿感。例如，某些学生吸烟、喝酒、敲诈、经常旷课、夜不归宿，甚至少部分学生在校还参加打架斗殴。而学校对这些学生只是采取简单的教育方式，教育效果几乎为零，导致他们自暴自弃，看不到自己的优点。这种被家长打骂、被老师指责、被同学孤立的孩子，没有归属感，致使他们自暴自弃、破罐子破摔的学生几乎每个学校都有。

3. 社会环境的影响

内容不健康的书籍、影视、街头聚赌、勒索，还有舞厅、酒吧、网吧、电子游戏厅等对学生的心理健康也有极大的负面影响，大众媒介的不正确导向也潜移默化地对学生产生消极影响。

4. 缺少温暖

一个学生在作文中写道："我多么渴望有一个温暖的家，安宁的家。但我从记事时起，家里总是吵闹不休。妈妈和奶奶吵，爸爸和妈妈吵，谁是谁非我也搞不懂。生活在这样的家庭里我感到很痛苦。"如今，农村留守的孩子越来越多，父母到远方打工，依靠爷爷奶奶照顾，缺乏家庭的呵护，缺乏心灵的慰藉。有的留守孩子还寄养在亲戚家。他们多么渴望周末和父母在一起，能在父母跟前撒撒娇，但心灵的小舟没有停泊的港湾。

实务训练5-2

他说的对么

网上有一个公共问题："为什么我上中学后老觉得郁闷？"有一位朋友是这样说的："学生时代都是这样的，很正常，不用害怕，你最好不要太注意成绩啊，中考啊，什么的。你想想小时候是不是没有这种感觉，因为那时候很天真，无忧无虑。脑子里没有太多的东西，只是按生活习惯一天天的生活。而你现在脑子里有太多的东西，我觉得你应该学会放下。放下后你会感觉一身轻松。"

请分析一下这位朋友说的是否有道理？你是如何看待这一问题的？

第三节　中学生的情绪调适

喜、怒、哀、乐构成了我们生活中的七彩画卷。在生活中人的情绪是复杂多样的，处于青春期的中学生，情绪世界同样是复杂多变、丰富多彩的。我们的情绪无论具有怎样的特点，始终都存在于我们的生活中，既可以起到增强的作用，也可以起到减弱的作用，关键在于如何调节和利用。因此，我们每一个中学生要学会调节自己的情绪，努力培养积极的情绪，使消极的情绪向积极的方面转化，做自己情绪的主人。

一、主观方面调节措施

(一) 找到自己情绪变化的规律

掌握了这个规律，可以预防不良情绪的产生或调节不良情绪。分析导致这些情绪的原因时写出和这些情绪有关的事情、情景或人，有时不能把情绪归因为一件事或一个人，可以写原因不详。两周之后，根据记录资料分析自己的情绪，分析的内容包括我的日常生活中积极情绪和消极情绪的百分比各是多少；积极情绪体验和消极情绪体验的时间的百分比各是多少；情绪反应是否适当，高兴和生气是否有理由；有多少情绪是无意识的原因引起的；每隔多久改变自己的情绪，情绪变化幅度有多大；等等。分析时重点考虑愤怒、恐惧、嫉妒、焦虑、抑郁、叛逆、自卑、自残等不良情绪产生的时间和原因。得出以上结果以后，分析自己的归因方式，是内归因还是外归因，以及归因方式给本人带来的利弊。

心理测试5-4

中学生心理健康状况自测试题

对以下 40 道题，如果感到“常常是”，画“✓”号；“偶尔”是，画“△”号；“完全没有”，画“×”号。

测试题：

1. 平时不知为什么总觉得心慌意乱，坐立不安。
2. 上床后，怎么也睡不着，即使睡着也容易惊醒。
3. 经常做噩梦，惊恐不安，早晨醒来就感到倦怠无力、焦虑烦躁。
4. 经常早醒 1～2 小时，醒后很难再入睡。
5. 学习的压力常使自己感到非常烦躁，讨厌学习。
6. 读书看报甚至在课堂上也不能专心一致，往往自己也搞不清在想什么。
7. 遇到不称心的事情便较长时间地沉默少言。
8. 感到很多事情不称心，无端发火。
9. 哪怕是一件小事情，也总是很放不开，整日思索。
10. 感到现实生活中没有什么事情能引起自己的乐趣，郁郁寡欢。
11. 老师讲概念，常常听不懂，有时懂得快忘得也快。
12. 遇到问题常常举棋不定，迟疑再三。
13. 经常与人争吵发火，过后又后悔不已。
14. 经常追悔自己做过的事，有负疚感。
15. 一遇到考试，即使有准备也紧张焦虑。
16. 一遇挫折，便心灰意冷，丧失信心。
17. 非常害怕失败，行动前总是提心吊胆，畏首畏尾。
18. 感情脆弱，稍不顺心，就暗自流泪。
19. 自己瞧不起自己，觉得别人总在嘲笑自己。
20. 喜欢跟自己年幼或能力不如自己的人一起玩或比赛。
21. 感到没有人理解自己，烦闷时别人很难使自己高兴。
22. 发现别人在窃窃私语，便怀疑是在背后议论自己。
23. 对别人取得的成绩和荣誉常常表示怀疑，甚至嫉妒。
24. 缺乏安全感，总觉得别人要加害自己。
25. 参加春游等集体活动时，总有孤独感。
26. 害怕见陌生人，人多时说话就脸红。
27. 在黑夜行走或独自在家有恐惧感。
28. 一旦离开父母，心里就不踏实。
29. 经常怀疑自己接触的东西不干净，反复洗手或换衣服，对清洁极端注意。
30. 担心是否锁门和可能着火，反复检查，经常躺在床上又起来确认，或刚一出门又返回检查。
31. 站在经常有人自杀的场所、悬崖边、大厦顶、阳台上，有摇摇晃晃要跳下去的感觉。
32. 对他人的疾病非常敏感，经常打听，很怕自己也身患相同的病。

33. 对特定的事物、交通工具(电车、公共汽车等)、尖状物及白色墙壁等稍微“奇怪”的东西有恐惧倾向。

34. 经常怀疑自己发育不良。

35. 一旦与异性交往就脸红心慌或想入非非。

36. 对某个异性伙伴的每一个细微行为都很注意。

37. 怀疑自己患了癌症等严重不治之症，反复看医书或去医院检查。

38. 经常无端头痛，并依赖止痛或镇静药。

39. 经常有离家出走或脱离集体的想法。

40. 感到内心痛苦无法解脱，只能自伤或自杀。

测评方法：

“√”得2分，“△”得1分，“×”得0分。

评价参考:

0～8分: 心理非常健康，请你放心。

9～16分: 大致还属于健康的范围，但应有所注意，也可以找老师或同学聊聊。

17～30分: 你在心理方面有了一些障碍，应采取适当的方法进行调适，或找心理辅导老师帮助你。

31～40分: 黄牌警告，有可能患上了某些心理疾病，应找专门的心理医生进行检查治疗。

41分以上: 有较严重的心理障碍，应及时找专门的心理医生治疗。

(二) 要敢于面对不良情绪

逃避引起消极情绪的境地，是人之常情，但一味地逃避，对消除不良情绪毫无帮助，只会加剧不良情绪的体验。

1. 认清有压力的先兆

有压力必然产生某些先兆，但并非像我们希望的那样一目了然，因此要提高自己对消极压力的警惕性。比如情绪波动、睡眠不稳、体重迅速下降等，都是有压力的先兆。

2. 寻找产生压力的根源

首先，看看自己与家人、同学、老师、朋友等的关系是否融洽，不正常的人际关系往往容易造成消极的压力反应。

其次，检查一下自己是否常对自身提出无理要求，如要求自己各方面都优秀，希望自己永不犯错误或不允许自己失败。要知道，人应该学会在不失去自我价值的情况下去承受，即使失败时也通过回顾过去的成绩来增强成就感，把失败看作人生中的一个组成部分，并视之为成功之母，并且要学会审时度势地去夺取目标或减少失败。

再次，检查一下自己是否是个爱妒忌、爱追忆不愉快的事的人。妒忌可以无谓地耗尽有限精力，为了自己、为了重新振作，应从充满敌意、对抗和报复的情绪中解脱出来。

3. 积极参加锻炼和保持良好的膳食习惯

不能低估锻炼身体对调节情绪的作用，因为锻炼可以使体内释放内啡呔，它与人的信心和自尊有直接关系，影响人们的正常生活。在信心与自尊的协调下，人将得到更大的激励。

营养同样不应被忽略，如果人们每天吃高质量的食品和新鲜的蔬菜，将大大缓解所承受的压力感。

4. 集中精力做一些事情

计划并且做必要的学习活动可以减轻压力。比如空闲时可以看书，学习时不要开小差，做事井井有条并善始善终，集中精力成功地完成一件学习活动可以帮助自己树立信心。

5. 按自己的方式去生活

对一些中学生来说，安静的学习工作可能压力更大，而宁可选择强度更大的体育活动，但无须确定哪种方式最合适。因为人们需要丰富多彩的生活环境，多彩的生活比彻底的休息更使人轻松。

6. 不要人云亦云，应重视自己的选择

人有权形成自己的独立人格和开创自己的学习生活之路，而无须考虑别人的学习生活方式是怎样的。具有创造意识的人，才能得到机会去创造。同时要树立自己的目标。父母、老师、长辈都认为他们有责任提供帮助，这没有错，但更应该树立自己的目标，该目标应是明确的和可以达到的。

身边故事5-3

初中生入学不能适应①

初一新生晓强在去年入学不到两个月的时间里，多次和同学动手打架，但原因却往往是一两句不投机的话，或同学间无意的碰撞。每次打架之后，老师找他谈话他都表示十分后悔，要彻底改正。可过不了一两天，又会出现一起新的打架事件。除此之外，他还多次不交作业，不是说自己不会，就是说时间不够没写完，或是忘了带作业本。课间或自习课上，他常常一个人坐着发呆，若有所思；有时还紧握双拳表现出一副“英雄无用武之地”的痛苦状……

问题分析：其实晓强同学种种异常的表现源于对新环境的“适应不良”。入学适应不良是新生中常见的一种适应性障碍，尤其在初一新生中最为普遍。从小学到中学，面对突然变得紧张的生活和学习，相当一部分孩子没有充分的心理准备，他们有的一时间没有了精神支柱，甚至失去信心，产生自我怀疑的消极情绪，变得心情抑郁；有的遇事难以自控，便采取种种激烈的方式来发泄。

预防解决方法：首先，在新学校要多参加集体活动，多多结识好朋友。参加集体活动一方面能够发现自己的闪光点，让别的同学很快认识自己，接纳自己；另一方面可以结交到新的朋友，让朋友经常帮助、提醒自己，长期下来，就会很轻松地适应初中的生活。其次，面对新的变化、新的问题要勇敢，要主动去适应新环境，自己解决不了的可以向父母或老师求助，让他们告诉你哪些方面需要改进。第三，常给自己积极的暗示，每天可以不定时地对自己说“我很快乐”“我很幸福”“我又进步了”之类的积极话语。保持愉快的心态，不仅可以减轻你对新环境的“适应不良”，并且可在学习生活中给你带来正面的影响。

① 袁晶，陈晓东. 中学生情绪问题探究报告[EB/OL].[2010-08-13]. http://www.docin.com/p-70831968.html.

(三) 认识影响情绪波动的情景，修正认知结构

心理学研究表明，刺激情景本身不决定情景的性质，是对刺激情景的认知决定情绪的性质。例如，两个同学犯了同样的错误受到老师的批评，其中一个同学很快认识到是自己做得不好，决心改正，情绪很快恢复了平静。另一个同学则不然，他认为自己倒霉，运气不好，老师偏心等，并认为没什么大不了的，久而久之这个同学就成了不受老师同学欢迎的人了。这种外归因造成他事事在别人身上找原因，人际关系也随之而紧张，人际关系近而又影响到他的情绪，周而复始，恶性循环。究其根本原因是要改变其归因方式、认知结构，才能从根本预防或者缓解不良情绪。

(四) 不良情绪产生时，学会合理的宣泄

不良情绪是不能完全预防和消除的，那么当不良情绪产生时，能够合理宣泄就显得尤为重要。

1. 哭泣

当遭到突如其来的灾祸，精神受到打击导致不能承受时，可以在适当的场合放声大哭。这是一种积极有效的排遣紧张、烦恼、郁闷、痛苦情绪的方法。

2. 倾诉

当心中积满苦闷、烦恼、抑郁等不良情绪无法疏散时，可以向父母、老师、同学、知心朋友尽情倾诉，发发牢骚，吐吐委屈。这样使消极情绪发泄出来后，精神就会放松，心中的不平之事也会渐渐消除。

3. 活动

当消极心理使情绪极度低落时，越不愿参加活动，情绪就越低落。而情绪越低落，就越不愿意参加活动。这样就形成了恶性循环使不良情绪加重。如果参加一些适当有益的活动，或跑跑步、打打球、干干体力活，或唱唱歌、跳跳舞，就可以使郁积的怒气和不良情绪得到发泄，这样，原本十分低落的情绪就可以改变了。

4. 学会放松

找个安静的地方，从头部开始，依次面部、胸部、腹部、四肢、手、脚，让每一块肌肉紧张再放松，仔细体会放松的感觉，每天 10 分钟训练，不仅可以缓解紧张，还有利于身心健康。

实务训练5-3

深度呼吸训练

这种训练方法简单易行，不受场所、时间等条件的限制，行、站、坐、卧都可以进行。其目的是通过深度呼吸，使身体各组织器官与呼吸节律发生共振，从而达到身心放松的效果。下面让我们试做一次，看效果怎样。

现在请你放下手中正在做的事情。如果你身边有椅子，请你全身放松地坐在椅子上，调整你的坐姿，直到感觉最好、最舒服为止。如果你在寝室，请你全身放松仰卧在床上。如果你身边什么也没有，就请你全身放松站在你认为最方便的地方。准备好了，我们就开始做放松训练。

现在请深呼吸，全身放松，体察自己的呼吸与身体各部位的活动情况，注意体会自己的肺部在一张一合、一张一合地呼吸，呼吸频率逐渐变慢，呼吸的深度逐渐加深，身体紧张的部位在逐渐放松。用感觉去体察身体各部位的状况，持续体验一段时间，当你感到身体各部分不那么紧张了，请把注意力再转移到呼吸上来。你似乎在观察自己的呼吸，又似乎没有观察，感觉在有无之间。请用鼻子深吸一口气，再慢慢地、均匀地呼出，呼气时平和而舒畅。继续呼吸，慢慢地、均匀地、深长地、平和而舒畅地呼吸。现在让我们数一下呼吸的次数，一、二、三、……、十；再重新开始，从一数到十。你可以重复数10遍、20遍。注意一下你身体各部位的感觉，各部位感觉在渐渐地、渐渐地与呼吸节律趋向一致。全身的毛孔在随着肺部的一张一合有规律地开合、开合……。现在你不仅仅是用肺呼吸，而且还在用身体来呼吸；吸气的时候，似乎空气从身体的毛孔中吸入，呼气的时候，气体又从毛孔中呼出。吸进新鲜的空气，呼出污浊的气体，一次，二次，三次……，渐渐地你会感觉到身体各个部位很放松，很通畅，仿佛整个身体融入了大自然之中。

好了，我们的放松训练要结束了，请慢慢闭上你的眼睛，静静地，不去想任何事情。过一两分钟就可以做你该做的事情了。

5. 利用“酸葡萄”精神

狐狸吃不到葡萄就说葡萄是酸的就是这个道理。这种酸葡萄心理，可以作为权宜之计，冲淡内心的痛苦，使心理平衡。但这种方法不宜过多使用，心理平衡之后，应积极主动进取，使心理达到真正的平衡。

6. 学会幽默

幽默是精神的消炎剂，能使人更好地适应环境。不良情绪到来时用幽默去抵挡，你会觉得不良情绪退至千里之外，好情绪悄然而至。

7. 学会精神转移法

情绪不好时有意识地转移注意力，首先要有意识地转移注意焦点。当你遇到挫折感到苦闷、烦恼或情绪处于低潮时，就暂时抛开眼前的麻烦不要再去想引起苦闷、烦恼的事，而将注意力转移到较感兴趣的活动和话题中去。多回忆自己感到最幸福、最愉快的事，以此来冲淡或忘却烦恼，从而把消极情绪转化为积极情绪。其次可以自觉地改换环境，如外出散步、旅游参观，调换居住地点等。这样，通过新的环境，冲淡、缓解消极的心理情绪。

(五) 自我控制情绪法

人不仅要有感情，还要有理智。如果失去理智，感情也就成了脱缰的野马。在陷入消极情绪而难以自拔时，应有意识地用理智去控制，这又有以下几种方式。

1. 自我暗示

采取这种方法，可以抑制不良情绪的产生。当你参加一些紧张的活动如重要的考试或竞赛前，要在心里暗暗提醒自己，沉住气，别紧张，胜利一定是属于自己的。这样就能增强自信心，情绪就会冷静，就能遏制冲动，避免因不良情绪造成不良后果。

2. 自我激励

这是用理智控制不良情绪的又一良好方法。恰当运用自我激励，可以给人精神动力。当一个人在困难面前或身处逆境时，自我激励能使你从困难和逆境造成的不良情绪中振作起来。“失败是成功之母”是大家都熟知的一句名言，但是在失败后一味消沉，不采取自我激励的方法振作精神，那么失败只能永远是失败，而不会成为成功之母。

3. 心理换位

这也是消除不良情绪的有效方法。所谓心理换位，就是与他人互换位置角色，即俗话所说的将心比心，站在对方的角度思考、分析问题。通过心理换位，来体会别人的情绪和思想。这样就有利于消除和防止不良情绪。如当受到家长和老师的批评时，自己心里有气，这时要设身处地想一想，假如我是老师、家长，遇到此类情况会怎样呢？这样，往往就能理解家长、老师对自己的态度，从而使心情平静下来。

二、客观方面调节措施

(一) 心理咨询的帮助

心理咨询教师除为心理咨询学生排忧解难外，还要定期找个别学生谈话，个别学生是指思想不求进取，精神萎靡不振、纪律散漫、不刻苦学习、父母离异心理压力比较大、家庭经济困难、思想负担重的学生。心理咨询教师要为咨询者建立咨询档案并做好记录和实例分析、期末综合总结，形成科研论文，以便交流推广。负责心理咨询的教师，积极参加培训，利用业余时间学习有关知识，不断提高心理健康教育水平。

(二) 教师的关爱

作为教师要利用文章引导学生，培养学生正确对待人生中的各种困难。学生在中学时代，要学会做人和学会做事。但他们却时常不能正确对待人和事。作为教师，不能教会学生去正确对待所有的各种大事小事，不妨引导学生多阅读为人处世的文章，让他们从书本上获取一些经验之谈或基本理念。读书疗法也是心理治疗的一个有效途径。如利用读报时间读报，班团课传阅讨论，给予个别学生针对性的阅读辅导，教会他们如何看待友情、爱情、成功、失败等。

教师要教育学生热爱生活、热爱工作。一个人对生活的意义有着正确认识，就会热爱生活。往往情绪稳定、充满乐观主义精神、富有事业心、热爱工作的人，在完成一件有意义的工作后，就会体验到满足感和成功感。这种情感有益于身心健康。热爱工作的人，具有强烈的上进心，能避免把精力消耗在生活琐事上，因此精神生活充实。热爱工作的人，在遇到困难或挫折时，也会正确地对待困难，积极地克服困难；而那些对工作无兴趣的人，整日患得患失，怨天尤人，会情绪苦闷、低落。

身边故事5-4

跟老师不和[①]

初一学生张华为人特别直，有时候也显得有些桀骜不驯。刚上初一的时候，课堂上的他常常不能控制自己在课堂上说话，有时候跟老师意见不一样就大声喧哗，甚至与老师胡搅蛮缠，有时导致一堂课有一半时间都在争论。按张华的观点来说，是老师们不能接受意见。最后所有的老师都不愿意上这个班的课，因为大家都觉得张华同学实在是个难剃的刺猬头。班主任家访的时候多次对家长提出这个问题，张华的家长也极为苦恼，不知道该怎么处理孩子这样的行为，批评他吧，他说他就是对的，不批评吧，这样下去迟早没老师愿意教他。

问题分析：学生和老师之间的关系是孩子人际关系中非常重要的一种关系。小学的孩子往往对教师充满了敬畏和敬仰，而到了中学以后，很多孩子都以为自己长大了，他们逐步学会了自己独立思考，独立寻找解决问题的办法，不再像小学生那样盲目地顺从老师了。还有一些孩子对老师越来越挑剔了，甚至会因为和老师产生一点小误解而怨恨老师，与老师产生抵触情绪。

解决办法：对于如何处理好师生关系，家长可以从以下几个方面对孩子进行开导。首先，要孩子客观、全面地看待老师。老师也是一个独立的个体，有自己的长处和短处，由于情绪、能力的原因，也会犯各种各样的错误。所以，作为学生，要客观、全面地评价教师，不要将老师完美化。其次，家长不要冲动地干涉孩子与老师的关系。孩子与老师之间产生矛盾，开始可能也只是发发牢骚，并没有想真的与老师对抗下去。你如果轻易地较起真来，在老师和孩子之间分出个谁是谁非，就可能会使孩子觉得找到了联盟，干脆大胆起来，与老师越来越不合作。所以，家长向孩子问清楚事情的经过后，让孩子想一想是否自己也有责任，不要让孩子觉得老师只是故意为难自己。再次，要教育孩子尊敬老师，讲究礼貌地沟通。家长可以告诉孩子，如果老师真的有什么错误，可以在课后通过匿名纸条的方式传达给老师，不要上课的时候站起来争辩，这样既不礼貌也耽误了大家的时间。

(三) 调适情绪六法

1. 对不当情绪的控制

消极的爆发性情绪事前都有一定的征兆，由活泼开朗突然沉默寡言，由温柔文静突然狂言乱语，出现暴饮暴食、焚书毁物等行为变化，便应引起高度警觉，要采取有效方法，或劝慰，或解释，进行控制。当学生产生了强烈的消极情绪，劝说无效，处于爆发状态时，则采取强制措施，如严厉批评，采取必要的行政措施等；控制情绪，防止恶性事件的发生。

2. 对忧郁情绪的释放

有时，学生产生了不良情绪，可以创设条件，使其不良情绪有机会释放出来。痛苦时，有地方倾诉，忧郁的愁云就会消散；不满时，有地方诉说，愤怒的情绪就会缓和下来。这种适度的情绪释放会起到“降温”“减压闸”的作用。当然，这种情绪的释放应当有所节制，并加以引导。

---

① 袁晶，陈晓东. 中学生情绪问题探究报告[EB/OL].[2010-08-13]. http://www.docin.com/p-70831968.html.

3. 对不良情绪的转移

不良情绪具有排他性，导致思路狭窄、心事重重。一个人越往忧愁方面想就越忧愁。当学生遇到了困难、挫折，产生了不良情绪时，可以用移情的方法，帮助学生实现情绪转移。一是转移环境。如学生因紧张产生郁闷心情时，最好领他们到山清水秀的野外去散散心，谈谈心里话，这样做有助于心灵窗扉的开启。二是转移注意力。例如当学生因同学关系而苦恼时，不妨给学生讲讲幽默的故事，做做游戏，把学生的注意力转移到愉快的活动上来，从而减轻或消除苦恼而产生的心理压力。三是事件转移。当学生考试失利，情绪低落时，则可组织参加文体竞赛，让他们露一手，以得到心理上的补偿。

4. 对不安情绪的劝说

中学生的焦虑不安等紧张情绪的发生，或是因对某些问题缺乏认识和了解，或是因为心胸狭窄，在某些方面产生思想疙瘩。有的放矢做好疏导工作，弥补其思想上的塌方，拓宽其心理空间十分重要。教师要善于用摆事实、讲道理方法，讲清事实真相，做合情合理的分析，用富于哲理的名言警句去启迪学生深层思维，引导学生识大体，顾大局，望得远，想得开，消除曲解和误会，走出感情困境。

5. 对冲动情绪的冷化

冷化是使强烈的消极性情绪处于消退性抑制状态。如当学生因冲突而愤怒不已时，可以不忙于劝解，而是敦促他们坐下，使其心情平静下来，经过冷化处理之后，学生的情绪便会慢慢和缓，在这个时候进行劝说和教育，效果会好得多。

6. 对悲伤情绪的升华

这是控制与调适学生某些不良情绪的最理想的方法。“文王拘而演《周易》，仲尼厄而作《春秋》，屈原放逐乃赋《离骚》，左丘失明厥有《国语》，此人皆意有所郁结，不得通其道，故述往事，思来者。”这些都是情绪升华的例子。对中学生某些不良情绪要善于做好转化工作，引导学生实现积极的能量转换，把不幸和痛苦升华为人生动力，如变赌气为争气，化悲痛为力量等。

知识链接5-3

情绪辅导的实例分析①

在情绪辅导的实践活动中，常用的辅导形式和方法有游戏、情景表演、小组讨论及专项训练等。一切游戏辅导皆在一定程度上具有情绪辅导的功能，因为游戏辅导特别能抓住学生的兴趣，使学生全身心地投入活动中，忘情而自然地表现自己，流露自己的情绪、情感，促成情绪宣泄；还使学生有机会观察他人的情绪反应，并分享、分担他人的情绪、情感，从而丰富自己的情绪体验。尤其是以情绪为主题的游戏辅导，除了具有以上的功效外，还能有针对性地促成学生潜意识冲突的外化，促成学生创伤性体验的整合。穆斯塔克斯曾以敌视、焦虑为例，细致地描述了以游戏活动的方式来予以处理的过程：将一个或一组极度焦虑的儿童带入游戏室，此时儿童的焦虑情绪泛化，表现为普遍的退缩、害怕，甚至恐惧。随着游戏过程中辅导人员的接纳和友善的渗透以及对活动的引导，儿童的焦虑情绪具体化，然后是消极情绪与积极情绪表现

① 吴增强. 现代学校心理辅导[M]. 上海：上海科学技术文献出版社，2002，6：114-116.

的混合出现，最后是两者的分化并与实际情境一致。此外，小组讨论形式对那些认知偏差所引起的情绪障碍辅导特别有效，它还能通过帮助学生形成正确的认识和评价来加强学生对快乐等积极情绪的体验，增强学生对情绪的自控力和调节、平衡能力。情景表演特别有益于帮助学生增强情绪的感受力、判断力及表达力，有益于丰富学生的情绪体验。另外，有些控制、调节和平衡情绪的能力需要借助专门的技术手段，加以专项训练才可形成。如对抗弥漫性焦虑，可使用肌肉放松技术，该技术需经 1～2 周的专项训练来掌握。又如个体突然面临重大危机等应激状况时，可通过调节呼吸节奏，采用深呼吸方法、自我暗示方法来应对，而这同样需要专项训练。同时有关个体情绪的表达，有时亦可通过模仿、训练加操作的方法来进行辅导。以下以两则情绪辅导活动为例，来分析以上这些方法是如何用于情绪辅导中的。

1. 情绪体验与表达辅导

下面是一则为初中生设计的，融游戏、作业为一体活动的小组辅导活动。

活动题目是“了解自己的情绪”。

活动主题为正视并表达自己的情绪。

活动主要目的相应地分为两个方面：一是帮助学生学会承认并正视自己的情绪体验；二是帮助学生认识并表达自己的情绪。

活动主要有下述几个步骤：一是请学生勾勒自己一段时间内的“情绪天气图”，主要借助一组情绪词条让学生理清自己的情绪体验类型及性质。二是借助切“情绪蛋糕”的方式，帮助学生理清以上各类情绪对自己生活的影响程度，即它们分别在你的心中占据了多少时间。以上两个步骤还同时辅之以学生的自我小结及陈述。三是教师小结。

活动特征是：

第一，它采取的形式活泼，具有游戏的性质，容易抓住学生的兴趣。

第二，它给学生的自我小结保留一席之地，有助于学生在游戏中获得的感性认识进一步深化，使学生的情绪认识和体验更清晰、明朗。

第三，教师的小结不仅起到点题的作用，亦是教师分享、分担情绪的示范机会，还为学生分享、分担他人情绪提供了观察模仿的机会。

此次活动如果能在学生言语表达或图示自己情绪的基础上，教师再辅之以面部表情、体态语言等活动指导，效果会更好一些。

2. 情绪控制辅导

下面是一则为高中生设计的，将情景表演、小组讨论及专项训练等形式融为一体的辅导活动。

活动题目是“自我调控”。

活动主题是学会松弛方法，从而调控自己的情绪。

活动目的是增强学生的情绪调控能力。

活动步骤主要有：一是阅读有关的故事情节及关于情绪调控的基础知识。二是设置一个引发学生紧张情绪的故事情景，让学生关注自己的情绪感受。三是小组交流，分享、分担刚才的情绪感受，并提出问题，面对紧张怎么办。四是教师讲解与专项训练相结合。先是教师讲解情绪自控的策略与技巧，然后借助描述肌肉放松的音像带，现场指导和训练学生借肌肉的放松来阻抗心理的紧张和焦虑。

活动特征在于:

第一，它针对高中生抽象思维能力发达、理解力较强的特点，采用了阅读与讲解相结合的形式，有利于学生全面了解和掌握多种情绪自控的方法。

第二，它采用现场设置刺激情境的方式，不仅有助于增强学生的情绪体验，也很自然地提出了情绪调控问题，显得真实、可信。

第三，专项训练与教师讲解相结合，有助于学生迅速掌握动作要领，而且放松训练音像带的使用，亦有助于训练的规范化。

如果此次活动之后，教师制订一个为期两周左右的计划，坚持带领学生进一步练习，直至学生真正掌握这一技术为止，那效果会更好。

案例导读解析

肖女士儿子小时候听话顺从，并非是出于自己的意愿，更多是对于母亲的害怕。这样的孩子往往因为比较压抑而积累了很多的负面情绪，这些情绪会在进入青春期后集中爆发。因而，会出现小时候很乖的孩子，叛逆起来特别严重的情况。建议肖女士要跟上孩子的成长步伐，改变以前的教育方式，更多地以平等商量的语气和孩子沟通，减少对他的指责批评，即使是为了学习的事情，也要拿出信任的态度，相信孩子有对自己负责的意愿和能力，相信他能克服困难，逐渐成熟。

小结

中学生，正值青春年华，应该是朝气蓬勃、积极向上的，但越来越多的中学生被不良情绪困扰。随着抑制和自我控制能力的发展，中学生的情绪反应能力也在逐步提高，情绪正日趋丰富而强烈。处于青春期的中学生，情绪世界同样是复杂多变、丰富多彩的。快乐、热爱、自信等积极增力的情绪会提高人们的活动能力，而恐惧、痛苦、自卑等消极减力的情绪则会降低人们活动的积极性。因此，每一个中学生都要学会调节自己的情绪，努力培养积极的情绪，使消极的情绪向积极的方面转化，做自己情绪的主人。

巩固与操作

一、思考题

1. 什么是情绪？
2. 情绪的分类有哪些？
3. 情绪的状态是什么？
4. 中学生的情绪特点有哪些？
5. 中学生常见的情绪困扰是什么？

二、操作题

1. 结合自身情绪的特点，分析不同的情绪在学习生活中的不同作用。
2. 根据自己的实际进行自我情绪分析。
3. 试着用所学方法调节自己的情绪。

拓展阅读

1. 刘春雷，姜淑梅，孙崇勇. 青少年心理咨询与辅导[M]. 北京：清华大学出版社，2011.
2. 北京师大辅仁应用心理发展中心. 身边的心理学[M]. 北京：机械工业出版社，2007.
3. 石红. 心理剧与心理情景剧实务手册[M]. 北京：北京师范大学出版社，2006.
4. 岳晓东. 心理面面观[M]. 上海：上海人民出版社，2007.

第六章

中学生的人际关系

内容提要

本章从中学生人际关系概述开始，首先介绍中学生建立人际关系的意义，中学生建立人际关系的过程，以及影响人际关系和人际交往的因素；其次介绍中学生人际交往的主要特点，以及中学生常见的人际困扰；最后在介绍中学生人际交往原则的基础上，从多个角度介绍中学生人际交往的艺术。

学习目标

(一) 认知目标

1. 知道人际交往的内涵、功能、工具与内容；
2. 了解影响人际关系和人际交往的因素。

(二) 情感目标

1. 能联系实际，理解中学生建立人际关系的意义；
2. 培养建立良好人际关系的主动性。

(三) 能力目标

1. 能结合自身的特点，运用人际交往的艺术，处理自己与父母和老师的关系；
2. 能运用所学知识，恰当地处理自己与同学、异性伙伴的关系。

案例导读

该怎么和他人交往①

阿辉与妈妈、奶奶一起生活，由于是独生子，因而特别受宠。家长只知道满足孩子物质上的需要，没有思想上的沟通，因而阿辉在家中常常一人在房间中独处，久而久之造成了他孤僻的个性以及人际交往方面的障碍。又由于他在家中养成的生活习惯与新环境的格格不入，因而无论在家中还是在学校，没有人与他交流，在这样的情况下他渐渐迷上了武侠小说，沉迷于此

① http://www.ziluedu.cn/zhongxuesheng/wenti/12463.html

无法自拔，书中一些不健康的东西在潜移默化中改变着他的思想。阿辉的父亲长期在外捕鱼，并且脾气较为暴躁，因而妈妈经常会袒护儿子。父母亲教育方式的较大差别使孩子经常缺乏可效法的榜样，造成了他没有形成明确的自我认同，自制力差，具有冲动性。阿辉由于从小在偏僻的农村长大，面对周围同学优越的家庭环境和较高的消费水平，他的心理渐渐产生了不平衡，并采取了消极的办法去弥补这种不平衡，从说谎一直发展到打架。

第一节　中学生人际关系概述

人际关系是指人与人之间的心理上的关系，表现为亲近、疏远、友好、敌对等心理距离。中学生的人际关系包括异性关系、同性关系、亲子关系、师生关系、与陌生人的关系和应变能力等。

一、中学生建立人际关系的意义

(一) 促进身心健康

中学时期是人生友谊感发展很快的时期，他们感受到友谊是人们相互关系中最重要的东西。中学生不仅重视友谊，而且还形成一定的情感色彩的认识，不仅在情感上有依恋的特点，而且把友谊作为行为的内驱力。人只有生活在融洽、快乐的气氛中，才能有愉快的心境、开朗的性格、健康的身心，才不易产生疲劳，即使感到疲劳也容易很快消除。不同的人际关系，会引起不同的情感体验，良好的人际关系使人心情舒畅，促进学习或工作效率的提高。人际关系不良，则会产生冷淡、忧虑、孤独与无助感，处于抑郁不欢的心境，从而影响身心健康。同学们要处理好各种各样的人际关系，确实不是容易的事情。中学生的人际关系大致有以下几个类型：与学校各级领导、教师的关系(纵向)；与家长(父母、祖父母及外祖父母、监护人、抚养人)的关系(纵向)；与校外影星、歌星、球星、球迷等直接间接的关系(交叉)；与兄弟姐妹、同学(包括同班、同年级、同校、外校同学)的关系(横向)。随着开放程度的增加，以及媒体、种类的增加，还会衍生出许多复杂的多层次的人际关系。不同的人际关系会引起不同的情感体验，如产生心情愉悦、舒畅或苦闷、忧伤等心理状态，这种心理状态一般比较持久，将会影响人生的某个阶段，甚至人的整个一生。正因如此，有意识地学习人际交往技巧，建立良好的人际关系，对每个中学生来说都是十分重要的。

(二) 为进一步发展奠定基础

正值身心飞速发展阶段的中学生，精力充沛、热情奔放，尤其喜欢人际交往，更需要用交往编织起彩色的岁月。通过交往，可以使同学们获取纯洁的友谊；通过交往，能够提高自己的理解能力、观察力，扩大自己的知识面，培养自己的高尚情操；通过交往，还可以消除不安全感、孤独感，使紧张的心理得到调节，得到安慰，使紧张的情绪得到缓冲和稳定。有良好的人际关系才会有愉快、乐观的心情学习，拥有了朋友才会感到生活的充实、人生的美好。如果和老师能成为朋友，那么上学和学习将是一种难得的享受。而在家中能和父母像朋友一样倾诉烦恼，畅谈快乐，会使学生感到有停泊的港湾，拥有宁静的心态，有前进的推动力。良好的人际关系是中学生心理健康的标志，是心理满足、心理平衡、心情舒畅的需要。中学生将来进入大学乃至走上社会，都需要有较高的人际交往素养和能力，这将是他们进一步发展的基础。

(三) 助人走向成功

进入中学阶段，良好的人际关系开始成为影响中学生个人健康成长重要的因素。学习与人际交往是每个中学生必须面对，根本无法逃避的问题。它具有普遍性和特殊性。没有交往，世界将成为一片荒凉的沙漠。美国著名的心理学家卡耐基认为，未来社会的成功源于30%的才能加70%的人际协调能力。良好的人际关系，不仅能给人生带来快乐，而且更能助人走向成功。

身边故事6-1

白衬衫和黑木炭

故事的主人公是一对父子。有一天，正在家里看报纸的父亲看到儿子怒气冲冲地跑了回来，只见他的脸因为愤怒而涨得通红，而且不停地喊："你这个家伙有什么了不起，我非要教训教训你不可，看你还能得意多久！"父亲没有立刻教训他，而是把他拉到一堆木炭前面，指着远处一件晾在绳子上的白衬衫说："你就把那件衬衫想象成那个让你生气的朋友，你可以用最恶毒的语言来攻击他，当你每想到一种伤害他的方法的时候就扔出一块木炭！"儿子听了就照父亲的话做了。过了一会，儿子也安静下来了，父亲就把儿子领到镜子前面，你猜，儿子看见了什么？天哪，他满身都是黑黑的木炭灰！而他再转身看远处的那件白衬衫，上面却只有很少的几个黑点。

父亲对他说什么了呢？同学们可以猜猜看。父亲告诉儿子："你伤害别人的时候，别人也许会受一点伤，就像那几个污点，但你却会因此弄得自己伤痕累累，受伤害最重的还是你自己！"

二、建立人际关系的过程——人际交往

(一) 人际交往的内涵

社会是一个大群体，在这个群体中，个体不是孤立的存在，他总是借助一定的系统与他人发生作用，建立一定的关系。这种在社会活动中，个体运用一定的符号系统与他人交流信息、沟通情感、建立一定关系的过程，就是人际交往。

仔细分析一下人际交往过程则不难发现，人际交往其实就是一个人际互动过程。交往双方无论其地位如何，是主动还是被动，是支配还是服从，都以自己的要求、兴趣和态度为基础来理解对方，接纳对方的目的和意图，并做出反馈，以此也影响对方，供对方调节自己的言行。交往还是一个沟通的过程，交往的直接目的无非是交流思想、传递情感，而这也是沟通的内容。因此，人际交往也被称为人际沟通。此外，交往和沟通并不止于信息的交流和情感的沟通。尤其重要的是，人们往往是通过交往和沟通，以达到相互影响，使双方的态度、言行协调一致，最终达到建立、维护良好的人际关系，或改变一定的人际关系的目的。从这个意义上来说，人际关系是人们相互作用的结果。人们相互交往和沟通的过程也就是人际关系形成的过程，改进人际交往和沟通的过程必将导致人际关系的变化，影响人际交往和沟通的因素亦将影响人际关

系。从另一方面来说，人际交往和沟通总是在一定的人际关系基础和背景下发生的，因此良好的人际关系基础必将对人际交往和沟通起着积极的推进作用，影响人际关系的因素亦将影响人们的交往和沟通过程。

心理测试6-1

人际关系小测试

题目：你最好的朋友，即将要移民到英国去了，过两天刚好是他的生日，你为他办了一场生日惜别会，在惜别会中你最想对他说的话是什么？

1. 你要常常和我联络喔。
2. 有空要常回来看我。
3. 有机会我一定会去找你。
4. 我会想念你的。

结果分析：

选 1：你是一个十足的乐天派，不管遇到任何的状况，你都能从容地面对，带给别人无比的信心，和你在一起，不自觉的也会变得有自信，一切烦恼迎刃而解，像是具有神奇的力量一般。

选 2：你很聪明并且有主见，虽然有时候会让别人觉得你有一点强势，或是比较主观，但是你却总是能为大家解决困难，当大家正为了一件事头痛不已、伤透脑筋的时候，你会运用智慧，轻松帮大家渡过难关。

选 3：你是一个善解人意、温柔贴心的人，朋友都会觉得和你相处，如沐春风一样的舒服，不但没有压力，心灵受伤时，你又是最好的安慰者，你很受大家的欢迎，人缘超级好。

选 4：你非常的理智，不会因为别人的意见而随波逐流，或是犹豫不决。你的思绪很清楚，无论遇到什么麻烦的问题，都能经由你的抽丝剥茧，得到解决的方法，是大家心目中最佳的领导型人选。

(二) 人际交往的功能

人际交往最基本的功能在于传递信息、交流感情，借此形成一定的社会关系，促使人们的行为保持一致，使人与人之间和谐有序，避免矛盾和冲突，增进团结。对个体而言，人际交往和沟通是个体社会化和人格发展成熟的重要途径和手段。或者说，人际交往和沟通过程与个体社会化和人格发展成熟过程是相辅相成的，是一致的。

心理学家认为，在特定社会与文化环境中，个体形成适应于该社会与文化的人格，掌握该社会所公认的行为方式，就叫社会化。社会化有时亦可用“人格发展”“社会性发展”等来说明。社会化作为一个过程，是经过个体与环境的相互作用实现的，此处的环境包括他人及学校、家庭等团体。许多关于“感觉剥夺”“环境剥夺”的报道和研究都表明，缺乏个体与他人等社会环境的交流，个体的发展将停留在自然人的阶段，而不能完成社会人的转变。不仅如此，个体与他人相互交往和作用的多寡及质量还影响个体社会化质量的高低。例如自闭症儿童、孤独症儿童、电视迷综合征儿童的出现，皆缘于他们过于将活动投向自我内心或电视、电脑等外在事物，减少了与他人相互交流和作用的机会，导致了人格发展的异常。此外，有关人际处境不利儿童的研究也表明，这类孩子往往具有较多的适应行为及人格方面的问题。因此，人际交往与沟通对个体心理和人格的健康发展是至关重要的。

(三) 人际交往的工具

人际交往总是借助一定的符号系统来实现和完成的。一般而言，交往的符号工具可归为两大类，即语言符号系统和非语言符号系统，两者相互匹配，共同作用于人际交往过程。

语言符号系统分为口头语言和书面语言。口头语言在日常生活中应用最广，借助听与说完成交流。正因为口头语言在日常交往中司空见惯，它经常受到忽视。许多学生不能恰当地运用口头语言，或者不能有效地利用口头语言情境特点，造成交往不畅。书面语言主要借助写和读来实现其作用。相对口头语言而言，书面语言一般在学校中比较受重视，各个学校都有一个长期的训练计划和过程，但如何提高书面语言的交往效率仍存在一些问题。

非语言符号系统虽然不是人际交往的最主要工具，但仍有其不可替代的作用，尤其表现在情感传递过程中。它们包括手势、面部表情、体态变化、姿势、服饰等身势语言(亦称“体语”)，以及人际距离、辅助语言系统(包括音质、声调、语速等)。由于非语言系统使用上的不确定性和情境性，更由于以往学校教育对它的忽视，学生对它的掌握和理解处于放任自流的状态中，缺乏有效的、有意识的模仿和训练，亦妨碍了交往效率的提高。

(四) 人际交往的内容

就学生而言，其主要人际关系或交往结构表现为以下两个方面。

1. 与同伴的交往

这里的同伴主要是指彼此之间地位平等的、在行为复杂程度上处于同一水平的个体。由于同伴交往的平等性，更由于同伴之间在需要、兴趣、情绪、能力、价值观等方面的一致性，儿童便获得了学习和控制与其年龄相应的社会行为、技能技巧、分享情感和需要的机会。随着儿童年龄的增长，儿童与同伴的交往日趋增进，对同伴的依赖和需要增强，同伴关系日益重要，对个体的人格成长的影响也愈加重要。

同学关系是学生人际关系中最基本的一种。由于学业的竞争，学生学习压力增大，不少人忽视了同学间的交往，缺少了解和交流；另一方面，现在的初中生基本上都出自独生子女家庭，他们虽然渴望与同龄人交往，但习惯以自我为中心，难免产生交友方面的困难，甚至有些同学产生逃避思想，如有的人认为他并不需要朋友、朋友不是很重要等。

2. 与父母和老师的交往

在儿童成长的早期，父母等家人是儿童的主要交往对象，父母与儿童的亲子关系对儿童的早期成长以及日后的发展产生了深刻和深远的影响。随着儿童进入幼儿园和学校，儿童与教师关系的重要性日益增加，与亲子关系并驾齐驱，甚至超过亲子关系而居于主导地位，在幼儿园和小学阶段起到最重要的作用。直至儿童进入青春期，此时，同伴关系跃居最重要地位，但学生与父母、教师的关系仍然影响深远。由于学生与父母、教师等在年龄、经验、能力、教育等方面的巨大差异，亦由于双方角色、地位相差悬殊，使得学生在处理这种关系时常感困惑、矛盾和无能为力。因此，双方的相互理解，父母和教师的民主、平等作风，以及建设性的努力和主动调控显得非常重要。另一方面，学生自己一方的主动适应和积极协调也是必要的，这既是他们走向成熟所必需的步骤，也是他们走向成熟的标志。

心理测试6-2

中学生人际关系测量

请你根据自己的实际情况，对其中的每个问题做出回答。符合你的情况的，则把该问题后面的“是”圈起来；不符合你的情况的，则把该问题后面的“否”圈起来。

1. 你平时是否关心自己的人缘？ 是 否
2. 在食堂里你一般都是独自吃饭吗？ 是 否
3. 和一大群人在一起时，你是否会产生孤独感或失落感？ 是 否
4. 你是否时常不经同意就使用他人的东西？ 是 否
5. 当一件事没做好时，你是否会埋怨合作者？ 是 否
6. 当你的朋友遇到困难时，你是否时常发现他们不打算来求助你？ 是 否
7. 假如朋友们跟你开玩笑过了头，你会不会板起面孔，甚至反目？ 是 否
8. 在公共场合，你有把鞋子脱掉的习惯吗？ 是 否
9. 你认为在任何场合下都应该不隐瞒自己的观点吗？ 是 否
10. 当你的同事、同学或朋友取得进步或成功时，你是否真为他们高兴？ 是 否
11. 你喜欢拿别人开玩笑吗？ 是 否
12. 和自己爱好不相同的人相处在一起时，你也不会感到兴味索然、无话可谈吗？ 是 否
13. 当你住在楼上时，你会往楼下倒水或丢纸屑吗？ 是 否
14. 你经常指出别人的不足，要求他们去改进吗？ 是 否
15. 当别人在融洽地交谈时，你会贸然地打断他们的对话吗？ 是 否
16. 你是否关心和常谈论别人的私事？ 是 否
17. 你善于和老年人谈他们关心的问题吗？ 是 否
18. 你讲话时常出现一些不文明的口头语吗？ 是 否
19. 你是否时而会做出一些言而无信的事？ 是 否
20. 当有人与你交谈或对你讲解一些事情时，你是否时常觉得很难聚精会神地听下去？ 是 否
21. 当你处于一个新的集体中时，你会觉得交新朋友是一件容易的事吗？ 是 否
22. 你是一个愿意慷慨地招待同伴的人吗？ 是 否
23. 你会向别人吐露自己的抱负、挫折以及个人的事情吗？ 是 否
24. 告诉别人一件事情时，你是否试图把事情的细节都交代得很清楚？ 是 否
25. 遇到不顺心的事，你会精神沮丧、意志消沉，或把气出在家里人、朋友身上么？ 是 否
26. 你是否经常不经思索就随便发表意见？ 是 否
27. 你是否注意赴约前不吃葱、大蒜，以及防止身上带酒气？ 是 否
28. 你是否经常发牢骚？ 是 否
29. 在公共场合，你会很随便地喊别人的绰号吗？ 是 否

30. 你关心报纸、电视等信息渠道中的社会新闻吗？　是　否

31. 当你发觉自己无意中做错了事或损害了别人，你是否会很快地承认错误或做出道歉？　是　否

32. 有闲暇时，你是否喜欢跟人聊聊天？　是　否

33. 你跟别人约会时，是否常让别人等你？　是　否

34. 你是否有时会与别人谈论一些自己感兴趣而他们不感兴趣的话题？　是　否

35. 你有逗乐儿童的小方法吗？　是　否

36. 你平时告诫自己不要说虚情假意的话吗？　是　否

计分规则与结果解释：

请把你的答案和下面的答案逐个对照。

1. 是	2. 否	3. 否	4. 否	5. 否	6. 否	7. 否	8. 否	9. 否	10. 是
11. 否	12. 是	13. 否	14. 否	15. 否	16. 否	17. 是	18. 否	19. 否	20. 否
21. 是	22. 是	23. 是	24. 否	25. 否	26. 否	27. 是	28. 否	29. 否	30. 是
31. 是	32. 是	33. 否	34. 否	35. 是	36. 是				

如果某题你圈的答案与上面所列的这道题的答案相同，就得1分；如果不相同，就不得分。把全部得分累加起来，即得到总分。总分越高，表明你的人际关系越好，最高总得分为36分。看自己的得分是在哪个得分范围内，便能大致判断出自己的人际关系的好坏。

判断规则：

30分以上，表示人际关系很好。

25～29分之间，表示人际关系较好。

19～24分之间，表示人际关系一般。

15～18分之间，表示人际关系较差。

15分以下，表示人际关系很差。

三、影响人际关系和人际交往的因素

影响人际关系和人际交往的因素比较复杂，这里主要就影响个体与他人的交往，及个体与他人之间的关系而非团体关系的因素做一下分析。只有了解了这些影响因素，在人际交往辅导中才可有的放矢，增强针对性。一般来说，影响个体人际交往和人际关系的因素如下所示。

(一) 文化背景因素

这包括交往双方语言、语意的差异，交往态度的不一致或偏见，以及双方受教育程度、文化素质和文明水平的差异等，它们皆可造成交往的障碍。对学生来说，这些方面的差异比较小，但依然存在，以致经常造成误解、矛盾以及沟通困难。训练学生正视双方的差异，接纳这些差异，且采取有效态度和方法消除这些差异带来的不利影响，显得非常重要。

(二) 社会背景因素

这主要包括社会地位、社会角色和身份，以及年龄和性别等方面的因素。如学生与教师、

家长等成人的交往障碍，以及所谓的"代沟"问题，主要是由于双方社会地位、社会角色和身份差异悬殊，双方又未能正确处理所造成的。此外，由于"男女有别"，尤其随着儿童性的觉醒，性别角色的分化，男女生交往的困难也较突出，这就需要教师、家长共同努力，加强辅导。

(三) 心理因素

这主要包括双方在认知、情绪、行为方式及个性特征方面的因素。具体来说，双方的思维定式、观点观念、看问题的角度、情绪状态、气质、性格、兴趣、价值观、品行、能力等心理因素，均影响双方交往的深度和层次。有关人际吸引的研究表明，交往双方在空间上的接近性、在个性特征和态度等方面的相似性、在需要和期望等方面的互补性，以及能力出众、仪表良好等因素都可增进人际吸引；有关同伴关系的研究亦表明，那些在行为特征方面表现出热情、出色，经常注意欣赏他人，合作、分享、善于提出建设性意见，并采取合理意见的儿童普遍受人欢迎，甚至成为团体中的"社交明星"，或"幸运儿""人缘儿"。阻碍人际吸引的个性特征主要有：不尊重他人、以自我为中心、过于功利、过于依赖、妒忌心强、自卑、敌意、偏激、退缩、内向不合群等。由此看来，塑造良好的个性和品行，加强情绪调控等，既是提高交往效率所必需的，也是良好交往的结果。

知识链接6-1

交往中的不良心理状态①

1. 自卑心理

有些人容易产生自卑感，自己瞧不起自己，缺乏自信，办事无胆量，缩手缩脚，随声附和，没有一点自己的主见和独特的个性。

2. 怯懦心理

怯懦心理主要见于涉世不深、阅历较浅、性格内向、不善言辞的人。由于怯懦，他们在工作中即使面对自己认为正确的事，也不敢表达内心的想法和意见。

3. 猜疑心理

有些人在与别人交往的过程中或是托人办事的时候，常常会自觉或不自觉地用不信任的目光审视对方，无端猜疑。平时听到什么事也爱捕风捉影，说三道四，这样怎么能够交上朋友呢？

4. 逆反心理

有些人总爱和别人抬杠，以表现自己的标新立异。不管对任何事情，也不管其是非曲直，只要人家说好，他就认为坏；人家说对，他就要说错。其实，这种做法极易引起别人的反感。

5. 作戏心理

有的人把交朋友当作逢场作戏，朝秦暮楚，见异思迁，处处应付，爱吹牛皮，好说漂亮话。他们与人交往只是做表面文章，因而很难有感情深厚的朋友。

① 综合科组. 中学生人际交往[EB/OL].[2011-12-18]. http://www.cangjiang.net/Article/ShowArticle.asp?ArticleID=1640.

6. 贪财心理

有些人认为交朋友的目的就是“互相利用”，他们只与能给自己带来好处的人交往，而且还常常“过河拆桥”。这种贪图财利、只想沾光的不良心理，会使自己的人格受到损害，更谈不上结交知心朋友了。

7. 冷漠心理

有些人无论遇到什么事情，只要是与己无关便态度冷漠、不闻不问，没有热情也没有爱心。试想有谁会愿意接近这样的人，又有谁会愿意与这样的人交朋友呢？

(四) 人际交往的技巧和艺术

人际交往不仅仅是一门科学的学问，还是一种艺术。只有将科学性和艺术性结合在一起，才可以提高交往效果，改善人际关系。这包括人际交往所必须遵循的规范、礼仪、风俗、习惯，还包括沟通的技巧及谈话艺术等。例如，人际称呼要适当、登门拜访要有礼貌、特殊日子要致意、谈话态度要诚恳、玩笑和幽默要掌握分寸等。此外，良好的交往态度和心理准备也非常重要。总之，个体要敢于交往、善于交往，重视交往的技巧和艺术，这样才能改进人际关系，提高交往效率，同时也能推动自己的成长和发展。

(五) 人际关系系统主要成分的影响

1. 相互认同，相互了解

要做到这点非常不易。人与人之间心理距离的远近，往往随着彼此相互认同的变化而变化。因此，应当从自身做起，克服“以偏概全”“固执己见”“自命清高”等错误观念，全面、客观地认识事物，了解彼此的权利和责任，正视差异，设法沟通。

2. 情感相容

凡是能驱使人们接近、合作、联系的情感称为结合性情感。结合性情感越多，彼此之间越相容。当别人做出一点成绩而兴高采烈时，感情相容的人也会由衷地为朋友的成绩而高兴。

3. 行为近似

言谈举止、交往动作、角色地位、仪表风度等人际行为模式越相应近似，越易产生和谐的人际关系。

实务训练6-1

折小纸大学问

请同学们拿出一张薄一点的正方形的纸(信纸或单张餐巾纸均可，用过的平整的草稿纸也行)，然后根据下面的提示进行：

(1) 把这张纸上下对折；

(2) 再把它左右对折；

(3) 在对折好的纸的左上角剪掉一个直角边长为 2 厘米的等腰直角三角形；

(4) 然后把这张纸左右对折；

(5) 再上下对折；

(6) 在右上角剪掉一个半径为 2 厘米的扇形。

现在请你将这张纸展开来看一下，它的形状是什么样的？

同学们是否觉得很奇怪，为什么指导语一样剪出来的图案却是如此不同的呢？原因很简单，因为每个人对指导语的理解不同。如我叫你上下对折，有人理解为上下对折后是长方形，有人理解为对折后是个三角形。你看，一起步，大家就出现了差异。在这个活动中由于你们无法询问我，我们之间没有了沟通，所以大家只好根据自己的猜测与理解各行其是，结果自然是千姿百态了。一个小小的游戏尚且因为理解不同又无法沟通而出现了这么多的结果，要是我们在人际交往中也如此，那后果将会如何呢？

讨论“在人际交往中，如果缺乏理解或者理解偏差可能会造成什么后果？”

第二节　中学生的人际困扰

一个人生活在集体中，离不开人与人之间的交往，在与他人友好的交往中，能使自己增添自信和力量，个人的品德和才智也就能得到充分的发展。但是，很多同学也感到，和人相处不容易，在同学们的交往当中确实遇到了很多的困惑。为了更好地处理人际关系，我们需要先了解中学生人际交往的主要特点以及常见的人际困扰。

一、中学生人际交往的主要特点

(一) 师生关系有所削弱

中学生不再像小学生那样视老师为至高无上的权威，他们对老师有了新的认识，并有了更高的要求，他们对于喜欢什么样的老师也有了更明确的看法，甚至要和老师寻求某种“平等”。

(二) 易与父母产生隔阂

不少中学生都觉得与父母难以沟通，有话宁可与朋友讲，也不愿对父母说。无论在价值观念、交友方式、生活习惯，乃至着装打扮等方面，都容易与父母产生摩擦，不断加剧与父母间的心理隔阂。

(三) 友谊占着十分重要和特殊的地位

中学生对友谊的需要最强烈。同学们期望友谊成为互相激励和促进自己的动力。这除了受钟子期与俞伯牙的“高山流水”、马克思与恩格斯的“伟大的友谊”、鲁迅与瞿秋白的“人生得一知己足矣，斯世当以同怀视之”等古今中外关于友情的佳话的影响之外，还受同学们的自身特点、青春年龄、学生身份的影响，爱情毕竟太朦胧，与父母、老师又存在“代沟”，所以，他们自觉不自觉地就把满腔感情寄托到朋友身上，于是朋友似乎就成了自己无话不说的最亲近的人。有研究表明，大多数人都认为自己结交朋友最多的是在中学时期。

(四) 小团体现象突出

良好的人际关系不等于和周围每个人都很亲密。由于空间上容易接近、年龄相当、品行相同等因素的影响，大多数中学生都自觉不自觉地加入非正式的小团体中。每个同学在学校中都有几个相对稳定的好朋友。相互间有高度的忠诚感，在行为方面也有很大的约束力。在学习、生活中互相帮助，互相促进，也是“心事”倾诉的对象。

总之，由于自我意识、独立欲望、自尊心都明显增强，中学生渴望人际交往的同时，又容易出现闭锁、防御、自卑、“娇骄二气”等交往心理障碍，应该注意加以克服。

知识链接6-2

中学生交友的“七互”原则①

中学生交友要不断变换角色，这是在中学生成年之后担任社会角色的基础。

1. 互学

朋友交往，自然会互相模仿，你不知不觉影响我，我潜移默化地影响你，这是一种自觉不自觉的互学。这里说自觉不自觉的互学，我们必须肯定，自觉互学才好，不自觉互学不好。只要是朋友，身上总会有长处；只要是长处，无论大小都值得我们学习。中国最早的思想家老子说过一句话，“乘众智者胜”。重要的是发现。发现朋友身上的长处，一点一滴地学，实实在在地学到手，我们就会更加珍重朋友。互学是友谊的基石，互学做得好，彼此的情感才会加深，而情感加深了，互学的吸引力就更强了。

2. 互通

交友之后，首先是情感互通，接着是信息互通。信息互通有时比情感互通更重要。只是在信息交流中要审慎、要严谨。不能让鸡毛蒜皮的小道消息混淆了我们的视听，不能让假冒伪劣的小道消息蒙蔽了我们的心灵。要学会识别信息，学会筛选信息，否则在信息交流中越积极反倒越坏事。

3. 互助

朋友互助，理所当然，还要不要慎之又慎呢？当然，做朋友，生活上互相关照是必要的，但它不是互助的主要内容，如果它成了互助的主要内容，就降低友情的档次了。

4. 互励

相互鼓励是朋友间常有的事。同道而行，一方落后就要及时打气加油，让他跟上，继续并肩而行。这里需要提醒的是分清是非，认清方向。有的中学生朋友是非不辨，香臭不分，常常互相怂恿，干些出格的事情。互励不是怂恿。怂恿，首先是目标错了。目标错了，还互相撑腰打气，冲锋陷阵，那结果只能是使友情变质，让一对好朋友变成狼狈为奸的一丘之貉。

5. 互促

这里说的“促”，可以理解为督促和催促。朋友最讲究你追我赶、齐头并进、双双夺魁。这时候，任何一方的成功都会对朋友产生“促”的作用，怎么敢懈怠呢？朋友上去了，你能不

① 综合科组. 中学生人际交往[EB/OL].[2011-12-18]. http://www.cangjiang.net/Article/ShowArticle.asp?ArticleID=1640.

分分秒秒较着劲地向前进吗?

6. 互让

朋友在利益面前互让，在荣誉面前互让，都是高尚行为。我们常说“友谊第一”，这口号很响亮，但是真要做到却不容易。

7. 互敬

朋友互敬，贵在得体。有的中学生朋友因为互敬而彼此称赞，你好，我好，皆大欢喜。互敬不要敬在口头，而要敬在心里。朋友有长处，你不用吹喇叭，大家都有眼睛，会看到的。你与其吹喇叭，不如用吹喇叭的力气来向他学习。有时，你吹喇叭一片真诚，可朋友受不了。你的喇叭声使他陷于尴尬的境地，让他手足无措，脸上挂什么表情都不好，这不是让朋友尴尬吗?互敬不在一时，而在一生。互敬也不在言辞中，而在互学的行动中。

二、中学生常见的人际困扰

(一) 社交恐怖症

社交恐怖症是中学生群体中常见的人际关系障碍，是指个体对正常的社交活动有一种异乎寻常的强烈恐惧和紧张不安的内心体验，从而出现回避反应的一种人际交往障碍，是恐怖症在人际交往中的表现形态。中学生渴望友谊，希望广交朋友，但有些学生一到具体交往或别人主动与自己打交道时，就出现恐惧反应。其表现为不敢见人，遇生人面红耳赤，神经处于一种非常紧张的状态。社交恐怖症往往会发生泛化，严重者拒绝与任何人发生社交关系，将自己孤立起来，对日常生活和学习造成极大障碍。

身边故事6-2

怕男孩的女孩

初中三年级的小雨，平时就不喜欢与同龄的同学一起玩。她每天除了去学校上课外，大部分时间都独自在家里看书、看电视。从去年开始，小雨非常害怕遇到男同学。每当在上下学的路上遇到男同学，她就脸红。前两天上体育课时，一名男同学和她赛跑，她先是呆立一旁浑身发抖，当男同学上前询问时，她竟一口咬伤了男同学的胳膊。小雨患了典型的重度青春期社交障碍异性恐怖症。专家介绍说，像小雨这样的学生只是个别现象，更多的中学生正被各种各样的人际交往问题困扰着。

社交恐怖症伴有强迫性恐怖情绪，是后天形成的一种条件反应，通常是在学习的基础上建立起来的。这其中有两种情况：一种是直接经验。有道是“一朝被蛇咬，十年怕井绳”。中学生在交往过程中屡遭挫折、失败，就会形成一种心理上的打击或威胁，在情绪上产生种种不愉快的甚至痛苦的体验，久而久之，就会不自觉地形成一种紧张、不安、焦急、忧虑、恐惧等情绪状态。这种状态一旦定型，进而形成固定的心理结构，那么他在以后遇到新的类似的刺激情境时，便可能旧病发作，产生恐惧感。另一种是间接经验，即社会学习。如看到或听到别人在某种交往情境中遭受挫折，陷入窘境，或受到难堪的讥笑、拒绝，自己就会感到痛苦、羞耻、害怕，甚至通过电影、电视、小说、报刊等途径也可以学到这种经验。他们会不自觉地依据间接经验，来预测自己将在特定的社交场合遭受令人难堪的对待，于是紧张不安，焦虑恐惧。正是这种情绪状态的泛化导致了社交恐怖症。

社交恐怖症是一种由心理紧张造成的心因性疾病，只要积极治疗，是完全可以治愈的。一般的做法有：①消除自卑，树立自信。对自己要有正确的认识，过于自尊和盲目自卑都没有必要。可以暗示自己：我只不过是集体中的一分子，谁也不会专门注意我一个人的。力求摆脱那种过多考虑别人评价的思维方式。②改善自己的性格。害怕社交的人多半比较内向，故应该加强锻炼自己的性格。多参加一些文体活动或集体活动，尝试主动与同学和陌生人交往，逐渐去掉羞怯和恐惧感。③满灌疗法。让人反复接触引起恐怖的刺激，使其逐步适应，进而消除恐惧感。④系统脱敏法。其一般做法是，先用轻微、较弱的刺激，然后逐渐增强刺激的强度，使行为失常的患者消除焦虑和恐怖情绪，最后达到矫正异常行为的目的。例如可以先引导患者与家人接触、一步一步引导脱敏，并通过奖励、表扬使其巩固。此外，中学生要克服社交恐怖症，还必须掌握人际交往的知识和技能。

身边故事6-3

社会适应障碍的男生

某某，初二男生，他来沪寄住在祖父母家。该生见人腼腆，遇生人或校领导会局促不安，如遇女性，会手足无措、面红心悸，交谈时口吃，惹同学取笑；性格内向、孤独，同班中无知心好友，严重时，心烦意乱、消沉苦闷、经常失眠。他多次要求中止学业，回江西弋阳农村父母身边。

分析：这是典型的社会适应障碍。失眠、心烦意乱、抑郁、学习效率低下，就是社会环境适应不良、人际交往困难的表现，加之性格内向孤僻，更易造成心理偏异，甚至缺陷。一个人能和环境保持和谐的关系，这就是适应。据了解，该生原在江西，很适应，学习成绩冒尖，只是性格较为内向。到了新的环境，遇到新的人际关系，形成了抑郁、焦虑，加上言语不通，又因心急时口吃的坏习惯，因而产生人际交往障碍。

(二) 孤独心理

有些中学生常常觉得自己是茫茫大海中的一叶孤舟，处于孤立无援的境地。他们性格孤僻，害怕交往，或顾影自怜，或无病呻吟。他们自己不愿投入火热的生活，却又抱怨别人不理解自己，不接纳自己。心理学将这种心理状态称为闭锁心理，同时把因离群索居而产生的一种无依无靠、孤单烦闷的不愉快的情绪体验称为孤独感。人际孤独则是指在人际交往过程中因交往障碍而带来的孤独体验。

中学生孤独感产生的原因主要有以下两方面。

(1) 独立意识的增强。中学生处于人生发展由不成熟走向成熟的过渡时期，他们的实践范围逐步扩大，抽象逻辑思维能力迅速加强，于是开始积极用自己的内心去体验世界，觉得自己长大了，不愿再盲目地依从父母。他们力图摆脱对成人的依赖和追随，但现实又让他们产生不安全感。为了走出这种困境，多数人竭力寻找与同伴的交往。在交往中，有的中学生因同伴关系处理不当而产生一些摩擦，因此，干脆将自己封闭起来，他们害怕增加不安全感，从而转向自我内心的交流。

(2) 自我意识的发展。青少年智力的发展几近成熟，这有力地促进了其自我意识的发展，他们已基本能正确进行自我观察、自我评价和自我调控。他们常会产生关于自己的许多独特的想法和憧憬，既发现自己心灵中的美，也看到自己心灵中的丑。由于中学生自尊心的增强，个人隐私范围逐渐扩大，往往担心自己的某些方面会被人耻笑，于是便小心谨慎地在心中构筑起一道“城墙”，封锁自己内心的秘密。独立意识是一种向外的力量，自我意识则是一种向内的力量，它们与中学生生理及社会发展的不平衡相互作用，从而导致中学生特有的闭锁心理，并因此而产生出孤独感。

心理测试6-3

青春期的心理转折测试

每个人步入青春期这段“崎岖、狭窄而又坎坷”的人生峡谷时，都会遇到大量的关于适应的问题。心理卫生学和精神病学所说的适应，主要指对人际关系、对社会的适应。怎样才算适应良好呢？一些心理学者通过研究提出40条标准，中学生可以根据这40条标准进行自我鉴定。

1. 对家庭、班级和学校的生活感到很习惯。
2. 能以一定的灵活性适应周围的人际关系。
3. 对事情总是有明确目的，在一般情况下能说到做到。
4. 当自己的行为遭到反对时，能及时地自我调整，不一意孤行。
5. 经常留心周围人际环境的变化。
6. 有助人为乐精神，肯关心帮助别人。
7. 对周围的人们持信任态度。
8. 待人热情、友善，而不是冷漠无情。
9. 能站在别人角度体会他们的内心感情。
10. 讲良心，做了错事感到内疚。
11. 能基本正确地评价自己的各种品质。
12. 有适度的自尊心。
13. 以积极态度看待自己的形象。
14. 没有明显的自卑感。
15. 有一定的自我控制能力。
16. 在多数情况下能独立决定自己的行为。
17. 懂得学习的重要性，学习态度端正。
18. 对家庭和学校生活感兴趣，认为自己是幸福的。
19. 学习不感到非常困难，经过努力可以达到中等或中等以上水平。
20. 在集体生活中有一定的责任感，愿为集体出力。
21. 对学习和课外活动有主动精神。
22. 不做多数人反对的事。
23. 在集体中占有一定的位置，不是被遗忘的人。

24. 按时作息，睡眠良好。
25. 没有经常头痛现象。
26. 从来没有记忆突然减退、学习成绩大幅度下降的现象。
27. 能和异性同学正常交往。
28. 对自己的性发育情况有正确的了解和评价。
29. 对“性”的问题好奇，但不过分关注。
30. 没有不良的性行为习惯。
31. 没有明显地陷入早恋而不能自拔。
32. 在一般情况下，情绪正常、乐观。
33. 对困难和挫折有一定的承受能力。
34. 能控制自己的愤怒、焦急和忧虑等不良情绪。
35. 有一定的胆量和勇敢精神。
36. 在多数情况下表现诚实。
37. 对不公正的事情表示气愤。
38. 愿意承担自己应承担的义务。
39. 对父母有爱和依恋之心。
40. 对自己的前途充满希望和信心。

评分规则：

对每一题，先对照自己平时的实际表现想一想，能做到或基本能做到的记 1 分，否则记 0 分。总分在 36 分以上为适应非常好；29～35 分为适应良好；24～28 分为尚能适应；23 分以下为适应不良；15 分以下为严重适应不良。

(三) 嫉妒心理

嫉妒是个体内心对他人的优越地位产生不愉快的情绪体验，人称“红眼病”。它是对别人的优势以心怀不正为特征的一种不悦、怨恨、恼怒、自惭形秽甚至带有破坏性的负面情绪。一方面由于中学生心理发展不完全成熟；另一方面也由于社会交往范围日益扩大，学校和社会的竞争日益激烈，于是个体之间的差异在相互交往中显现出来，由此导致的优越感也就成了他们追求的目标。羡慕他人的优势，激发一个人奋发图强的精神，这是积极方面，但同时也可能使人产生嫉妒心理。

一般说来，嫉妒心理的发展有程度不等的几个阶段。最初是程度较浅的嫉妒，它往往深藏于人们不易察觉的潜意识中。如自己与某同学相处很好，对于名誉、地位等并不想施以攻击，不过每念及此，心中总会感到一种淡淡的酸涩味。随后是程度较深的嫉妒，它由程度较浅的嫉妒发展而来。其标志是当事人的嫉妒心理不再完全隐藏，而是自觉或不自觉地显露出来。如对被嫉妒者做间接或直接的挑剔、造谣、诬陷等。最后是非常强烈的嫉妒，此时嫉妒者已丧失了理智，向对方做直接正面的攻击，希望置别人于死地而后快。这种嫉妒往往会导致毁容、伤人、杀人等极端行为。它是变态心理的一种表现。

(四) 猜疑心理

中学生的猜疑心理，是人际关系中的价值心理障碍在现实生活中的表现。有这种心理的学生，总是以一种怀疑的眼光看人，他们往往神经过于敏感。例如，当听到有的学生做了好事得到老师的表扬时，他们就会在心里嘀咕："有什么了不起？还不是好表现自己。"当看到别人学习成绩好时，他们又会嘀咕："他父母都是知识分子，大概有人辅导吧？"当别人对他好时，他又会想："为什么他对我这么好？有没有别的动机？"当别人批评他某些行为不当时，他又会猜疑："他大概是与我过不去？"总而言之，他们始终以一种怀疑的眼光看人，对人怀有戒备之心。另外，具有猜疑心理的人往往喜欢捕风捉影，传播小道消息，造成班级中人际关系的紧张与不和谐。

(五) 羞怯心理

在中学生交往中，我们经常见到：有人轻松自在，谈吐自如，应对流畅；有人却手足无措，面红耳赤，平时想得好好的，一上讲台，语无伦次。这种心理现象叫作羞怯心理。一般来说，羞怯是一种正常的情绪反应。在日常生活中，每天都会接触各种各样的人，也必定会有一定的情绪倾向与情感反应。人有七情六欲，羞怯，人人都可能体验到，问题是反应的强烈程度不同。一般的羞怯心理所引起的生理反应是短暂的，它不仅无损于身心健康，而且也是健康心理的表现，一个不懂得羞怯的人，必定是个无责任心的人。但是羞怯心理的反复产生与体验，容易引起恶性循环，导致一部分中学生的交往恐惧。

心理测试6-4

人际关系敏感度测试

你的人际关系敏感度如何？社交测试开始：有一天看到好友拎了一个你也很喜欢的袋子，觉得和你相当配，回家后一直念念不忘，你会怎么处理你的恋物"相思病"呢？

A. 直接问朋友要到哪里买；

B. 四处探听，偷偷买，不让朋友看见；

C. 按捺想拥有的欲望，忘了那个东西；

D. 想办法跟好朋友要来。

测试结果：

A. 你总是大大咧咧的，没有心机，也不会去设想别人的心情，有时敏感的人会对你产生误解，不过你的粗神经很少有感觉，还是我行我素，依直觉行事，渐渐大家就会知道那是你的本性而习惯适应。

B. 你很注意小节，不愿失礼，所以待人处事十分客气，却会让人觉得有点矫枉过正，假假的，反倒适得其反。其实放松一点，不要那么拘谨，才能和朋友更亲近，没有隔阂。

C. 就你而言，生活单纯是最重要的事。你希望能平静度日，不要和是是非非有任何瓜葛。如果有人故意来招惹你，你也会伪装成一根木头，让别人的挑剔丝毫不起作用。即使你已内心澎湃，外表看起来还是心如止水。

D. 你准是人缘好得不得了，冲着和别人的好交情，常得到贵人相助，在工作上也是无往不利。不过还是要努力充实自己，免得把好运都用完了，将来还是要靠实力养活自己。

(六) 异性交往问题

渴望与异性同学或朋友交往是人类性心理发展的必然，它对于个体从儿童时期过渡到成人期有着重要的意义。但是，由于传统观念的影响，社会和家庭对青少年的异性交往总是持过度敏感或反对的态度，这使得一些青少年在异性交往方面难以自如应对。他们或是感到有压力，不敢与异性交往，导致异性交往经验的缺乏，甚至导致异性交往的害怕或恐惧；有的则因为缺乏异性交往的正确指导，不能把握好异性交往的尺度，而陷入各种异性交往的困扰当中，比如被异性误会、过早谈恋爱、发生性行为等。这些情况会影响青少年的学习和生活，也会导致苦恼与痛苦。

[案例 1] 曾有一位高二女生到咨询室咨询，她待人热情大方，个性开朗活泼，喜欢与他人交往，尤其在异性面前显得格外活跃。这令她有许多朋友，但也常因为异性的误解而烦恼。她在咨询中谈到，现在又有一个和她关系要好的男同学写信来追求她，可她对对方并无爱意，但又不想伤对方的心，因此感到很苦恼，不知如何才好。

[案例 2] 小 A，初中二年级的学生，她喜欢上了班上一位男生，坚持每天给他打电话，否则就会像掉了魂一样，对方一直处于不咸不淡的状态。于是她就告诉好朋友，不料却被当作笑话在全班传开了，尴尬的她趁机问那个男生有何看法，哪知他却只是淡淡一笑说，随他们说去吧。这让她摸不着头脑，愁思良久，以至于影响到学习，最近的一次大考就考得很差。

尤其是有部分中学生遇到了“早到的爱”的困扰。所谓“早到的爱”主要是指学生(初中生或高中生)，在没有任何心理与思想准备和接受爱的能力的情况下，便接到来自异性的爱的信息。中学阶段是中学生成长、掌握知识的最关键的时期，又加上生理的成熟与心理的不成熟发展不同步，所带来的异性交往及恋爱时所带来的各种困惑，使他们感到无事所从、力不从心、不知所措，更没有时间，没有精力，没有空间，没有物质基础，没有未来的发展保证等，所以中学生没有接受和拒绝爱的能力。

[案例 3] 一次偶然的机会，小 C 认识了一班的男同学小 D，很投缘，他们俩在一起感到有无穷的乐趣。可是没几天，放暑假了，小 C 见不着他，一种难以名状的情绪涌上心头。小 C 说：“我觉得自己爱上他了，整个一个假期，我像丢了魂似的。”终于慢慢地熬过了假期，他们又见面了，很快就恋爱了，可是自从和他好上后，小 C 的学习成绩就是一团糟了，因为毕竟他们没有那么多的精力。他也高考落榜了，小 C 的心里很不是滋味，总有一种负罪感，说自己是一个坏女孩，是自己害了他，真不该。小 C 说这种痛苦、这种内疚将伴随她一辈子……

[案例 4] 赵某，男，某校初三年级学生。前段时间，自己觉得与同班的一女生相爱了。那时，他们常常形影不离，一起上学，放学一块回家，好像有说不完的话，一到星期天，他们就千方百计从家里跑出来，逛公园、看电影、滑旱冰等。不管干什么，只要两人在一起就觉得特别开心。但不知为什么，过段时间后，两人在一起似乎没什么话可说了，一块玩也没什么兴致了。因此，赵某问：“我和她是不是真有爱情呢？”

如今中学生恋爱的现象较为常见。首先，青春期的身体发生了一系列变化，其心理出现渴望与异性交往的需求。其次，青春期的自我克制能力、鉴别是非能力相对较弱，又加上部分父母不合理的教养方式，以及传统思想的束缚，其很难找到自身价值，对家庭、学校失望，失落感增强，进取心下降，加大对异性的目光投入。另外，攀比与虚荣心也是造成早恋的因素。再次，家长不能正确对待异性交往，不经调查就怀疑，以单纯的、粗暴的行为加以制止，造成孩子的逆反心理，加剧孩子追求异性的速度。最后，青少年升学压力过大，思想空虚，不知所措，同学间可能因相互慰藉而陷入情网，不能自拔。

实务训练6-2

人际交往情况分析

情景：小周，高中一年级学生，他打算去打另外一个班的同学小高，因为下午篮球比赛时，小高多次冲撞他，让小周很没面子。当着两个班同学的面，也为了比赛能够进行下去，小周没有和小高发生冲突。但是，比赛结束后，小周越想越气，决定要对小高进行报复。但他似乎又觉得自己的行为有些不妥，所以来心理老师这里求证一下，这样做到底对不对。

请对小周的人际交往情况进行分析。

第三节　中学生人际交往

在上一节中介绍了中学生人际交往的特点以及常见的人际困扰，这里着重介绍一下中学生人际交往的原则以及人际交往的艺术。

一、中学生人际交往的原则

(一) “积极主动、平等待人”的原则

每个人都是独立的，有理性的个体，都有自己的尊严。在交往中不管性别、条件、地位如何，都是平等的个体，并没有尊卑优劣之分。不能因为自己学习好，或者家庭经济状况好，或是父母有权势而歧视其他同学。同样，也不能因为自己的情况比不上其他同学而自卑，在交往中处处退避、处处忍让，这些表现都不是交往平等的表现。平等本身是尊重他人，也是尊重自己。因此，我们在交往中应持热情诚恳、以理待人、珍惜友情的态度，但也不能无目的、无选择地盲目交友。我们应本着平等的观念，积极主动地与他人交往，这也是正常交往产生、发展的出发点和基本要求。

身边故事6-4

高一女生的故事

一名高一的女生说：舍友们都不喜欢她，被人排挤的感觉很难受。其实刚住校的时候她和大家相处得不错，一起聊天、吃东西。可是后来大家对她很冷淡了，这位女生很困惑。原来原因在于这个女生作息与他人格格不入，晚上别人睡了，可她还在看书，或者很晚洗漱，老是弄出一些声音，影响大家休息；舍友们从家里带来好吃的，都与她一起分享，而她却从来没有什么表现，其实这是因为家境不好，这位女生怕自己带来的食物别人不喜欢，结果却让大家误认为她很吝啬，以致舍友们疏远了她。

“交换物品实际上也在交换感情，应该是互动的。每个人都期望在人际交换过程中受益，如果期望得不到满足，很有可能放弃和某人的关系。”同样，如果别人为你付出一点，而你总是回报很多，会让对方感觉内疚，双方的关系也是处于失衡的状态，不能维持长久。

(二) “真诚守信、善察知人”的原则

在交往中，总免不了互相议论和评价，但评价必须符合实际。态度要真诚，而不能口是心非，无中生有，嫉妒诽谤。这样的话，很容易造成人际关系紧张，不利于交往的顺利发展。因此，在交往中我们应真诚守信，以诚相见，说真话，动真情，言必行，行必果。此外，我们还要学会善于分析观察、正确认识和理解他人。俗话说：“不患人之不知己，患不知人也。”意思是说不怕别人不了解自己，就怕自己不了解别人。学会交朋友、正确对待朋友，除了能友善地对待朋友，能宽以待人，能迁就朋友外，最重要的是和朋友交流。如果一味迁就朋友，那你的朋友就会认为你同意他的想法或并不在意一些事情，那他以后就会继续做这样的事；而你在迁就朋友的同时，自己也会有些不开心，这种情绪会慢慢累积，由量变到质变，很可能有一天你会和朋友决裂。所以，如果你们是挚友，就应该互相学习、互相监督、共同进步。在你看到朋友不好的习惯或做了某些不恰当的事，就应该提醒他，制止他，不要碍于情面包庇他，任其发展以致酿成无可挽回的局面。忠言逆耳利于行，真诚地赞美他的优点，严肃地指正他的缺点，这样才体现出你是一个值得深交的朋友。

(三) “心理相容、悦纳他人”的原则

心理相容是指在交往中彼此之间融洽相处的关系，交往双方相互喜欢，但不一味地无原则地退让。古希腊有个传说。传说第一个人是天帝所造，第一只牛是海神所造，第一座房子是劳工神所造。在他们工作完成时，因为要比谁的工作最完善，便发生了一场争执，他们决定去请讽刺神来做裁判。然而，讽刺神很挑剔，处处揭他们三人的短。他首先责备海神，因为他未曾把牛的角做在下面，如果角在下面，那么牛去顶东西就容易得多了。接下来，他又责备天帝，因为他未曾把人心放到外面来，这样大家就可以知道坏人的想法以做准备。最后他骂劳工神，因为他没想到在房子底下装上 4 个轮子，以便讨厌邻居的时候，住的人可以轻易搬走。于是，天帝、海神、劳工神十分恼火，一起赶走了讽刺神，并剥夺了他的裁判资格。乍听之下，故事中的讽刺神所说的话似乎也有道理，可是他不知道过分的挑剔会招人厌恶，而且他不会看别人的优点，只专注于挑剔别人的过失，自然不受欢迎。这个传说告诉我们，与人相处融洽首先要会欣赏对方，每个人都有其闪光点，我们要善于发现。这一点很重要，在世界上并没有十全十美的人，我们不能根据自己的兴趣和爱好对他人过于苛求。如果你固执地追求完美，容不下对方哪怕是那么一点点的失误，那么你只能是失去朋友，失去友谊。因而在交往中，中学生要学会换位思考，将心比心，多从对方的角度考虑问题，多体谅和宽容他人。

(四) “因人制宜、善于沟通”的原则

在交往中，要注意交往的对象、交往关系的性质，因人制宜、有区别地采取恰当的交往方式和方法，如同学关系、师生关系、朋友关系等都应区别对待。除了因人制宜外，在交往中还要善于沟通，不要妄加于人，凭想当然做事，这样会造成很多不应有的误会，甚至酿成不该发生的惨剧。学会沟通也是一种技能。

(五) 异性同学间的交往原则

与异性交往必须把握原则，这样才能让家长放心，让老师放心，才是对自己负责。首先要端正态度，培养健康的交往意识，淡化对对方性别的意识。思无邪，交往自然才会落落大方。其次，要广泛交往，避免个别接触，交往程度宜浅不宜深，广泛接触，利于我们认识、了解更多的异性，对异性有一个基本的总体把握，并学会辨别异性。有的人外表像个迷人的小帅哥，但交往中会发现他华而不实；有的人学习成绩顶呱呱，却恃才傲物、颐指气使。如果只进行有限的小范围个别交往，难免会"只见树木，不见森林"，对异性的了解不但有限，可能还失之偏颇。所以，利用每一次集体活动的机会，有意识地在更广阔的范围内进行交往，是十分必要的。再次，交往关系要疏而不远，若即若离，把握两人交往的心理距离，让距离产生美。如果我们在交往中发现对方的苗头不对，要调整自己的态度，使交往恢复到波澜不惊、心静如水的状态。要尊重对方的自尊心，掌握好异性交往的尺度。但在现实生活中，一些男女同学受到生活中的种种诱惑，以及部分影片的某些误导，产生了某种不和谐的"音符"。有的广交异性朋友，结交网友和笔友，为博取异性朋友的欢心而劳心费神，浪费了大量宝贵的学习时间。某些女同学喜欢打扮得花枝招展，男同学充当护花使者，喜欢单独在一起，造成了一定的不良影响。这似乎就有了早恋的倾向。早恋是中学阶段一个极为敏感的话题，但究竟何谓"早恋"，却恐怕是不少父母尚不十分清楚的问题。当青少年进入青春期之后，由于生理和心理发育的急剧变化，从而使情绪易于波动，活动能力增强，人格独立要求增加，同时产生愿意与异性交往的想法，这些都属于正常现象，不能认为是"早恋"。其实中学生并不懂什么是恋爱，分不清什么是友情，什么是爱情。如果把青少年这种对异性的好奇，对异性的了解、亲近的需求，统统简单地定义为早恋倾向加以禁止，势必会给中学生心理造成许多不必要的负担。

心理测试6-5

中学生人际交往能力测试

下列问题请你用"是""否""不确定"来回答，将答案填在相应的括号里。

1. 我不喜欢与其他学生一起做游戏和学习。（　　）
2. 我不喜欢说话，有时宁愿用手势表示意愿，也不用语言表达。（　　）
3. 我不愿和任何人有目光接触。（　　）
4. 同学们不喜欢和我一起做游戏和学习。（　　）
5. 同学们不喜欢在我面前讨论各种问题。（　　）
6. 父母总是对我管教严厉，动辄训斥。（　　）
7. 放学后我不愿意回家而喜欢在外面玩。（　　）
8. 我对爸爸妈妈的谈话十分反感。（　　）
9. 我对爸爸妈妈的斗嘴、吵架感到无所谓，习以为常。（　　）
10. 爸爸妈妈从来不过问我的任何事，在他们眼里我是可有可无的。（　　）
11. 老师对我特别挑剔，专爱与我过不去。（　　）
12. 老师在课堂上从来没有看过我一眼。（　　）
13. 在路上看到老师，我总是设法和躲避，或装作没看见。（　　）
14. 老师家访时经常"告状"，向爸爸妈妈讲我的坏话。（　　）

15. 我觉得老师对我太不公平了，真想和他们大闹一场。（ ）

评分规则：

选“是”为1分；选“不确定”为2分；选“否”为3分。这个表大致能反映一个中学生的人际交往能力。在这个表中，得分越高，说明你的交往能力越强；得分越低，说明你的交往能力越弱。如果你的总得分在40分以上，说明你的交往能力强，人际关系好；如果你的总得分在20分以下，说明你的交往能力弱，人际关系差。

这个表又可分为3个分项表，其中1～5题可以评定你的同学关系，6～10题可以评定你的家庭关系，11～15题可以评定你的师生关系。一般5～7分为关系较差，7～11分为关系一般，12～15分为关系良好。

二、中学生人际交往的艺术

(一) 学会与各种性格的人交往

交往是一门艺术，这个“艺术”，实际上就是一把钥匙开一把锁。现实生活中，各种各样性格的人都有，我们应学会与各种人交往。

1. 学会与心胸狭窄的人交往

心胸狭窄的人一是容不得人，二是容不得事，对比自己强的人嫉妒，对不如自己的人看不起。同这种人相处，一要“大度”，做到能谅解，能忘怀的忘怀；二要“忍让”，退一步海阔天高，但这里所说的忍让，不是要放弃原则，迁就其错误。

2. 学会与生性多疑的人交往

当对方有了疑心，要冷静分析产生猜疑的原因，并采取相应的措施，以消除对方的猜疑；当一时不能消除对方的猜疑，可暂不理论，仍坦然相处。

3. 学会与性格孤僻的人交往

有些性格内向的人，性情孤僻，不爱多说话，不愿向别人吐露自己的真情实感；有的往往喜欢抓住谈话中的细枝末节，进行联想，胡乱猜疑。同这种人交往，一要采取积极主动的态度，注意选择适当的话题，一般说来，应选择容易切入他们兴奋点的话题，使他们在不知不觉中与你交流；二要善于捕捉对方的情感变化，认真考虑用词，筛去那些容易引起歧义的词语，以防引起他们不正确的联想。

4. 学会与任性的人交往

在现实生活中，有些人想说什么就说什么，想做什么就做什么，我行我素，不管人家怎么说，他还是照他本人的一套去做。同这种人相处，首先要体谅对方，求大同存小异，谦让一下，不固执己见，遇到彼此的设想不一致时，体谅对方，把自己的想法放进括号里，做出迁就；其次，要帮助任性者克服自以为是的不良作风，认真考虑别人的意见，勇于放弃自己错误的或不全面的看法，虚心地接受别人的正确意见。

5. 学会与烦躁易怒的人交往

与人交往，是人生中极重要的内容之一。在与人交往中，我们都会遇到这样的人，他们有困难的时候，便闷闷不乐、一言不发，甚至很粗暴地对待别人。碰到这种情况，你不妨说："我很关心你，不过等你的心情好转了我们再谈吧。"这个策略令双方都能好下台。

6. 学会与喜欢刁难的人交往

当我们不得不与喜欢刁难的人接触交涉时，只有暂时按捺住自己的厌恶之情，"稍作拖延"是很好的对策。你可以告诉对方要考虑一下他所提出的要求，然后才可答复，这样你便有时间考虑，需要拒绝这件事的话，也可以寻找托词。

7. 学会与霸道自负的人交往

有些人自视很高、目中无人，时常表现出一副"唯我独尊"的样子。不少人是不可理喻的，你可能要回避一下，以免多做纠缠。但如果问题是你必须要解决的，最明智的做法是让对方挽回些自尊。对方的观点里总含有一点儿道理，如果你能承认这一点，他便不会那么步步为营，而比较愿意倾听你的话。

8. 学会与怨天尤人的人交往

应该明白那些事事抱怨的人，通常是不需要别人提意见的，他们只是要人听他们倾诉，了解他们。对于他的观点，你只要耐心倾听，这会令他感到好受一点。

9. 学会与沉默寡言的人交往

和不爱开口的人交涉事情是非常吃力的。因为对方过于沉默，你无法了解他的想法，更无从得知他对你是否有好感。对于这种人，你最好采取直截了当的方式，让他明白表示"是"或"不是""行"或"不行"。

知识链接6-3

中学生人际交往5大技巧[①]

1. 不能处处以自我为中心

在生活上以自我为中心，对于集体生活没有充分的思想准备，沿袭着在家中当"小皇帝""小公主"的习惯，觉得周围的人让着自己是应该的；在学习上以自我为中心，因为自己是班上的尖子，就觉得自己在学习上占有较大的优势，看不起一般的同学，不愿与他人共同探讨、相互学习，总认为自己是最好的；在社会活动、集体活动中以自我为中心，听不进别人的建议和想法，总希望别人依照自己的"吩咐"去做。这样的交往方式最易导致孤立、不受欢迎的局面，给自己、他人带来不必要的烦恼，给集体带来不必要的损失。以自我为中心的人应该学习伟人的谦虚美德，从他人身上汲取养分。

2. 友谊需要经常维护，要真诚

维护友谊，不等于迁就对方、附和对方。靠一团和气来调和矛盾，虽然表面上不伤情感，但实际上拉大了彼此的心理距离。交朋友必须坚持原则，有时不妨做诤友，给予他人真心的批

① 淘教中国网编辑. 中学生人际交往 5 大技巧[EB/OL].[2011-11-02]. http://www.taoedu.cn.

评与建议，建立真正互帮互助的、和谐的人际关系。

3. 尊重别人的价值观

人是复杂的，各人的价值取向也会各不相同，所以很难，也没有必要千人一律。尊重对方的价值观是交友中很重要的一个方面。学会理解他人，在人际交往中一定要提醒自己不要做让人反感的人。

4. 站在对方的角度来考虑，努力理解对方的苦心

当观点不一致时，应想办法心平气和地向别人讲明你的想法，增进相互理解，使彼此的感情融洽。切记不可粗鲁、顶撞，那样会伤害朋友的自尊心。凡事多从他人角度着想，自己有错时应主动承认、道歉，对同学的缺点也要给予宽容。平时多参加集体活动，多和同学交往。

5. 交往的方式要及时做调整

我国著名心理学家丁瓒教授说："人类的心理适应，最主要的就是对人际关系的适应。"进入了一个崭新的学习和生活环境中，同时也意味着进入了一种新的人际关系之中。对中学生来说，对新的人际关系的适应要远比对学习和生活环境的适应困难。有的同学还像上小学那样，只跟自己喜欢的人交往，对自己看不惯的人根本不理。也有的同学还是动不动就说"我不爱理他"，在交往中显得十分幼稚。这些较为情绪化的交往方式很容易造成交往障碍，增加自己的心理压力。所以，中学生要调整自己的交往方式，和不同的人多接触，多看别人的优点，这样才能有更多的好朋友。

(二) 学会与父母沟通

大多数同学可能会有这样的苦恼：一方面自己觉得无法得到父母的理解与支持；另一方面，父母又抱怨自己不听话。为什么会出现这样的矛盾呢？关键就在于同学们缺乏与父母的交流与沟通。在成长的过程中，尤其是进入中学以后，心理发展的因素以及生活经历的差异都会妨碍其与父母的沟通。沟通是双方的，要相互理解、换位思考，这样家庭会更和谐。在整个与父母沟通的过程中，掌握一些原则以及沟通的方法与技巧也是十分必要的。

1. 选择你与父母都高兴的时刻与最适宜的场合

我们在与父母沟通时首先要注意"时空"因素，"时空"选择适当，就已经有了好的开始。

2. 努力避免与父母争辩，抗争是沟通的毒瘤

一般说来，愿意被子女说服，承认自己错误的父母非常少，纵使你们"抗争"获胜，结果也不会"融洽"，这不是沟通的原则。

3. 相对付出与行为配合

相对付出，就是要有好的表现，做出令父母信任的行为。

4. 寻找恰当的第三者

有些事情，可以借第三者对父母转述你的问题，也许是爷爷、奶奶或者是舅舅、阿姨等，总之是一位与你父母关系好、谈得来的人，他的转述，可以加上劝说，常常可以打破沟通的僵局。

除以上几条原则以外，同学们要多与父母沟通，让父母知道你的想法。在沟通的过程中，要多观察，多倾听，注意沟通的方式，尊重父母。同时，还要学会换位思考，体会父母的爱子心切，用温和、委婉的语气表明自己的想法，从而更好地解决问题。

同学们在与父母交流时要注意自己说话的语气和分寸，要尊重父母的个性，尊重父母对自己提出的意见和建议。这是对父母最基本的尊重。每周至少跟父母一起做一件事，比如做饭、打球、逛街、看电视、边做事情边交流。放学回家主动与父母谈谈学校的事情，老师、同学、校园里的新鲜事……同时，天气好的时候，只要学习不太忙，和爸妈散散步，聊聊天，那是父母最开心的时候。高兴的事、烦心的事，和父母说说，听听他们的意见。如果你做得不对，不要逃避，不要沉默不理。主动道歉，往往会得到父母的理解。在与父母沟通不良时，不随意发脾气、顶嘴，避免不小心说出或做出伤害到父母的事。想要动怒时，可以深呼吸，或者离开一会儿。安排固定的时间协助父母做点家务，尽力做好自己的事，努力读书学习，对工作负责、投入，主动分担家庭的一些责任，比如洗碗、擦窗、打扫卫生和倒垃圾等，趁机还可以和老爸老妈聊聊天。学会遇事多与父母讨论并就如何行动达成协议。这样会让许多事情简单起来。

知识链接6-4

人际交往技能训练①

(1) 找出与对方的共同点。任何人都有这样一种心理特性，例如，同一故乡或同一母校的人，往往不知不觉地因同伴意识、同族意识而亲密地联结在一起，同乡会、校友会应运而生，这有利于良好人际关系的形成。

(2) 表现出自己关心对方，这必然会赢得对方的好感。记住对方说过的话，事后再提出来当话题，也是表示关心的做法之一。兴趣、爱好、梦想等，对对方来说是最重要、最有趣的事情，一旦提出来做话题，对方一定觉得愉快。

(3) 以笑声支援对方，做个忠实的听众。适时地反映情绪，可以使对方摒弃陌生感、紧张感，双方同时笑起来，无形之中产生了亲密友人、同伴的气氛。

(4) 谈谈自己的失败。聊天最容易在短暂的时间里产生亲密关系，尤其是谈论自己的失败经验，效果更好。注意，不要一味地谈自己成功的经验，这会招来他人反感，显得你是一个自高自大又爱吹嘘的人。

(5) 对人要大度，宽以待人。

(6) 改变不良性格。

(7) 先征求对方的意见。先斩后奏往往会造成人的反感和不愉快，即使别人不表现出来，也会留下阴影，影响你的人际关系。有些事情，先征求对方的意见，本来别人是不乐意的，但由于你诚恳地征求别人意见，最后别人就同意了，因为人人都希望得到别人的尊重，不愿被别人忽视和遗忘。

(8) 善意的建议。与人交往，不要什么意见都提，什么话都讲，要尊重人、理解人，有建议要表示出你的善意，不要使人感觉到你充满敌意。善意的建议，会使人感到你是真心实意在提供帮助，这样会融洽彼此的关系。

① 综合科组. 中学生人际交往[EB/OL].[2011-12-18]. http://www.cangjiang.net/Article/ShowArticle.asp?ArticleID=1640.

(9) 指出对方身上的微小变化(积极的)。当一个你熟悉的女孩子穿了一件漂亮的衣服来上班时，表示你的关心和注目，这亦会引起对方的好感，缩短彼此之间的距离，且随着谈话的深入，很有可能你们会成为谈得来的好朋友。

(10) 记住对方“特别的日子”，如结婚纪念日、生日、参加工作的时间等。人都希望被人重视和关怀，记住对方特别的日子，会使对方产生感激之情，知道你是一个细心的人，为人热情的人，也就愿意主动与你交往。

(11) 引导对方谈得意之事。人都希望被人肯定，也希望大家认为自己有本事，有能力。引导对方谈得意之事，在对方畅所欲言时，也就在对方心中留下你是一个善解人意、谦虚、诚恳的好印象，大家都希望与这种人打交道，这非常有利于人际关系的发展。

(12) 主动与人打招呼。有些人并不是清高，而是没有主动与人打招呼的习惯，结果很多必要的、重要的关系就自动放弃了和没有抓住。主动与人打招，你只费点口舌，但收益并不只是这点口舌，它会使别人改变对你的看法和印象，认为你是一个随和的人，和谐的人，开朗的人，心胸宽广的人。这有利于你良好人际关系的形成。

(13) 加强自身修养，提高自身素质，注重外在形象。一个出口成“脏”、尖酸、不诚实、不修边幅、着装古怪的人，一般很难交到知心朋友，人际关系也不会怎么好；而一个高尚、宽宏大量、穿着整洁的人，往往容易受到人的尊敬，大家也喜欢接近他，这样的人，人际关系一般都很好。因此，加强自身修养，注重外在形象是很重要的，在人际交往中是不可忽视的。

(三) 学会与老师交往

多数同学都有这样的体会：如果与哪个老师关系比较融洽，就喜欢上哪门课，哪门成绩就好；如果与哪个老师关系不和谐也会殃及那门课，这大概也是爱屋及乌的反映吧。学生的大部分时间在学校里，就免不了和老师交往，对中学生来说，该怎样与老师交往呢？

1. 尊重老师，尊重老师的劳动

老师把几乎所有的知识都无私地、毫无保留地教给学生，如果说他们希望得到什么回报的话，就是希望看到学生成才、成熟，在知识的高峰上越攀越高。学生要尊敬老师，见到老师礼貌地打声招呼。有句话说：“师生如父子。”学生上课要认真听讲，不破坏纪律，把老师留的作业保质保量完成。有些同学作业写得马虎、潦草，单是让老师辨认字迹都要费很多时间，给老师增添了很多额外的工作量。经常这样，老师怎么会高兴，怎么会喜欢你呢？每个人都希望别人尊重自己，如果你跟别人说话，他爱理不理的，你会喜欢这个人吗？尊敬老师，尊重老师的劳动，是师生和谐相处的基本前提。

2. 勤学好问，虚心求教

做学生时，经常认为“那个老师并不怎么样”“他的水平太差了”，等长大以后才知道这种看法和想法是多么天真。就像作弊者从来都认为老师发现不了，其实只要往讲台上一站，谁在下面干什么都一目了然。老师在某门课上的水平肯定是高于学生的，所以要向老师虚心求教。勤学好问不仅直接使学习受益，还会增多、加深和老师的交流，无形中就缩短了与老师的距离，每个老师都喜欢肯动脑筋的学生。其实，向老师请教问题往往是师生间交往的第一步。除班主任外，任课老师并没有多少时间和学生直接交往，常向老师请教学习上的问题会加深师生彼此的了解和感情。

3. 正确对待老师的过失，委婉地向老师提意见

心理学的研究发现，人们会对没有缺点的人敬而远之。其实，根本不可能存在没有缺点的人。老师不是完美的，如果他有的观点不正确，或误解了某个同学，甚至有的老师“架子”比较大，或是太严厉，这都是有可能的。发现老师的不足要持理解态度，向老师提意见语气要委婉，时机要适当。如果老师冤枉了你，当面和老师顶起来吗？不行，这样不但不利于问题的解决，还会恶化师生的关系。暂且忍一忍，等大家都心平气和了再说。不管怎么说，老师是长者，做学生的应该把他们置于长者的位置，照顾老师的自尊心和面子。

4. 犯了错误要勇于承认，及时改正

有的同学明知自己错了，受到批评，即使心里服气，嘴上也死不认错，与老师搞得很僵。有的人则相反，受过老师一次批评心里就特别怕那个老师，认为他是对自己有成见。这都是没必要的。错了就是错了，主动向老师承认，改正就是好学生。老师不会因为谁有一次没有完成作业，有一次违反了纪律就认为他是坏学生，就对他有成见。相信老师是会全面、客观地评价学生的。

与老师关系融洽既可以促进学习，又可以学到很多做人的道理，会使你一生受益无穷。

(四) 学会在同学当中“得人缘”

同处在一个班级，学生的人际状况却有很大的不同。根据人与人之间的吸引、漠视和拒斥的关系，可以将学生在班上的非正式人际关系中的地位分出6种类型：①小团体，指两三个或四五个交往甚密、兴趣相投的同学，且具有一定的排他性；②人缘型，就是班级中最受欢迎的人；③嫌弃型，就是班级中最不受欢迎的人；④首领，是指在一些活动中自然涌现出的能担负领导这些活动的同学；⑤孤独者，就是很少与他人交往，他人也很少与其交往的人；⑥互拒者，指相互有敌意或歧视的成员。

人缘型是班上的“明星”，令人羡慕。他们在班上有融洽的人际关系，受到大家的重视和赞美，因而具有较高的安全感和自信心。应该说，内心里每位同学都希望自己有良好的人际关系，也就是“得人缘”，但有不少同学对此在认识上存在误区，如有的以为“得人缘”就是会拉关系，有的视为是哥们儿义气，还有的觉得是讨好卖乖，等等。其实，研究表明，人缘型的学生之所以受同学们欢迎，是由于他们具有受人喜爱的个性品质，例如：

(1) 尊重他人，关心他人，对人一视同仁，富有同情心；

(2) 热心班集体的活动，非常可靠和负责任；

(3) 待人真诚，乐于助人；

(4) 重视自己的独立性，且具有谦逊的品质；

(5) 有多方面的兴趣和爱好；

(6) 有审美的眼光和幽默感；

(7) 有动人的仪表。

可见，人缘不是可以追求得来的，而是对一个人优良的个性品质的回报。

知识链接6-5

男女同学之间的异性交往[①]

(1) 自然交往。在与异性交往的过程中，言语、表情、行为举止、情感流露及所思所想要做到自然、顺畅。既不过分夸张，也不闪烁其词；既不盲目冲动，也不矫揉造作。消除异性交往中的不自然感是建立正常异性关系的前提。自然原则的最好体现是，像对待同性同学那样对待异性同学，像建立同性关系那样建立异性关系，像进行同性交往那样进行异性交往。同学关系不要因为异性因素而变得不舒服或不自然。

(2) 适度交往。异性交往的程度和方式要恰到好处，应为大多数人所接受。既不因异性交往过早地萌动情爱，又不因回避或拒绝异性而对交往双方造成心灵伤害。当然，要做到为大多数人所接受有时也并不容易，建议你只要做到自然适度、心中无愧，就不必再有过多的顾虑。

(3) 真实坦诚。这是指异性交往的态度问题，要像结交同性朋友那样结交真朋友。

(4) 留有余地。虽然是结交知心朋友，但是异性交往中，所言所行要留有余地，不能毫无顾忌。比如谈话中涉及两性之间的一些敏感话题时要回避，交往中的身体接触要有分寸等。特别是在与某位异性的长期交往中，要注意把握好双方关系的程度。

(五) 学会处理交往中的矛盾

1. 增强理智感，学会克制自己的怒气

增强理智感，可以使我们遇事多思考，多想想别人，多想想事情的结果，认真对待，慎重处理。一旦发觉自己出现了冲动的征兆时，及时克制，加强自制力。

2. 学习一些帮助自己克制暴躁脾气的好方法

在家里面或在课桌上贴上“息怒”“制怒”一类的警言，时刻提醒自己要冷静。文学家屠格涅夫，曾劝告那些易于爆发激情的人，“最好在发言之前把舌头在嘴里转上几圈”，通过时间缓冲，帮助自己的头脑冷静下来。在快要发脾气时，嘴里默念“镇静，镇静，三思，三思”之类的话。这些方法都有助于控制情绪，增强大脑的理性思维。

3. 转移

当发觉自己的情感激动起来时，为了避免立即爆发，可以有意识地转移话题或做点儿别的事情来分散自己的注意力，把思想感情转移到其他活动上，使紧张的情绪松弛下来。比如迅速离开现场，去干别的事情，找人谈谈心、散散步，或者干脆到操场上猛跑几圈，这样可将因盛怒激发出来的能量释放出来，心情就会平静下来。

4. 灵活

有很多事情是可以有多种处理办法的，遇事要灵活行事，不要那么死板，有时可以退让一下，给对方改变主意和态度的机会，选择方法要考虑效果，也可以用一个小本子专门记载每一次发脾气的原因和经过，通过记录和回忆，在思想上进行分析梳理，定会发现有很多脾气发得毫无价值，会感到很羞愧，以后怒气发作的次数就会减少很多。

---

① 综合科组. 中学生人际交往[EB/OL].[2011-12-18]. http://www.cangjiang.net/Article/ShowArticle.asp?ArticleID=1640.

5. 换个角度考虑问题，体谅他人感受

做人应当有一点儿“雅量”，即容人之量，要“待人宽，责己严”，不要动辄指责怪罪别人。因区区小事而对同学发脾气，是极不礼貌的行为。你发了火，泄了气，痛快了，可这种痛快是建立在别人的痛苦之上，如果把你调个位置，有人对你大发脾气，你会怎么想？所以，一个时时想着别人、处处体谅别人的人，即使自己心中不快，也不会迁怒于人，更不会把自己的不愉快强加给别人。

6. 聆听音乐可以调节情绪

你的情绪容易兴奋、激动，所以，建议你平时有时间多听听节奏缓慢、旋律轻柔、音调优雅、优美轻松的音乐，对安定情绪，改变暴躁的脾气也是有帮助的。

希望你多参加集体活动，多和其他同学交谈，了解他人，理解他人，也了解自己，从而正确地对待自己。只要你有决心、有恒心、有行动、坚持努力，暴躁的脾气一定会改进，你会逐渐变得温和、宽容、冷静，从而与更多的同学友好相处。

实务训练6-3

补充情景

情景1：一向温柔的妈妈今天下班回来，愁眉苦脸的，脾气很暴躁，因为一点小事就对着王强发火。王强很苦恼很委屈，于是……

情景2：小李和小刘是同桌。小李因为被妈妈骂了一顿而心情很不好，而小刘则因为一向学得很好的数学居然才考了60分而闷闷不乐。他们因为一点小矛盾而吵起架来红了眼……终于，他们又和好了。

情景3：一向深得同学喜欢的王老师因为最近家里发生了一些事情而心情很不好，加上每晚备课批改作业要到深夜，所以精神状态不好。白天好几次对着同学发火批评。大家都很委屈和难受。班长小蓝和几个同学知道了王老师的具体情况后……

总之，人际交往的原则和技巧可以有效地预防人际冲突的发生，但是因为人的差异总是存在的，所以冲突无论怎样都是难免的，冲突可能有利，也可能有害，关键取决于如何正确处理。首先，要保持冷静。无论感到多么愤怒，提醒自己一定要冷静，以自己的理智来控制愤怒的情绪，保证自己恢复正常的思维。其次，分析事情的来龙去脉，辩证地看待冲突，分析自己错在哪里，对方错在哪里。再次，和对方说明，其同协商寻求双方都能接受的解决方式。最后，成功化解冲突。在上述过程中，要运用人际交往的诸多技巧。

知识链接6-6

人际交往辅导的实例分析①

在人际交往辅导的实践中，常用的形式和方法有讲座、游戏、小品表演、模仿及行为训练、小组讨论等。其中，讲座可帮助学生理解和掌握有关人际交往所必须遵循的规范、礼仪、知识，帮助学生形成正确的交往动机和态度，增强学生的交往信心。而游戏、小品表演形式为学生提供了一系列有针对性的、主题明确的交往情境和机会，亦为学生观察、模仿他人有效的交往行

① 吴增强. 现代学校心理辅导[M]. 上海：上海科学技术文献出版社，2002，6：123-125.

为、增强交往体验提供了契机。而模仿及专项训练可克服讲座重理论轻行动的缺陷，将有关的交往规范、礼仪融入具体的交往行为中，学生通过观摩该行为样本，不仅明白其中的道理，也可直接演练，再加上教师的指导和训练，学生某些缺乏的或有缺陷的交往行为就可得到矫正或改进，尤其是有些交往技巧，如“学会说‘不’”可借助专项训练来获得。小组讨论的方式特别有助于引导学生认识和分析其人际关系现状，找到自己人际吸引特征和人际阻力所在及其原因、因素，进而培养和塑造自己良好的个人品质和个性心理特征。下面以几则活动为例，具体分析一下上述这些方式是如何用于人际交往辅导实践中的。

1. 合作辅导

下面是一则为小学生设计的，以游戏形式来进行的，以培养学生的合作意识和合作能力为主题的辅导活动

活动题目是“‘和尚’抬水”。

活动主题是合作意识和合作能力的培养。

活动目的主要有两个：一是通过“和尚”抬水的游戏，让学生获得“合作”的感受和体验；二是通过合作行为，培养学生的合作能力。

游戏是这样进行的：将学生分成两组，以 30 米为距离，每组各有一半的学生分立于起点线和终点线两端。游戏开始时，每组各出两名队员换上特定的“和尚”衣服，抬起大半桶水快速从起点跑向终点，然后脱下衣服，放下水桶交给终点处的两个队员，如此循环往返，直至结束。

活动要求：准备时不能踏过起跑线，到达目的地时，必须站在标线外侧；“和尚”衣服必须前后反穿，只允许下一轮的一名准备队员予以帮助；桶里的水不能晃出，晃出一次扣 1 分，其他违规亦是每次扣 1 分，由事先指定的裁判专职记分。游戏之前教师要准备好场地及相应的工具、衣服等。游戏结束后评出优胜组，并讨论两个组为何有输赢，赢的诀窍是什么，输在何处。如果要想使成绩更好一些，可做哪些改进和努力。

活动特征在于：

第一，它以游戏为主，学生的参与程度高，积极性也高，兴趣大；

第二，它针对性强，紧紧扣住了“合作”这一主题；

第三，它比较实用，其本身并不复杂，教师容易组织，绝大多数学校亦具备相应的场地和条件；

第四，游戏之后辅之以学生讨论和教师小结，不仅增强了学生的交往体验，亦将学生的感性认识提升到较高层面上，加深了学生对合作的认识。

当然，这样的游戏活动要取得最佳效果，教师应做周密的计划和准备，并善加引导和组织，充分估计到可能发生的意外情况，并做好应急的准备。

2. 交往技巧辅导

下面是一则为初中生设计的、融小品表演和模仿及行为训练为一体的交往技巧辅导活动。

活动题目是“学会说‘不’”。

活动主题是恰当地拒绝他人的要求。

活动目的有两个：一是通过活动，让学生认识到我们有权利说“不”，即有权拒绝他人；二是学会恰当地拒绝他人，即掌握说“不”的技巧。

活动步骤如下：①学生回顾自身经历的欲拒绝他人的要求而最终失败的事例；②将学生分为三人一组，各自将自己的体验在小组内交流，并选一名同伴与自己一块表演所经历的事件，只不过这一回要说“不”，即拒绝他人，另一名同学做观众和裁判，如此轮流交换角色表演；③进行组间交流，交流各自的体验、感受以及拒绝他人的技巧；④教师小结，可以某一组为例，加强训练指导。

活动特征在于：

第一，它以学生的亲身经历为素材，让学生有话可说，有形可塑，真实可信，体验深刻；

第二，它融合了多种辅导方式，形式多样，内容丰富；

第三，逻辑严密，先解决学生的认知问题，明确其权利，培养其意识，这主要借小组交流来完成，然后在此基础上加强技巧训练。

此次活动如果能辅之以教师的适当讲解，并加强说“不”的技巧训练，或者教师以身示范，则效果会更好。

案例导读解析

[干预方法]

每个人都有被别人尊重的需要，特别是那些自身缺乏自信的来访者，他们更需要得到别人的尊重和关注。因此，对于阿辉，首先采用了来访者中心疗法，建立良好的咨访关系，并且帮助阿辉产生改变的愿望和信心。

在此基础上，针对阿辉的不良行为，采用了行为契约方法，先后与阿辉一起建立和执行了两份契约，从基本的行为习惯入手，循序渐进改变他的不良行为。

在整个个案进行过程中也少不了学校和家庭的配合辅导，周围环境的营造起到了有效的促进作用。

[咨询感受]

(1) 心理辅导应关注特殊学生。一些背景特殊的学生往往个性较强、特别敏感，害怕同学和老师歧视他们。因此，对于这些学生，老师应花更多的精力与他们建立良好的师生关系，使自己成为他们可以信赖的、可以倾诉烦恼的对象，并且创造各种条件，使他们融入班集体当中，感受到周围的爱和集体的归属感。

(2) 心理辅导切忌操之过急，在问题完全解决并且有一段时间的巩固期后才能结束咨访关系，否则将前功尽弃。

(3) 心理辅导老师应积极培养自身良好的心理素质。在心理咨询过程中辅导老师往往不可避免地会碰到很多挫折，因此培养自身良好心理素质显得尤其重要。

小结

中学时期是人生友谊感发展很快的时期，他们感受到友谊是人们相互关系中最重要的东西。中学生不仅重视友谊，而且还形成了一定的情感色彩的认识，不仅在情感上有依恋的特点，而且把友谊作为行为的内驱力。一个人生活在集体中间，离不开人与人之间的交往，在与他人友好的交往中，能使自己增添自信和力量，个人的品德和才智也就能得到充分的发展。但是，很多同学也感到，和人相处不容易，在同学们的交往当中确实遇到了很多的困惑。因此，中学生需要掌握人际交往的原则以及人际交往的艺术。

巩固与操作

一、思考题

1. 中学生建立人际关系有什么意义？
2. 人际交往的内涵、功能、工具与内容分别是什么？
3. 影响人际关系和人际交往的因素有哪些？
4. 中学生人际交往有哪些主要特点？
5. 中学生常见的人际困扰有哪些？
6. 中学生人际交往的原则有哪些？

二、操作题

1. 结合自身的特点，运用人际交往的艺术，处理自己与父母和老师的关系。
2. 运用所学知识，恰当地处理自己与同学、异性伙伴的关系。

拓展阅读

1. 于丹丹. 中学生交往指南[M]. 长春：吉林人民出版社，2010.
2. 刘晓新，毕爱萍. 人际交往心理学[M]. 北京：首都师范大学出版社，2003.
3. 罗庆. 活用人际关系的力量[M]. 北京：中国城市出版社，2012.
4. 张文光. 人际关系与沟通[M]. 北京：机械工业出版社，2009.

第七章

中学生的网络心理

内容提要

互联网技术迅猛发展，并逐渐渗透到中学生的社会生活中，对他们的生活方式、心理行为产生了深刻的影响。本章主要介绍中学生上网的现状、上网的利与弊，中学生的网络偏差行为、中学生的网络成瘾行为等。

学习目标

(一) 认知目标

1. 了解网络对中学生的影响；
2. 学会识别和诊断网络成瘾行为。

(二) 情感目标

1. 感受网络成瘾行为的不良影响；
2. 激发对不良上网行为的抵抗力。

(三) 能力目标

1. 能识别网络偏差行为以及网络成瘾行为等不良网络行为；
2. 能对不良上网行为进行矫正和预防。

案例导读

沉迷网络的小林

中学生小林，独生子，16 岁，初中一直品学兼优，善良活泼，以优异的成绩考上高中，还担任了班干部，家里因其中考成绩好，特别奖励了一台电脑给他。最近发现他变得越来越沉默寡言，白天上课经常睡觉，作业经常不交，学习成绩也直线下降，经了解是由于迷恋上了网络，一回家就上网，有时至深夜不睡，一到周末变本加厉，经常是通宵达旦十几个小时，有时连饭都不愿吃，因其父亲长期在外忙生意，母亲文化低，孩子不吃不睡还以为是努力学习，心疼不已，谁知是迷上了上网。直到老师打电话告诉她孩子在校的情况，她才恍然大悟。

父亲知道后把网线拆了，把电脑锁起来了，但小林已经上瘾了，在学校借同学的手机上网，放学后偷偷上网吧。针对小林的情况，我们该如何帮助他呢？

第一节 中学生上网的现状与利弊

网络，是科技发展的产物，也是信息时代的标志。21 世纪是信息时代，互联网成为社会发展的必然趋势。互联网不仅丰富了人们的生活，更给人类社会带来了一次全新的信息革命，它在过去短短的十几年中为人类创造了无数财富，而且正以空前的广度和深度渗透到人们的生活当中。

一、中学生上网的现状

互联网(internet)，又称国际网络，指的是网络与网络所串连成的庞大网络，这些网络以一组通用的协议相连，形成逻辑上的单一巨大国际网络。互联网始于 1969 年美国的阿帕网。通常 internet 泛指互联网，而 Internet 则特指因特网。这种将计算机网络互相联接在一起的方法可称作“网络互联”，在这基础上发展成的覆盖全世界的全球性互联网络称为互联网。

中国的互联网发展虽然起步比国际互联网发展晚，但是进入 21 世纪以来，同样快速发展。中国互联网(China Internet Directindustry)是全球第一大网，网民人数多，联网区域广。

(一) 互联网的发展历程简介

互联网在中国的发展历程可以大致地划分为 3 个阶段。

第一阶段为研究试验阶段：1986 年至 1993 年。在此期间，中国一些科研部门和高等院校开始研究 Internet 联网技术，并开展了科研课题和科技合作工作。这个阶段的网络应用仅限于小范围内的电子邮件服务，而且仅为少数高等院校、研究机构提供电子邮件服务。

第二阶段为起步阶段：1994 年至 1996 年。1994 年 4 月，中关村地区教育与科研示范网络工程进入互联网，实现和 Internet 的 TCP/IP 连接，从而开通了 Internet 全功能服务。从此中国被国际上正式承认为有互联网的国家。之后，ChinaNet、CERnet、CSTnet、ChinaGBnet 等多个互联网络项目在全国范围相继启动，互联网开始进入公众生活，并在中国得到了迅速的发展。1996 年年底，中国互联网用户数已达 20 万，利用互联网开展的业务与应用逐步增多。

第三阶段是快速增长阶段：1997 年至今。我国互联网开始飞速发展，国内互联网用户数 1997 年以后基本保持每半年翻一番的增长速度，成为全球网民数量最多的国家之一。

(二) 我国网民的数量

据中国互联网络信息中心(CNNIC)2020 年 4 月公布的统计报告显示，截至 2020 年 3 月，我国网民规模达约 9.04 亿，较 2018 年年底新增网民 7508 万，互联网普及率为 64.5%，较 2018 年底提升 4.9 个百分点。我国 2013 至 2020 年 3 月期间网民规模及互联网普及率见图 7-1[①]。

① http://www.cnnic.net.cn.

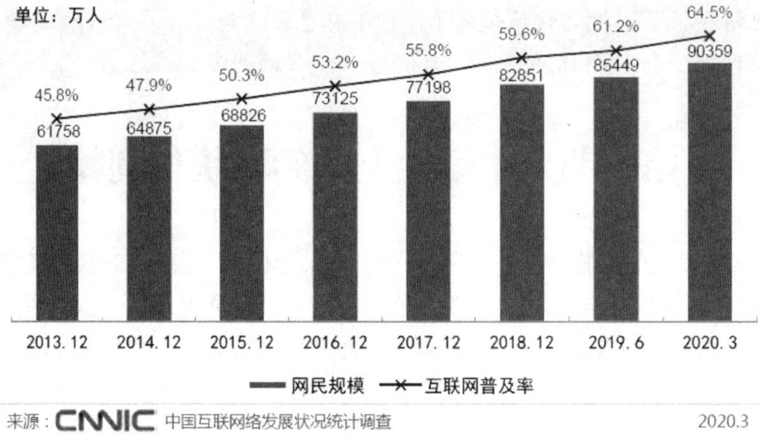

图7-1 中国网民互联网普及率(2013年到2020年3月)

2020 年是全面建成小康社会和“十三五”规划收官之年，是网信事业全面提升的新起点。习近平总书记指出，网信事业发展必须贯彻以人民为中心的发展思想，把增进人民福祉作为信息化发展的出发点和落脚点，让人民群众在信息化发展中有更多获得感、幸福感、安全感。2020 年年初，受新冠肺炎疫情影响，大部分网络应用的用户规模呈现较大幅度增长，其中在线教育、在线政务、网络支付、网络视频、网络购物、即时通信、网络音乐、搜索引擎等应用的用户规模较 2018 年年底增长迅速，增幅均在 10%以上。

(三) 中学生的上网现状

截至 2020 年 3 月，整体网民中，10～19 岁、20～29 岁、30～39 岁是上网人数最多的群体，分别占 19.3%、21.5%、20.8%，10～19 岁的中小学生群体已经成为上网人数最多的三大群体之一，见图 7-2。

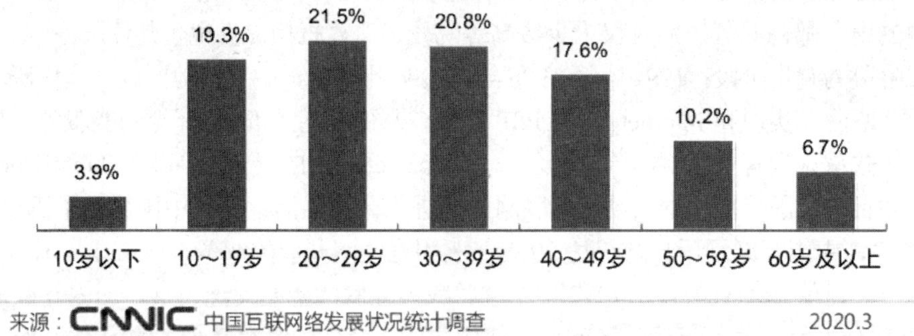

图7-2 中国网民的年龄结构(截至2020年3月)

2020 年 5 月 13 日，共青团中央维护青少年权益部、中国互联网络信息中心(CNNIC)联合发布的《2019 年全国未成年人互联网使用情况研究报告》显示，2019 年我国未成年网民规模为 1.75 亿，中学生互联网普及率为 97.6%，见图 7-3。

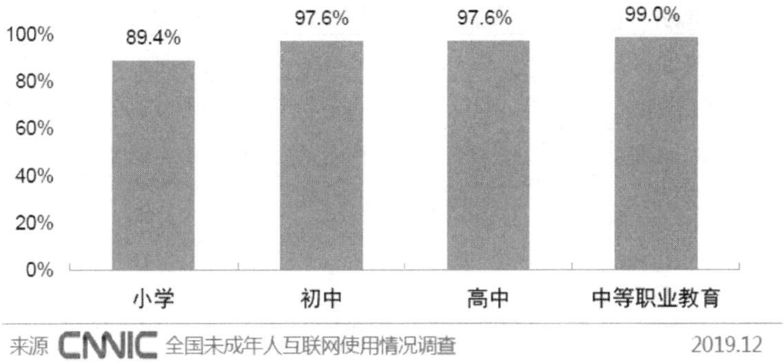

图7-3 中国未成年人互联网普及情况(2019年)

调查发现，未成年网民上网经常从事的各类活动中，排在前三位的是网上学习(89.6%)、听音乐(65.9%)、玩游戏(61.0%)。其他还包括：上网聊天(58.0%)、看短视频(46.2%)、搜索信息(44.9%)、看视频(37.5%)、看动画或漫画(33.2%)、使用社交网站(32.0%)等。此外，一些学者的调查也显示，中学生的网络使用已经普遍[①]，且使用率随学段而升高，网络成瘾检出率亦升高，占 11.4%，男生高于女生。由于学段的升高，学生面临的压力增加，而网络的虚拟空间更能让他们放松、兴奋和刺激；同时随学段升高，心理成熟度逐步增强，需要一定独立的空间，而上网可能正是一个可以展示自己能力、与人沟通、休闲娱乐等的平台。

二、中学生上网的心理原因

中学生正处在成长和发展的关键时期, 发展快速而又极具敏感性的阶段，他们好奇心强，求知欲旺盛，同时他们的自我意识增强，独立欲望攀升，自尊心增强，有了自己的隐私，除非自己的“好友”，很难让他们袒露自己的所思所想。但另一方面他们渴望和其他人交往，是交往需求最强烈的时期，需要归属感和被认同感。

(一) 满足求知欲和好奇心

中学生好奇心强，求知欲旺盛，具有探索精神，书本知识和老师传授的知识已不能满足其需要。丰富新颖的网络信息为这些中学生提供了大量的信息，也给他们提供了很多学习内容。中学生可以利用网络，查阅到更多自己感兴趣的课外知识来补充书本知识。部分中学生会利用网络信息进行学术研究，部分中学生还利用网络信息来完成课外作业。

2020 年年初，全国大中小学推迟开学，2.65 亿在校生普遍转向学习线上课程，用户需求得到充分释放，在线教育应用呈现爆发式增长态势。截至 2020 年 3 月，我国在线教育用户规模达 4.23 亿，较 2018 年年底增长 110.2%，占网民整体的 46.8%。

(二) 满足交往需求

初中是未成年人网络社会属性形成的关键期，中学生在网上从事聊天、使用社交网站、逛微博、逛论坛、看新闻、购物等各类社会化活动的比例，均明显高于小学生，如初中生上网聊天、使用社交网站查看或回复好友状态的比例，分别比小学生高出 31.5 和 29.8 个百分点。中

① 王晓琴. 太原市中学生上网现状分析[J]. 山西医药杂志，2012(5)：457.

学生处在心理发育的关键期，也是交往需求最强烈的时期，需要归属感和被认同感。但是他们心理不成熟，缺乏交往经验和交往技巧，很难与现实生活中的人沟通，在现实交往中往往表现出自卑和防御心理、交往恐惧、自我中心等。强烈的交往需求在现实中得不到满足，而网络交流的隐蔽性避免了人与人面对面交流的压力，交流也显得更加随意，可以无所顾忌地交流，这使得他们更愿意在网上交流。

(三) 寻求成就感

部分中学生在现实生活中很难找到成就感，而在网络中，他可以在聊天室与人畅所欲言，找到现实生活中没有的成就感。在游戏中，他可以扮演不同的角色，不受法律和道德的约束，各种欲望得到尽情满足，还可以通过游戏升级来获得成就感。

(四) 重新认识自我

中学时代是自我同一性发展的重要阶段，由于身心的迅猛发展，会出现新的情感和欲求，也会面临新的社会任务的挑战。这使中学生迫切需要重新认识自我，认识自己在社会生活中的地位和作用，认识他人对自己的看法。这些在现实生活中却找不到答案，于是，他们就选择到网络中去寻求答案了。

(五) 逃避现实

有的中学生因为在现实生活中处处碰壁，在家里得不到应有的温暖，往往选择逃避现实生活，到虚拟的网络里打发时间，寻找刺激，来填补现实生活的缺失。

(六) 从众心理

中学生之间的相互影响对他们的言行起到相当重要的作用。中学生的心理特征使得他们都普遍存在从众的心理，如果一个班级大部分人都上过网，大家经常讨论网络问题，这就让没上过网的同学有一种被排外的心理，感觉自己跟不上时代潮流，无法融入集体生活，这样就在上网者的影响下，也开始接触网络。

三、中学生上网的利与弊

中学生上网到底是利大于弊还是弊大于利，一直是人们争论的焦点。事物都是一分为二的，因此我们应该正确认识、看待网络的利与弊，从而趋利避害，将学生的网络活动引导到正确的轨道上来。

(一) 中学生上网的有利之处

未来社会是一个信息高速发展的社会，是一个充满竞争的社会，中学生上网确实有很多有利之处。

1. 中学生上网可以开阔眼界，了解更多最新的知识

互联网具有高度的开放性、跨地域性，任何一个人都可以在网上查找到他所要的信息。鼠

标一点，大千世界便尽收眼底。利用互联网可以及时了解时事新闻，获取各种最新的知识和信息，对以后的学习和生活都有很好的指导作用。只要用心，就可以在网络上学到许多学校里学不到的知识，扩大自己的知识面。

2. 网络的远程教育给中学生学业的进步提供了必要的条件

过去传统的教学条件下，中学生只能依靠教科书和一些课外书籍学习有限的知识，传授知识的老师是有限的，而且学生没有自主选择老师的权利，只能被动地接受知识。网络的远程教育可以有效地规避这些问题。

3. 中学生可以利用网络了解更多教育相关新闻和政策

每年都会有很多新的教育政策出台，平时学生需要花大量的时间学习，一味地埋头书海，不能及时根据最新的教育动态调整复习重点。信息技术时代的来临，中学生可以利用网络了解最新的教育动态，从网上查询与教育相关的新闻，以此来调整复习重点，适应考试新举措，达到事半功倍的效果。

4. 上网可以缓解中学生的心理压力，促进社会适应

很多中学生在青春发育期会遇到很多困惑，如家庭不和、对新环境适应不良、成绩下降、与同学吵架等情况，他们不会去积极处理和解决自身的问题，而且缺乏信心，不敢与外界交流、对话。现在有了互联网，他们可以彻底克服这个心理障碍，可以没有顾忌地向网友倾诉心事，减轻课业负担所造成的心理压力。

5. 中学生上网，可以提高对电脑的学习兴趣，提高实际动手能力

比如自己动手做主页，把自己喜爱的图片资料传上去，开一个讨论区，发一些帖子，发表微博和说说，这些都有利于他们掌握电脑的基本操作技术，同时可以增加他们的社会关注度，有利于树立自信心。

(二) 中学生上网的弊端

每当一种新技术出现后，它就可能成为一把“双刃剑”，网络也不例外。网络对中学生的危害主要有以下几个方面。

1. 上网对中学生的人生观、价值观和世界观的形成构成潜在威胁

网上信息良莠不齐，因为缺乏有效的监管，网上色情、垃圾信息大行其道，青少年的信息选择能力、是非判别能力和自我调控能力还不足以抵御这些不良信息的负面影响，很容易在不知不觉中成为不良信息“污染”的对象。这在客观上容易导致中学生网上道德感的弱化，使一些中学生是非观念淡薄，道德水平下降，缺乏自我调控力。长此以往，对于我国中学生的人生观和意识形态必将起一种潜移默化的作用。

2. 中学生上网可能会危害他们的身心健康

一方面，长时间一个姿势专注于屏幕易导致眼睛疲劳、视力下降、情绪反常、双手颤抖，还会引起颈椎、腰椎病。有的学生省下吃饭钱上网，加上活动减少，导致营养不良、食欲不振，影响身体发育。另一方面，网络信息的泛滥，容易导致中学生自我迷失，在人格的形成发展上出现障碍。健康的心理是与健康的人格密切相关，正确的自我意识是健康人格的重要组成部分。

迷恋于网络中的中学生，由于对新事物的易接受性和本身认知分析能力的欠缺，对电视、网络等媒体文化中渲染的各种信息，容易不加辨别，盲目吸收，甚至盲目崇拜。

3. 网络交往导致中学生对现实交往的冷漠化

因长期沉溺于网络世界，进行的是人机对话，面对的是冰冷的机器，缺乏社会沟通和人际交往训练。在现实社会中的人际交往中碰到冷遇和挫折时，不能积极应对，只知从网络中求得解脱，久而久之易造成思维方式异化，人际关系紧张。

4. 互联网使许多中学生沉迷网络虚拟世界，脱离现实，荒废学业

不少青少年宁可整日沉溺于虚幻的环境中而不愿面对现实生活，而无限制地泡在网上会对日常学习、生活产生很大的影响，学习时间被挤占，造成学习兴趣降低，学习成绩下降，严重的甚至会荒废学业。

网络只是一个各种信息的载体，关键在于你如何运用它，以及如何合理安排好时间。只要方法得当，因势利导，它就会成为一个可以汲取知识的大海。只要社会、家长、学校互相配合，齐抓共管，就能为中学生营造一个健康的成长环境。

第二节　中学生网络偏差行为与调适

互联网是把双刃剑，在带给人们诸多方便的同时，也带来许多负面的影响，其五彩斑斓的光环下掩饰不住那凸现的隐忧。当前社会急剧变迁，多元价值发展冲击下，社会环境复杂多变，近年来中学生偏差行为有上升趋势，其中网络偏差行为已成为中学生发生偏差行为的一个突出问题，形势十分严峻，此问题已成为社会各界必须面对的一个新的难题，必须引起关注。

一、中学生网络偏差行为的内涵及类型

(一) 中学生网络偏差行为的界定

对于偏差行为，不同的研究者有不同理解，但是大多数学者都认为偏差行为是对规范行为、对规范状态的偏离，是不良适应行为、消极行为、问题行为、反社会行为或非社会行为等，亦指明显异于常态而妨碍个人正常生活适应的行为。

中学生网络偏差行为，主要是指中学生网民在上网过程中发生的不良适应行为、问题行为、反社会行为或非社会行为等，可概述为中学生网民特别是沉迷于网络的中学生在上网过程中发生的破坏、违规、犯罪等问题及其衍生出来的不成熟的行为表现。在判定中学生的某种行为是否属于网络偏差行为时，我们还可以从以下几方面考虑：一是把该种行为与其他同学的上网行为相比较，若明显不同于其他同龄人上网行为的则可以看作网络偏差行为；二是与学生自身行为发展相比，上网后若在较长时间内存在行为发展上的退步现象，则预示着可能出现网络偏差行为；三是要看其上网行为是否与家庭、学校、社会的合理要求相符，若严重偏离行为规范则属于网络偏差行为①。

① 张胜勇. 中学生网络偏差行为探析[D]. 硕士学位论文，福建师范大学，2003：3.

适度的网络偏差行为可能是青少年发泄在现实生活中的压力、表达消极情绪，以及满足心理需要的重要方式，青少年时期的各种偏差行为有其潜在的行为功能，能够反映相应的发展任务[①]。中学生在上网过程中偶尔表现出来的，轻微的，对正常学习、生活影响不大的网络偏差行为，不需要额外教育矫正，但是那些在中学生上网过程中经常出现的、比较稳定的、扰乱性较大的，对自己和他人学习及生活影响较严重的网络偏差行为，则需要教育工作者、家长耐心地做长期教育。

(二) 网络偏差行为的主要表现形式

网络偏差行为的表现形式多样，国内外学者都对此进行了总结。综合以往的研究，广义的网上偏差行为的主要表现形式包括网络攻击行为、网络成瘾行为、网络色情行为、网络犯罪行为等。

1. 网络攻击行为

一些学者的调查显示[②]，网络攻击行为是发生相对较多的偏差行为。随着青少年使用网络时间的增长，他们在网上表现出来的攻击性、敌意和冲突等行为就越多。网络攻击行为的表现形式主要包括过激行为、性攻击、视觉攻击、网上破坏行为、滥用权利、恶意灌水、垃圾邮件、消极攻击等[③]。

中学生在使用互联网时，由于可以不暴露自己的真实身份，在对别人进行语言攻击的时候会承受更少的压力，因此攻击行为可以在一定程度上发泄他们在现实生活中无法消除的消极情绪[④]，但是如果长期实施网络攻击行为，并对他人造成一定程度的伤害可导致犯罪。

2. 网络成瘾行为

网络成瘾也称为网络过度使用或病理性网络使用，是指由于过度使用网络而导致明显的社会、心理损害的一种现象。其主要特征是：无节制地花费大量时间上网，必须增加上网时间才能获得满足感，不能上网时出现异常情绪体验，学业失败、工作绩效变差或现实人际关系恶化，向他人说谎以隐瞒自己对网络的迷恋程度，症状反复发作等。

处于中学阶段的青少年具有自制力差、自卑、孤独、认知能力差、逃避现实等心理特点，因此更容易在各种不利因素或网络本身特点的吸引下从网瘾倾向发展至网瘾。一旦发展为网络成瘾，在矫治上具有相当大的难度。青少年网络成瘾给个人及社会造成严重的危害，生理方面会产生睡眠紊乱、头痛、食欲不振、注意力涣散等表现，还会产生自卑、易怒、沟通差等心理问题，最为严重的是会对家庭及社会产生一系列的负面影响。相关数据显示，有六七成的少年人走上犯罪道路是因为沉迷网络，北京市青少年网络犯罪率等相关数据表明，近九成的青少年犯罪与网络成瘾有关[⑤]。当前网络成瘾现象已成为一个社会问题，得到了越来越多学者的关注，需要对其进行不同层次的研究。

3. 网络色情行为

网络色情行为往往指下载或浏览色情图片及视频、讨论性话题等一系列行为。对正处于青

① 雷雳. 发展心理学[M]. 北京：中国人民大学出版社，2009.
② 马晓辉，雷雳. 青少年网络道德与其网络偏差行为的关系[J]. 心理学报，2010，42(10)：988-997.
③ 李冬梅，雷雳，邹泓. 青少年网上偏差行为的特点与研究展望[J]. 中国临床心理学杂志，2008，16(1)：95-97.
④ 雷雳，李冬梅. 青少年网上偏差行为的研究[J]. 中国信息技术教育，2008(10)：5-11.
⑤ 李晓临. 青少年网络成瘾与犯罪[J]. 安徽科技学院学报，2007，21：87.

春期的青少年来讲，性心理的发展需求在现实生活中得到满足的渠道并不多，而在网络环境中很容易找到色情和与性相关的信息，一般而言，男生的网络色情行为多于女生，网络色情行为可以从一定程度上满足中学生的好奇心和性需求①，但中学生对网络信息又缺乏选择性和抗诱惑性，也容易受到不良影响。

由于网络监管不力，一些不法分子在网上传播低俗色情信息，还有的与青少年网友进行“网恋”“网婚”，时机成熟时约请见面，不少媒体报道了中学生女性被网友强暴并杀害的案例。网络色情对执迷不悟的中学生的人身安全构成了直接的威胁，一些中学生甚至付出了生命的代价。国外关于青少年的研究结果也显示，表现出过多网络色情行为的青少年更容易有反常行为问题，对他们的身心健康有害。有关调查显示，60%的青少年是无意中接触到网上黄色信息的，而接触到网上黄色信息的青少年 90%以上有性犯罪动机或行为②。

网络色情对中学生存在巨大危害，一些中学生沉迷在色情网络中难以自拔，这和他们此阶段的心理和生理发展是密不可分的，色情文化对心理冲动起到一种恶性的催化作用，使得青少年的心理萌动被激活而无法自抑，进而走上犯罪道路。

4. 网络犯罪行为

在校中学生正处于成长期，心理发育尚不成熟，世界观、人生观、价值观并未完全形成，他们对外界事物分析能力差，冲动性强，性格可塑性大，办事往往不计后果。这个阶段的学生好奇心强，爱玩网络游戏，喜欢上网聊天。如不正确引导，往往沉迷于网络之中，引发犯罪。

网络犯罪，是指行为人运用计算机技术，借助于网络对其系统或信息进行攻击，破坏或利用网络进行其他犯罪的总称。简而言之，网络犯罪是针对和利用网络进行的犯罪，网络犯罪的本质特征是危害网络及其信息的安全与秩序。

目前我国年满 14 周岁未满 18 周岁在校中学生犯罪约占全社会刑事犯罪的 38%。在这个比例中，农村在校中学生和流动人口中的未成年人犯罪约占一半以上，而中学生犯罪中有 50%是因为受到网络色情、暴力等内容的影响而走上犯罪道路③。由此可见，中学生网络犯罪，不仅严重影响和危害了学生的健康成长，而且还严重影响社会的稳定。

二、中学生网络偏差行为的形成原因

(一) 网络信息技术的特点

在现实生活中，我们往往倾向于参考个人的身份来判断他的言行，而网络空间中具有虚拟性和隐蔽性，我们凭借的只是随意创造的一个代号或符号，使用者可以任意隐匿在真实世界中的性别、年龄、学历、职业乃至地位、身份，并决定自己想要扮演的角色，从而塑造出跟真实世界甚至完全不同的自我形象，这便形成了虚拟社会中人与人之间交往所特有的规则和交往方式。

进入网络就犹如进入了信息的海洋，在网上，五花八门的信息扑面而来且各种信息的流通是完全自由的，网民可以根据自己的意愿去做自己希望做的事，任何观点、言论、思想在这里

① 马晓辉，雷雳. 青少年网络道德与其网络偏差行为的关系[J]. 心理学报，2010，42(10)：988-997.
② 刘晓红，卜卫. 大众传播心理研究[M]. 北京：中国广播电视出版社，2001.
③ 农世泼，谭宝善. 在校中学生网络犯罪的预防对策[N]. 法治快报，2009-3-25(5).

都可以找到自己的位置。在这个独立的电脑网络空间中，任何人在任何地点都可以自由地表达其观点，无论这种观点是多么的奇异，都不必受到压制而被迫保持沉默或一致。人们也可打破地域的界限，突破现实中国家、民族、社会制度、文化背景等的限制，“当面”讨论问题、交流思想、获取信息，在很大程度上克服了时空距离，而且网络还能将声音、文字、动画、图像等多维信息以极快的速度并行传播，能在短短几分钟甚至几秒钟之内到达世界的每一个角落。

(二) 中学生的心理发展特点

中学生具有猎奇心理，追求刺激。随着社会的进步发展，伴随着知识的增长，视野的开拓，中学生们已越来越不能满足这种传统的信息传播方式，他们对整个世界都充满了好奇，而计算机网络无疑为此提供了这样一个契机。因此，当网络走进人们生活的时候，部分中学生上网的目的就是猎奇，他们追寻一种在现实生活中难以了解，或通过正当渠道难以获得的信息，并借以获得感官刺激，如网上的花边新闻、名人轶事、明星隐私，当然也包括色情内容，一些中学生网民成天就沉浸于搜寻这些信息之中，于是也就有了网络信息收集成瘾、网络色情成瘾等偏差行为的产生。也有的学生还以对他人进行人身攻击为乐趣，有的还演化为使用黑客程序来攻击网站或制造病毒对他人和社会进行报复性的破坏等。

此外，还有一些学习成绩不如意的学生很难得到他人的肯定和认同，或者说是自己对学习不够自信时，他们就会把目光转向网络，变成古代的“大侠”“杀手”或“美女”，或其他几乎任何他想扮演的角色，通过扮演这些角色来实现自身的价值，获得心理上的补偿，而这种感觉在平时的现实生活中是很少能体验到的，长此以往，他们便会逃避现实生活而沉溺于网络之中。

(三) 家庭方面

现在的中学生大多是独生子女，在对孩子的教育方面，有的家长因家庭条件优越而对孩子过分溺爱，基本上是完全满足孩子的需求而不懂得该如何教育、引导，因而当孩子迷恋上网络时，不会或不懂得加以引导、监控而是放任自流，从而导致学生出现网络偏差行为；有的则是要求过高、过分严厉甚至简单粗暴，缺乏与孩子的沟通与交流，从而给孩子造成过大的压力和精神负担；还有一些是因为学生的基本心理需要无法得到满足而产生的逆反心理导致学生把注意力转向网络。可见，中学生之所以会出现网络偏差行为，是由于在家里得不到父母亲的关爱转而沉溺于网络难以自拔。

此外，部分家长对网络缺乏了解，不能对网络进行有效监控，网络上的一切行为在他们看来犹如天书一般，因此孩子在网上玩些什么，在看些什么，他们一无所知，即使想干涉也无从下手，从而使孩子迷恋上网络而出现网络偏差行为。

(四) 学校教育方面

现在各个中学都面临着巨大的高考压力，各个学校往往都把时间和精力放在抓教学质量上，抓学生的学习成绩上，对于中学生中出现的网络偏差行为没能引起足够重视；即使有引起注意，也没能组织人员加以研究，没能提出有针对性的、有效的防范措施，有也只是采取治标不治本的方法，如规定学生不准去网吧、组织本校老师偶尔上网吧去抓学生、给予学生一定的纪律处分等。

另外，学校的不够重视还体现在计算机网络课程主要传授网络技术知识而很少涉及网络道德教育，网络道德教育在学校还基本处于盲区。针对学生中出现的网络偏差行为，如何充分利用校园网开展教育，如何开展心理咨询等，这些问题急需得到解决。

(五) 国家和社会方面

互联网在中国的诞生、发展到逐渐的普及，时间毕竟还不长，如何对这一新事物加以有效的管理和监控，我国政府虽然做了大量工作，但还存在一些不足：首先从网络立法来看，目前我国有关网络方面的法律法规尚不能完全满足网络迅猛发展的需要，而中学生是网络世界的主要群体之一，他们是我们中国的未来和希望，由于他们自身身心发展的特点，决定了他们是最容易受网络影响和伤害的群体；其次从网络技术来看，网络技术有待更新、改进，必须利用技术手段对进入我国的信息进行必要的“过滤”，防止不良信息对中学生的危害；最后从网络管理来看，我国在网络管理方面尚存在许多不足，如监管的力度不够，各职能部门权责不清、相互推诿等，特别是对网吧管理不善导致中学生网络偏差行为增加。

三、中学生的网络偏差行为的调适策略

随着我国经济发展、科技进步，互联网也得到了快速的发展，虽然我国政府在网络管理方面做了大量的工作，但是与网络的快速发展相比，我国的网络法律法规还不够健全，监控手段尚不够完备，且有些管理措施也没有落实到位，这些无疑会对中学生的健康发展产生影响，所以我们应该认真研究如何加强对网络的管理和监控，以便为中学生的健康发展创造一个良好的社会环境。

(一) 加大网络立法制度，加强对网络的监督和管理

加强互联网法律法规建设，加强网络技术开发，确保网络安全。现有法律法规对于规范人们的网络行为起到了较大的作用，但这些法律法规尚不能满足我国依法管理信息网络的需要。当前应根据现实需要，对已有的法律法规进行修改、补充和完善，并结合网络这一特殊的思想阵地，制定有关网上管制法规，内容应包括网上信息发布规范、网上信息审查和监管、知识产权的保护等，真正做到有章可循，有法可依。

此外，各大网站还应加强对网络信息的监管，对于监管不作为或监管不力的网站，应该在立法上加大对其的惩处力度，政府还应加强对“网吧”的管理，为中学生的健康成长创造一个良好的环境。

(二) 重视班集体建设，营造健康上网氛围

班级应多开展丰富多彩的第二课堂活动。丰富多彩的第二课堂活动有助于学生克服网络引发的心理问题。一方面，第二课堂活动多了，可以多为学生提供学习、休闲、娱乐的内容，增强学生的自主选择性，避免学生因生活单调、枯燥而把注意力过多地集中在网络上；另一方面，学生多参加第二课堂活动，也有利于巩固他们的社会角色，促进他们的社会化进程。

我们可以积极创设以计算机网络为主题的班级文化活动，营造文明理性用网的班级氛围，组织学生经常开展内容不同的计算机操作、网页制作和其他创造设计的比赛活动，让大多数学生从比赛过程和获胜中领略使用计算机互联网学习和创造的乐趣，满足部分计算机高手显示才

能的需要，推动青少年学生的计算机网络兴趣由单纯的玩耍娱乐、自我炫耀向提高学习能力和创新能力的层次升华，形成文明、理性、高效用网的自觉追求和良好风气。

(三) 强化教育和引导，提高中学生的自律能力和免疫力

学校和教师应加强对中学生的信息技术教育，提高其对不良信息的免疫力。面对汹涌澎湃的网络信息，只有提高中学生自身素质，特别是思想道德素质，才能对各种信息具有甄别力，才能自觉抵制不良信息的诱惑。

信息教育的目的就在于培养中学生获取信息、处理信息和创造信息的能力，使广大学生能正确认识信息网络并合理运用它，特别是要教导学生应遵循网络的“游戏规则”，争做优秀的网民，并同形形色色的有害信息做斗争。此外，应加强网德教育，培养他们的是非判断能力，增强其道德判断能力，让中学生形成对网络道德的正确认识，养成道德自律。

(四) 积极开展网上心理咨询

现在就我国的普通中学来看，除少数中学设有心理咨询室、开设心理课程外，绝大多数的中学在这方面还是一片空白。即使是设有心理咨询室，但真正开展心理咨询的还不多，这一方面是与缺乏专业心理学教师有关，另一方面也跟学生的观念有关，认为去做心理咨询会被别人认为自己“有病”受到嘲笑而不敢去咨询。针对这种情况，就学校而言，可以在原有的心理咨询室外，尝试在校园网上开设网上心理咨询。与传统的心理咨询相比，网上心理咨询具有一定程度的隐蔽性、保密性，可以免除学生的思想顾虑及心理负担；学生既可以进行在线心理咨询，也可以在心理咨询信箱里留言寻求解答；老师可以就学生在情感、学习、工作、生活和人际关系等方面遇到的矛盾和困惑进行解答和开导，并介绍一些如何处理人际关系、如何自我调节方面的知识和做法，帮助学生正确地认识现实，树立积极的人生态度，培养健全的人格。

(五) 家长要加强对中学生上网的监管

家长自身要有使用网络和运用网络的能力，适当控制孩子的上网时间。专家指出，中学生每次上网时间累积不应超过两个小时，连续操作一小时后，应提醒孩子休息 15 分钟。因此，有条件的家庭可将电脑设备置于客厅，这样既方便孩子与家长的资源共享，又有利于家长对孩子上网时间、登录网站的管束；家长平时应告知孩子上网时可能遇到的问题及处理方法，告知孩子社会的复杂性，不要把自己的真实信息在网上公布，更不要随便与在网络中结识的人见面；对喜欢到“网吧”上网的孩子，家长要积极正确疏导，教育孩子要以良好健康的心态上网，接触现代网络文化；要引导孩子树立正确的择友观，未成年人向往异性、渴求感情是正常的，作为家长，应帮助孩子树立正确的择友观，教育和引导孩子对其感情进行合理的控制与适度调节，使其情感朝着积极的、理性的方向发展，将主要的时间和精力投入学习和健康的文体活动中。

此外，家长还要担负起对孩子的监护职责，精心设计、安排好孩子的课余、节假日时间，多渠道多途径培养孩子的广泛兴趣，引导孩子积极参与学校、街道、社区等社会团体组织的社会活动，让他们有机会接触社会，培养良好思想品德，增强心理承受能力和抵制网络不良影响的免疫力。

(六) 充分发挥社区作用

社区是未成年人校外活动的主要场所，应该为未成年人身心的健康成长提供和创造良好的条件。社区应多开展各种有益的文体活动、社会实践活动等，加强社区内孩子们的交流与沟通，为他们的人际交往提供空间、创造机会；应组织人员加强对社区内网吧的巡逻、监督，防止中学生到网吧上网；有条件的社区还可以设立专门的网络教室，为中学生上网提供服务。由于网吧服务存在不规范性，国家禁止未成年人进网吧，但并不是禁止未成年人接触网络，而是要让他们在更安全、更健康的地方上网。同时，文化部也提倡中学生在老师、家长或监护人的指导下，在家庭、学校、图书馆等单位内部附设的非营业性互联网服务场所上网。

第三节　中学生网络成瘾的治疗与预防

互联网技术迅猛发展，正逐渐渗透到人们的社会生活中，并对人们的生活方式、心理行为产生深刻的影响。越来越多的人对互联网产生心理上的依赖感，并达到成瘾的程度，即网络成瘾。它像酗酒和赌博等不良嗜好一样，对人们的工作、学习和生活产生破坏性影响。自 20 世纪 90 年代末开始，网络成瘾现象越来越受到人们的关注，并成为近年来心理学、临床医学和社会学研究的热点问题。

一、网络成瘾概述

(一) 概念界定

网络成瘾(internet addiction)也称为病理性网络使用、网络过度使用、问题网络使用等。美国纽约精神病医生伊凡·戈德堡(Ivan Goldberg)于 1994 年首先借用 DSM-Ⅳ中关于药物依赖的判断标准，将此现象命名为“网络成瘾障碍”(internet addiction disorder，IAD)。随后，匹兹堡大学的教授金伯利·扬(Kimberly Young，1996)从 DSM-Ⅳ对于病理性赌博的判断标准中发展出“病理性网络使用”(pathological internet use，PIU)的概念，将它定义为“无成瘾物质作用下的上网行为冲动失控”，并将其看作一种冲动控制障碍。此外，也有学者称此种现象为网络过度使用(internet overuse，IOU)、网络行为依赖(internet behavior dependence，IBD)等。对此类现象的各种定义都反映了由于过度使用互联网而导致个体明显的社会、心理损害这一现象，虽然所用的名称不同，但其内涵却基本相同。

因此，网络成瘾可以界定为一种不自主的长期强迫性使用网络的行为，往往无节制地花费大量时间和精力在互联网上持续聊天、浏览、游戏等，以致损害身体健康，并出现各种行为异常、心理障碍、人格障碍、交感神经功能失调等。

(二) 症状特征

网络成瘾作为行为成瘾的一种，传统的药物成瘾具有类似的特点和表现，主要表现为：情绪低落，无愉快感或兴趣丧失，睡眠障碍，生物钟紊乱，饮食下降和体质量(体重)减轻，精力不足，运动迟缓，自我评价降低，能力下降，思维迟缓，有自杀意念和行为，学业失败，工作绩效变差或现实人际关系恶化，社会活动减少，症状反复发作，以及伴有大量吸烟、饮酒或滥用药物等。

由 Kimberly Young 概括的主要特征包括以下 5 点。

1. 突显性

网络过度使用者的思维、情感和行为都被上网这一活动所控制，上网成为其主要活动，在无法上网时会体验到强烈的渴望。

2. 情绪改变

如果停止使用可能会产生激惹、焦躁和紧张等情绪体验。

3. 耐受性

网络过度使用者必须逐渐增加上网时间和投入程度，才能获得以前曾有的满足感。

4. 戒断反应

在不能上网的情况下，会产生烦躁不安等情绪体验。

5. 冲突

网络过度使用行为会导致网络过度使用者与周围环境的冲突，如与家庭、朋友关系淡漠，工作、学习成绩下降等；也会导致网络过度使用者与其他活动的冲突，如影响学习、工作、社会活动和其他爱好等。网络过度使用者内心对成瘾行为的矛盾心态：意识到过度上网的危害但又不愿放弃上网带来的各种精神满足。

心理测试7-1

测测你是否“网络成瘾”

此测试根据美国心理学家金伯利•扬教授修订的“网络成瘾”诊断标准及问卷进行了修订，分为10个问题，被试在一年中有4个及以上问题回答“是”才可被诊断为“网络成瘾”。这10个问题是:

(1) 你是否对网络过于关注(如下网以后还想着它)?

(2) 你是否感觉需要不断增加上网时间，才能感到满足?

(3) 你是否难以减少或控制自己对网络的使用?

(4) 当你准备下线或停止使用网络时，你是否感到烦躁不安、无所适从?

(5) 你是否将上网作为摆脱烦恼和缓解不良情绪(如紧张、抑郁和无助)的方法?

(6) 你是否对家人和朋友掩饰自己对网络的着迷程度?

(7) 你是否由于上网影响了自己的学业成绩或朋友关系?

(8) 你是否常常为上网花很多钱?

(9) 你是否在下网时感到无所适从，而一上网就来劲?

(10) 你上网时间是否经常比预计的要长?

(三) 中学生网络成瘾的现状

中学生是使用网络的较大群体之一，也是网络成瘾的高发人群。研究发现，青少年各年龄段网络成瘾发生有差异：11～17 岁网络成瘾的流行率有一个上升的过程，17～18 岁则有一个快速下降的过程，18～20 岁又上升到一个新的高度，22 岁后又开始下降[①]。其他的学者的调查也显示，年龄在 13～18 岁的中学生是网瘾发生的重灾区[②]。

网络成瘾在中学生群体中的发生率为 3.5%～15%，在某些地区青少年已成为网络成瘾检出率最高的群体[③]。最新国内调查表明，城市初中一年级学生网络成瘾的检出率为 7%[④]，农村留守中学生网络成瘾检出率为 4.3%，在这些中学生中上网玩游戏的占 33.6%，看影片、听音乐的占 28.8%，聊天的占 20.4%，其他占 17.2%[⑤]。可见，在中学生中普遍存在网络游戏成瘾、网络关系成瘾等。

二、中学生网络成瘾的类型

具备不同个人特质的网络使用者，会受到不同网络功能特性的吸引，而产生不同的网络成瘾类型。一个网络成瘾患者可以是纯粹的某个类型，也可以是几个类型的混合型，而且实际情况是混合型患者居多。下面将根据临床表现的不同，介绍几种常见的网络成瘾类型。

(一) 网络关系成瘾

网络关系成瘾，指沉溺于通过网上聊天结识朋友。网络聊天成瘾指个体着迷于网络聊天，为了消除下网后的烦躁不安而不断延长上网时间，由此获得满足感，致使工作、学习、人际关系甚至就业机会受到影响。特别是一些有社交障碍的人、失恋者、孤僻的人，更喜欢到互联网上寻找心灵的慰藉。

经常上网聊天交友的中学生，自觉不自觉地“异化”了交往方式：一方面他们是网络交际的高手，与网友侃侃而谈；另一方面他们在现实生活中沉默寡言，封闭内心世界。

(二) 网络游戏成瘾

网络游戏是借助于数字、电子、网络、创意、编剧、美工、音乐等“先进”的道具，对现实生活的虚拟。电子游戏类似于赌博，由于游戏的结果总是难以预料，反而让人欲罢不能。一般简单的游戏是每闯过一关就有奖励，轻则是虚拟的网上奖励，重则是实物奖励。这样的强化手段，对于那些好奇心强、好胜心强的中学生来说，极易造成网络成瘾。

---

① Chak K，Leung L.Shyness and locus of control as predictors of internet addiction and internet use[J]. Cyber psychological Behavior，2004，7(5)：559-570.

② 罗江洪，兄汉荣，蒙衡，等. 青少年网络成瘾患者血小板 5-羟色胺水平分析[J]. 中国学校卫生，2011，5(2)：190-191.

③ Lin SSJ，Tsai CC.Sensation seeking and internet dependence of Taiwanese high school adolescents[J]. Computer Human Behavior，2002，18：411-426.

④ 张国华. 初中生病理性互联网使用的发展及其与自尊的关系：同学关系的调节效应[J]. 心理学报，2013，45(11)：1-10.

⑤ 王海花. 农村留守中学生网络成瘾及其与父母教养方式、同伴关系的相关研究[D]. 华中师范大学硕士学位论文，2013：18.

(三) 网络色情成瘾

网络色情成瘾，指沉迷于成人话题的聊天室和网络色情文学、沉迷于与他人进行色情聊天、沉迷于观看网络色情图片或影片等。中学生正处于青春期，性发育上的生理变化常使一些孩子感到困惑不解，他们由于对性发育好奇开始对性知识产生兴趣，这是正常现象，但如果缺少成人的正确引导，内心的疑惑得不到解答又羞于启齿询问，往往会求助于网络，因此他们很容易受网络黄色淫秽信息及视频的不良影响。

(四) 信息收集成瘾

信息收集成瘾，指强迫性地浏览网页以查找和收集信息。因惧怕所拥有的信息不足而不停地上网漫游或搜寻信息。但是网络信息种类繁多，数量巨大、质量良莠不齐，让许多人感觉到面对浩瀚如海的信息时常常手足无措，变得非常盲目，只能被动接受。一些常常无节制地上网浏览信息的人，他们会强迫性地从网上收集、浏览无用的、无关紧要的信息资料。有强迫信息收集成瘾的人一般是具有强迫性格的人，互联网带给他们的不再是快捷方便，而是心理上的困惑、痛苦。因此，法国信息专家罗斯奈呼吁，要像节制午餐一样进行“信息节食”。

(五) 网络强迫行为

网络强迫行为，指以一种难以抵抗的冲动，着迷于在线赌博、网上贸易或者拍卖、购物等。据中国互联网络信息中心(CNNIC)(2020)报告显示，网络购物用户规模达到7.10亿人，与2008年年底相比，网购用户增长1.00亿人。互联网在某些方面吸引人的地方就在于它像赌博一样令人着迷。心理学家斯金纳(Skinner)通过电子信箱发现了强迫性上网的复杂性，原理即每个人都愿意重复被表扬的行为。人们总是沉浸于即将胜利的喜悦和期盼之中，这使人们更多地沉醉于上网购物或赌博行为等。对于中学生而言，他们的自我控制能力有限，容易沉迷于在网上购买游戏装备、刷新微博和朋友圈、不断地更新自己的社交平台、观看各类短视频、给主播打赏等，他们深陷其中，难以自拔。

三、中学生网络成瘾的原因

中学生网络成瘾的原因较为复杂，综合起来可以从以下几个方面来分析。

(一) 网络本身因素

在信息高速发展的时代，网络逐渐走进千家万户，有些人对网络过度使用，但是我们不能将这种成瘾行为简单归咎于上网这种活动本身，因为更多的网络使用者并没有出现滥用甚至成瘾行为。但是网络本身的某些特点容易使人成瘾，高科技的外衣容易使人忽略它的负面效应。网络易使人成瘾的特性主要有以下几点。

1. 信息丰富性

网络内容及网络技术日新月异。互联网丰富的信息来源于世界各地，小到个人，各种各样的信息都能从网络上得到：时政、教育、卫生、学习、娱乐……，有文字，有图片，有视频……，这与学生在学校学到的课本知识相比，更具新颖性，所以网络是个更具诱惑力的乐园。

2. 使用的匿名性

匿名性使用户摆脱了很多地域、外貌、种族等现实交往的限制，中学生在网络中感到更随意，没有压力，没有约束，可以在网上尽情发泄，可以夸张性地表达自己的情感，这有助于个体满足深藏在潜意识中的、不为正常社会意识所允许的各种需求和愿望，也使得他们内心深处不愿意从里面走出来，甚至会错把虚拟世界变成现实世界。

3. 操作的交互性

人们只需要在电脑面前轻轻点下鼠标，就可以得到自己想要的信息。网络交流中的多对多的特点可以使人体会到那种一呼百应的成就感。此外，一些仿真游戏等，可以充分发挥用户的主观能动性，满足其控制欲。在网络中个体似乎更易于达到自我实现的目标。这些特性使网络对使用者有很大的吸引力。

4. 管理的松散性

网络是信息的海洋，由于信息的组织结构和搜索引擎的不完善，很容易使人迷失方向。对于信息饥渴者来说什么都想看，极易造成沉迷。而网络上一些诸如游戏网站之类的不良信息，对于缺乏自制力而又好奇心很强的中学生来说更是难以抵挡。

(二) 个人因素

1. 生理和生物学因素

长时间上网会使大脑中的多巴胺(DA)水平升高，这种化学物质令患者呈现短时间的高度兴奋，沉溺于网络的虚拟世界，但之后的颓废感和沮丧感却较之前更为严重。时间一长，这些影响就会带来一系列复杂的生理和生物学变化，尤其是自主神经功能紊乱，体内激素水平失衡，从而使免疫功能降低，导致种种疾病。

2. 心理因素

(1) 注意功能特点。长期使用网络的中学生常常表现出对外界事物的注意力涣散，同时对网络内容有着特殊而敏感的注意能力，而且很难自控离开网络。外界铃声、他人的呼喊与呵斥均不能奏效，甚至如饥饿、寒冷等重要的生理感受也难以使成瘾者离开网络。这严重影响了中学生的学习、人际交往等社会功能。

(2) 情绪功能特点。网络成瘾者有很多的情绪、行为表现，其中最突出的特点是出现冲动性的上网症状，会对网络世界中的某些内容产生难以自拔的沉迷，一旦上了网精神就较为振奋，且很难自主控制离开网络。同时，网络成瘾者在离开网络一段时间后大都会出现焦躁不安、情绪低落的症状。这些情况都与个体情绪体验和识别功能有关。通过研究发现，与正常组相比，网络过度使用的中学生他们的情绪知觉能力更为敏感，情绪表达能力往往不足。

(3) 认知功能特点。网络是虚拟的，无法替代现实。然而，网络过度使用者却混淆了虚幻与现实的不同而沉溺其中，或者是用网络的虚幻来逃避现实生活中的挫折。在现代社会中，一些中学生的人际关系不良，经常与年长者、同龄人产生人际冲突，归属感不强，而网络中的虚拟交往恰恰可以实现他们的一些需要，使孤寂的心得到满足，并且还可以宣泄感情，结交朋友。足不出户的网络交往，为中学生提供了更多的人际互动的机会，取代了日常生活中的人际互动成为他们生活的主导。

3. 人格特征

网络成瘾者往往具有某些特殊的人格特征：喜欢独处，敏感，倾向于抽象思维，警觉，不服从社会规范，爱冒险。中学生网络过度使用者的精神质、神经质得分显著高于正常中学生，且更加内向、孤独且自尊较强①，易羞涩，情绪抑郁，网络使用者的抑郁倾向越高，其网络过度使用情况就越严重，网络过度使用病人中，大多数人患有躁狂抑郁症和社交恐惧症。此外，低自尊者、经常被他人拒绝与否定者，或是对生活感到不满足者，是最容易网络成瘾的群体。

(三) 家庭因素

1. 父母教养方式

父母在孩子的成长过程中始终处于一个非常重要的位置，父母的教养方式影响孩子的网络成瘾。研究表明，父亲教养方式越是偏向于惩罚严厉、过分干涉、拒绝否认以及过度保护等，孩子染上网瘾的可能性就越大；母亲的教养方式越是偏向于过分干涉保护、拒绝否认、惩罚严厉、偏爱等，孩子网络成瘾的可能性就越大。母亲的教养方式比父亲的教养方式对孩子网络成瘾的影响更为显著②。

2. 亲子沟通

亲子沟通质量的好坏，往往决定着孩子成长的道路。在家庭教育的过程中，父母容易走两个极端，一是父母过分溺爱孩子，尽其所能提供一切物质条件，却忽视了孩子的心理需要和变化，对孩子心理变化缺乏敏感性，往往错过了最佳的调整时期；二是一旦发现问题，便对孩子粗暴武断，方法简单没有弹性，不能从孩子的角度来看待问题、思考问题，从而加剧了亲子冲突和隔阂。

3. 家庭功能

研究发现，网络过度使用中学生在成长过程中常常出现“父亲功能”缺失或不足的现象。所谓“父亲功能”并非简单是父亲具体人，主要指在教养过程中通常需要的父亲角色与作用，如规范性、力量性等。研究发现，75%以上网络过度使用青少年有“父亲功能”不足甚至缺失的现象，如单亲(母亲)家庭、幼年父亲不在身边、家长过于繁忙无暇顾及子女、父亲在子女教育中很少参与等。

(四) 学校及社会环境因素

1. 同伴影响

中学阶段，孩子的视线开始从家庭转向外界，与同伴的关系、交往对他们的成长起着非常重要的作用，同伴之间的语言、活动已经形成了青少年群体中一种亚文化。追求自我独立，凡事要求按自己的想法和主张去做，同时与父母的冲突增加，更加寻求同伴的认同和支持。同伴的网络过度使用情况直接影响到中学生的网络成瘾。

---

① 庞海波，吴一智，曾永峰，等. 青少年网络成瘾的人格特征研究[J]. 心理科学，2010，33(1)：210-212.

② 王海花. 农村留守中学生网络成瘾及其与父母教养方式、同伴关系的相关研究[D]. 华中师范大学硕士学位论文，2013：18.

2. 学校适应不良及应激事件

青少年正处于“自我同一性”形成时期，学校安排的知识他们不感兴趣，他们急于想认同自己，想知道别人眼中的自己，但这方面的知识学校、老师却没有给予，特别是从老师、同伴那里得到的大部分是关于自己的负面信息，他便会从别处寻找补偿，而网络是给予孩子补偿的最佳途径。另外，面对生活、学习中的各种竞争压力，以及发生的各种负面事件，如果不能很好地得到解决，常常会使人出现失望、痛苦、焦虑、郁闷等情绪，而网络可以使人在虚拟的世界中寻求发泄，逃避现实，小小的屏幕可以使人们暂时忘掉内心深处的各种烦恼和负担，摆脱掉在现实世界中的无能感。

3. 社会支持不够

网络过度使用的中学生体验到的社会支持较低，家庭、学校和政府等对这部分青少年的支持力度还很不够，相反还存在不少排斥力量。当支持力量与排斥力量发展到很不平衡的时候，青少年就容易出现网络成瘾问题。

4. 国家对网络的监管不够完善

网络发展很快，但是网络的管理还不够完善，在网上什么东西都可以找到，特别是在现实中不能公开进行的某些活动，在网上却可以进行，这就迎合了中学生的猎奇心理，长期下去易导致网络成瘾的发生。

此外，个体、家庭、学校、同伴、社会等因素以及网络本身因素都是互相联系、互相影响、互相作用的。往往是一个环节出了问题，而另外几个环节没有给予支持或帮助，便会导致恶性循环，使得孩子走向网络成瘾的深渊而不能自拔。

实务训练7-1

他为何网络成瘾

张某，高一学生，小学时期成绩优异，初一时由于哥哥的引导，开始接触网络，后来慢慢沉迷其中。后果可想而知，其成绩急速下滑，伴随着进一步的发展，他对学习失去了兴趣。张某经常流连于网吧和游戏机房。他的家人对他严加看管、切掉网线、监视他读书等，但还是成效不大，张某还是会在上课期间偷偷溜去网吧上网。

张某的父亲做生意，是个成功的商人，家庭经济条件很好，母亲没有工作，做全职主妇，他们文化程度都较低，都是小学还没毕业。父亲性格火暴，动不动就发火，在家最有说话权，从来都是说一不二的。张某还有一个姐姐，一个哥哥。父亲非常宠爱他的姐姐，而比较忽视张某。他的姐姐目前在国外留学，哥哥在一所高职学校里就读，平时住学校，所以大多数时间，在家里的小孩只有张某一个人。张某的父母关系不好，父亲经常责骂母亲，母亲则逆来顺受，而把气都发到张某身上，对他要求很苛刻。从他懂事后，他开始自卑，封闭自己。虽然没有什么形式上的反叛，但是总爱一个人独处。刚开始还好，他还会和同学们交流沟通，但是自从上初一开始，他就慢慢开始沉迷网络。到现在为止，他已经不能自拔。

从上述案例中不难看出，张某已经深深陷入虚拟网络世界中，请分析出张某网络成瘾的原因?

从上面的案例可以分析张某迷恋网络的原因，有自身因素、家庭环境、学校教育、同伴群体和社会环境等方面的原因。

首先，从心理学的基本理论分析：人本主义心理学家马斯洛曾提出了人的需要层次理论。他认为，人的需要是有层次的，这几个层次由低到高依次是：生理的需要、安全的需要、归属和爱的需要、尊重的需要和自我实现的需要。网络成瘾的青少年由于自身人格特质的关系以及家庭、学校和社会的影响，很可能在现实环境中不能满足他们归属和爱的需要、尊重的需要、自我实现的需要。而在虚拟的网络世界中，人人平等，在匿名的保护下可以畅所欲言，不用担心会受到什么批评或惩罚，还可以得到别人的尊重。在网络上更容易追求到虚拟的成功，使他们富有成就感，满足自我实现的需要。这同时也可以用精神分析理论来说明青少年网络成瘾的原因，他们在现实中没能得到的满足可以从网络虚拟世界来找到。

其次，张某的心理存在一些偏差，外显的安静和无所谓的态度是不成熟的表现，只是为了掩饰内心的自卑。关键的一点是不敢面对自己的现实生活。由于缺乏自控能力，而陷入网络深渊，可能也是想在虚拟社会中找到些许的安慰和得到些许的发泄……“在网上，没有人知道你是一条狗。”这句网民的口头禅反映了网上交际的主要特点：你不仅可以匿名，而且还可以隐匿性别、年龄、种族和社会地位。通过虚拟的世界，以一种虚拟的身份进行交往，使张某得以把自己的郁闷发泄出来；虽然这是一种发泄方式，但同时也带来了负面影响。直接影响是导致他的成绩下滑，同时也引发了许多的不良事件的出现。

再次，张某的家庭给他造成很大压力，父母关系不和，父亲经常当着他的面骂他母亲，而母亲又把压抑着的怒气转移到张某身上。由于家庭成员的关系疏远度很大，使他感觉不到爱的存在，在没有爱的作用下，他就转向另一个虚拟的世界寻找爱，寻找被认可、被接受的网络环境。另一方面，由于家长的不恰当的教育方式，盲目地排斥网络，坚决地杜绝接触网络，从而引起他对于网络的特别兴趣，更加激起他的好奇心。并且，因为父母自己文化程度低，对张某的学习报以很大的希望，所以张某的身上就承载着期望与怨气这么不协调的东西。

从案例中可以看出，张某是非常聪明的，小学时期的成绩优异，在沉迷于网络之前，他与周围的同龄孩子相处得还比较融洽，并没有现在这么僵硬。也就是说，在懂事之后，他在心理上有了一丝的迷惑和矛盾，不理解父母亲的关系，开始逃避父母的关爱、逃避同学，开始自卑、封闭自己，进而在接触了网络之后，便很快陷入其中，在精神上找到了依托，在行为上找到了新的逃避方式。

因此，网络对中学生有着很大的吸引力，造成了很多中学生的网络成瘾，我们要去找到不同类型网络成瘾案例发生的原因，进而可以指定适合的预防与治疗策略。

四、中学生网络成瘾的治疗与预防

(一) 网络成瘾的心理治疗方法

对网络成瘾者采用心理治疗是目前国内外比较通用和富有成果的方法。国外最早于 20 世纪 90 年代中后期开始这方面的研究，我国则是从近几年才开始的。目前国内外应用得比较多的心理治疗方法主要包括：认知行为疗法、团体心理辅导法、焦点解决短期疗法、家庭治疗、精神分析疗法、厌恶疗法、系统脱敏疗法、强化干预法、转移注意力法、替代延迟满足法等。

下面介绍在学校中较为常用的几种方法。

1. 认知行为疗法

认知行为疗法是心理治疗的常用方法。它包括认知治疗和行为治疗两部分，常使患者暴露于刺激之中，挑战上瘾者对网络的不适应性认知，并训练大脑以不同的方式进行思考。在治疗过程中，患者要接受心理医生教给他的观念和行为，并反复加以练习以使大脑得到新的认识，久而久之这种练习就变成患者自发性或习惯性的行为。

对于这种疗法的研究，美国学者金伯利·扬和加拿大学者戴维斯分别提出了自己的认知行为疗法，也是最为系统性和理论化的疗法①。扬认为，由于互联网的社会性功能，因而很难对网络过度使用采取传统的节制式干预模式。在借鉴相关成瘾症的研究和治疗方法的基础上，扬提出了自己的认知行为治疗方法，主要分为 8 个步骤，分别是反向实践、外部阻止物、制定目标、节制、提醒卡、个人目标、支持小组和家庭治疗。其主要是从时间控制、认知重组和集体帮助的角度提出的一种方法，强调治疗应该帮助患者建立有效的应对策略，通过适当的帮助体系改变患者上网成瘾的行为。

而戴维斯则根据他自己提出的"病态互联网使用的认知—行为模型"，提出了一套系统的治疗网络过度使用的认知行为疗法，他把治疗过程分为 7 个阶段，依次是定向、规则、等级、认知重组、离线社会化、整合和通告。戴维斯的整个治疗过程需要 11 周完成，从第 5 周开始给患者布置家庭作业。这种疗法强调弄清楚患者上网的认知因素，让患者暴露在他们最敏感的刺激面前，挑战他们的不适应认知，逐步训练他们上网的正确思考方式和行为。

国内杜亚松报道，以学校为基础的小组认知行为治疗对儿童和青少年的网络过度使用有效，尤其在改善成瘾者的情绪状态和行为的自我管理方面。

2. 团体心理辅导法

团体心理辅导法是心理咨询中常用的一种方法。它是由心理咨询者指导，借助团体的力量和各种个体心理咨询理论与技术，就团体成员面对的心理问题与他们共同商讨，提供行为训练的机会，为团体成员提供心理帮助与指导，使每一位团体成员学会自助，以此解决团体成员共同的或共有的心理障碍，最终实现改善行为和发展人格的目的。这种方法于 20 世纪 90 年代被介绍到我国，随着越来越多的青少年陷入网络中而不能自拔，一些学者如樊富珉、杨彦平、乐国林等将这种方法推广到防治青少年的网络过度使用上来，取得了比较好的效果。

网络成瘾的团体心理辅导有一套系统的咨询程序，它包括：团体咨询目标、来访者网络心理障碍的预处理、确定团体的规模与结构、确认团体心理咨询的咨询间隔时间和咨询方式、制订计划和确定团体活动内容、团体心理咨询过程或会面等。对网络过度使用者进行团体心理辅导的目的在于，协助网络过度使用者从失序的上网行为与失序的生活中找回次序与平衡。辅导的目标不是戒除上网，而是合理地上网，可以有控制地上网，合理安排上网与非上网的时间，可以将网络世界与真实世界加以统合并达到协调与平衡。

3. 其他心理治疗方法

杨放如等对 52 例 IAD 青少年以焦点解决短期疗法为主并与家庭治疗结合的方法进行治疗，疗程为 3 月，其治疗后的 IAD 诊断问卷(IAD-DQ)评分、上网时间较治疗前均明显下降，情绪

① http://baike.baidu.com/view/491347.htm#6.

和心理功能明显改善。

梁宁建等的研究证明，运用评价性条件反射技术训练，促使网瘾者形成新的互联网信息—评价连接，这种新的连接具有较强的可接近性和易变性，使他们更容易从新的角度来提取互联网的相关信息，从而有可能改变成瘾性的网络心理和网络行为[①]。

此外，由于中学生网络成瘾的发生机制较复杂，对网络成瘾者的治疗还需与学校、家庭、社会教育紧密结合，使他们重新树立正确的人生观、价值观和世界观。而对于已出现心理障碍、精神症状及人格改变等的网络过度使用患者，必要时需要住院治疗，采用心理治疗和药物治疗相结合的方式。网络成瘾严重者的治疗需要由精神科医生、心理医生、内科医生、药剂师、护理人员、学校教育者组成，为网络成瘾患者提供心理咨询、药物治疗、物理治疗、人格行为矫正、习惯养成、社会工作、心理护理和康复及健康教育等服务，促进他们早日摆脱网瘾，回归到正常的学习和生活中来。

(二) 中学生网络成瘾的预防策略

对中学生网络成瘾问题要未雨绸缪，贯彻预防为主的方针。预防中学生网络成瘾综合征的发生，需要社会、学校、家庭多方面的努力和配合，主要包括社会治理、学校教育、家庭关怀等。

知识链接7-1

青少年网络文明公约[②]

要善于网上学习，不浏览不良信息。
要诚实友好交流，不辱骂欺诈他人。
要增强自护意识，不随意约会网友。
要维护网络安全，不破坏网络秩序。
要有益身心健康，不沉溺虚拟时空。

1. 社会治理

(1) 建立适合中学生的网站。当前，可建立专门为中学生或青少年群体服务的网站，通过服务来吸引他们的“眼球”。这种网站的特色应旗帜鲜明、积极向上。如果能很好地利用现有网站，就可以有效地整合网络资源，节约教育成本，增强教育成效。

(2) 在网络上宣传中华民族的优秀文化。继承和发扬中华民族上下五千年的优秀文化，取其精华，去其糟粕，是我们对青少年一代的要求。互联网是一个多种文化相互冲突与整合的世界，我们既要引导中学生正确利用人类社会的优秀文化成果，又要增强中学生的“免疫力”，这是网络时代教育工作者的一个重要任务。

(3) 构建网络伦理的理论和实践规范体系。网络伦理，是在计算机信息网络专门领域调节人与人、人与社会特殊利益关系的道德价值观念和行为规范。中学生的网络道德源于社会生活中的道德体系，又有别于现实道德。我们应加强对网络伦理规范的研究和探讨，明确各种网络主体之间的权利、义务和责任，以及网络道德的基本原则，构建和规范网络伦理，为青少年进

① http://baike.baidu.com/view/491347.htm#6.
② http://www.cctv.com/special/279/index.shtml.

入网络社会创造一个良好的道德环境。

(4) 推动网络立法工作。应修改和完善现行法律中关于计算机犯罪的惩治条款，推动网络立法工作。同时必须加强中学生的网络法制教育，帮助他们形成正确的价值判断能力。

2. 学校教育

学校教育必须从根本入手，从培养中学生良好的心理素质和健全人格入手。以良好的思想素质、政治素质、道德素质和心理素质为总体目标，要求的思想政治教育必须在这一问题上发挥作用。

(1) 调整教育目标。要努力建构建立在尊重学生个性发展要求之上的，包括思想素质、政治素质、道德素质、心理素质和审美素质等在内的综合目标体系。其中，尊重和满足学生的人格发展要求，培养健全人格是基础和核心。

(2) 改革教育内容。在学校教育中，首先要加大人生观教育力度；其次要强化生命教育，填补挫折教育和悲伤教育的空白；最后要加强责任意识教育。

(3) 优化心理环境。首先要大力开展校园文化建设，努力建设和谐的人际关系；其次培养学生的社会交往能力；此外，还要教会学生自我调节的方法和技巧。

3. 家庭关怀

(1) 建立良好的亲子关系。父母在孩子的成长过程中始终处于一个非常重要的位置，亲子沟通质量的好坏，往往决定着孩子成长的道路。良好的亲子关系，有助于培养孩子健全的人格和良好的社会适应能力。

(2) 建立科学的父母养育方式。研究表明，中学生网络成瘾和家庭教育方式密切相关，父母的养育方式影响孩子的人格形成。

(3) 完善家庭功能和社会支持。研究发现，网络成瘾中学生在成长过程中常常出现“父亲功能”缺失或不足的现象，网络成瘾者体验到的社会支持较低。所以，尽可能改善家庭关系，完善家庭功能，提高其他社会角色(如学校、政府等)对这部分孩子的支持力度，对于预防中学生网络成瘾的发生是有益的。

此外，我们应该为网络成瘾的中学生构建家庭、学校、社会互动的教育网络系统。就家庭而言，家长应熟悉电脑和网络，了解孩子常访问的网站和上网习惯，用成年人的经验帮助孩子离开网上垃圾；就学校而言，应建立一支能适应网络时代教育需要的教育者队伍；就社会而言，应加强对网络从业人员的管理和培训，建立完善的社会监督机制。只有三者共同努力、有机结合，才能从根本上预防中学生网络成瘾的发生。

案例导读解析

1. 案例诊断

从案例中可以看出小林上网已经影响到了他的学习和生活，而且沉迷其中不能自拔，即网络成瘾。

2. 原因分析

(1) 家庭原因。他在家里是独生子，其父亲因忙于工作和挣钱而忽略了与他的情感沟通。母亲文化程度低，对孩子只会一味溺爱，而无法同孩子进行深层次的对话。作为一个高中学生，与人沟通是一种必然的需要，为了获得这种需要，在现实生活中缺少情感交流的他，就会尽一切可能来满足这种需要。不久，网络就成了一个他可以表露情感的途径。时间长了，上网释放压力，寻求慰藉、刺激，就成了他的“专长”，网瘾由此产生。

(2) 学校原因。由于上了重点高中后，在强手林立的班上成绩已经没有初中时突出了，而老师对他的日常学习和生活关注不可能面面俱到，他对学习渐渐没有了兴趣，失去努力的方向。而在学习中不能有效“突破”的青少年，由于得不到老师和同学们的认可和肯定，就通过网络游戏的方式来获得虚拟奖励、宣泄郁闷情绪。

(3) 个人原因。16岁的他正处于青春发育期，求知欲旺盛，对于外界的各种新鲜事物都充满了好奇。而互联网作为新兴事物更能吸引他的眼球。极强的好奇心促使他抱着试探的心理接触网络。由于处于青春期的他，心理和行为不够稳定，网络的诱惑力大，再加上他的自控能力不够强，因此，没用多长时间，好奇心强、自控能力弱的他就深陷其中，迷恋上了网络。

3. 辅导方法

(1) 与小林谈话，让他正确认识网络成瘾的危害，增强自身的控制能力。给他看了几个网络成瘾的事例，让他既认识到网瘾的危害很大，又认识到网瘾并不可怕，而且是可以克服的。对于上网他可以制定制度：一是明确上网的任务和目标，把要完成的具体任务和需要查找的资料列在纸上，做到上网有目的。上了网以后，要准确地查找自己所需要的内容，不浏览与查找内容无关的网站。二是控制上网时间。每周2～3次，每次上网连续操作1小时后应休息15分钟，每天上网总量一般不超过2小时，尤其是晚上剩余时间多，上网时间不能过长，养成按时睡觉的良好习惯。三是按时下网。上网之前，根据任务量限定上网时间，时间一到，积极进行心理暗示，马上下网。

(2) 与小林家长沟通，家校共同做好孩子的工作，关心孩子的成长。与小林的父亲多次通话，并请其来校，共同商议如何帮助孩子走出网络的阴影，学会健康上网。希望家长能转变“生活中只有工作、赚钱”的观念，充分重视对孩子的教育。平时要尽可能多地与孩子进行平等的交流和沟通，了解他的内心世界，倾听他的心声，给孩子精神上的关怀、理解与安慰。让家长经常与孩子聊孩子感兴趣的事情，共同参与孩子感兴趣的有意义的活动，尊重孩子的认知，满足孩子对精神之爱的需求。这样，小林就不会因为缺少情感关怀，而跑到网络上去倾诉了，减少了对网络的依赖和欲望。

(3) 在班级创设良好人文环境，使同学们感受到集体的温暖。对于中学生来说，班级是他们在一天中生活最长的场所。他们的人生观、价值观，大部分是靠学校的培育来形成的。班级有良好的人文环境，老师有先进的育人方法，都会使学生无论是在做人、为人处世，还是辨别是非上，都有不俗的表现。在我们班教室后面办了一个心灵寄语栏目，学生可以自己发表自身的言论，教室里张贴着各种人生哲理，学生们每天有几分钟的个人演讲，组织了学习小组，让周围同学主动找小林讨论问题，与小林多沟通，让小林在班级不会感觉到孤独。这样让小林在学校、班级尽量得到更多的关心和照顾，使小林对学校、对学习慢慢产生兴趣，改变用上网寻求精神寄托的这种方式。

(4) 请人监督、寻求帮助。小林虽然有了网瘾，但程度又不是很深，寻求别人的支持和帮助就比较有效。我让他在班上找到一个自己可以信赖的朋友，来监督并帮助他克服网瘾。首先向朋友展示自己的克服网瘾的计划，请他监督。当自己“网瘾”出现时，请他及时提醒，并帮助克服。在家让父母监督，周六、周日上网要有目的，时间超过2小时就要父母提醒自己下网。

4. 效果

经过一段时间的努力，小林基本上克服了网瘾，与同学相处融洽，学习努力了，几次小测验成绩都有了较大的进步。期末考前给自己制订了学习计划和考试目标，家长对他的表现也很满意。

5. 案例总结

中学生上网成瘾的问题不单是学生自身的问题，同时也是各种因素共同作用的结果。网络社会已经悄然而至，我们既不能因为其强大的生命力和对中学生发展的巨大正面作用，而忽视它所带来的种种问题，也不能因为它的负面作用而敬而远之。我们应该加强对中学生上网的研究，探索新情况，创造新方法，解决新问题，增强中学生上网的成效。通过老师和家长配合，有针对性地采取措施，挽救网络成瘾的孩子。

小结

网络对中学生来说既是挑战，又是机遇。一方面，互联网以信息的丰富性、传播的便捷性、时空的无限性，给青少年的学习、生活带来了无与伦比的便利，为中学生打开了一扇通往外部世界的“窗户”，成为当代中学生认知社会的重要工具；在互联网上，我们几乎可以找到涉及人类生活的所有方面的信息，这些都为中学生不断提高自身素质提供了帮助。另一方面，互联网上也存在一些不良的信息，反动、暴力信息鱼龙混杂，中学生在没有外力监督、自控力不够的情况下常常不自觉地上网成瘾，不能自拔；不少中学生因玩网络游戏而耽误学业，危害其身心健康，其潜在的隐患不断蔓延，让许多家长现在“谈网色变”。因此，我们要因势利导、趋利避害，正确引导学生认识和使用网络，培养适应21世纪信息化社会的人才。

巩固与操作

一、思考题

1. 上网对中学生有利还是有害？
2. 中学生常见的网络偏差行为有哪些？
3. 什么是网络成瘾？网络成瘾的表现有哪些？
4. 中学生为什么会网络成瘾？
5. 网络成瘾如何预防？

二、操作题

1. 你认为上网对你的学习会产生哪些影响？
2. 假如你是一名教育工作者，你如何防止学生受到网络不良影响？

拓展阅读

1. 雷雳. 鼠标上的青春舞蹈：青少年互联网心理学[M]. 上海：华东师范大学出版社，2010.

2. Adm N. Joinson. 网络行为心理学：虚拟世界与真实生活[M]. 任衍具，魏玲，译. 北京：商务印书馆，2010.

第八章

中学生的职业生涯教育与时间管理

内容提要

中学生正处于心理和生理逐渐成熟的关键时期，自我意识正迅猛发展，对未来生活充满期待和幻想。他们开始发现自己的兴趣和特长，关注自身的能力水平，衡量自己的职业理想和自己能力之间的差距，并能根据自己的职业理想有意识地调整自己。职业生涯的成长和探索是确立职业的理性前提和基础，是决定能否赢在起点的重要阶段。能否在这个关键时期获得人生设计的意识和能力，将极大地影响他们今后的生活。本章主要介绍职业生涯规划的概念、阶段及步骤，中学生职业生涯教育的重要性，中学生职业生涯规划教育的方法，中学生时间管理的方法等。

学习目标

(一) 认知目标

1. 了解职业生涯规划的步骤；
2. 掌握职业生涯教育的策略；
3. 掌握中学生时间管理的方法。

(二) 情感目标

1. 认识到中学生职业生涯规划的重要性；
2. 培养学生科学利用时间的意识。

(三) 能力目标

1. 能对中学生进行有效的职业生涯教育；
2. 能指导中学生科学管理和利用时间。

案例导读

拖拉的女孩

杨某，女，12岁，独生女，某校初一学生。父母均是大学生。她的母亲是公司高管。2岁半时，她父亲外出创业，一去10年，每一年只有一个多月的时间与家人在一起。她与母亲、奶奶、爷爷共同生活。由于母亲工作较忙，早出晚归，爷爷奶奶照顾她的时间更多，对她比较溺爱。杨某在日常生活中几乎是每天早晨要妈妈把她从被窝里拽起来，然后就等着奶奶做好早餐，催促她匆匆吃完，还要送到车站才离开。此外，她在学习上，不管是写课堂作业还是平时单元测试，她的动作都比较慢。比如，做课堂练习的时候，别人做完练习了，她连题都没有抄完。在家里学习时，她常常玩笔、画画，甚至发呆，也不愿意抓紧时间动手写作业。每晚完成课外作业的时间通常在3个小时左右。

第一节　职业生涯规划概述

人的一生，是一连串决定交织而成的过程，其精华在于自己如何选择。生命的最高境界，就是选对舞台，尽情挥洒才华，走出自己的路。21世纪我们所面临的挑战不是做好准备，去迎接一个工作，一次面试，或一条特定的职业道路，而是要不断地提高自己的认知能力。我们必须能够开发和扩展自己的能力，创造机会并且建立专业联系，要成功地获得满意的职业生涯，就需要个体在整个生命活动的全过程当中不断进行思索。

职业生涯规划不是简单地能使我们获得一份工作，而是能使我们更好地发现自我、挖掘潜能、开发自我、实现自我。成功的人可以无数次修改方法，但绝不轻易放弃目标；不成功的人总是修改目标，就是不改变方法。职业生涯规划可以帮助我们客观分析内在素质和外在环境的优劣，帮助我们科学规划人生，从而激发学习的主动性和目的性，让我们能有效掌控自己的生活，使人生有目标、有方向，从而充满意义。

一、职业生涯概述

生涯概念的内涵可以从不同角度来界定。从经济学的观点看，生涯是个人在一生中所经历的一系列的职位，是个人接受培训教育以及职业发展所形成的结果；从社会学的角度看，生涯被看成是人一生中不同阶段所扮演的一系列的生活角色；从职业发展的过程来看，生涯被看成是个人通过从事工作所创造出的一个有目的、延续一定时间的生活模式和不断发展的职业角色。

职业生涯规划最早起源于1908年的美国。有"职业指导之父"之称的弗兰克•帕森斯(Frank Parsons)针对大量年轻人失业的情况，成立了世界上第一个职业咨询机构——波士顿地方就业局，首次提出了"职业咨询"的概念。从此，职业指导开始系统化。到20世纪五六十年代，美国职业生涯管理专家舒伯提出"生涯"的概念，于是生涯规划不再局限于职业指导。他认为，生涯是个人终其一生所扮演角色的整个过程，生涯的发展是以人为中心的。职业生涯是一个人在就业领域所经历的一系列岗位、工作或职业，以及相关的态度、价值观、愿望等连续的过程。

综上所述，职业生涯规划可以定义为个人结合自身情况以及眼前的机遇和制约因素，为自己确立职业目标，选择职业道路，确定教育、培训和发展计划等，并为自己实现职业生涯目标而确定行动方向、行动时间和行动方案。

二、职业生涯规划的阶段

每个人的职业都要经过几个阶段，因此，你必须了解这种职业周期的重要性。职业周期之所以重要，是因为你所处的职业阶段将会影响你的知识水平以及你对于各种职业的偏好程度。一个人可能经历的主要职业阶段大体可总结如下。

(一) 成长阶段

成长阶段大体上可以界定在从一个人出生到 14 岁这一年龄段上。在这一阶段，个人通过对家庭成员、朋友以及老师的认同以及与他们之间的相互作用，逐渐建立起自我的概念。在这一阶段的一开始，角色扮演是极为重要的，在这一时期，儿童将尝试各种不同的行为方式，而这使得他们形成了人们如何对不同的行为做出反应的印象，并且帮助他们建立起一个独特的自我概念或个性。到这一阶段结束的时候，进入青春期的青少年就开始对各种可选择的职业进行带有某种现实性的思考了。

知识链接8-1

儿童职业体验馆[①]

儿童职业体验馆，就是少年儿童通过模拟和体验成人的职业和角色来了解和接触真实的世界的地方。这个场馆拥有与真实城市一样的形态和景观，有模拟设定的社会规则和文化，具备管理系统、金融系统、安全系统、社会服务系统等。在这里，孩子们接触“社会”、了解“社会”，并成为“社会”的主人。

儿童职业体验的意义在于让孩子有一个良好、健康的模仿对象，孩子们在儿童职业体验馆里可以努力工作，体会工作赚钱、消费花钱等的实际意义，还可以感受到实际生活中的方方面面。比如，他们也要通过面试找到工作；面对同龄人的竞争，也要通过培训才能上岗；也要完成分配的任务，体会到工作中的种种不如意；也要通过工作赚取货币才能享受等。

通过职业体验让孩子提早认识职场、培养团队意识，并拥有正确的理财观念，让孩子从中体会到父母的辛苦，学会尊重、体贴父母，怀有一颗感恩父母的孝心和对父母、对家庭、对社会的爱心。孩子们在职业体验的过程中，认知社会、品尝艰辛、理解工作、懂得分享、学会合作，从而培养他们战胜困难的勇气和决心，提高他们各方面的素养和素质。

① http://baike.baidu.com/link?url=-8R2lPcBw0m2mv5AXl_C4anBJwlWduduC2BF2lW2l3H7bt1V1lVSx-VuyL0U2N9YZhP4Vh_tQ2n-BtT4IcdQ3Pa.

(二) 探索阶段

探索阶段大约发生于一个人的 15～24 岁这一年龄段上。在这一时期中，个人将认真地探索各种可能的职业选择。他们试图将自己的职业选择与他们对职业的了解，以及通过学校教育、休闲活动和工作等途径中所获得的个人兴趣和能力匹配起来。在这一阶段的开始时期，他们往往做出一些带有试验性质的较为宽泛的职业选择。然而，随着个人对所选择职业以及对自我的进一步了解，他们的这种最初选择往往会被重新界定。到了这一阶段结束的时候，一个看上去比较恰当的职业就已经被选定，他们也已经做好了开始工作的准备。

人们在这一阶段上以及以后的职业阶段上需要完成的最重要任务，也许就是对自己的能力和天资形成一种现实性的评价。类似的，处于这一阶段的人还必须根据来自各种职业选择的可靠信息来做出相应的教育决策。

(三) 确立阶段

确立阶段大约发生在一个人的 24～44 岁这一年龄段上，它是大多数人工作生命周期中的核心部分。有些时候，个人在这期间(通常是希望在这一阶段的早期)能够找到合适的职业，并随之全力以赴地投入有助于自己在此职业中取得永久发展的各种活动之中。人们通常愿意(尤其是在专业领域)早早地就将自己锁定在某一已经选定的职业上。然而，在大多数情况下，在这一阶段的人仍然在不断尝试与自己最初的职业选择所不同的各种能力和理想。

(四) 维持阶段

到了 45～65 岁这一年龄段上，许多人就很简单地进入了维持阶段。在这一职业的后期阶段，人们一般都已经在自己的工作领域中为自己创立了一席之地，因而他们的大多数精力主要就放在保有这一位置上了。

(五) 下降阶段

当退休临近的时候，人们就不得不面临职业生涯中的下降阶段。在这一阶段上，许多人都不得不面临这样一种情况：接受权利和责任减少的现实，学会接受一种新角色，学会成为年轻人的良师益友。再接下去，就是几乎每个人都不可避免地要面对退休，这时，人们所面临的选择就是如何去打发原来用在工作上的时间。

三、职业生涯规划的步骤

职业生涯规划是先觉知、有意愿、量己力、衡外情、定目标、找策略、重实践、善反省、再调整、重出发的生涯规划循环历程。每个人都渴望成功，但并非都能如愿。了解自己、有坚定的奋斗目标，并按照情况的变化及时调整自己的计划，才有可能实现成功的愿望，这就需要进行职业生涯的自我规划。职业生涯规划的步骤如下所示。

(一) 自我评估

自我评估包括对自己的兴趣、特长、性格的了解，也包括对自己的学识、技能、智商、情商的测试，以及对自己思维方式、思维方法、道德水准的评价等。自我评估的目的，是认识自己、了解自己，从而对自己所适合的职业和职业生涯目标做出合理的抉择。所谓生涯赢家，就是对自己很了解，知道自己想要什么，想做什么，想过怎样人生的人。

(二) 职业生涯机会的评估

职业生涯机会的评估，主要是评估周边各种环境因素对自己职业生涯发展的影响。在制定个人的职业生涯规划时，要充分了解所处环境的特点、掌握职业环境的发展变化情况、明确自己在这个环境中的地位以及环境对自己提出的要求和创造的条件等。只有对环境因素有了充分了解和把握，才能做到在复杂的环境中避害趋利，使你的职业生涯规划具有实际意义。环境因素评估主要包括：组织环境、政治环境、社会环境、经济环境。

(三) 确定职业发展目标

俗话说："志不立，天下无可成之事。"立志是人生的起跑点，反映一个人的理想、胸怀、情趣和价值观。在准确地对自己和环境做出了评估之后，我们可以确定适合自己、有实现可能的职业发展目标。在确定职业发展的目标时要注意自己性格、兴趣、特长与选定职业的匹配，更重要的是考察自己所处的内外环境与职业目标是否相适应，不能妄自菲薄，也不能好高骛远。合理、可行的职业生涯目标的确立决定了职业发展中的行为和结果，是制定职业生涯规划的关键。

身边故事8-1

从餐厅侍应生到流行乐坛明星——周杰伦的职业发展之路①

周杰伦是个有点沉默、家世平平的歌手，他的音乐席卷了整个华语地区，成为流行乐坛明星。他的音乐风格灵动，开拓了流行音乐新领域，他在流行乐坛引领了"中国风"，甚至在某种程度上带动了中国古典文学的复兴。音乐对于他而言，与其说是一种兴趣，不如说是另一个世界。在这个世界里，音乐帮助他抵挡父母离异、成绩不好等所有的青春期的常见烦恼，让他自信健康成长。

在当餐厅侍应生的日子，周杰伦坚持音乐梦想。在餐厅的工作其实很简单，把厨师做出来的饭菜送给女侍应生，再由女侍应生送给客人。即使是这样，周杰伦也没有离开自己的音乐世界，他带着一个随身听，一边工作一边听歌。在餐厅里打工和弹琴让周杰伦慢慢开始有公众演奏的机会，也慢慢开始积累起自己的听众。1997年9月，周杰伦参加了当时中国台湾地区著名娱乐主持人吴宗宪的娱乐节目《超猛新人王》。当时的周杰伦非常害羞，他甚至不敢上台唱自己的歌，只好找了一个朋友来唱，自己用钢琴伴奏。两个人的演出"惨不忍睹"。但主持人吴宗宪路过钢琴的时候，惊奇地发现这个一直连头也没敢抬的小伙子谱着一曲非常复杂的谱子，而且抄写得工工整整！他意识到这是一个对音乐很认真的人。

节目结束以后，他问周杰伦："你有没有兴趣加入我的唱片公司，任音乐制作助理？"真正让吴宗宪感动的是这个年轻人对自己乐谱的认真程度。打动吴宗宪的，与其说是才气，不如说是认真。很多时候，不管能力有多大，机会往往只选择那些认真对待自己工作的人，

① http://www.jyb.cn/job/jyzd/200903/t20090325_257884.html.

这本身是一种最重要的能力。

周杰伦在这半年里，写出来的歌不少，但曲风奇怪，没有一个歌手愿意接受。吴宗宪有些着急，他决定给这个年轻人一些打击。他让周杰伦来到自己的办公室，告诉他写的歌曲很烂，当面把乐谱揉成一团，丢进废纸篓里。这是周杰伦在音乐道路上遭受的重大打击。然而，吴宗宪第二天早上走进办公室的时候，惊奇地看到这个年轻人的新谱子又放在了桌上，第三天、第四天……每一天吴宗宪都能在办公桌上看到周杰伦的新歌，他彻底被这个沉默木讷的年轻人打动了。

1999 年 12 月的一天，吴宗宪把周杰伦叫到房间说，如果你可以在 10 天之内拿出 50 首新歌，我就从里面挑出 10 首，做成专辑——既然没有人喜欢唱你的歌，你就自己唱吧。10 天之后，周杰伦安安静静地拿出 50 首歌，于是就有了周杰伦一举成名的专辑《JAY》。从这张专辑开始，周杰伦一发不可收。

周杰伦的职业经历说来传奇，其实也普通。一直追求自己的梦想，找一份自己能做的工作，让自己先生存，培养自己适应社会的心态。同时，注意培养进入理想工作的能力，把完美工作作为长期目标来努力。

(四) 选择职业生涯发展路线

在职业目标确定后，可以根据自己的特点选择向哪一路线发展，是技能型还是研究型，或是其他类型，由于发展路线不同，对职业发展的要求也不同。因此，在职业生涯规划中，必须对发展路线做出抉择，以便及时调整自己的学习、工作以及各种行动措施沿着预定的方向前进。

知识链接8-2

职业类型[①]

1. 技能型

典型职业：喜欢使用工具、机器，需要基本操作技能的工作，要求具备机械方面的才能、体力，从事与物件、机器、工具、运动器材、植物、动物相关的职业，并具备相应能力，例如：技术性职业(计算机硬件人员、摄影师、制图员、机械装配工)，技能性职业(木匠、厨师、技工、修理工、农民、一般劳动)。

共同特点：愿意使用工具从事操作性工作，动手能力强，做事手脚灵活，动作协调；偏好于具体任务，不善言辞，做事保守，较为谦虚；缺乏社交能力，通常喜欢独立做事。

2. 研究型

典型职业：喜欢智力的、抽象的、分析的、独立的定向任务，要求具备智力或分析才能，并将其用于观察、估测、衡量、形成理论、最终解决问题的工作，具备相应的能力，例如：科学研究人员、教师、工程师、电脑编程人员、医生、系统分析员。

共同特点：思想家而非实干家，抽象思维能力强，求知欲强，肯动脑，善思考，不愿动手；喜欢独立的和富有创造性的工作；知识渊博，有学识才能，不善于领导他人；考虑问题理性，做事喜欢精确，喜欢逻辑分析和推理，不断探讨未知的领域。

---

① http://baike.baidu.com/view/6288279.htm.

3. 艺术型

典型职业：喜欢的工作要求具备艺术修养、创造力、表达能力和直觉，并将其用于语言、行为、声音、颜色和形式的审美、思索和感受，具备相应的能力，不善于事务性工作，例如：艺术工作者(演员、导演、艺术设计师、雕刻家、建筑师、摄影家、广告制作人)、音乐工作者(歌唱家、作曲家、乐队指挥)、文学工作者(小说家、诗人、剧作家)。

共同特点：有创造力，乐于创造新颖、与众不同的成果，渴望表现自己的个性，实现自身的价值；做事理想化，追求完美，不重实际；具有一定的艺术才能和个性；善于表达、怀旧，心态较为复杂。

4. 经管型

典型职业：喜欢要求具备经营、管理、劝服、监督和领导才能，以实现机构、政治、社会及经济目标的工作，并具备相应的能力，例如：项目经理、销售人员、营销管理人员、政府官员、企业领导、法官、律师。

共同特征：追求权力、权威和物质财富，具有领导才能；喜欢竞争、敢冒风险、有野心抱负；为人务实，习惯以利益得失、权力、地位、金钱等来衡量做事的价值，做事有较强的目的性。

5. 社交型

典型职业：喜欢要求与人打交道的工作，能够不断结交新的朋友，从事提供信息、启迪、帮助、培训、开发或治疗等工作，并具备相应能力，例如教育工作者(教师、教育行政人员)、社会工作者(咨询人员、公关人员)。

共同特征：喜欢与人交往，不断结交新的朋友，善言谈，愿意教导别人；关心社会问题，渴望发挥自己的社会作用；寻求广泛的人际关系，比较看重社会义务和社会道德。

6. 事务型

典型职业：喜欢要求注意细节、精确度，有系统、有条理，具有记录、归档、据特定要求或程序组织数据和文字信息的职业，并具备相应能力，例如：秘书、办公室人员、记事员、会计、行政助理、图书馆管理员、出纳员、打字员、投资分析员。

共同特点：尊重权威和规章制度，喜欢按计划办事，细心、有条理，习惯接受他人的指挥和领导，自己不谋求领导职务；喜欢关注实际和细节情况，通常较为谨慎和保守，缺乏创造性，不喜欢冒险和竞争，富有自我牺牲精神。

(五) 制订计划与措施

在确定了职业生涯的终极目标并选定职业发展的路线后，行动便成了关键的环节。对应自己的行动计划可将职业目标进行分解，即分解为短期目标、中期目标和长期目标。其中，短期目标可分为日目标、周目标、月目标、年目标；中期目标一般为 3～5 年；长期目标为 5～10 年。分解后的目标有利于跟踪检查，同时可以根据环境变化制订和调整短期行动计划，并针对具体计划目标采取有效措施。职业生涯中的措施主要指为达成既定目标，在提高工作效率、学习知识、掌握技能、开发潜能等方面选用的方法。行动计划要对应相应的措施，要层层分解、具体落实，细致的计划与措施便于进行定时检查和及时调整。

(六) 修正与完善

影响职业生涯规划的因素很多，有的变化因素是可以预测的，而有的变化因素难以预测。在此状态下，要使职业生涯规划行之有效，就必须不断对职业生涯规划执行情况进行总结与评定。首先，要对年度目标的执行情况进行总结，确定哪些目标已按计划完成，哪些目标未完成。然后，对未完成目标进行分析，找出未完成原因及发展障碍，制定相应解决障碍的对策及方法。最后，依据评估结果对后面的计划进行修正与完善。如果有必要，也可考虑对职业目标和路线进行修正，但一定要谨慎考虑。

实务训练8-1

如何制定一个科学职业生涯规划

1. 职业生涯规划制定的具体方法

许多职业咨询机构和心理学专家进行职业咨询和职业规划时常常采用的一种方法就是有关5个“W”的思考的模式。从问自己是谁开始，然后顺着问下去，共有如下5个问题。

1) 我是谁

应该对自己进行一次深刻反思，有一个比较清醒的认识，优点和缺点都应该一一列出来。

2) 我想干什么

这是对自己职业发展的一个心理趋向的检查。每个人在不同阶段的兴趣和目标并不完全一致，有时甚至是完全对立的，但随着年龄和经历的增长而逐渐固定，并最终锁定自己的终身理想。

3) 我能干什么

这是对自己能力与潜力的全面总结，一个人职业的定位最根本的还要归结于他的能力，而他职业发展空间的大小则取决于自己的潜力。对于一个人潜力的了解应该从几个方面着手去认识，如对事的兴趣、做事的韧力、遇事的判断力以及知识结构是否全面、是否及时更新等。

4) 环境支持或允许我干什么

这种环境支持，在客观方面包括本地的各种状态，比如经济发展、人事政策、企业制度、职业空间等；在人为主观方面包括同事关系、领导态度、亲戚关系等。这两方面的因素应该综合起来看。有时我们在选择职业时常常忽视主观方面的东西，没有将一切有利于自己发展的因素调动起来，从而影响了自己的职业切入点。而在国外通过同事、熟人的引荐找到工作是最正常也是最容易的。当然我们应该知道这和一些不正常的“走后门”等歪门邪道有着本质的区别。这种区别就是这里的环境支持是建立在自己的能力之上的。

明晰了前面4个问题，就会从各个问题中找到对实现有关职业目标有利和不利的条件，列出不利条件最少的、自己想做而且又能做的职业目标。

5) 自己最终的职业目标是什么

明确自己最终的职业目标是什么，将自我职业生涯规划列出来，建立个人发展计划书档案，通过系统的学习、培训，实现就业理想目标。选择一个什么样的单位，预测自己在单位内的职务提升步骤，个人如何从低到高逐级而上。例如从技术员做起，在此基础上努力熟悉业务领域、提高能力，最终达到技术工程师的理想生涯目标；预测工作范围的变化情况，不同工作对自己的要求及应对措施；预测可能出现的竞争，如何相处与应对，分析自我提高的可靠途径；如果发展过程中出现偏差，如果工作不适应或被解聘，如何改变职业方向。

2. 根据个人需要和现实变化，不断调整职业发展目标与规划

职场上常说，计划赶不上变化。对于自己碰到的问题和环境，需要及时调整发展规划，一成不变的发展计划有时形同虚设。

根据职业方向选择一个对自己有利的职业和得以实现自我价值的单位，是每个学生的良好愿望，也是实现自我的基础，但这一步的迈出要相当慎重。就人生第一个职业而言，它往往不仅是一份单纯的工作，更重要的是它会初步使你了解职业、认识社会，一定意义上它是你的职业启蒙老师。最后，提醒毕业生们，人生成功的秘密在于机会来临时，你已经准备好了！机遇对于任何人来说都是平等的，千万别在机遇面前说抱歉！

3. 落实职业生涯规划

制定好一系列的职业发展规划后，如何将其最终落实是每个规划制定者所必须考虑并面对的一个问题。做一个好的计划若没有实施上的细则，就无法保证计划顺利进行。

应对职场纷繁信息和变动选择的成功法则就是必须建立有效的信息整理、分析和筛选系统，再结合自身竞争力合理规划职业生涯。这样才能在职业发展过程中凭借良好的职场敏感度到达职业成功的彼岸。

下面简述 10 个基本原则仅供参考。

(1) 清晰性原则。考虑目标措施是否清晰明确？实现目标的步骤是否直截了当？

(2) 变动性原则。目标或措施是否有弹性或缓冲性？是否能依据环境的变化而调整？

(3) 一致性原则。主要目标与分目标是否一致？目标与措施是否一致？个人目标与组织发展目标是否一致？

(4) 挑战性原则。目标与措施是否具有挑战性，还是仅保持其原来状况而已？

(5) 激励性原则。目标是否符合自己的性格、兴趣和特长？是否能对自己产生内在激励作用？

(6) 合作性原则。个人的目标与他人的目标是否具有合作性与协调性？

(7) 全程原则。拟订生涯规划时必须考虑到生涯发展的整个历程，做全程的考虑。

(8) 具体原则。生涯规划各阶段的路线划分与安排，必须具体可行。

(9) 实际原则。实现生涯目标的途径很多，在做规划时必须要考虑到自己的特质、社会环境、组织环境以及其他相关的因素，选择确定可行的途径。

(10) 可评量原则。规划的设计应有明确的时间限制或标准，使自己随时掌握执行状况，并为规划的实现提供参考的依据。

第二节　中学生的职业生涯教育

在社会未迈入工业化以前，职业的种类较少，工作内涵也极为简单，通常的工作都是由父母传授给子女，或由学徒直接向师傅学习，因此并不会产生择业的种种问题。自产业革命之后，工业科技日渐发达，机器日新月异，而生产过程也日渐复杂，产品之种类及生产量也大量的增加。因此，工作世界里的行业种类与职业，更趋复杂与专业。如此众多的职业数目及复杂的职业内涵，年轻人凭自己很难洞悉各种职业的内容及分类，而父母、亲友们也难具有专业化的知识来协助子女选择适当的职业。

因此，辅导年轻人择业的责任，就由家庭转移到学校及社会就业辅导机构。对年轻人而言，职业选择是否适当，将影响其将来事业的成败以及一生的幸福；对社会而言，个人择业是否适当，能决定社会人力供需是否平衡。如果每个人都适才适所，那么，不仅每个人都有发展的前途，而且社会亦会欣欣向荣；反之，则个人贫困，社会问题丛生。由于职业选择，对一个人及社会都极为重要。因此，政府及教育单位，对于个人未来职业生涯的认识、规划、准备和发展，应极为重视，实施职业生涯教育。

一、中学生职业生涯教育概述

职业生涯教育是有目的、有计划、有组织地培养个体规划自我职业生涯的知识与技能，发展个体综合职业能力，促进个体职业生涯发展的活动，是以引导个体进行并落实职业生涯规划为主线的综合性教育活动。它是一套辅助性的课程计划，其内容和实施过程灵活性均较大，既可在普通教育过程中实施，又可在职业教育过程中实施，可贯穿从小学到大学，从工作到退休直至生命的终结的全方位和全过程。

国外职业生涯教育具有悠久的历史，并已形成较为完善的制度和模式，将为我国职业生涯教育的实施提供有益的经验与启示。在美国，系统的生涯发展项目要由专业工作者、父母和社区代表共同组成团队，所使用的材料和学习经验要与学生的发展阶段相适合；实施该项目的人是能够广泛使用各种资源和策略，达到项目目标的高水平技能的人。我国目前高等学校职业指导发展很快，教育部学生司的相关领导认为职业生涯教育是一个连续的过程，每个阶段有不同的指导任务，这需要教育系统整体规划。

中学生正处在职业生涯的成长和探索期，他们开始逐渐认识自己，了解自己的兴趣、能力，并尝试着规划自己的人生。因此，中学生的职业生涯教育是指按照中学阶段学生的成长成才规律，通过学习、测评、体验、分析等教育方式，使中学生尽早认识自我，认识职业，认识教育与职业的关系，学会做职业决策，结合自己的兴趣、爱好、能力、特长及个性特点选择合理的职业目标，并从知识、技能和综合素质方面锻炼自己的职业竞争力。综上所述，中学生的职业生涯教育关系中学生的未来发展方向，对中学生的健康成长具有重要意义。

二、中学生职业生涯教育的重要性

中学生正处于心理和生理逐渐成熟的关键时期，自我意识正迅猛发展，对未来生活充满期待和幻想。他们开始发现自己的兴趣和特长，关注自身的能力水平，衡量自己的职业理想和自己能力之间的差距，并能根据自己的职业理想有意识地调整自己。职业生涯的成长和探索是确立职业的理性前提和基础，是决定能否赢在起点的重要阶段。能否在这个关键时期获得人生设计的意识和能力，将极大地影响他们今后的生活。开展好中学阶段的职业生涯教育，对我国青少年的成长和发展具有重要作用。

(一) 有助于促进中学生正确认识自我

目前，我国许多学生的发展方向都由家长或监护人来设计和安排，这些设计和安排大多是出于家长或监护人的自我判断。这与学生本人的实际性格特点、能力、爱好等有所偏差，容易造成学生自我意识被压抑，极大地影响了学生未来的发展。职业生涯教育首先强调“生涯”的主体是学生本人，通过自我认识的方式来思考自己的兴趣、爱好、能力、特长及个性特点。这样，就可以使中学生更科学地规划自己的人生。

(二) 有助于促进中学生自觉地学习

心理学研究表明，人类的任何行为都是有目的的，即行为动机论。同样地，学习动机是推动学生从事学习活动的内部动力，它能够影响学生学习的进程和学习效果。学习动机一旦形成，不仅使学生对所学的东西有一定的指向性，而且也产生强大的学习动力。周恩来总理“为中华之崛起而读书”就是一个非常生动和熟悉的例子。让中学生树立“为自己的未来而学习”的信念，可以使学生目前的学习更有目标和意义感，从而有效地增强学生的学习动机，增强学习的主动性和自觉性。

(三) 有助于解决升学与就业的困惑

中学生已经开始面临职业选择的困惑。无论是初中生还是高中生，都面临着升学和就业的选择。即使是继续升学，也同样面临一个选择专业(事实上与日后的职业选择密切相关)的问题。每当学生初高中毕业时，许多家长与学生都四处咨询，是读技校还是升高中，是学文还是学理，是报考这所学校还是那所学校。然而，这个时期的中学生虽然都有着强烈的自我设计的渴望，但他们各方面还不够成熟，还不能理性地根据自身的具体情况进行职业生涯设计，他们迫切需要外界的指导与帮助。

(四) 有助于进行科学自我定位

你今天站在哪里并不重要，但是你下一步迈向哪里却很重要。职业生涯规划的重要前提是认识自我。只有认识自我、了解自我，才能有针对性地明确职业方向，而不盲目化。认识自我是对自我深层次的剖析，了解自己能力的大小，明确自己的优势和劣势，根据过去的经验、经历，选择未来可能的工作方向，从而彻底解决“我想干什么”和“我能干什么”的问题。在此基础上，通过了解行业的特性、所需的能力、就业渠道、工作内容、工作发展前景、行业的薪资待遇等外部环境，理性地确定自己所具备的资本。这是人生所有规划和行动得以成功的基本依据，正所谓“知己知彼，百战不殆”。

(五) 有助于找到实现理想的通道

职业生涯规划让我们拥有明确的目标，会围绕目标去学习和提升，即使目标不够明确，也会沿着既定的方向前行，这就是实现理想的通道。实现目标的强烈意愿对于个人而言是非常重要的，意愿越大，成功的概率也就越大，通过意愿变成超强的行动力，行动力的根源来自于意愿，意愿强烈才可以实现目标。只有在发现和确定了人生奋斗的大目标之后，围绕这个中心，我们平常的行为才会更有效率和价值，进而职业生涯规划成为实现理想的通道。职业生涯规划为我们的人生之旅设定了导航仪，指引我们走向成功。哈佛大学的一项追踪研究表明，那些获得成功的人的共同点在于，他们为自己的职业生涯早早确定了明确的目标，并且始终坚持。

总之，通过职业生涯规划，可以把“我想做的事情”与“我能做的事情”有机结合起来，在客观分析自身和外界环境之后，制定出科学可行的、个性化的方案。实施这个方案，将会使自己的优势得到最大限度的发挥，需求得到最大限度的满足。在中学阶段开展职业生涯教育，对学生职业选择以及他们终身的发展方向都至关重要。因此，在中学生中实施职业生涯教育是十分必要的，而且也有着十分重要的作用。

三、中学生职业生涯教育的现状

目前，国内高校都开设了职业规划课程，但是，职业规划课程大多停留在传授如何就业的层面上。纵观我国高等教育的现状，学生在进入大学之后，专业基本已经确定。一项对在校大学生的统计显示，有70%的学生对所选的专业不满意。受限于当前教育体制，只有少数人可以通过自己努力来调整专业，而其他的人的职业方向大多为被动选择。因此，国内高校的职业生涯教育可以说只是一种“临时抱佛脚”的短期行为，很难收到真正的效果。要改变这种被动的局面，职业生涯教育的重心应放到基础教育阶段。

1992年，国家教委把职业指导列为普通中学必修课，并组织编写了《普通中学职业指导教育实验纲要》。1993年，经国家教委批准、民政部备案，中国职业教育学会职业指导专业委员会成立，推动了全国职业指导工作的开展。1994年，国家教委颁布了《普通中学职业指导纲要》，正式在普通中学引进职业指导，要求初中、高中开设职业指导课。《教育部关于普通高中学业水平考试的实施意见》(教基二〔2014〕10号)中明确提出“要加强学生生涯发展指导”。《国家中长期教育改革和发展规划纲要(2010—2020年)》中提出：“建立学生发展指导制度，加强对学生的理想、心理、学业等多方面指导。”随着我国经济的不断发展，就业形势越来越严峻，各级教育部门逐步认识到在中学阶段开展职业生涯教育的重要性，经济发达的城市和地区已陆续在中学阶段实施职业生涯教育。

然而，目前我国中学生的职业生涯规划教育在我国的教育体系中还没有得到充分重视，组织机构与制度不健全或缺失，专职专业师资队伍、教育手段等方面也存在许多不足，大多数家长和中学生对职业生涯教育仅限于零星了解。这不仅使中学生在中学的学习阶段缺乏基本的职业意识，而且使中学生在对自我的认知方面存在严重不足，中学生不了解自己的职业兴趣是什么，更没有职业规划，即使有的中学生有自己的人生理想，也只有极少数的中学生意识到如何实现自己的人生理想。

四、加强中学生职业生涯教育的对策

(一) 开设切实可行的职业生涯教育课程

课堂教学因其集体教学、信息量多、效率高的优势历来是教育教学的主渠道，因而开设职业生涯教育课程是实施职业生涯教育的主要途径之一。职业生涯教育课程的重点是向学生讲解职业生涯规划、职业生涯与人生、职业、社会等方面的基础知识和基本理念，培养学生制定职业生涯规划的意识与能力。通过提供自我认识的测试和辅导，使学生掌握自我认识的方式和方法；通过系统地介绍有关职业、经济形势等方面的知识，使学生根据自己的实际，判断自己的职业取向。

职业生涯课程可以通过学科教学、专题讲座，并结合录像、课件等形式开展教学。在教学中可以采用灵活多样的教学方法和模式，如测评法、讲授法、讨论法、演示法等。总之，职业生涯教育课程应有别于其他基础理论课程，在教育过程的设计与安排上，要与中学生的心理特点相适应。

(二) 加强宣传，使中学生职业生涯教育深入人心

中学生职业生涯教育是当代教育理念的一个重要体现，其实施的效果与人们对其认识的程度密不可分。家庭、学校和社会作为教育环境的三大要素，只有三者形成合力，才能使教育取得良好的效果。全社会以及所有的家庭、学校，都应该认识到中学生职业生涯教育的重要性，为其营造一个良好的大环境。

首先，加强中学生职业生涯教育理念的宣传，使全社会共同关心支持这项事业。其次，家庭是每个人形成基本人生态度和观念的重要场所，父母的教育方式及家庭氛围对学生的健康成长起着举足轻重的作用，父母应树立对孩子进行职业生涯教育的意识，在日常生活中注重加强对孩子在社会交往能力、独立思考能力、人生规划、职业准备等方面的学习与训练。再次，学校工作应以育人为目标，应该认识到这项工作的重要意义，并科学开展职业生涯教育活动，帮助学生开展职业生涯设计。

(三) 加强职业生涯教育机构和师资队伍建设，切实开展工作

要推动中学生职业生涯教育工作健康快速发展，必须成立专门的职业生涯教育机构，并配置有专职职业生涯规划指导师。只有这样，才能使中学生职业生涯教育有计划、有步骤和科学地开展。专业的指导教师是实施职业生涯规划教育的主要力量，在中学生职业生涯规划中发挥着主导作用。指导教师队伍可以从学生管理工作或心理辅导工作队伍中选拔推荐优秀教师组成，通过加强他们的职业生涯教育培训，以提升他们的职业生涯指导水平，使之成为专业化队伍。由于社会和职业的需求会随着经济的发展不断变化，职业生涯规划指导师也必须跟上形势，不断更新观念，及时掌握职业的需求动向，才能行之有效开展职业生涯指导。职业生涯规划指导师积极参加高校的招生咨询会和双选会，熟悉就业市场，是他们不断提高职业指导水平的一个重要途径。

(四) 注重实践，引导学生树立正确的人生观、学习观和职业观

实践出真知，实践是中学生了解自我的一个重要途径，是学校开展职业生涯教育的一个重要平台。随着我国经济的飞速发展，各级城区和乡镇遍布不同类型的民营企业或私营企业。学校可以与这些单位结成对子，利用寒暑假或节假日的时间组织中学生实地考察，体验职业生活。学校所在的社区、居委会等各级行政部门和团体，也是中学生开展实践活动的重要基地，学校可以与这些组织建立长期联系，让中学生走进这些组织参加体验工作，使他们在实践中开阔眼界、增长知识、锻炼能力。总之，通过开展实践教育活动，可以帮助学生树立正确的人生观、

学习观和职业观，也体现了职业生涯教育的本质。

(五) 组织中学生制定职业生涯规划，实施职业生涯差异化教育

中学生是职业生涯教育的对象之一，要使职业生涯教育落到实处，做好中学生个人的职业生涯规划是关键。因此，学校应组织即将毕业的中学生制定自己的职业生涯规划，即形成文字，时刻对照、审视自己的职业生涯实施情况。

职业生涯规划通常包含对自己的认识与评价、目标、措施及时间步骤安排等内容。由于每个中学生的智力水平、个性特点、家庭环境都不相同，学校职业指导教师还应注重中学生职业生涯差异化教育，挖掘和发展他们的优势和特长，使每个中学生的潜能都能在原有基础上得到充分的发展，从而促进中学生自身素质的全面提升。

第三节　中学生的时间管理

勤奋者抓紧时间，懒惰者消磨时间，有志者珍惜时间，无为者浪费时间，忠诚者遵守时间，投机者等待时间，聪明者积累时间，愚昧者忽略时间，求知者利用时间，无知者荒度时间，实干者重视时间，浪荡者践踏时间，谦虚者赢得时间，乐观者赞美时间，悲观者叹息时间。时间是一种重要的资源，具有不可变性、无贮存性、无替代性，但我们可以对时间进行有效的管理与使用。善于管理时间的人能力强、事业有成，在专业领域中获得成功的可能性大。科学合理地使用时间，是现代人社会性格形成的一个重要标志。时间管理和使用已成为国内心理学研究中的一个新领域。

心理测试8-1

你是否有拖延的毛病

1. 为了避免对棘手的难题采取行动，于是我寻找理由和借口。(　　)

A. 非常同意　　B. 略表同意　　C. 略表不同意　　D. 极不同意

2. 为使困难的工作能被执行，对执行者施加压力是必要的。(　　)

A. 非常同意　　B. 略表同意　　C. 略表不同意　　D. 极不同意

3. 我经常采取折中办法以避免或延缓不愉快的事是困难的工作。(　　)

A. 非常同意　　B. 略表同意　　C. 略表不同意　　D. 极不同意

4. 我遭遇了太多足以妨碍完成重大任务的干扰与危机。(　　)

A. 非常同意　　B. 略表同意　　C. 略表不同意　　D. 极不同意

5. 当被迫从事一项不愉快的决策时，我避免直截了当的答复。(　　)

A. 非常同意　　B. 略表同意　　C. 略表不同意　　D. 极不同意

6. 我对重要的行动计划的追踪工作一般不予理会。(　　)

A. 非常同意　　B. 略表同意　　C. 略表不同意　　D. 极不同意

7. 试图令他人为管理者执行不愉快的工作。(　　)

A. 非常同意　　B. 略表同意　　C. 略表不同意　　D. 极不同意

8. 我经常将重要工作安排在下午处理，或者带回家里，以便在夜晚或周末处理它。(　　)

A. 非常同意　　B. 略表同意　　C. 略表不同意　　D. 极不同意

9. 我在过分疲劳(或过分紧张，或过分泄气，或太受抑制)时，无法处理所面对的困难任务。(　　)

A. 非常同意　　B. 略表同意　　C. 略表不同意　　D. 极不同意

10. 在着手处理一件艰难的任务之前，我喜欢清除桌上的每一个物件。(　　)

A. 非常同意　　B. 略表同意　　C. 略表不同意　　D. 极不同意

评分标准

每一个“非常同意”评 4 分，“略表同意”评 3 分，“略表不同意”评 2 分，“极不同意”评 1 分。总分小于 20 分，表示你不是拖延者，你也许偶尔有拖延的习惯。总分在 21～30 分之间，表示你有拖延的毛病，但不太严重。总分多于 30 分，表示你或许已有严重的拖延毛病。

一、时间管理概述

(一) 时间管理的内涵

时间管理是指通过事先规划并运用一定的技巧、方法与工具实现对时间的灵活以及有效运用，从而实现个人或组织的既定目标[①]。

个人在利用和支配时间上的倾向不仅表现在行为上，而且与其对待时间的态度以及时间价值观念密切相关。对待时间的态度和时间的价值观念，促使人朝着一定的目标而行动[②]。由此可见，时间管理倾向具有动力性，在不同人身上有不同表现程度、跨情境性和潜在的可测度 3 个特征。这 3 个特征正是人格所具有的，因此说时间管理倾向也是一种人格特征。国内学者黄希庭等在国外学者研究的基础上，编制出我国青少年的时间管理倾向量表。黄希庭等人认为[③]，时间管理倾向是个体对时间的态度、计划和利用等的认知特点，是个体对时间的价值观和行为倾向，是一种具有多维度多层次心理结构的人格特征，包括时间价值感、时间监控观和时间效能感 3 个维度，是价值观、自我监控和自我效能在个体运用时间方式上的心理和行为特征，即时间维度上的人格特征。

具体来说，时间管理 3 个维度的含义如下。

(1) 时间价值感是指个体对时间的功能和价值的稳定的态度和观念，包括时间对个体人生和社会发展意义的稳定态度和观念。它通常是充满情感，对个体运用时间的方式具有导向作用。时间价值感是个体时间管理的基础。

(2) 时间监控观是个体利用和运筹时间的观念和能力。它是通过一系列外显的活动来体现的，例如计划安排、目标设置、时间分配、结果检查等一系列监控活动。

(3) 时间效能感指个体对自己利用和运筹时间的信念和预期，反映了个体对时间管理的信心以及对时间管理行为能力的估计。它是制约时间监控观的一个重要的因素。

因此，时间价值感、时间监控观和时间效能感分别是价值观、自我监控和自我效能在个体

① http://baike.baidu.com/link?url=i65fkC4bcx95a6IAgZh8rB4SqxQpnYHztFkK2TcE8tn4h3k0_osX7Y2IlAGi9Ncw.
② 李静. 中学生时间管理现状及对策[J]. 教育实践与研究，2006，10：9-10.
③ 黄希庭，张志杰. 青少年时间管理倾向量表的编制[J]. 心理学报，2001，33(4)：341.

运用时间上的心理和行为特征，即时间维度上的人格特征。

(二) 中学生时间管理的意义

“一寸光阴一寸金，寸金难买寸光阴”。时间管理与青少年的学习生活是密切相关的，合理、科学的时间管理不仅是他们获得良好知识储备的基本保障，也是他们个体成长与发展的必然前提。华罗庚曾说过，时间是由分秒积成的，善于利用零星时间的人，才会做出更好的成绩来。很多中学生因自己不能科学、合理地利用时间而造成学习成绩较差。研究表明，时间管理与学业成绩、成就动机、自尊、心理健康密切相关，也有研究发现时间管理不是成绩的直接前提，而是有助于个人获得控制感，这会积极影响成绩和满意感，并降低紧张和压力反应①。

因此，有效利用时间是走向职业成功的重要基础，而掌握良好的时间管理方法，形成良好的时间管理行为习惯，可以增加学生的自我管理和自我控制感，增强学生的自信心，进而提高学生的学业成绩。

实务训练8-2

时间的意义：剪时间尺

黄经国先生曾经用一个“剪时间尺”的游戏了阐明时间的意义。

(1) 你要准备一把60寸长的软尺。假如你有80岁的寿命，1～20岁可能是你不能做主的，所以不谈。现在你的软尺有60寸，表示你20～80岁的时间，每1寸是1年。你60～80岁这一段属于老年期，处于半退休或者退休状态，所以你可以用剪刀把软尺上的20寸剪掉，那部分表示你60～80岁20年的时间。现在你的软尺只剩下了40寸——你一生中的黄金时间。

(2) 人平均每天睡眠8小时，一年365天，一年平均的睡眠时间是2920个小时，40年就是11.68万小时，即13年。现在，请你将软尺剩下的40寸剪去13寸，剩下的只有27寸。

(3) 一般人每天早中晚三餐，包括周六下午的饮茶时间(还未包括下午茶和一般推销员闲聊胡扯的时间)，平均需要2.5小时，一年大约用去912小时，40年就是36 480小时，相当于4年的时间，所以请你把软尺剪去4寸，现在的软尺应剩下23寸。

(4) 一般人每天用于交通的时间平均为1.5小时，如果是外勤及推销员，所需时间可能是它的五六倍，用于舟车劳顿的时间可能超过5小时，工作看似十分忙碌，但业绩不显著。现在你问一问自己每天用在交通上的时间是多少？如果答案是1.5小时，40年便是2.19万小时，等于2.5年。请你剪去2.5寸，现在软尺只剩下20.5寸了。

(5) 如果你每天用于与亲友同事聊天闲谈、打电话的时间，或平时闲聊的时间是1小时，40年就等于用去了1.46万小时，等于1.5年，那么现在软尺应该剩下19寸。

(6) 美国最近做了一个统计，一般人平均每天看电视的时间是接近8小时，而一些事业有成的社会精英则每星期少于5小时。中国香港地区的人的工作时间较长，一般人看电视的时间为5小时。假设你平均每天看电视3小时，40年用去的时间就是4.38万小时，即等于5年的时间。请你在软尺上剪去5寸，现在它剩下来的应该是14寸。

(7) 你是否计算过自己每星期用于娱乐、锻炼身体的时间有多少？周末晚上有什么消遣？看电影、搓麻将、打球、看书？如果你每天娱乐、锻炼用去的时间平均3小时，40年就是4.38

① 张锋. 中学生时间管理自我监控量表的研究[J]. 心理科学，2007，30(3)：668-671.

万小时，等于5年。你又剪去5寸，它现在是9寸。

(8) 每人每日做的三件大事是：刷牙洗脸、大小便及洗澡。此外，还有女士用来化妆，男士用来剃须、看报纸的时间，以上各项如果你每天用1小时，40年就是1.46万小时，即1.5年。那么现在你手里的软尺还有7.5寸。

(9) 如果你一年有7天休假，40年就等于0.672万小时；如果你每天都做白日梦或发呆1小时，40年就是1.46万小时；如果你每天因为闹情绪，无法集中精力工作1小时，40年便是1.46万小时。把以上各项相加，虚度时间的总数为3.59万小时，等于4.1年。请你将软尺上的7.5寸减去4.1寸，剩下的只有3.4寸，也就是3.4年的时间。

二、中学生在时间管理中存在的问题

(一) 浪费不易被人们觉察的时间

浪费不易被人们觉察的时间是一种潜在的和隐性的时间浪费，有些时候人们意识不到自己在浪费时间，更没意识到，浪费这些不引起人们注意的时间，日积月累会给人们的学习和生活带来很多不利的影响。在中学生中，隐性的时间浪费主要表现在：课堂上，有些学生不能保证认真听老师讲授课程，注意力会不自觉地分散、转移，总是有同学“身在曹营心在汉”。有些学生则是直接在书桌底下做小动作，摆弄文具和其他物品。还有些同学对老师讲课不感兴趣就趴在桌子上睡觉。对于某些科目，学生不给予足够的重视，在底下和同学窃窃私语、玩手机，甚至半途出去上厕所、逃课等，这些都是在无形地浪费时间。最普遍的现象是，有些学生也坐在了课堂上，专心听老师讲课，但听课时不能分清学习内容的重点和难点，分不清主次，往往错过老师讲重点内容的时机，放在非重点问题理解上的时间多于放在重点问题理解上的时间，课堂利用效率不高，学习成绩也不是很好。课下回家做作业和预习功课时，他们看似坐在书桌前，认真地完成作业和复习功课，但实质上，他们的意识不在书本上，本来可以集中精力短时间完成的作业，却花费了好几倍的时间完成，事倍功半。时间的利用率极低，在有限的时间内没有完成学习任务，达不到预期的学习目标。

(二) 不善利用课余的和零碎的时间

较小学阶段，中学阶段的学习任务和学习科目逐渐增多。在时间分配上，学习时间占的比例也较小学有了提高。在学习任务加重的情况下，中学生应该更好地利用时间管理策略管理好自己的学习时间。然而，有些中学生存在一些不适宜的学习模式，如忽略课余时间的价值，对课余时间不给予足够的重视。有些学生放学回家不马上做作业，取而代之的是看电视、玩电脑、找伙伴玩耍，课余时间很少安排学习或者复习功课。这种学习模式，不利于学生养成良好的时间管理策略。还有一部分学生不能很好地利用零碎的时间，意识不到那些零碎的时间可以积少成多，致使许多教师讲完课留给同学们讨论的时间，和同学们做活动后留给同学们反思的时间，以及其他形式的零碎时间，都被悄无声息地浪费了。珍惜时间就要合理地利用时间，更好地利用琐碎时间。鲁迅说过时间就像海绵里的水，只要挤总会有的。哪有什么天才，我不过是把别人喝咖啡的时间都用在写作上了。所以真正懂得安排时间、合理利用琐碎时间的人才是真正珍惜时间的人！

(三) 做事情拖延，有浪费时间的不良习惯

历数古今中外一切有大建树者，无一不惜时如金。时间资源是不可替代的，今天时间浪费了，明天不可能找回来。许多学生在学校或是在家里，他们做什么事情总是拖拉，老师课堂上或是课后留的作业，无论在自习课还是在家里完成时，拖拖拉拉，磨磨蹭蹭，总找些理由逃避、拖延。根本没有“当日事，当日毕”的想法，没有养成珍惜时间的习惯。即使在家长和老师的催促下，他们也不能在规定的时间内完成学习任务，不能及时上交作业就会被老师批评，被批评后，有的同学就产生不良情绪，慢慢地会影响师生关系。良好的师生关系，有助于学生产生温暖的感觉，有利于学生个性及良好的学习习惯的养成。师生关系紧张，使学生对学习和老师产生抵触情绪，这些情绪又影响好的时间管理习惯的形成，加重学生浪费时间的倾向。更有甚者，一些学生的大部分时间直接通过上网、出去找同伴玩、听歌、睡觉等方式被消遣了。他们认识不到时间的有限和可贵，这些浪费时间的习惯一旦养成，对学生的学业成绩、自我效能感、自我评价等方面都会产生负面影响。

(四) 学困生和学优生的时间管理能力有差异

一个班集体的存在，由好多群体构成，按学习成绩分类可分为学困生与学优生。学困生与学优生在时间管理上存在很大的差别。学困生在学习时间管理能力上相对滞后，这种滞后集中反映在对学习时间的规划上。不能很好地计划学习时间、统筹安排自己的学习活动是学困生基本学习素质不高的重要体现。而学优生相对来说，他们有自己的学习方法、学习计划，能够最大限度地利用时间，对时间进行有效管理，很少有浪费和拖延时间的习惯。他们会根据学习成绩或其他方面的反馈，总结和发展适合自己的并能有效提高学习效率的时间管理策略。

三、对中学生有效的时间管理方法

时间管理方法既属于理论知识，也属于操作技能和方法方面的知识；任何知识技能和方法都需要教师采取恰当的方式传授给学生，学生才能较为快速高效掌握；然而时间管理方面的知识和技能又不像数学、物理、化学等学科知识那样，是中学生的教学大纲和教学计划明确规定要学习和掌握的显性的知识技能，它是属于教学大纲、教学计划没有涉及但又非常重要并制约着学生各学科知识技能掌握的另一项知识技能。学生有效的时间管理意识和行为的形成，需要教师不断教育、灌输和指导。

时间管理技能是可以通过训练得到提高的，我们要让中学生对他们的时间使用状况有一个明确的认识，如一天或一周的时间里个人时间的浪费情况，以及如何减少或消除对时间的浪费，要求中学生进行监控，并对成功和失败的结果进行自我分析。此外，我们还可以让他们掌握良好的时间管理方法，形成良好的时间管理行为习惯，进而提高他们的学业成绩。

(一) 时间管理的四大法宝

1. 以 SMART 为导向的目标原则

时间管理教学中要强调，目标原则不单单是有目标，而且是要让目标达到 SMART 标准。这里 SMART 标准包括以下几个方面。

(1) 具体性(specific)。具体性指学习目标必须是清晰的，可产生行为导向的。比如，目标“我要成为一个优秀的中学生”不是一个具体的目标，但目标“我这个学期年级排名要前进 5 名”或“我期末考试数学要突破 90 分”就算得上是具体的目标了。

(2) 可衡量性(measurable)。可衡量性指目标必须用指标量化表达。比如上面“我这个学期年级排名要前进 5 名”或“我期末考试数学要突破 90 分”的目标，它就对应着量化的指标——排名、考试成绩等。

(3) 可行性(attainable)。这里可行性有两层意思：一是目标应该在能力范围内；二是目标应该有一定难度。一般人在这点上往往只注意前者，其实后者也相当重要。如果学习目标经常达不到，的确会让人沮丧，但同时也应注意，太容易达到的学习目标会让学生失去激情。

(4) 相关性(relevant)。相关性指与具体学科学习相关，而不是简单的“白日梦”。

(5) 及时性(time-based)。及时性指学习目标必须确定完成的日期。在这一点上，教师要教育学生不但要确定最终目标的完成时间，还要设立多个小时间段上的“时间里程碑”，以便进行学习进度的监控。

2. 关注第二象限原则

根据重要性和紧迫性，我们可以将所有的事件分成 4 类(即建立一个二维四象限的指标体系)，见表 8-1。

表8-1　时间管理的四象限指标体系

类别	特征	相关事宜
第一象限	“重要紧迫”的事件	如：临考准备、完成有期限压力的作业等
第二象限	“重要但不紧迫”的事件	如：知识的积累、总结、定期复习等
第三象限	“不重要但紧迫”的事件	如：不速之客、某些电话、会议、信件、邀请等
第四象限	“不重要且不紧迫”的事件或“浪费时间”的事件	如：阅读令人上瘾的无聊小说、收看毫无价值的电视节目等

第三象限的收缩和第四象限的舍弃是众所周知的时间管理方式，但在第一象限与第二象限的处理上，人们却往往不那么明智。大多数学生更关注于第一象限的事件，这将会使学生长期处于高压力的学习状态下，经常忙于考前磨枪和应付老师检查，这很容易使学生精疲力竭，长此以往既不利于健康也不利于学习。大多数成绩中、下等的学生都比较关注于第一象限的事件，天天都忙得团团转，而学习效果却不尽如人意，感觉很糟糕。所以教师对学生进行时间管理培训，必须引导学生转换关注的方向，这样才可得到根本的改变。这主要是因为第一象限与第二象限的事本来就是互通的，第二象限的扩大会使第一象限的任务减少，而且处理时由于时间比较充足，效果会比较好。因此，也可以增强学生的自信。

3. 赶跑时间第一大盗的韵律原则

日本专业的统计数据指出：“人们一般每 8 分钟会收到 1 次打扰，每小时大约 7 次，或者说每天 50～60 次，平均每次打扰大约是 5 分钟，总共每天大约 4 小时，也就是约 50%的工作时间(按每日工作 8 小时计)，其中 80%(约 3 小时)的打扰是没有意义或者意义不大的。同时人被打扰后重拾原来的思路平均需要 3 分钟，总共每天大约就是 2.5 小时。根据以上的统计数据可以发现，每天因打扰而产生的时间损失约为 5.5 小时，按 8 小时工作制算，这占了工作时间的 68.7%，所以说“打扰是第一时间大盗”。

中学生作为一个未成年群体，大多数时间处于学校这个相对安静的大环境中，受到的打扰相对少些，但也占了其时间支出的很大比例。为了解决这个问题，应该运用时间管理法则——“韵律原则”来帮助学生管理好自己的时间。它包括两个方面的内容：一是保持自己的韵律，具体的方法包括对于无意义的邀请要学会礼貌地拒绝，按照自己效率最高的作息规律安排时间。二是要与别人的韵律相协调，具体的方法包括以班会的形式让全班同学了解每个同学的作息习惯；设一个专门的时间管理墙报栏，每个同学把自己每天的时间安排张贴到此处；同学间要互相珍视对方的时间，不要随意打扰对方，有事要先看对方的时间安排。

4. 执着于流程优化的精简原则

著名的时间管理理论——“崔西定律”指出：任何工作的困难度与其执行步骤的数目平方成正比。例如完成一件工作有 3 个执行步骤，则此工作的困难度是 9，而完成另一工作有 5 个执行步骤，则此工作的困难度是 25，所以必须要简化任务流程。

可见，无论对于中学生个人而言，还是对于班级、学校而言，应该尽量精简各种活动的流程，做到凡事皆有计划，计划简化优化。每一次去掉一个多余的环节，就少了一个延误时间的可能，这意味着大量时间被节省了。

(二) 时间管理的十一条法则

1. 要和你的价值观相吻合

你一定要确立个人的价值观，假如价值观不明确，你就很难知道什么对你最重要，当你价值观不明确，时间分配一定不好。时间管理的重点不在于管理时间，而在于如何分配时间。你永远没有时间做每件事，但你永远有时间做对你来说最重要的事。

2. 设立明确的目标

时间管理的目的是让你在最短时间内实现更多你想要实现的目标。你必须把今年的 4 到 10 个目标写出来，找出一个核心目标，并依次排列重要性，然后依照你的目标制订一些详细的计划，然后就是依照计划进行。

3. 改变你的想法

美国心理学之父威廉·詹姆士对时间行为学的研究发现这样两种对待时间的态度：“这件工作必须完成，它实在讨厌，所以我能拖便尽量拖”和“这不是件令人愉快的工作，但它必须完成，所以我得马上动手，好让自己能早些摆脱它”。当你有了动机，迅速踏出第一步是很重要的。不要想立刻推翻自己的整个习惯，只需强迫自己现在就去做你所拖延的某件事。然后，从明早开始，每天都从你的时间表中选出最不想做的事情先做。

4. 遵循 20 比 80 定律

生活中肯定会有一些突发和迫不及待要解决的问题，如果你发现自己天天都在处理这些事情，那表示你的时间管理并不理想，应当遵循 20 比 80 定律。成功者花最多时间在做最重要的事，而不是最紧急的事情上，然而一般人都是做紧急但不重要的事。

5. 安排“不被干扰”时间

每天至少要有半小时到一小时的“不被干扰”时间。假如你能有一个小时完全不受任何人干扰，把自己关在自己的空间里面思考或者学习，这一个小时可以抵过你一天的学习效率，甚至有时侯这一小时比你 3 天学习的效率还要好。

6. 严格规定完成期限

帕金森在其所著的《帕金森法则》(*Parkinsons Law*)中，写下这段话：“你有多少时间完成工作，工作就会自动变成需要那么多时间。”那么，对于中学生而言，如果你有一整天的时间可以做某项学习任务，你就会花一天的时间去做它。而如果你只有一小时的时间可以做这项任务，你就会更迅速有效地在一小时内做完它。

7. 做好时间日志

你花了多少时间在做哪些事情，把它详细地记录下来，早上出门(包括洗漱、换衣、早餐等)花了多少时间，搭车花了多少时间，出去拜访朋友花了多少时间……把每天花的时间一一记录下来(见表 8-2)，这样你会清晰地发现浪费了哪些时间。这和记账是一个道理，当你找到浪费时间的根源，你才有办法改变。

表8-2　时间日志

_____月_____日　　　　时间单位：分钟

所做事件	洗漱	早餐	搭车	拜访朋友	上网	做作业	……
所花时间							
所做事件(续)							
所花时间							

8. 理解时间大于金钱

“一寸光阴一寸金，寸金难买寸光阴”。陶渊明说过，盛年不重来，一日难再晨。及时当勉励，岁月不待人。人生短短数十秋，想要在如此短的时间内取得成功，登上人生的顶峰，谈何容易。也正因为如此，珍惜时间就显得异常的重要。每个成功人士的背后往往有个珍惜时间的故事。一定要抓住一切机会向优秀的学生学习，学习他人的成功经验。慎重选择你接触的对象，因为这会节省你很多时间。假设与一个成功者在一起，他花了 40 年时间成功，你跟 10 个这样的人交往，你就学到了 400 年的经验。

9. 学会列清单

把自己要做的每一件事情都写下来，这样做首先能让你随时都明确自己手头上的任务。不要轻信自己可以用脑子把每件事情都记住，而当你看到自己长长的清单时，也会产生紧迫感(见表 8-3)。

表8-3　时间管理表

_____月_____日

时间段	计划内容	重要性排序	预期完成时间	实际完成情况

10. 同一类的事情最好一次把它做完

假如你在做纸上作业，那段时间都做纸上作业；假如你是在思考，用一段时间只做思考；打电话的话，最好把电话累积到某一时间一次把它打完。当你重复做一件事情时，你会熟能生巧，效率一定会提高。

11. 每一分钟每一秒做最有效率的事情

你必须思考一下要做好一份工作，到底哪几件事情对你来说是最有效率的，列出来，分配时间把它做好。零星的时间，如果能有效地加以利用，可成为完整的时间。所谓积土成山是也，失去一日甚易，欲得回已无途。

案例导读解析

1. 案例诊断

从个案描述和老师反映的情况，可以看到杨某存在严重的拖延问题，是学业拖延与日常生活拖延同在的泛化性拖延行为。前者是面对学校学业等刺激所显现的拖延行为，需要付出较多的时间；后者是日常生活中所产生的拖延行为，没有强制时间限制。但两者是相关的，所谓的习惯成自然。

2. 成因分析

1) 幼时不良成长环境

其一，年幼的时候，杨某动作缓慢不利索，母亲和奶奶很心急，常常是一遍一遍地催促，于是杨某就学会了等待别人帮她完成任务。但这种包办代替恰恰剥夺了她锻炼的机会，惰性因此越来越强，没有自理的愿望，没有责任心。

其二，随着她渐渐长大，父亲常年在外地工作，母亲担任了管理任务，工作更加繁忙，把她更多的事情托付给了奶奶，这更养成了其拖延的习惯。

其三，学业成绩一般，尽管一度比较努力，但始终处于中等水平，更严重的是父母都是大学生，奶奶是退休教师，对她学习成绩的要求也比较高。由于生活上养成的拖延习惯，也自然影响到她学业上的拖延。

2) 极度担心失败的非理性信念

由于奶奶是教师，与她的老师也比较熟悉，她的担心与害怕通常的结果是造成逃避行为。

比如作业怕得不了A，会受到老师的批评，父母的责骂，爷爷奶奶的唠叨，同学的嘲笑。十分担心自己失败，总有一些非理性信念困扰，像“我很不行，我不太可能顺利完成任务”“我动作本来就比别人慢，我只能这样了”等。

3) 一定程度的焦虑情绪

学业的自挫感以及非理性观念的影响，在一定程度上对个案带来了很强的焦虑情绪，越觉得自己做不好，越是担心；越是担心，越是着急，越是焦虑，越是拖延。

4) 不善于时间管理

杨某这孩子时间观念淡薄，时间管理意识薄弱，做事情缺乏紧迫感，计划性差，任你着急催促，依然我行我素。

3. 干预策略

1) 强化时间观念

首先是因为不正确的时间观念，而造成对没有完成计划中的任务会习以为常，如：明天是星期天，再做还来得及；还没有放学，完成作业还早；早晨闹钟还没有响，上学不会迟到等。

对杨某进行“一分钟专项训练”：内容是难度不大的计算、背诵、写字等，让杨某感受一分钟可以做多少事。在训练的时候注意记录成绩。每次完成了任务，就及时表扬“真不错”“又长大了”“进步很大哦”“很厉害”，让其获得成功的体验。

杨某反应：在简单训练的初始，表现出积极的回应，兴致也很高，但随后则锐减，学业上、生活上的表现也依然如故。我们的理解是效度不是低，而是需要策略完善与巩固，进一步了解她。

2) 改变非理性观念

在与杨某的学校教师、父母、爷爷、奶奶以及同伴的交流中，都能明显感受到有许多非理性观念在困扰着她，如：

问：你觉得你动作慢的原因会是什么？

答：我快不起来。

问：为什么会有这样的感觉？

答：他们都说我动作慢！

问：谁？

答：妈妈、奶奶、爷爷、同学……

这与当初的分析判断是基本一致的，但是，杨某主要是受哪些非理性观念影响呢？在随后的几次咨询中，大致可以得出如下结论：我拖延的行为使得没有人会喜欢我，他们都不喜欢我；我没有妈妈、爸爸那么能干；我根本没有与同学一样的本事，没有能力，我做什么事情都没有其他人好，我成绩一直很差，也好不了……

在行为层面上，积极鼓励杨某寻找替代信念。我感觉自己英语水平很差，我不可能迅速记住单词；我很难一下子完成数学难题，但我要是去做，我可以完成一部分。我老是完不成作业，我没有认真听课，作业有难度；我认真听也许就能很好完成，不看电视会完成得好些。我是想用心点，但感觉都做不好；那道扩展题，我很用心，差点完成；我喜欢的题目我是能够做好的。

杨某反应：沟通之后她会发现，很多事情本不是像自己想象的那样，也没有那么糟糕，树立自信是那么重要。在信念替代训练中，我分明能感受到她向上的激情和高昂的斗志。

3) 设立弹性要求

长久的家庭经历，痕迹应该不可能很快抹去。给予一定的弹性要求，是有必要的，主要是在学科渗透中予以关注。

适当增加男性教师与之交流。杨某由于父爱的长期缺失，母亲、奶奶等女性亲属的教育在其学习生活中占主要地位。恰当安排异性长者的教育引导，会令其感受到与往昔不一样的阳刚与果断。

注重群体活动设计与关注。杨某拖延的直接结果将导致群体的任务失败。因为反馈及时，促使其没有办法拖延。杨某自小在合唱队练习，参与集体项目的时候多。此时更多举行分小组竞赛表演、展示等活动，促使其与同伴合作，在合作中感受自己的作用。

降低要求，给她机会。拖延的课堂表现常常是不睬你要求，我行我素。杨某偏爱语文与历史课，任课教师施于故意性表扬(其实不怎么样)，给她机会，让她愿意展示自己，就是一个进步。

杨某反应：在这期间杨某的参与是积极主动与有效的，在老师家长那里，从体验的过程中获得了愉悦与体悟。

4) 同伴的积极影响

以群体社会化发展理论为基础的研究者指出，在儿童人际关系网络中，同伴关系占重要位置，是决定性因素。因而发挥积极同伴影响，是有效改善拖延行为的途径之一。

(1) 班会主题引领，促进交流。开展了如主题是“说说你‘眼中的好朋友’班会”。全班同学互相评价、互相赞美，她从活动中知道了自己的优点和缺点，并欣然接受。

(2) 寻找闪光点，同伴互助，促进发展。可以在班主任老师的指导下，由同桌或平时的好朋友帮助杨某制订“寻找闪光点”计划，制作每日闪光表。杨某在集体中不知不觉进步，甚至有影响同伴的良好倾向。

杨某反应：发现其逐步融入集体，对自己的行为有了更多的要求，也从同伴的回应中感受到自己的自信与责任以及同伴的认可，得到了积极的情感体验。

5) 订立行为契约

为了强化行为改变的效果，与杨某订立了行为契约。在与杨某及其家长的访谈中了解到，杨某喜欢唱歌，因此，与家长商定选择一套她喜欢的物品作为强化物。在与杨某和家长商定后确定行为契约。

为了增强其母亲对孩子的关注，与之也订立行为契约。每日要求其母完成与孩子的沟通、帮扶任务，完成任务则及时表扬，未完成则明确提出批评意见。身为知识分子的杨母，自尊心比较强，自然知道及时弥补自身的不足，因此，在完成此行为契约时也坚持得比较好。

杨某反应：适合杨某心理与年龄特点的强化物，在行为契约的辅导技术实施中起到了很好的作用。加上其母亲的紧密配合，杨某更明确了自己的努力目标，知道需要实施的行为与立足点，并不断积累良好的正向经验。

4. 效果分析

为观察训练辅导对杨某的持续性效果，研究者对杨某训练辅导后两个月的拖延行为进行观察记录。在辅导结束后两周，发现杨某拖延行为有所改善，同时还发现杨某对不感兴趣的任务，仍有较明显的拖延，但持续效能得到加强，巩固效果显著，学业成绩得到提高[①]。

① http://blog.sina.com.cn/s/blog_a37ef9b6010108vf.html.

小结

中学生职业生涯教育是指按照中学生的成长成才规律，通过学习、测评、体验、分析等教育方式，使中学生尽早认识自我，认识职业，学会职业决策，选择合理的职业目标，这对中学生未来职业的发展具有重要意义。此外，在当今科技发展、竞争激烈的社会背景下，充分利用时间，有效利用资源，对时间进行规划和管理对生活、学习及工作都具有重要的意义。本章对中学生职业生涯和时间管理进行了分析，提出了有利于中学生职业生涯规划和时间管理的方法，从而对他们的学习和生活具有指导作用。

巩固与操作

一、思考题

1. 职业生涯规划的步骤有哪些?
2. 中学生职业生涯规划教育的意义是什么?
3. 加强中学生职业生涯教育的策略有哪些?
4. 中学生在时间管理上存在哪些问题?
5. 时间管理的原则有哪些?

二、操作题

1. 如果你是一名班主任，你如何对学生进行职业生涯教育?
2. 你的时间管理情况如何?你如何有效利用时间?

拓展阅读

1. 张纪元. 中学生职业生涯规划教学设计[M]. 北京：北京师范大学出版社，2012，3.
2. 吴志兰. 中学生职业规划[M]. 北京：中国市场出版社，2010，4.

第九章

中学生心理辅导的支持系统

内容提要

本章主要内容有中学生心理辅导的家庭支持、学校支持和社会支持，其中家庭支持主要包括家长素质、家庭氛围、教育方式、亲子沟通等方面；学校支持包括专业人员支持、教师及班主任支持、课程渗透、朋辈支持等方面；社会支持主要包括社会大环境和社区小环境支持。

学习目标

(一) 认知目标

1. 了解家庭、学校、社会为心理辅导提供的各种支持；
2. 掌握建立中学生心理辅导的支持系统的方法。

(二) 情感目标

1. 感受教师对中学生心理辅导的作用；
2. 激发全员关心中学生心理健康。

(三) 能力目标

1. 掌握学科渗透等心理辅导的支持方式；
2. 能利用班会等活动为心理辅导提供支持；
3. 能调动心理辅导的全方位支持手段。

案例导读

唠叨的母亲①

有一位母亲，常常唠叨女儿要尽量少参加各种活动，尤其是少与男生来往。有一次，家里来了几个邀请女儿去过生日的同学，母亲竟臭骂了他们一顿。这使女儿受到极大的伤害：她觉得在同学面前好没面子，因此怨恨母亲："你不让我好过，我也要让你难受。"她暗暗做了一个决定，我就不好好读书！就是要把你的钱拿去花光！但同时她内心又很孤独，很苦闷。因此，

①. http://www.360doc.com/content/12/0110/12/6989594_178494283.shtml.

作为父母，如果处理问题的方式不当，可能会伤害到孩子。

第一节　中学生心理辅导的家庭支持

教育家马卡连柯曾说过，家庭是社会的一个天然的基层细胞，人类美好的生活在这里实现，人类胜利的力量在这里滋长，儿童在这里生活着，生长着——这是人生的主要的快乐。每个孩子出生之后就生长在特定的家庭环境之中，家长的教育观点与教育水平、教育态度与方法，家庭成员的个性特征及其相互关系，个体在家庭中所处的地位与扮演的角色，对孩子的心理健康发展产生着重要的影响。

一、家长应提高自身素质，为孩子树立榜样

家长是子女的第一任老师，对孩子有着权威性的影响，因此，做好榜样是非常重要的。俗话说："欲教子者先正其身。"这是告诫做父母的要严格要求自己，时刻不要忘记旁边有个以你为榜样的孩子。家长要注重自己思想和行为的示范作用，给孩子树立榜样，时时处处注意自己的形象。有些孩子的不良行为习惯，就是从家长那里模仿的，生活习惯如此，学习习惯也是如此，家长的言传身教一定不能忽视。家庭教育通过言传身教、潜移默化的影响，对孩子健全人格的培养起着至关重要的作用。家长要教孩子如何做人，要求孩子做到的自己应首先做到。家长要注意保持自己的形象和在孩子心目中的地位，时刻注意树立自己在孩子心中的威信，这样的家庭教育才能显现出良好的效果来。

(一) 提高文化和心理素质

未来的家庭是学习型家庭，父母不断学习文化知识，不仅能提高家庭教育的水平，而且这种学习态度和学习精神，也为孩子树立了榜样。家长在平时要多阅读一些有关孩子身心发展变化规律方面的书籍，如心理学、教育学等，注重对孩子良好心理品质的培养，比如要注意加强与人合作、自信心、进取心等心理素质的辅导。父母心理素质对家庭心理氛围影响极大，当在生活中、工作中、孩子成长中遇到困难时，父母情绪稳定、积极乐观、对家庭有责任感、对孩子有信心，实际上就已经为孩子营造了一种良好的家庭心理氛围。

(二) 加强品德修养

品德修养更多地体现在家长待人接物、为人处世等生活小节中。家长常常注意了"大节"，而忽略了"小节"，殊不知子女耳濡目染的是父母的日常小节，所以在这些小节中表现出来的品德修养对子女的影响更大。心理学研究表明，在道德判断和价值定向方面，父母与子女的相关系数非常高，达到0.55。因为孩子思想品德素质正处于形成时期，可塑性强，孩子和父母生活在一起，耳濡目染，父母的一言一行都起着潜移默化的教育作用，对孩子影响非常深刻。

家长有良好的思想品德，孩子的思想也往往就高尚；反之，家长言行不正，孩子也必然受到不好的影响。所以，做家长的应随时检点自己的言行，以身作则，有意识地在学习、道德行为、锻炼身体等方面，给孩子做出良好的榜样。言教身教一致，才可能教育好孩子。父母是孩

子接触最多，也最信任的人，父母的言行对孩子的影响很重要，如果处理不好，会给孩子心理上留下阴影，影响他们的一生。

(三) 有进取心和责任感

家长的进取心表现在不断学习充实和提高自己，不断追求理想和目标；家长的责任感体现在强烈的事业心和爱岗敬业的精神。孩子的行为就是父母的翻版，父母希望孩子能富有进取心，那么同样的在父母的身上也应当具有这一特质。如果父母日常生活懒散、不思进取、无所事事，孩子身处在这样的环境当中又怎么能够有上进心呢？家长的事业心、责任感和进取精神本身就是教育，会对孩子的学习态度及人生观产生重要影响。家长可以以自己奋斗的实践来教育和引导孩子，或是将先辈们奋斗进取的经历讲给孩子听，还可以将一些名人的奋斗进取经历讲给孩子听。家长要引导孩子多读一些能够激励人奋斗方面的书，也要鼓励孩子多看看一些伟人及名人传记，让孩子产生学习和奋进的欲望，在潜移默化中教育孩子，从而让孩子的进取之心萌发。

(四) 有良好的生活习惯

亚里士多德说过，做一件好事并不难，难的是养成一种做好事的习惯。要想让孩子养成良好习惯，家长必须要以身作则，生活要有节奏、有规律。有的家长生活规律变化无常，脏衣破鞋随处乱丢乱放，杯盘狼藉无人收拾，久而久之，孩子适应了这种脏、乱、差的生活环境，自己的玩具、图书随意乱丢、损坏，衣服鞋袜不会收拾保管，进而上课时常迟到，丢失课本和学习用品，做作业时边做边玩，不专心，虎头蛇尾，进而造成生活、学习都缺乏自觉性、计划性，费时费力，事倍功半，劳而无成，信心降低，进而影响到审美意识、自制能力和个人行为习惯的培养。

陶行知认为，思想决定行动，行动养成习惯，习惯形成品质，品质决定命运。因此，作为家长，要让自己有良好的生活习惯，尽量不要有各种不良嗜好，如吸烟、喝酒、打麻将等。

二、家长要创建温馨的家庭氛围

家庭氛围也称家庭气氛，是指家庭中占优势的一般态度、感受和情绪。良好的家庭氛围是良好心理素质形成的前提，它是家长和孩子相互作用的一个方面，这种氛围直接影响家庭中每个家庭成员的心理，尤其对孩子个性品格的形成特别有意义。作为家长，应着力营造宽松、和谐的家庭氛围，给孩子创造良好的环境，这就是对学校心理健康教育的一种支持。

(一) 家庭氛围及对中学生的影响

在日常生活中，我们可以看到各种各样的家庭，有的家庭成员之间互敬互爱，和睦相处，大家心情都很愉快；有的家庭虽然也有些小争小吵，但是在大的问题上还是齐心协力，仍然有一定的感情依恋；有的家庭经常大吵大闹，气氛极度紧张，人与人之间始终笼罩着一层阴云。

不同的家庭情绪气氛，会对中学生的思想、态度以及性格产生重要影响。比如，宁静和谐的家庭气氛，使他们感到愉快安全、生活乐观、信心十足、待人和善，有利于孩子顺利地完成学习任务和形成健康的心理。而紧张气氛的家庭，则使孩子长期在提心吊胆、极度不安中生活，易形成忧郁、不信任和情绪不安等性格特征，容易产生情绪和行为问题。有研究者运用调查法发现，家庭不和睦组的中学生问题行为得分高于家庭和睦组，说明家庭不和睦可能给正在成长的青少年带来很大的心理压力和不安全感，一个温馨的成长环境对孩子非常重要[①]。

(二) 家长要为孩子创设良好家庭氛围

经营家庭是一种智慧，家长在家庭中时刻营造民主、温暖、快乐、有爱的氛围，才能与孩子建立亲密的关系。家长要用自身的正能量去影响自己的孩子，营造良好的家庭氛围。而和睦、融洽的家庭氛围，对中学生的性格形成能产生积极的效应，能促使他们生活愉快和身心健康发展。然而，创造民主和谐的家庭氛围并不是一件容易的事情，而是需要全体家庭成员的一致努力，特别是家长更要做出积极的努力。具体来说，家长要做到以下几点。

1. 家长要学会控制情绪

家长的情绪好坏直接影响到家庭精神环境的建设，也决定着家长教育孩子的方式、方法。家长在面对孩子的负性情绪时，保持良好的心态是关键。现实生活难免不尽如人意，常常会引起家长自己情绪失调，甚至任意发泄自己不良的情绪，并迁怒到孩子身上，把孩子作为撒气的对象。一旦看到一些不顺眼的事就唠唠叨叨、没完没了，这样对培养孩子的良好心态是非常不利的，因此，家长肩负着自身情绪的管控、心理垃圾的清扫、心灵环保的构建等神圣使命。家长应用理智来控制支配自己的不良情绪，保持开阔的胸怀和乐观开朗的性格，学会以宽容的态度对待孩子，才能更好地教育孩子。

2. 家庭成员之间和睦相处

家庭冲突往往是由下列原因引起的，如：对孩子教育不一致；家务分工不均；性格不合；经济开支亏空；亲属关系不和等。但这些问题无论有多严重，只要通过推心置腹的谈心沟通、协商而不是意气用事、独断专行，都是可以迎刃而解的。

因此，家庭成员之间要经常保持相互平等、尊重、信任、支持的态度，能倾听别人(包括孩子)的意见，能开诚布公地交换意见，重要决策一定由全家讨论解决。夫妻关系也要建立在接纳、体谅和帮助、支持的基点之上，平时要多宽容，少挑剔；多信任，少猜疑；多安慰，少粗暴；多出力，少推诿，齐心协力保证整个家庭的幸福快乐。

3. 家长要允许孩子有不同看法

目前，家长说了算，家长和子女不平等，甚至对孩子随意打骂的现象还依然存在。这样是不可取的，会使孩子形成许多坏习惯。家长有事要同孩子商量，自己有缺点要勇于向孩子承认。孩子有了缺点错误，家长不应打骂，要对孩子动之以情，晓之以理，鼓励孩子改正。此外，家长要民主，要允许孩子提出自己的看法，让孩子觉得家庭的温暖、安全、可靠，有什么事情也就愿意和家长商量。

4. 家长要重视家庭文化氛围建设

良好的家庭文化氛围，可以开拓孩子的文化视野，激发孩子的审美情趣，提高孩子的求知欲望和自觉汲取社会、科学、文化等各方面信息的能力。家长可以把爱书、买书、读书、论书作为家庭中的一件共同参与的乐事；可以经常和孩子一起收看电视，收听音乐，欣赏文学、艺

① 吴翠平，娄晓民，戚珊，等. 中学生心理健康状况及影响因素分析[J]. 中国公共卫生，2011，27(11)：1491-1492.

术作品，议论国际大事，培养孩子健康向上、格调高雅的文化兴趣和评价能力；可以经常带领孩子到大自然怀抱中去，爬山、远足、划船、游泳、放风筝、采野菜等，锻炼健康体魄和吃苦耐劳的意志，欣赏山林风光，开阔视野，陶冶情操。

总之，良好的家庭氛围促进孩子的心理健康和品德的发展；良好的家庭氛围增强家庭的内聚力和成员相互间的沟通、交流，维护家庭成员之间温馨和谐的关系，促进孩子个性和社会性能力的发展；良好的家庭氛围启迪孩子的智慧，扩大其文化视野，提高其审美情趣，促进其认知能力的发展；良好的家庭氛围培养孩子独立自理的生活习惯，认真有序的学习习惯和能自制、负责任的行为习惯。由此可见，良好的家庭氛围是促进孩子身心健康成长的必备条件之一。

三、家长要有恰当的教育方式

(一) 采用民主式教育方式

一般而言，家庭教育有以下 3 种方式。一是民主式的或宽容式的教育方式，表现为父母对孩子的活动在加以保护的同时并给以社会和文化的训练，对孩子的要求给予满足的同时，在某种程度上加以限制或禁止，父母与子女之间的关系非常融洽。二是权威的或武断的教育方式，表现为父母对孩子的一举一动都横加限制或斥责。更有甚者，相信惩罚的作用。如孩子做错事父母便不分青红皂白地大发脾气训斥打骂孩子，结果孩子受到惩罚后照样不知怎样避免错误的发生，甚至于为此产生叛逆心理。三是放纵的或溺爱的教育方式，表现为父母对孩子百般宠爱，过于娇惯，对他们的一些过分要求也百依百顺①。

家庭教育方式的不同可产生不同的个性特征。如在上述第一种类型教育方式下成长的孩子，大多会表现为谦虚而有礼貌，待人亲切诚恳等；在第二种类型教育方式下成长的孩子，易形成社交恐惧，做事缺乏自信，说谎，待人不诚实甚至有恶意等特点；第三种教育方式的结果，往往使孩子形成好吃懒做、依赖性强、胆小自私、蛮横无理等特点。多项研究也表明，家庭教养方式对青少年健康成长和发展具有重要影响，父母对孩子采用民主的管教方式，更让孩子感觉到被充分尊重，可促进其心理健康成长。

实务训练9-1

家长该如何管教孩子

有一天，女儿在该回家的时候还没有回家。家长开始想：这孩子，又贪玩了。继而是愤怒：都什么时候了，人影子都不见！不等她，我们先吃饭！心里想：她回来非得“好好教训”她一顿不可！晚饭后 7 点、8 点，家长越来越焦虑：这孩子不会出什么事吧？越想越害怕，开始一个一个打电话询问女儿的同学。正在此时，门铃响了，母亲迫不及待地去开门，一看是孩子回来了，劈头一阵责骂：“你死哪里去了？害得我们差一点没去报案……”女儿试图解释，但母亲此刻哪里容得下倾听女儿的解释？下手又是一个巴掌，打得女儿捂着脸跑进自己的房间去呜呜地哭起来。

做父母的，原本出于“爱和善意”的管教，常常被这种不当的方式遮掩。当父母对着孩子

① 陈定湾，何凡，刘碧瑶. 中小学生心理健康状况与家庭环境特征的相关性分析[J]. 中国学校卫生，2007，28(9)：812-813.

愤怒责骂的时候，父母的“爱心”往往被淹没在“粗暴的管教行为”之中。尽管许多父母在责骂孩子的同时，不时声称“我是为你好”，但孩子听到的却是如雷贯耳的斥骂声，很难感受到父母的“爱心和善意”。做父母的往往沉浸在自己的出发点完全是“为了孩子好”的世界中而一意孤行，甚至根本没有想过孩子怎么看自己。不过，许多家长相信孩子在事后或长大了，会知道父母当时、当年是“为了自己好”。事情结果纵然如此，可是我们的管教如果建立在孩子当时的“对立情绪”上，又如何能“真正生效”？我们为什么不在一开始就让孩子感觉到我们对他的关心和疼爱呢？国内外都有研究表明：父母过于严厉、缺乏温情的养育方式与过分保护、过分干涉一样，都不利于孩子的健康成长。

(二) 家长不要溺爱孩子

在现实生活中，不少家长把对孩子的关心爱护变成了溺爱，尤其在独生子女家庭中表现得更为突出。在这些家庭当中，父母的爱简直有点过火，娇惯、偏爱、护短，对孩子的要求百依百顺，一切以孩子为中心，孩子需要什么，想干什么，家长从来就不曾反对，就连吃饭穿衣等一些最基本的自立活动，父母也代为包办。这些爱在大多数父母看来仿佛还不够，他们对孩子的一些不良品德和习惯从不加以批评、教育，往往包庇护短。久而久之，父母以他们的爱促成了孩子自私、任性、专横、跋扈、为所欲为的不良行为和品德。如果让这些不良行为和品德任其发展下去，其后果是不堪设想的。爱是需要代价的，爱也能造成代价，我们希望天下的父母不要让自己的爱变成对孩子的伤害。家长对孩子的爱应该做到爱而不溺，在对孩子的教育中应当注意以下几点。

1. 家长要有理智、有分寸地关心和爱护孩子

这种爱的效果既要让孩子感到父母真挚的爱，使其感受到家庭的温暖，激发其积极向上的愿望，又要让孩子懂得关心父母和其他家庭成员，并逐步要求孩子做一些力所能及的自我服务性劳动和家务劳动，这不仅有利于培养孩子热爱劳动和关心集体的好品质，而且也有利于培养孩子的智力和自理能力。

2. 家长要正确对待孩子的要求

人都是有要求的，而且要求也是永无止境的。家长对孩子的要求要具体分析，要以家庭的经济状况和有利于孩子的身心健康为前提，不能百依百顺，有求必应。过分地满足孩子的需求容易引发孩子过高的欲望，使其养成越来越贪婪的恶习。这样一旦父母无力满足其需求时，势必引起孩子的不满，致使难以管教。在教育孩子时，家长既要积极为促进孩子的身心健康创造条件，也要教育孩子注意节俭，防止其养成挥霍浪费的不良习惯。

(三) 家庭内部教育观念要一致

现在，家庭几代同堂的情况较多，在教育子女观念上存在严重分歧，祖父母的溺爱和父母的管教往往形成对立局面，家庭教育内部的影响很不一致，甚至父亲和母亲在很多时候也会不统一，有时父母还故意在孩子面前扮演黑白脸。以为一个打，一个拉，有哄他的，有吓唬他的，是教育的最有效的方法，那就大错特错了。在这种气氛中成长的孩子很容易形成两面性。家长的要求不一致，常常会伴随着家长之间的分歧和争吵。争吵尽管可以设法避开孩子，但分歧是无法避开孩子的眼光的。这种分歧会给孩子造成教育的真空，而孩子也往往很善于钻这样的空

子，在一面受了管教，就跑到另一面去诉苦；在一面受了罚，就跑到另一面去讨爱。另外，孩子还会对家长产生不同的看法与态度。由于家长的教育要求不一致，孩子就会误以为家长中有的爱他，有的不爱他；有的专门保护他，有的老是惩罚他。于是孩子对家长就会产生不同的看法，不同的态度。

教育的不一致对孩子性格的影响更是重要，一般在这样的家庭中长大的孩子，容易养成两面派性格，他们在爸爸面前一个样，爷爷面前一个样，学会了两面说好话，这样的孩子容易养成口是心非的性格。在这样的环境中长大的孩子以后与人交往也会表达出这样的倾向。

所以，家庭成员的教育观念、立场应协调一致。首先，父母的教育观念和立场应一致。作为孩子的父母，要认识到自身的责任，努力学习关于儿童和青少年家庭教育方面的知识，经常性地在一起讨论教育孩子的方式、方法，在教育孩子的过程中，要做到步调一致，并不断总结经验和反思失误。父母任何一方都不能只顾着挣钱而放弃对孩子的教育，要尽可能地亲自教育孩子，不要把孩子托付给他人进行管教。其次，父母作为孩子的第一监护人，还要做好祖父母的工作，不能让他们一味地溺爱孩子，要使他们的立场与父母保持一致，否则会抵消教育作用，甚至会产生副作用。

(四) 掌握批评的艺术

家长批评教育孩子，是对孩子的深切关爱，也是家长应该履行的职责、义务。但家长在批评教育孩子时，还要注意这样几点。

1. 避免夸大事实

不要用“你总是”“你肯定”“你从来”这样的句式。平心而论，你的本意并非认为自己的孩子真的“总是如此”“肯定如此”“从来如此”，所以应避免类似的话语，而改成“你这次……”。

2. 避免笼统模糊

如果你对孩子的某种行为不满，要避免笼统地指责“你这个孩子……”，而应该具体地说“你这个行为……”“你这件事……”。因为你真正不满意的是他的某个行为，而不是他这个“人”。

3. 善于认错

家长也有无理的时候，认错时不要说“好了，好了，都是我的错”“反正你总是对的，我都是错的”，而正确的表达应该是“也许你是对的”“也许是我错了”。

四、家长要增强亲子沟通

研究表明，孩子与家长沟通较多者出现心理问题少于沟通较少者，可能是良好的沟通有利于学生心理健康成长，父母给予孩子更多关爱，子女出现行为问题的可能性就会降低[①]。

① 蒲昭谦，郑晓华，蒲昭霞，等. 初中学生价值观与心理健康水平相关性的调查分析[J]. 中国卫生事业管理，2008，25(9)：634-635.

(一) 关注孩子的身心变化

进入中学，孩子生理上和心理上都发生很大的变化，表现在成人感、独立感的增强，产生认识自己、塑造自己的需要。现在的他们很多时候不愿意听到父母的唠叨，更多的是觉得自己长大了，要独立、要摆脱父母的管束，这时做父母的就要及时了解与关注孩子的身心变化。

1. 了解孩子的心理特点

中学生正处于生长发育的旺盛阶段，感觉、知觉、注意、记忆、思维等心理现象都在不断发展，生活体验不断加深，好奇和疑问互相交织，情绪波动很大，叛逆心理突出，喜欢独立思考，渴望了解社会，思考人生。他们面临许多新问题，也有许多新困惑，内心同样经历着深刻的变化。中学生所有这些心理特点都是家长必须要及时加以了解的。

2. 关注孩子的身心保健

生理是心理的基础，身心保健非常重要。家长养育孩子要及时关注他们的生理保健和心理健康状况：一是注意孩子平衡而充分的营养；二是引导孩子参加适合自己年龄特点的运动；三是提醒孩子注意预防疾病；四是帮助孩子认识自己、超越自己、改变自己，确保孩子的身心健康。

3. 及时排除孩子的心理困惑

家长要关注孩子成长中出现的烦恼和困惑，帮助其及时走出心理困境，以防各种心理疾病的产生。在孩子遇到挫折或出现心理困惑时，家长要针对孩子存在的心理问题，有的放矢地提供必要的心理疏导，及时了解孩子的心理状况，分析他们产生心理问题的主要原因，鼓励孩子树立认识自我、改变自我的勇气、信心和毅力。

(二) 尊重孩子、平等相处

在日常生活中，不少家长对待子女往往缺少理解、尊重。有的父母与孩子虽然天天相处在一起，心与心之间却相隔很远。做子女的视父母如同“冤家”，有的动辄跟父母顶嘴发脾气，有的闭锁自己疏离家庭，有的甚至离家出走；做父母的欲恨不能，欲爱无从入手，看着自己亲手抚育、一点一点长大起来的孩子，竟是如此陌生！无论父母也好，子女也好，其实彼此心里都渴望被对方理解，但很多父母却不知怎样去理解这个既熟悉又陌生的孩子，而成长中的孩子更不懂得如何去理解自己的双亲。

因此，家长在与孩子沟通时应该放下架子，与子女面对面平等的交流，了解子女的需要，尊重他们的合理需要。当孩子犯错时，家长要做到有爱心、耐心、细心，适时地给予帮助，告诉他们正确的做法，不要轻易地批评、训斥、讽刺、打击孩子。当孩子学习遇到困难时，应该用理解的态度鼓励孩子，帮助孩子树立战胜困难的决心，迎难而上，与子女一起分析事情失败的原因，找出问题所在。这些都是很好的沟通方式。走入子女的内心世界，帮助他们保持身心健康，对家长来说是非常重要的。

(三) 倾听孩子的心声

能言善辩固然是一种能耐，但善于倾听也是一种涵养。被人喜爱的 6 个秘诀之一就是“做一名忠实的听众”。有人说：“不被任何赞美之辞所迷惑的人，也一定会被专心听他讲话的人所迷惑。”倾听是接受信息的渠道；倾听需要理解和接纳的心态；倾听具有净化心灵的作用；倾听能够让孩子真诚地表明想法和感受；倾听能够解除孩子复杂、激动的情绪，使思想统一、感情通畅。

善于倾听、欣赏别人说话的才能，比其他任何才能更难具备，因为人们往往只考虑自己所说的，而把别人所说的当耳旁风。父母和子女之间的代沟、夫妻之间的矛盾、婆媳之间的不和，根源往往就是缺少“倾听”的一方，每个人都想说，每个人都不注意去听，矛盾就来了。当家长的，易犯的一个毛病就是，总是希望孩子听自己的，却很少主动去听孩子的。因此，在孩子遭遇挫折，遇到困难，感到难过时，家长要善于主动接近孩子，愿意倾听孩子的心声，让孩子表达情绪，把不快的话说出来，家长认真地听进去，并且能听懂孩子话里的真实意思，这样才能知道孩子的困惑或烦恼，然后用正确的方法引导孩子，为其排忧解难。

(四) 要换位思考，理解孩子的意图

家长在教育孩子时，要用积极的感情，以情换情，以心换心，设身处地从孩子的角度去体会他们的感觉、需要与情绪，理解孩子的意图，学会以恰当的方式表达自己对孩子的理解并回应孩子的意图，注意尊重孩子的个性及能力，不要感情用事。当家长的期望与孩子的观点存在较大反差时，不要简单采取排斥的态度，要善于以和谐的态度表达自己与孩子不同的观点。

总之，学生的心理健康发展，离不开家长和家庭教育，家长应更加努力地为他们营造一个良好的家庭环境，提供家庭关爱与支持，促进中学生心理健康发展。

第二节　中学生心理辅导的学校支持

中学生的健康成长离不开家庭、学校、社会的教育，而学校教育是一块主阵地。在对中学生进行心理辅导和教育的工作中，要注重构建来自于学校的支持系统，学校要从各个方面对学生的心理辅导工作提供支持。

一、专业辅导人员支持

按照教育部 1999 年 13 号文件的要求，大中城市具备条件的中学要逐步建立和完善心理咨询室(或心理辅导室)，加强心理健康教育的辅导。这说明，在学校里设置心理辅导室已成为开展心理辅导的一项基本措施。

(一) 全面的心理健康教育

中学心理咨询工作主要是疏导学生的消极情绪，缓解其心理压力，协助学生改善认知结构，帮助学生协调人际关系，指导学生进行心理卫生的自我修养等。

1. 学校要建立专兼职心理辅导教师队伍

心理辅导人员即心理教师，指的是那些受过心理学与教育专业训练，在学校为儿童、青少

年及教师、家长提供服务的专业人员。与普通教师相比，学校心理工作的特殊性对心理教师有较高要求。联合国教科文组织要求学校心理辅导教师必须具备3个条件，即修完有关心理学课程、具有教学文凭和教师资格证书，以及5年以上的教学经验；美国和日本对学校心理工作者的要求一般都是硕士以上的学历①。

目前，我国从事心理教育的教师水平参差不齐，有相当一部分是由未经过严格培养或系统培训的德育工作者、行政人员或班主任等兼职人员组成的，教师的专业素质普遍较低。我国教师对学生心理问题的认识还停留在表面，是一些个人经验式的、非科学的认识，他们在解决学生的心理问题时也缺乏科学性和系统性。

因此，必须要通过多种途径对从事心理辅导工作的教师进行培训，建立一支合格的心理辅导教师队伍。学校要保证所有的心理辅导人员具有较高的素质，严格遵守心理教育工作者的职业道德，具备一定的专业知识，以真诚、尊重、理解的态度对待学生，将学生的心理需求作为教育的出发点，尊重学生的主体地位，发挥学生的主体作用，促进学生的全面发展。

此外，心理辅导教师还应该具备良好的与人合作的能力，善于沟通协调学校内部之间，以及学校、家庭和社会之间各种教育力量，形成教育合力，共同促进学生心理的健康发展。

2. 学校要开设专门的心理辅导教育课程

心理辅导课程的设计要帮助学生了解心理科学知识，掌握一定的心理调节技术，使学生不断正确认识自我，增强调控自我、承受挫折、适应环境的能力，培养学生健全的人格和良好的个性心理品质。

(1) 心理辅导课的设计原则。心理辅导课的设计原则主要有：课程目标应体现发展性，要从大多数学生的长远发展着想，让学生学习、体验和感悟的是未来成长所需要的知识、经验和技能；辅导内容的选择的安排应符合学生的心理发展规律；要注意与其他课程相协调与配合；在课程的安排上要强调知、情、意、行的发展，在辅导策略上则强调从学生的生活经验出发，唤醒学生在认知、情感、行为上的各种体验；重视应用性和操作性，要设计矛盾冲突的情境，引起学生的共鸣和感悟，达到帮助学生自助的目的。

(2) 心理辅导课程。心理辅导课程可以分为两部分：一部分为知识理论课，如心理卫生常识讲座、心理调节问题答疑、焦点问题讨论等，在心理知识的学习中明确认识、矫正观念，以积极的态度去对待自己的心理冲突；另一部分为活动训练课，这是在中学生中开展心理健康教育最为有效的方法。活动内容包括：小品表演、角色模拟游戏、互访互问，以及其他活动形式。在活动中，中学生不仅可以学习介绍自己、了解别人、与人交往的技能，还可以掌握一些诸如转移情绪、宣泄痛苦、发泄愤怒的心理调节手段，防患于未然。

实务训练9-2

“盲人”旅行团

中学生在人际交往过程中会出现以自我为中心，不注意他人的感受，对同学缺乏热情，缺乏基本的信任和理解等问题。对这些问题，采用单纯的说教不但不能解决，有时候甚至会引发学生的逆反心理。这时可以设计一个“盲人”旅行团，让学生在活动中真实地体验和感受信任

① 李婷. 学校心理辅导教师的素质要求[J]. 少年儿童研究，2012(14)：33-34.

与互助在交往中的作用，享受朋友间爱与被爱的幸福。

(1) 在背景音乐中，班级学生一半扮演盲人，盲人戴上眼罩原地转3圈，另一半扮演帮助盲人的“拐杖”，由“拐杖”帮助“盲人”完成室外的障碍旅行。完成后交换角色，重新体验(见图9-1)。

图9-1　“盲人”旅行团活动

(2) 学生分享活动中的体验，教师对学生的感言给予反馈。

(3) 在学生分享活动体验后，教师对“盲人”与“拐杖”在活动中的表现及他们的感言做点评。

在活动中，学生体会到作为一个盲人在障碍前的无助、孤独甚至恐惧，内心特别渴望得到扶助。“拐杖”的出现是“盲人”的“救命稻草”。“盲人”只有对“拐杖”信任，才能心底坦然、步履从容。但做好“拐杖”也不是简单的事情，要从他人的角度出发考虑问题，考虑他人的实际需要。通过“盲人”与“拐杖”的角色互换，学生可以反思自己在帮助他人与信任他人中的不足，进一步体验信任与被信任的欣慰与快乐。

类似的心理活动还有很多，例如“信任之旅”“信任背摔”“信任跌倒”“踩报纸”“叠罗汉”“大风吹”“解开千千结”“回旋沟通”等。

(二) 积极开展个别心理辅导

对少数有心理困扰或心理障碍的学生，要由专业人员给予科学有效的心理咨询和辅导，使他们尽快摆脱障碍。学校要格外关注少数有心理困惑、心理问题及障碍的学生，改善、恢复学生的心理健康，从根本上提高学校心理辅导教育的效果。

1. 为学生建立心理档案

在开展个别辅导与咨询的过程中，心理辅导室要为有心理问题的学生进行必要的心理测试，并在全面收集资料的基础上，做出科学的诊断，以便有针对性地提供指导和帮助。在面向全体学生开展心理辅导时，咨询室也要通过各种渠道收集有关学生心理健康状况的信息资料，以增强心理辅导的针对性和指导性。在使用和管理心理测量工具和测量数据时，对有关学生心理健康状况的资料要严格保密。也就是说，由心理辅导室专门人员负责这项工作，做心理测验和保管学生心理健康资料的工作必须加以严格管理。

2. 心理辅导的服务方式要灵活多样

心理辅导室的接待时间应该灵活一些，可以安排在学生课余的时间，午休时间常常是学生最容易利用的机会。又如，咨询室的名称也可以灵活一些，有些学校的咨询室牌子上写的是“心灵驿站”“聊天室”“温馨小屋”等，可以避免学生因对心理咨询有误解而不愿意前来求助。此外，咨询的方式也应该灵活多样化，除了面谈咨询外，还可以通过电话、书信等形式为学生提供咨询服务。

二、教师及班主任支持

教师是人类的灵魂工程师，善之本在教，教之本在师。教师及班主任作为中学生在学校环境中的重要他人，对学生的身心健康起着关键作用。教师不仅仅要“教书”，还要肩负“育人”的重担。作为教师，要多与学生沟通和交流，答疑解惑，此外还要帮助他们进行自我认识，制订学习计划，找寻发展的方向，进而提高学生的心理适应能力，促进学生健康成长。

(一) 教师要有良好的心理品质

加强教师自身修养，提高教师自身的心理品质，是促进学生心理健康发展的有效途径之一。因为教师的言传身教直接影响着学生的心理健康，教师的衣着、表情、言谈举止以及待人接物、为人处世，都可以给学生留下深刻的印象。教师对学生的尊重和公正无私的爱，会使学生获得良好的心理素质。高素质的教师在教育中能给学生创造一种和谐温馨的气氛，使学生如沐春风、兴趣盎然、心情舒畅，有利于学生全面、健康发展。

1. 宽容失误

宽容是一种自由的氛围。中学生的思维相当活跃，他们的言行与规范要求不那么合拍，不那么中规中矩。因此，教师要有宽广的胸怀，能够容人、容事、容误会、容委曲，要“宰相肚里能撑船”。为师者，千万不可置之不理、轻易否定，甚至一棒打死。宽容是教学所需要的一种重要精神。宽容能让学生在教学活动中有一种心理安全感，愿意表达自己与众不同的见解而不用担心被挖苦、嘲笑；宽容能增强学生的自信，学生即使在学习中遭遇失败，也会相信自己经过努力总会成功的；宽容能增强学生的自我效能感，使他们感到自己有价值、被尊重，从而愿意以更大的热情投入学习活动中去，即使学习任务很艰巨也不畏惧、不退缩。

学生在学习的过程中会面临各种疑问、困难和障碍，会遭遇挫折和失败，如果教师不能宽容学生，就很可能会挫伤学生的积极性，使他们丧失排除障碍、不断进取的信心与勇气。一个好的教师不只是在学生成功时给予鼓励，而且要在学生遭遇失败时给予力量。宽容本身就是教育。教师只有用自己的宽容去关爱学生，才能与他们产生心灵的碰撞，才能达到超越人的自然属性而达到完美的境界。教育不能没有感情和理解，没有宽容的教育，就如同池塘里没有水一样，不能称其为池塘；没有宽容，也就没有教育。一分宽容，就是一缕阳光。

2. 善待差异

由于每个学生所处的家庭和社会环境不同，所受的前期教育不同，决定了他们之间存在差异。一方面，他们的学习过程与教师设想的会有差异，毕竟学生与作为成人的教师在观察现象、思考问题、分析决策等各方面都不相同，他们有自己思考问题、解决问题的方式。另一方面，由于学生中的每一个人在学习需要、学习能力、学习风格、学习优势等方面各不一样，因而每个人的具体探究过程以及从中获得的体验也就各不相同。如果教师忽视这些差异，要求所有的学生按照自己的设想，在同样的时间内、运用同样的探究方法、以同样的探究速度找到标准统一的答案，达到同样的学习水平，那么探究教学就会变为另一种形式的“一刀切”教学。

有效的教学要求教师借助探究活动为学生施展才华搭建一个开阔的平台，为学生富有个性的学习提供大量的机会。教师应懂得学生有自己独特的认知经验、情感特点和精神世界，有着不同于成人的观察、思考和解决问题的方式，教师应理解这种差异，尊重这种差异。当学生没能立刻发现教师想要他们发现的问题时，教师不必马上呈现问题；当学生提出看起来很“幼稚 ”、很 “异想天开 ”的设想时，教师不能嗤之以鼻，而应真诚予以鼓励；当学生没能按教师的方式与途径来解决问题而遇到障碍时，教师不应过多干涉，“牵着”学生走捷径；当学生得出与教师意见不一致的答案时，教师不应急于否定、强求一致，而应和学生一起找出不一致的原因。只有这样，才能使探究的过程真正成为学生展现自己的能力与个性的过程。

善待差异的教学还要求教师为不同的学生提供学习与成长的机会。教师要认识到每一个学生都是独特的个体，每一个学生都有自己的学习方式和智力优势。教师要有深层次的教学民主思想与学生观，对每一个学生都要加以赏识、依赖、接纳和期待，这样的教学过程才是有利于学生成长发展的过程。

3. 言行一致

车尔尼雪夫斯基认为，教师想要把学生教成一种什么人，自己就该当是这种人。中学生的可塑性大，模仿性强，教师的作风习惯，为人处世，甚至一举一动、一颦一笑都通过他们的眼睛在心灵的底片上留下影像，对他们的精神世界起着无声无息的作用，就好比一丝丝春雨，随风潜入夜，润物细无声。其效果往往比教师长篇大论要好，可谓此时无声胜有声。作为教师，在教育学生的同时，要不断提高自己的修养，言行一致，表里如一，严于律己，以身作则，要求学生做到的，自己要率先做到，才能使学生信服、仿效，才能塑造学生美好的心灵。

此外，教师还要有积极、向上、乐观的心态，有热情、开朗、豁达、合群的性格以及坚强的意志。在学校工作中，要重视加强全体教师的心理知识培训，更新思想观念，让教师在教学过程中渗透心理健康教育的原则和方法，使知识传授和心理健康教育有机结合起来，这不仅有助于提高课堂教学效果，更有助于学生良好品质的培养和学生潜能的开发。

(二) 教师要关心学生的心理健康

1. 在生活上尊重和关心学生

中学生较小学生的自我意识进一步发展，他们要求独立自主，不喜欢别人管头管脚，自尊心强，要求别人把他们当成人一样对待，爱发表意见，如果得不到教师的理解与尊重，他们就容易发生心理反常，或烦躁不安，或口服心不服，有的甚至与教师公开对抗。因此，教师一定要用审慎的态度对待学生的言行。

教师要把学生作为与自己平等的人来看待，倾听他们的意见和要求。教师要尊重学生的人格，允许学生在思想、情感、行为上具有独立性和不可替代性，允许他们有独立的活动时空；要尊重学生的创造性，相信每个学生都能够成功。学生的发展潜能是巨大的，其优势发展潜能又是各有所长、不尽相同的。教师要坚信每个学生都有与生俱来的成功欲望，用微笑与他们进行精神对话，用表扬、赞美为他们高喊“加油”，在他们心中播下自信的种子，使其品尝到成功的喜悦，感受到被欣赏的幸福。

此外，教师不仅要关心学生的身体健康和生理卫生，而且要重视学生的心理健康问题。这就要求教师多多了解心理健康和心理教育的知识和技能，争取成为一名合格的心理辅导员。教师不仅要将心理健康教育渗透到学校各项日常工作之中去，还要能为那些有心理困扰和心理障碍的学生提供及时、有效的指导与帮助。教师要做学生的朋友和指引者，在他们需要的时候，给他们以必要的支持，帮助他们面对和战胜成长过程中的各种心理困惑和问题。

2. 在课堂中关注和帮助学生

目前，由于许多中学课堂规模过大，教师往往只关注学习好的学生，给予他们更多的关注和赞扬，后进学生则往往被忽视，甚至受到惩罚。所以教师要以宽广的胸怀爱全体学生，对任何学生都不偏袒，不姑息，不讲个人私情。成绩好的学生平时往往得到教师的赏识、赞许，同教师之间没有太多的矛盾与冲突，后进生则受表扬的机会较少，挨批评的时候较多，感到自己做人没有别人那么光彩，他们正在发展着的自尊心与他们所处的这种地位发生严重的矛盾。所以，教师要尽量帮助、关心、爱护学生，与他们形成和谐的师生关系，使他们亲其师，信其言。

此外，由于授课任务繁重，课堂几乎单纯地成为教学的场所。很多教师被有些学生不注意听讲、随便说话、小动作频繁等问题困扰，导致师生冲突、惩罚等频频发生。殊不知，课堂环境正是学生学校适应问题集中表现的场所。学习成绩好的学生，感受到的教师支持多，成绩差的学生由于缺乏教师支持，学业自尊就会下降，与此同时，其社交自尊也会受到不良影响，这种恶性循环就会导致这部分学生的学校适应困难加剧。

课堂是教师和学生直接接触和交流最为集中和频繁的地点，教师应该争取在课堂教学中增加和大多数学生的亲密感，增强满意度，减少惩罚和冲突，提高教师对大多数学生的关注度。

(三) 教师要增强与学生的沟通与交流

师生对话是一种双向交流的沟通形式，能够促进师生之间的陪伴与亲密感，正所谓“亲其师，信其道”。然而，传统的师生之间的对话或是谈心多在办公室这样的正式场所进行，无形中增加了教师的威严，学生必然会产生拘束感，师生之间的亲密感很难在这样的环境中形成。有经验的教师往往会选择操场或其他非正式场所，谈论的话题不仅仅局限于学习情况。教师要放下架子，与学生建立平等的关系，跟学生做朋友，才能无所不谈。

1. 学会共情，为沟通构建理解的基础

共情就是能设身处地去体会当事人的内心感受，用别人的眼睛看世界，这是心理咨询的核心特质之一。沟通先于情感，教师要学会换位思考，要把自己的心理放到和学生同一个高度，去体验学生的感受。比如，有一学生说，这段时间情绪低落，做什么都没有兴趣，上课注意力也不能集中，我觉得学习要跟不上了……。作为教师该如何来回答？一些老师会说，千万不要灰心，人不应该悲观沉沦，要记住世上无难事，只怕有心人……。类似这样的话都是没有理解学生的感受，当教师与学生共情后，可能会有截然不同的反应，如：你的心情很不好，感到精神疲惫，并担心因此会影响到学习，是这样吗？仅仅是这样几句简单的话语，学生会感受到老师对他的理解，只有在此基础上，才能更好地与学生交谈并进一步分析原因。

苏霍姆林斯基说：“尽可能深入地了解每个孩子的精神世界，这是教师和校长的首条金科玉律。”教师只有学会共情，走进学生的生活世界，才能知道学生的所思、所看、所说，才能真正地了解学生。

2. 运用积极关注，让沟通成为激励学生的方式

积极关注是以积极态度对待学生，对学生言语和行为中积极的一面、长处、优点，予以有选择的、特别的关注。教师要不断发现学生身上的价值和力量，让沟通真正成为激励学生成长的方式。正如现实心理治疗学派的葛拉塞提出：“我们相信每一个人都有一种健康的成长动力，而基本上人都希望生活中能感到满足，可以享受一个成功的身份，都可以有负责的行为表现，同时也都能享受有意义的人际关系。”

这种对学生的关注，其实也是一种对学生的积极心理暗示，其中暗含着教师的期望，这种期望能够激发出学生自身成长的动力，从而不断追求成功。要知道，沟通不是当学生出现错误后的训话，也并非不断去发现学生的缺点。在沟通中，学会积极关注，教师还可以运用倾听技巧，倾听并不是简单地听，它是全身心投入，专注地听，这种倾听的习惯和态度很重要，它本身就能够向学生传达教师对学生关注的信息。

3. 用尊重和真诚为沟通建立一个信任的平台

爱默森说，教育成功的秘密在于尊重学生。教育要尊重人，要让学生感到自己受尊重，被接纳，获得一种自我价值被肯定的体验。而尊重意味着完整接纳一个人，接纳一个既有优点，也有缺点的人，而不是仅仅接受学生的光明面，排斥其消极面。

真诚是内心的自然流露，教师不要戴着面具，扮演角色或像例行公事一般地与学生交流，这样永远不能达到有效的沟通。真诚意味着教师要真实展现自己，坦然地对待学生。师生交流中，强调自我开放技术的运用，教师可以适当放开(如平时可以和学生谈谈自己的一些快乐、烦恼)，吐露自己的某些经历、思想、情感等。

4. 就事论事，增强沟通的针对性

就事论事是指学生只是在这件事上做错了，而并非他整个人错了。教师和学生进行交流的时候，很容易忽略这一点，因为教师和学生朝夕相处，很容易受学生过去信息的影响，而对学生进行刻板的评价。当学生犯错误时，老师习惯于翻旧账，过去如何如何，最后还要加上一句，“你就是这样一个人”。这样使得沟通的大门，还未来得及打开就已经关闭了。

比如，当学生说：“老师，我很努力了，可成绩为何就是不能够提高，我真感到心力交瘁……”，老师们往往这样回答：“不要着急，慢慢来，你会提高的”“坚持下去，一切都会好的”等，这样的回答没有错，但却无益于师生沟通。其实，教师可以这样与学生交流：“你肯定很失望，到底哪里出现了问题？让我们一同分析一下吧。”有效的沟通可以使我们的教育深入学生的心灵，让师生的思想、智慧和情感得到交流、分享，让教师和学生的心灵与生命获得共同的成长。

此外，随着计算机网络的迅速发展，电子邮件、微博、QQ、微信等网络工具的普及，促进了师生之间的交流和对话，而且这种非面对面的对话形式，在某种程度上更有利于师生之间交流的双向性、开放性和平等性。

(四) 班主任要经常开展心理主题班会

1. 班会及心理班会的特点

班会是学校集体活动中最主要的组织活动之一，是在班主任领导和指导下，以班级为单位，围绕一个或几个主题对全班同学开展教育的活动。班会的开展内容没有一定的限制，丰富多彩的班会既可以是专门为解决班级目前存在的某个问题而召开，也可以是就某项教育主题而召开，如团结互助、文明礼貌、助人为乐、学习心得交流等。活动形式也多种多样，不同的班会主题，开展形式和具体程序也会有所差异。

而心理班会运用心理教育的理念和理论，在班会课中渗透心理学原理，发挥班主任以人为本的教育意识，运用团体辅导、角色扮演、心理剧、心理活动体验等心理教育的方法倾听学生心声，为学生排解心理困惑。所以，心理班会少了传统意义上班会课的说教，使教师从高高在上的管理者转变为对学生更有耐心、更理解、更尊重的指导者，可以有效促进学生的心灵成长。

2. 心理班会的主题

心理班会开展最重要的是确定班会主题。如何确定班会主题，需要考虑以下 3 个问题：班里学生存在的倾向性问题是什么？他们的年龄特点又是什么？我要解决什么问题？这样的选题才会受到学生的欢迎。

1) 根据学生发展预设主题

作为初中阶段的起始年级，初一年级的学生实现了小学生到初中生角色的转变，辅导的主题选择“让学生尽快适应初中新生活”，包括新环境的适应、学习方法的衔接、心理上的适应等；还可以针对新生的不同心理有选择地开展辅导：有的同学认为该歇歇脚，放松了对自己的要求，盲目骄傲，有松懈心理；而有的学生，开学后的考试没考好，便对自己产生怀疑，悲观失望。因此，初一年级的主题应重视养成教育，注重行为习惯的培养以及和谐班风的形成。

到了初二年级，适应问题告一段落，很多孩子渐渐在集体中站稳脚跟，找准了自己的位置，在学习上表现出较强的冲劲，这时两极分化现象较为突出。初二年级心理班会的主题可以定为“时间管理——学习计划的制订”“轻松学习——学习策略的训练”等学习心理指导。同时进入青春期，如何引导学生正确处理男女生之间的交往十分重要，可以选择“青春做伴——如何与异性交往”等主题。

针对初三年级学生很快就要面对中考这一事实，将“正确认识自我”“增强自信克服自卑”“克服考试焦虑”作为心理班会的主题，将会受到学生的欢迎。同时，还可组织以“对未来的憧憬”为主题的讨论，激发学生内在的动力与热情，调节初三年级备战应考单调乏味的学习生活。

2) 根据某些事件临时选择主题

学生的个体多样，问题也多样，仅根据学生的心理发展预设一些心理班会是远远不够的。教育过程中经常会有一些突发事件，这些事件会对学生产生极大的心理冲击。在遇到这些问题时，如果能及时、有针对性地开设相应的心理班会来解决，会极大减少班主任后续工作的压力。

比如一位班主任针对家长反映孩子与家长沟通不畅，时常对家长发火，也不愿意告诉家长在学校的情况，开设了心理班会“感恩与前行——我们和我们的父母”。班会首先通过心理剧的形式，展现家长和孩子发生冲突的场面，引发学生的反省；然后通过视频展示孩子来到世界的过程，以及成长过程中与父母之间的各种温馨场面，激发学生对父母的感激之心，再通过交流分享等形式让学生表达出对父母的感激之情；最后通过角色扮演方式，帮助学生体悟父母的心情，最终理解父母并能与他们以正确的方式沟通[①]。

其实无论是根据学生发展规律预设一些心理班会，还是在学生发展过程中临时起意选取主题开展班会，都需要班主任密切关注学生的心理动态。这些心理班会的开展自然融合在日常的班级管理中，有的能在学生问题集中爆发前防患于未然，有的能在问题发生后解决问题，帮助学生进行健康心态的构建。

3. 心理班会的开展模式

心理班会的模式一般为引入—活动—产生体验—对体验进行概括总结和分析—指导学生寻找解决问题的方法。

主题引入的方法和形式有游戏、短剧表演、情境演绎、故事、歌曲等，只要能够抓住学生的注意力，让学生关注问题所在就可以了。比如心理班会“我为父母做了什么”，可以让学生用一件物品、一种动物或一种食品来形容对家庭的感受，并说出理由。目的是了解学生对家庭的看法，活跃班会气氛。也可以尝试运用短剧的形式，比如心理班会“品一路风景——自信篇”，学生用心理情景剧的表现形式引入主题，让学生表演军训过程中从没有自信到充满自信的转变，在情感上触动学生[②]。

活动后，尽量引导学生说出自己的真实感受，不仅可以让学生做自我报告，还可以通过设计问卷或者做情境替换选择达到获取学生真实感受的目的。

三、心理辅导的学科渗透

心理辅导的学科渗透是指，把心理辅导与教学活动相结合，在各科教学中渗透对学生的心理教育。这是学校对心理辅导提供的重要支持途径之一，是预防和解决学生心理问题，促进学生个性全面发展的有效手段。它也是改革传统教学活动的有力支撑点。

（一）学科渗透心理辅导的意义

首先，学科渗透为心理学理论在课堂教学中的应用，开辟了一个广阔的领域。因为学科渗透涉及心理学的许多分支学科，诸如教育心理学、发展心理学、人格心理学、个性心理学、社会心理学等，在实践教学过程中，可以充分发挥这些心理学理论对课堂教学的指导作用，使课堂教学与心理学原理充分结合起来。

其次，学科渗透可以让所有教师参与心理辅导，有利于在学校中营造促进学生心理健康的环境氛围。学校心理辅导单靠心理辅导教师开展工作，孤掌难鸣，力单势薄。学科渗透是一种全员性策略，教师的职责是教书育人，育人的一项重要内容是育心。从这个意义上讲，每个教师都应该是心理辅导者。

再次，学科渗透可以促进更多的教师学习心理学理论，运用心理学理论提高其理论素养和教学能力。传统的课堂教学只注重知识的讲授，忽视对学生学习准备状态的了解，更不重视调动学生积极的心理因素。学科渗透要求教师研究学生的学习心理，既要培养学生的智力因素，

---

① 徐惠. 让“心理班会”伴随学生成长[J]. 班主任，2014(9)：39.
② 孙昊. 班主任开展心理班会初探[J]. 班主任之友，2008(10)：38-40.

又要培养学生的非智力因素。传统的课堂教学只是把教学内容本身作为一种教育资源；学科渗透则要求多渠道开发教育资源，尤其要把学生自身作为一种教育资源，开发学生的学习潜能。学科渗透对教师提出了更高的要求，要求教师必须从传授型的“教书匠”转变为研究型的“教学家”[①]。

(二) 学科渗透心理辅导的方法

1. 创设积极的课堂气氛

课堂心理气氛对学生学习具有潜在影响。和谐、合作的气氛，有助于学生积极参与课堂教学活动，使得课堂教学能生动活泼开展。而紧张对抗的气氛，则会大大抑制学生学习的热情，从而使得课堂教学刻板生硬、死气沉沉。课堂心理气氛的营造涉及众多的因素，可以从以下几方面入手。

(1) 改进评分方法，淡化竞争气氛。目前教学中的弊端之一是过分强调竞争，认为促进学生学习的主要动力是竞争。其实课堂竞争中优胜者只是一小部分，大多数学生是竞争的失败者。因此，竞争更容易诱发学习困难学生的自卑、自弃心理。这是因为课堂里的竞争是以人际比较为前提的，这种人际比较给学生带来的压力较大，尤其对于学习困难学生更是如此。传统的百分制评分对差生的心理打击很大，应予以改革，不要给学生打不及格分数。也可以采用鼓励性评分，只要学生在原有基础上有进步就可以得到一个好分数。

(2) 提倡互助与协作。合作的课堂学习环境强调教师与学生之间、学生与学生之间的互助与协作。如南京师大的学者们曾做过一个专门实验，他们根据小组内全员沟通原则、小组间素质均等原则和不同学科的小组人员避免重复的原则，以 5～7 人的规模组织课堂学习小组进行教学活动，提出改变当今的“秧田型空间关系”为“马蹄组合型”。这种新型的教学模式被命名为“集体教学模式”。它不仅有利于学生相互启发、共同提高及提高教学效率，也为学生提供了良好的交往条件，为所有学生，特别为那些在个体教学模式中受忽视的学生提供了更多的参与课堂活动的机会，也为充分发挥所有学生的个性、积极性提供了舞台，培养了学生的参与意识、尊重意识、学习意识、合作意识和表现意识，锻炼和发展了他们的社会能力。

2. 激发学习动机

学习动机是学生掌握知识、形成高尚完美品格的重要组成因素，甚至还有人认为动机是“学习过程的核心”。培养与激发学生的学习动机，通常可以采用以下途径。

(1) 通过多种教育与活动使学生提高学习自觉性；加强思想教育，明确学习目的；促进动机迁移，产生学习需要。

(2) 通过优化教学情境，培养和激发学生的认识兴趣。创设问题情境，激发求知欲；教师在教学活动中，要尽量采用新颖多样的教学方法，不断激发学生的好奇心、求知欲，消除单调感、枯燥感、疲劳感与厌倦情绪；要善于调节教学气氛，使师生保持良好情绪。

(3) 利用外界诱因，强化学习动机。如及时反馈学习结果，恰当地运用表扬、批评手段来评价学生的学习行为。此外，还要努力提高学生的成就动机，学生的成就动机往往与他过去成功与失败的经验有关。成功经验能增强学生的成就动机，而过多的失败，则会大大削弱学生的成就动机。因此，在教学中一定要非常注意创造机会，帮助学生获得成功的体验。

① 郭俐. 谈学校心理辅导的学科渗透[J]. 理论观察，2004(6)：71-72.

3. 学习方法指导

帮助学生学会学习是当代的教育潮流。当代社会是终身学习的社会。一个现代公民要能在社会上立足，并为社会做贡献，就得“活到老，学到老”。学会学习就是要学生掌握有效的学习方法和自我调控学习过程的能力。

学习方法指导的范围非常广泛，主要有：帮助学生学会制订计划；指导学生善于抓住学习的最佳时机，充分利用时间；教给学生预习的方法，听课的方法，复习的方法，做作业的方法，科学的记忆方法，灵活的思维方法，独立的自学方法；等等。

由于学习方法自身的特点，我们在进行指导时，要遵循整体性原则、实践性原则、渗透性原则、启发性原则和自觉性原则等。

4. 培养良好的学习习惯

学习习惯的内容很多，诸如学习卫生习惯、按时独立完成作业的习惯、课后复习和课前预习的习惯、广泛阅读的习惯等。

捷克教育家夸美纽斯主张，好习惯的培养“最好是心理还很清新”，没有形成错误观念，没有养成坏习惯时就开始，并要注意根据不同的年龄特点，不断提出新的培养要求，要求一旦提出，则要持之以恒，反复强化。

心理辅导的学科渗透对于教师是一项富有挑战性的工作，需要教师努力学习理论，钻研理论，勇于实践；同时它又是富有创造性的工作，为教师才华的施展提供了广阔的舞台。

四、朋友及同伴支持

中学生的大部分活动时间是在校园里和自己的同伴一起度过的，他们最重要的人际关系是同伴关系。大多数中学生在遇到生活困难和情绪问题，往往找同学朋友寻求帮助。相似的年龄，相近的经历，给了他们互相之间的信任和理解。当他们遇到不顺心的事情，更多的学生选择向同学朋友倾诉，一吐为快，如释重负。特别在一些敏感问题上，中学生往往能够听取或采纳同伴的意见和建议。

学校教育中，要继续鼓励、完善来自朋友的支持系统，在与同学朋友的交流中，其容易接受同龄人的建议和劝告，而更多的学生通过帮助身边的人，充分发挥了学生心理教育的主动性，形成自助—助人—互助的机制。在学校的心理健康教育中，还可以开展同伴辅导，即从在校学生中挑选出部分学生作为同伴辅导员，对其进行心理知识和技能的培训和督导，然后通过同伴辅导员促进其他学生心理素质的提升和自我潜能发掘。

(一) 开展中学生同伴辅导的重要性

“同伴”含有“朋友”和“同辈”的意思，同伴辅导的过程是在同辈及朋友之间进行的，因为同伴通常会有较为接近的价值观念、经验，共同的生活方式、生活理念，具有年龄相近，所关注的问题相同等特点，所以同伴辅导更符合学生的心理需求，有助于学生掌握自助和互助方法。此外，开展同伴辅导能弥补专业心理咨询人员的不足，是对专业心理辅导的重要补充。

1. 同伴辅导员通过助人和自助，达到自我完善

通过同伴辅导，不仅培养了同伴辅导员自信、责任心等心理品质，也锻炼了他们各个方面的能力，有利于同伴辅导员助人和自助目标的实现，从而使他们全面健康的成长。同时，同伴辅导员也处于青春期这个特殊时期，也会出现自身的烦恼和困惑，并且还会出现来自辅导过程中的一些困惑，虽然他们心理素质比较好且有能力辅导其他学生，但也会出现一些心理危机。在接受督导的过程中，同伴辅导员能够更清楚地认识自己的缺陷和优势，并不断克服自己的缺陷，发挥自己的优势，从而发展自己的潜能，提高自己的心理健康水平和综合素质，从而达到自我发展和自我完善。

2. 提高受辅导学生的心理素质，从而使他们健康成长

首先，同伴辅导员乐观、开朗、积极进取、热爱生活的这些品质都可以成为受辅导者学习的榜样，对受辅导同学的心理也起到了积极的暗示作用。

其次，对处于青春期和叛逆期的中学生来说，同伴辅导员的辅导有着重大的意义。他们理智的分析、真诚的安慰，甚至只是一次专注的倾听、一句合理的劝导，都会帮助到这些困惑的同学。

通过同伴辅导，受辅导学生不仅解开了心结、改善了情绪、提高了学习效率和生活质量，而且感受到了真诚的爱。在辅导过程中，他们心理自我调节的能力也有了很大的提高，从他助转向了自助。总之，同伴辅导能够提高受辅导学生的心理素质，从而使他们更加健康成长。

3. 推动教师参与心理健康教育、营造学校心理健康教育的氛围

虽然我国中小学心理健康教育有一定程度的发展，但是真正参与心理健康教育的教师少之又少，学校培养的心理老师几乎没有时间和精力来开展心理健康教育，并且教师说教的观念很难转变。同伴辅导更能够反映出广大学生的心理困惑，这些使广大教师认识到注重学生心理健康的重要性，从而参与到学校心理健康教育中来。同时，作为同伴辅导员督导老师的心理健康老师，更加会积极地学习心理健康教育知识，从而更好地督导同伴辅导员。另外，同伴辅导的开展能够带动全校的师生了解心理健康知识、参与心理健康教育，从而形成全校心理健康教育的氛围，从而为学生身心健康发展、学校的素质教育以及学校的长远发展提供了保障。

(二) 同伴辅导的开展方法

1. 同伴辅导员候选人的甄选

同伴辅导员也可以称心理委员，要具备如下特征：对心理健康教育有一定的了解，对心理知识和心理辅导有浓厚兴趣；性格外向、为人热情开朗；亲和力较高、善解人意、关心他人；观察能力、语言表达能力、沟通能力较强；思维清晰、善于倾听；有健康的人生观、价值观；具有组织学生团体活动的经验；能严格遵守心理健康教育工作的保密原则；工作责任心强，道德品质良好；具有良好的心理素质；等等。

在招募同伴辅导员或心理委员时，首先通过日常的心理健康教育宣传，让学生们都对心理辅导很感兴趣，并且也愿意加入同伴辅导员的行列中来。在招募同伴辅导员时，可以通过心理量表(如 EPQ)测试和面试，对报名学生进行筛选，确定同伴辅导员人选。此外，学生需经班主任和家长同意后，才可加入同伴辅导员行列。

2. 对同伴辅导员的培训

由培训者组织对学生的测验和面试，确定同伴辅导员候选人名单，开展培训。由培训者对同伴辅导员候选人开展培训工作，培训课程由若干个单元组成，培训内容包括：心理健康教育知识；基本的个体咨询技术，如倾听技术、同理心技术、具体化技术等；基本的团体辅导技术，如团体辅导目标和内容的制定、团体活动的组织和实施、活动内容如何总结和反馈等。

除此以外，还需了解作为心理辅导员应该遵守的制度与道德规范，如辅导员应遵守保密性原则，不能向第三者透露求助同学的个人信息。

3. 加强同伴辅导员的心理督导

我们知道，在心理咨询与辅导工作中，心理咨询人员自身的心理素质很重要。本身心理素质不好的人在对来访者进行心理帮助的过程中，可能会受到不良的心理暗示而影响到自身的心理健康。而同伴辅导员的知识技能与专业咨询师相比还有很大差距，在如何进行有效辅导的问题上会存在这样或那样的困惑，所以加强同伴心理辅导员的心理督导是必要的，应由专业心理咨询师或心理辅导教师来负责这项工作。

第三节　中学生心理辅导的社会支持

在中学生的心理教育中，建立有效的社会支持系统是解决中学生心理问题、促进中学生社会适应的重要途径。

一、社会大环境支持

社会环境对学生心理的影响主要是以渗透的、潜移默化的方式实现的，这种独特的方式时时处处地存在着并感染、引导、激励、教育着他们。社会要从各个方面为学生的心理健康提供支持和保障，具体表现在以下几个方面。

(一) 弘扬传统文化

教育是培养人的一种社会活动，广泛存在于人类社会生活中。事实上，人的教育过程是一种社会化过程，社会文化传统对人的非智力因素培养有着广泛而深刻的影响。社会文化传统是在漫长的社会发展中逐渐形成的，是社会成员长期共同生活方式的总和，包括价值观、知识、信仰、宗教、法律、艺术、风俗习惯、生活态度、道德和行为准则以及物质表现形式，所有这些都会直接或间接地影响每一个社会成员。

一定的社会文化背景，如风俗习惯、道德观等，从出生之日起就以一种无形的力量影响着他们，使他们逐渐形成理想、信念、世界观、需要、动机、兴趣和态度等心理品质。不同的文化对人的心理健康有不同影响，其中有些是健康的，有些则是不健康的。社会意识形态对人的心理健康的影响，是通过社会信息作为媒介的，中学生对社会信息的获得，可来自于自己的直接观察，也可来自于别人的见解传授，如网络、报纸杂志、电视、书籍、电影、广播等。健康的社会信息，有助于中学生心理健康发展，而不健康的腐朽没落的社会信息，则会造成种种危害，如暴力电视或电影会引起中学生的攻击和犯罪行为。

自古以来，中华民族就有勤劳勇敢、艰苦奋斗、吃苦耐劳、自强不息的精神，还有尊老爱幼、助人为乐的传统美德。这些传统文化的精华有助于培养中学生的道德情操、成就动机、意志品质等良好心理品质。我们要积极吸取传统文化的精华，不断发扬传统文化，充分发挥优良的社会文化传统对中学生健康人格培养的积极作用。

(二) 净化社会风气

社会风气与中学生的关系就像自然气候与植物的关系一样。社会风气可以通过家庭、同伴、传媒、流行等途径影响其心理健康。而不良风气，会使一些中学生的心理受到扭曲，难以形成正确的人生观、世界观。

因此，要确保中学生心理健康发展，学校、家庭和社会要共同抵制不良社会风气的影响，净化环境，树立健康向上的社会风气。学校应加强与有关部门的沟通联系，说服他们通过立法、执法等手段，遏制坏的社会风气，倡导好的风气。例如，对不健康的贺卡，要加强监管，适时禁止，取缔其流通；对于封建迷信活动，要坚决予以打击，决不姑息纵容，以免危害中学生。

(三) 治理网络环境

网络是一把双刃剑，在带来信息和沟通便捷的同时，也产生了大量的网络垃圾文化。同时，随着现代信息技术的迅猛发展，网络已深入到生活的方方面面。中学生尚处于世界观形成阶段，极易受到不健康文化的影响，导致理想信念淡化，个人主义、享乐主义滋长。互联网上纷繁复杂、鱼龙混杂的信息，有不少是宣扬腐朽价值观念和生活方式的精神垃圾，这些对中学生的生活方式、审美情趣、伦理道德等会产生不利影响，严重妨碍中学生的健康成长。而且，由于网络的开放性和难以监控性，势必会使学生受到网络不良信息的影响，不利于中学生良好心理素质的培养。

国家要积极构建和谐的网络环境，要强化政府监督功能、开展宣传教育、引导行业自律、倡导绿色文明的网络行为；还需要深化互联网行业管理的各项工作，按照“谁经营、谁负责”的原则，增强电信运营企业的信息安全意识和社会责任感；建立健全网吧上网的管理体制，杜绝中学生进入网吧；引导和帮助广大网民培养健康上网的习惯；等等。总之，全社会要共同参与，尽一切努力保护和促进广大中学生的身心健康发展。

(四) 提供政策保障

一方面，国家需要进一步重视国家心理健康政策的设计与完善。各级教育行政部门，则应进一步制定完善相关的政策、法规，积极创造条件解决学校心理健康教育工作中存在的实际问题，逐步完善心理健康教育规范，学校应实实在在加以贯彻执行。

另一方面，国家心理健康政策应强调各方主体的参与度，应覆盖各级各类学校教育场所，也应延伸至家庭、社区、职场等相关社会生活场所。在诸如网吧治理、社区心理的优化、家庭心理保健、媒体环境净化等方面均需要加强政策引导和支持的力度，以此营造最佳的心理健康教育社会整体环境①。

① 李国强，高芳红. 我国学校心理健康教育政策的演进与展望[J]. 湖南人文科技学院学报，2013(4)：76-82.

二、社区小环境支持

社区是指若干群体或社会组织(机关、团体)聚集在某一地域内形成的一个在生活上相互关联的大集体，如街道、住宅小区、村庄、小镇等。社区对生活在其中的中学生的心理健康的作用，主要是通过社会环境和社区活动产生的。

(一) 建立良好社区环境

国家应当加大力度发展社区经济，完善社区服务设施，改善社区成员的生活质量。社区的物质文化环境状况直接影响其成员的生活质量，因此应当加大对社区环境建设的投资力度。要完善公共服务设施，如体育器材的购置，社区内道路设施的改善，社区图书馆、文化馆、超市的建设，社区医疗卫生机构的设置，文化娱乐场地的扩建，社区环境的绿化等。中学生生活在良好环境中，有利于提高其心理健康水平和思想品德素养。

(二) 丰富社区活动，营造良好氛围

丰富多样的社区活动可以团结人心、凝聚力量、增强归属感，使更多的社区成员加入活动中来，从而营造健康积极向上的社区氛围。这样轻松愉快的良好氛围有利于中学生塑造健康的人格、净化心灵、陶冶情操。学校和家长充分发挥社区对中学生心理的辅导作用，如有选择地组织中学生观看健康的、符合其年龄特点的电影、电视；欣赏音乐会、美术展、摄影展等；充分挖掘社区环境中的积极因素，组织他们参加社区的各种公益活动，如绿地认养、照顾孤寡老人、环保宣传等……，从这些有意义的活动中，中学生的能力可以得到锻炼，心理会变得更加成熟。

(三) 建立健全社区心理健康机构

心理健康越来越受到社会的关注，但目前的心理服务模式主要是医院和大专院校的单一的心理咨询，远远不能满足社会需要。同一社区的人具有相似的生活环境，经历着相似的社会事件，在社区开展心理健康服务工作，能够更宏观地提前预防整个社区成员出现某些由社会环境的因素引发和恶化的心理问题。

社区可以建立心理健康服务中心，大的社区还应该配备专业心理辅导员，小的社区可以与心理机构联合起来，采用心理健康讲座、宣传栏等方式，开展丰富多彩的心理健康宣传活动(见图 9-2)。具体来说，可以开展如下活动：①开设心理健康教育宣传工作，编制一些心理健康宣传材料，通过报纸、网络等媒体以及宣传橱窗、传单的形式进行心理健康知识宣传；②定期或不定期地邀请高校心理学专业教授，来社区举办心理健康教育方面的讲座及开展免费咨询活动，普及心理健康小常识和常用心理健康保健方法；③开展各种丰富多彩的心理卫生宣传教育活动，例如在社区播放心理知识宣传片、心理影片、教育影片等，还可以组织各种文艺活动来开展心理健康知识宣传，从而扩大心理健康知识的普及面，丰富社区居民的心理健康知识；④通过政府，制定心理健康主题宣传日，组织大型专题咨询、专题文艺晚会等活动，以此来营造社会关注和社会支持的氛围[①]。

① 龙女，傅丽萍，甘心静. 社区居民需要什么样的心理健康服务[J]. 社区，2010(3)：21-23.

图 9-2 社区心理咨询活动

总之，通过宣传、预防、教育与治疗相结合，普及心理健康知识，传授一定的自我心理调节技巧，可以帮助社区居民解除各种心理障碍，提升心理健康水平。此外，还要注意对个别中学生及家庭进行干预，进行社区心理辅导和治疗，形成社区、家长以及学校的联动机制，共同维护好中学生健康成长的良好环境。

案例导读解析

在这个例子中，父母如果能够站在女儿的角度思考(毕竟我们做父母的也年少过)，至少不会做出“臭骂前来邀请女儿的同学”这样过于伤害女儿自尊心的行为来。父母应该知道：对于青春期的孩子，可以说，他们比任何人都更“看重”同龄朋友而“忽视”成年人。做父母的如果不能理解他们，孩子就会向外寻找理解他们的人。反之，父母若能理解他们，他们就会感到家庭的温暖、安全，就会愿意与父母沟通。各位家长应切记：对于青春期的孩子，只有先去理解，而后才能正确引导。没有理解，一切教育、引导都难有真正好的效果！因为他们再不是那个儿童期的孩子了。对那个被同学前来邀请参加生日宴会的女儿，家长完全可以这样做：先要肯定“社交”对于女儿是重要的，而且也是必要的。这不仅是因为同龄人能使孩子更开心、更快活；更重要的是，孩子需要在与同龄人的交往中，来增进对自己、对他人的认识和了解。然后，再给孩子指出，时间安排上要适当，社交活动不可没有，但也不可占太多时间，毕竟读书学习是主要的。给孩子讲清道理，孩子一定也会理解，这样不是很好吗？

家长与孩子之间需要理解，理解是爱心和尊重的具体体现。无论父母对子女，还是子女对父母，一般都不缺少爱心，但往往欠缺尊重。因为欠缺“尊重”，结果连“爱心”也感觉不到了。现在你不妨从“理解”开始，一个戏剧性的变化就会出现：你与孩子的心理距离马上就缩小了，你与孩子的口角冲突马上就减少了。

因此，理解是一种无条件的喜爱与尊重的情感，它需要你的无私和爱心。这在亲子之间，本来应该没有问题，但事实并不是没有问题。作为父母，我们往往把自己的“面子”看得很重，往往希望子女无条件地服从我们，我们却不能无条件地去尊重子女。当然，这并不是要求家长去认同孩子的一切观点和行为，而是我们要能够设身处地站在孩子的位置，用他们的眼睛去看，用他们的耳朵去听，用他们的头脑去想。

小结

心理辅导是一项综合系统的工程，不仅需要专职教师的努力，更需要其他学科教师、班主任、家长、社会各界的积极配合和共同努力。只有家庭、学校、社会和学生本人密切配合，共同参与，才有利于中学生摆脱心理困境、促进心理健康发展，才有利于全面落实素质教育、为国家培养高素质人才，才有利于社会的和谐与稳定。

巩固与操作

一、思考题

1. 家庭如何为心理辅导提供支持？
2. 什么是心理辅导的学科渗透？
3. 心理辅导的教师支持有哪些？
4. 什么是朋辈辅导？
5. 如何为心理辅导提供社会支持？

二、操作题

1. 针对中学生的叛逆问题，设计一堂主题班会课。
2. 对于部分学生存在网络游戏成瘾，家庭、学校和社会该如何为网络成瘾的辅导提供有效支持？

拓展阅读

1. 范慧玲. 注重主体活动体验，创设有效心理课堂[J]. 中学课程资源，2011(2)：36-38.
2. 钟志农. 心理辅导活动课操作务实[M]. 宁波：宁波出版社，2007.
3. 刘电芝. 儿童发展与教育心理学[M]. 北京：人民教育出版社，2006.
4. 李中莹. 重塑心灵[M]. 北京：世界图书出版社，2006.

第十章

中学教师的心理健康

内容提要

本章主要介绍有效心理辅导员必备的特征及条件，中学教师心理健康的含义、标准及维护心理健康的重要意义，中学教师常见的心理困扰及产生的原因，教师职业倦怠及其特征，职业适应不良的含义及中学教师职业适应不良的表现，中学教师心理健康调适的具体策略。

学习目标

(一) 认知目标

1. 了解有效的心理辅导员必须具备的特征；
2. 掌握心理健康的含义及中学教师心理健康的标准；
3. 了解中学教师常见的心理困扰及产生的原因；
4. 理解职业不良及中学教师职业不良的主要表现；
5. 掌握中学教师心理健康调适的具体策略。

(二) 情感目标

1. 体验到成为有效的心理辅导员的重要意义；
2. 体验到教师心理健康的重要意义。

(三) 能力目标

1. 掌握中学教师如何成为有效的心理辅导员；
2. 掌握中学教师心理健康调适的具体策略。

案例导读

老师，你到底怎么了

众所周知，学校是教书育人之处，教师是为人师表之人。我国素有尊师重教的传统，“一日为师终身为父”“爱生如子”的古训流传至今。可是近年来，在这片圣洁的教育园地里，却接二连三地发生了一些令人毛骨悚然的事情。

[案例 1] 2003 年 4 月 12 日，按照学校的要求，重庆市一名叫丁婷(化名)的学生应于上午 8 时到校补课，但未按时到校，其班主任汪宗惠未询问她迟到的原因，用木板打了她，并当着某同学的面对她说："你学习不好，长得也不漂亮……" 12 时 29 分左右，丁婷从该校的中学部教学楼八楼跳下，经抢救无效，于当天中午 12 时 50 分死亡。经过重庆市渝中区人民法院审理一审判决，被告人汪宗惠犯侮辱罪，被判处有期徒刑一年，缓刑一年。

[案例 2] 2009 年 11 月 6 日，某中学高二 5 班数学课上，一名男生的手机响了，班主任王老师径直走向该男生，将他的手机没收，并在课堂上将手机里的短信内容读出："中午放学一起走不？……"随后，王老师叫起了同班的女生晓新(化名)，并对她近期的学习状态进行了点评。当天上午的第四节体育课，晓新没有去上，一直在哭……11 月 9 日 6 时许，晓新割腕后从其所住的宿舍六楼跳下身亡……

人们普遍认为教师的职业是太阳底下最光辉、最神圣的职业，因为它维系着千百万孩子的健康成长，维系着千百万家庭的幸福快乐，因而是最蕴涵生命力和创造性、充满幸福和快乐的职业。在人们心目中，教师是人类文化的传递者、人类心灵的工程师，是真理和文明的化身，教师从外表到内涵，似乎应该有一种温文尔雅、宽容仁慈的谦谦君子风度。然而令人难以置信的是，在人们对教师的尊敬与颂扬中，却发生了上述那一幕幕不该发生在教师身上的恶性事件。教师为什么要这样对待自己的学生？是师德不良，还是另有其原因？一声声令人难堪的责问不绝于耳：老师，你们到底怎么了？

第一节　中学教师的心理辅导职责

教师要培养全面发展的学生，需要承担多重角色。教师不仅是文化知识的传递者、学生集体的领导者、以身立教的示范者、开拓创新的研究者，还承担着心理健康的辅导者等多种角色。中学阶段是个体发育过程充满生机、最为宝贵的一个阶段，也是最易产生心理冲突和行为过失的危险年龄阶段。现代社会生活的发展，对学生心理健康教育工作提出了严峻的挑战，由于教育方式不妥导致学生产生心理问题的案例比比皆是。苏霍姆林斯基把教育中违反心理卫生要求导致的心理异常或心理疾病称作"学校病"。如何减少"学校病"的发生、促进学生心理健康水平的提高，是教师应当承担的职责。教师要担此重任，就必须接受从事学校心理辅导工作的专业培训，掌握学校心理辅导的基本理论、专业知识和操作技能，还要加强自身的人格修养，自觉维护和促进自身的心理健康。1999 年教育部颁发的《关于加强中小学心理健康教育工作的若干意见》中明确指出，"要积极开展对从事心理健康教育教师的专业培训"，这足以说明中学教师成为有效的心理辅导员的重要性。

一、教师成为有效心理辅导员的重要性

虽然学校心理辅导属于专业性很强的工作，但学校心理辅导不只是专职的心理辅导教师的工作，普通教师同样承担着心理健康教育的任务。普通教师在学校心理辅导工作中所起的作用

有其特殊的意义，具体表现在以下 3 个方面[①]。

(一) 支持

普通教师可以采用各种方式对心理健康教师提供专业或精神上的支持，普通的科任教师利用班级活动支持专业心理教师，使他们的心理教育计划能得到有效实施。

(二) 转介

转介是学校心理工作中的重要环节，主要目的在于把有需要的学生推荐给专业人员，使学生能获得最有效的帮助。普通教师可以把问题学生转介给心理教师，转介过程应该以学生的利益为中心，力求给予最适当的服务。

(三) 服务

学校内所有教育教学人员都是服务性的，包括对学生的服务以及教师之间的彼此支持、对社区内团体与机构的服务。普通教师与专职心理教师在承担学校心理辅导工作时并无绝对界线，比如，他们都可能做咨询、转介、家长辅导等工作，双方的差异可能只是在层次与深度上。

二、有效的心理辅导员所必备的特征

中学心理辅导是一项专业性很强的工作，心理辅导员作为对学生进行心理健康教育的工作人员负有很大的责任，他们的素质高低对于能否做好心理健康教育工作至关重要。那么，有效的心理辅导员应具备什么样的特征呢？

(一) 正确的职业理念

正确的职业理念是教师胜任心理辅导工作的前提，它会在个人哲学观和职业角色观等方面体现出来。

教师的哲学观是指教师本人对人性、现实世界、生命存在、生活的价值、个人生活态度等问题的一些基本假设和看法，具体包括人性观、价值观等。美国心理学家考瑞(Corey)指出，从教学与督导的经验得知，对价值的察觉、价值观从何而来与如何获得，以及咨询者的价值观是如何影响来访者，是多么的重要。在探索自己的历程中，一个焦点就是检查个人的价值观是如何影响到他身为咨询者的工作[②]。当代心理学家帕特森(Patterson)也强调，咨询者的价值观不可能脱离治疗历程。其次，心理辅导的理论都是建立在对人性的假设基础上，每个心理辅导员也都有自己的人性假设。只有自身的人性观与心理辅导理论的人性观相一致时，心理辅导者才能真正有效地使用这种理论来帮助别人。教师的人性观、价值观、生活哲学和基本的生活态度等，在心理辅导的过程中具有非常重要的价值。教师应不断吸取、内化健康积极的价值观，通过沟通、讨论等丰富多样的形式，引导学生思考、感悟、选择，建立积极向上的价值观和人性观，帮助他们健康成长。

教师的职业角色观是指教师对自己在教育职业中所担当角色的一种认识。新课程的实施使

① 伍新春. 中学生心理辅导[M]. 北京：高等教育出版社，2010：307.
② 傅宏. 咨询心理学高级教程[M]. 安徽：安徽人民出版社，2008：389.

教师从传统的角色定位束缚中走出来，现代教师的职业角色不再是说教者、灌输者和评论者，而是商谈者、接纳者和辅导者。心理辅导的目的是解决学生的成长问题，而不是解决他们的人生观和价值观问题。建构主义认为，学生不是被动接纳信息的容器，他们是在用自己的自身经验、情感表达和思维方式来选择并接收外界的信息输入，构建自己的人生观和价值观。因此，教师在心理辅导的过程中要注重对学生人生观、价值观的梳理、良好情绪的重建及认知方式的转变。

(二) 扎实的专业知识

扎实的专业知识是教师作为有效心理辅导员最基本的特征。中学心理辅导工作是一项专业性很强的工作，需要教师具有扎实的专业知识。心理辅导教师必须具备心理学、教育学基础知识以及心理咨询辅导的专业知识，具体包括：对普通心理学、教育心理学、人格心理学、情绪心理学知识的了解；对心理卫生、变态心理、心理测量与诊断等知识的了解；对心理辅导、心理咨询与治疗知识的了解。

(三) 熟练的专业技能

扎实的理论准备是从事心理健康教育工作的前提，熟练的专业技能是从事心理健康教育工作的关键。教师掌握心理辅导的基本理论和知识并不是目的，更重要的是教师要把这些基本理论和知识转化成熟练的咨询与辅导的技能，以促进学生的心理品质的发展，维护学生的心理健康。因此，有效的心理辅导员还必须具备熟练的专业技能，具体包括：心理健康课教育的教学能力，如针对不同年级学生选择合适的教学内容、举办校级专题心理讲座、课堂活动的组织与监控的能力；心理辅导和咨询的能力，如建立咨询关系、正确运用心理测评工具、决策与诊断、观察、移情、倾听、问题行为矫正等各种咨询技术；学校心理活动策划和组织能力，如选择有新意符合学生实际的主题活动、协调各部门人力与物质资源为活动服务[①]。

(四) 较强的科研能力

在所有教师专业化发展过程中，都要求有较强的科研能力，能深刻领悟课程的核心和要点。一方面，心理健康教育是一个全新的领域，许多地方都还需要进一步深入、系统的研究和探讨。比如，心理健康教育的目标、内容、模式、方法等都尚未形成统一的意见和看法，这势必影响心理健康教育工作的有效性和有序性。另一方面，心理健康教育工作有很强的地域性，有极强的地方特色。比如，东部沿海发达地区普通高中学生的心理问题与西部内陆欠发达地区普通高中学生心理问题是存在较大差异的，因此，心理健康教育的内容与方式肯定会有相应的不同；同为西部的大中城市与县级城市，不同学校的学生也都存在较大差异，因此我们的心理健康教育工作在承认其共性的同时，更要注重其个别性、特殊性；研究调查本地区、本校学生的心理现状和问题，有的放矢，制定出能适应本校学生的心理健康教育方案；加强校本心理健康教育课程的研究与开发，探索符合本地区、本校实际的心理健康教育课程，做到以研促教，科研兴校，将心理健康教育工作做出实效，做出特色。因此，心理健康教育教师必须具备较强的科研能力[②]。

---

① 唐瑛. 浅析心理健康教育教师职业胜任力及发展路径[J]. 牡丹江教育学院学报，2011，128(4)：73，85.

② 王科成，崔建平. 中小学心理健康教育教师专业化问题的思考[J]. 中小学心理健康教育，2006(9)：3-6.

(五) 完善的人格特征

由于心理辅导是一项严肃的工作，它直接面对当事人的“心灵”，这种工作的特殊性，需要心理辅导员必须具备优秀的人格特征，这是教师胜任中学心理辅导工作的核心和关键。有研究表明，学校心理健康教育教师的胜任结构中宜人性和尽责性是必备的两种人格特质①。教师人格特征中的宜人性主要指教师是否值得信赖、是否具有同情心、是否愿意与人合作等方面的特征，包括宽容、助人为乐等特质；教师人格特征中的尽责性主要指教师对工作的控制力状况，包括自信、责任感等特质。心理辅导工作要求教师以一种理解和接纳的态度来看待学生及其行为，去寻找这些行为背后可能的心理需求，从人性的角度去理解和教育他们，教师要与学生建立起相互支持、理解和信任的关系，真正实现师生之间心灵上的沟通与互动，从而增强教育的针对性和实效性。

身边故事10-1

心理老师跳楼自杀

哈尔滨市呼兰区二八镇中学青年教师张健跳楼自杀。这位专门给学生做心理健康指导的老师，最终没能解开自己的心结，在巨大的心理压力下彻底崩溃。张健的一些同事告诉记者说，张健是一名非常优秀的教师，他是学校唯一的一名市级骨干老师，他不但教学出色，而且做学生思想工作也很有办法，一些淘气的学生都很服张老师。

身为省内一级教师的张健，曾先后十多次荣获先进教师等荣誉称号，而且在 1999 年获得了黑龙江省心理学会颁发的心理健康指导教师结业证书。但是，这位很会做学生思想工作的优秀老师却最终没能做通自己的思想工作。在张健自杀前一个多星期，张健在日记中留下了这样一段话：“昨天到哈市看了一趟病，又花了不少钱，我不是心疼钱，而是心疼自己的病，是我自己太脆弱了，走不出自我折磨的误区，我现在急需解决的是战胜自己，接受自己，就是(当)一个普通老师又能如何？如果不能上班又能如何？不是也得活着吗？”

对于张健的死因，有人推测可能和他没有当上教导主任有关。年初，哈尔滨市进行教师人事制度改革，学校拟提拔一个教导主任，作为候选人之一的张健没有当上，几次闲聊中，都听到张健表示对此事有一些看法。就是这样一位大家都公认的好老师，因为工作变动的事而没能走出自己的心理误区，选择了轻生。

你认为当一名优秀的心理辅导老师，除了必须具备扎实的专业知识和熟练的专业技能外，还应该具备哪些特征呢？

三、成为有效的心理辅导员必备的条件

(一) 主观条件

1. 追求自我发展

自我发展是指对求知的一种积极的认识倾向与情绪状态，具有直接引起、维持并推动个体

① 王智，张大均. 学校心理健康教育教师胜任特征结构及测量[J]. 心理科学，2011，34(2)：481-487.

求知活动以达到一定目标的认知内驱力。[①]教师有很强的学习需要和动机，希望通过主动学习来提高自身的水平，关注自己的专业成长。自我发展是中学心理辅导教师的鉴别性胜任特征，通过教师是否追求自我发展，可以鉴别出中学心理辅导教师是否优秀。

首先，中学生正处在“人生的暴风雨期”，他们思想丰富，问题频出。相同的问题背后可能有不同的原因，同一个问题因人而异，可能需要不同的技术来处理。同时，社会的发展和时代的进步使中学生的知识越来越丰富。这就需要中学心理辅导教师必须不断丰富心理咨询与辅导的理论和技术及自己各方面的知识，树立终身学习的理念。其次，中学教师也并非完人，他们自身也会存在诸多问题，需要不断关注自我成长，及时发现自身存在的问题并进行改正。只有这样才能更好地完成中学心理辅导与教学工作。

2. 提升专业素养

中学心理辅导教师的专业素养是指具备深厚的心理学专业知识，受过系统的专业训练，具有丰富的工作经验和实践知识，具有对中学生进行心理咨询的专业技能和课程素养，能够熟练运用专业知识，对专业既有纵深方向的理解和研究，又能紧跟专业发展掌握专业发展趋势。研究表明，专业素养较高的教师能够熟练运用专业知识解决实际问题，能够把心理学知识应用到实际工作中去。相反，专业素养较低的教师遇到问题时不知道如何处理，咨询时不知道采用什么方法去处理等。

2000年教育部印发的《中小学心理健康教育指导纲要》已经明确指出：“心理咨询是一项科学性、专业性很强的工作，也是心理健康教育的一条重要渠道。” 然而，目前中学心理辅导教师的专业化水平总体较低，从事心理健康教育教师的水平参差不齐，有的甚至根本没学过心理学，而是半路出身。为了提高当前中学心理辅导教师的专业素养，保证心理健康教育工作有效的开展，在职的心理辅导教师必须接受系统的专业培训，提高其专业素养。由于教育理念和咨询技术的不断发展，需要心理辅导教师不断学习，更新专业知识，这是提高专业素养的有效方法。

心理辅导教师的培训可以分为职前培训与职后培训。职前培训是指入职前，完善师范院校教师教育课程结构，加强师范生心理咨询基础理论知识的学习与基本技能的训练，加强师范生心理健康教育。职后培训阶段，要拓展继续教育资源，为广大在职教师提供心理健康教育培训。职后心理健康教育培训的重点是促进教师对自身心理状态的反思，结合职业经验，理解教师心理健康对学生发展及教育教学工作质量的影响，使其成为有心理健康意识的教师，并进一步掌握自我减压、自我调节的技巧。

3. 学会不断反思

反思就是要求学校心理健康教育教师，着眼于自己的活动过程来分析自己所做出的某种行为、决策以及所产生的结果的过程[②]。

反思包括自我反思、同行交流反思与专家督导反思。自我反思是指心理辅导教师以自己的职业活动作为思考对象，对自己在从事心理辅导过程中所做出的行为以及所产生的结果进行分析的过程。同行交流反思是指通过心理教师之间的交流对话、分享经验、相互学习，在听取别人的同时审视自己。专家督导反思是指在专家的指导下对自己讲授心理健康课或个案等进行反

① 韦洪涛，刑延清，王倩. 基于胜任力模型的中学心理德康教育教师专业化发展[J]. 中小学心理健康教育，2010：8-9.
② 屈亚玲. 校本研究与中学教师专业化[D]. 华中师范大学硕士学位论文，2006：20.

思，及时总结并给出具体的指导建议[①]。

反思的内容主要包含对自身角色的反思、心理课堂教学反思及个案反思等一切与从事心理辅导活动有关的反思。

教师通过自我反思发掘或揭示这些事件、经验或行为背后的教育思想、理念，从而发现心理辅导的本质、规律与价值等，让教师能够清晰地看到个人成长的轨迹和内在专业结构发展的过程。此外，对于发生在周围或他人身上的对自身影响较大的事件，教师也要深刻剖析，因为这些教育经验、教学策略等都蕴涵较高的实际应用价值，对心理辅导教师自身的专业成长有很大帮助。

4. 参与行动研究

中学心理辅导教师参与行动研究是指教师在心理辅导的实际工作需要中寻找课题，在实际工作过程中参与研究，并把心理辅导的研究成果运用于实践的过程。这是提高教师专业化的重要途径。

首先，教师可以把实验课题研究和心理辅导二者结合起来同时进行。教师可以将学生普遍存在的问题，如自我意识、学习适应、人际交往、人格心理、网络心理、性健康教育、职业生涯等，设计成心理辅导专题。其次，教师还可以进行心理辅导的个案研究。中学心理辅导应该注重对中学阶段存在的典型案例进行剖析与研究。教师可以在实践中收集和选择典型案例，深入剖析、比较和归纳这些个案，在不断总结、评价和反思中提高自己的心理咨询与辅导技能，然后再运用于案例去拓展实践。

(二) 客观条件

1. 更新教育观念

尽管教育部在1999年就颁布了《关于加强中小学心理健康教育的若干意见》，要求重视学校心理健康教育的呼声越来越高涨，学校管理者对此项工作的认同度也在提高，但事实上相当一部分管理者的观念并未根本转变，还停留在“说起来重要，忙起来次要，做起来不要”的“行动哲学”中。因此，心理健康教育在许多学校只是“成为一种时髦的口号、实施素质教育的粉饰品和应付上级检查及汇报工作的美妙装饰物”[②]。许多学校没有真正把学生心理健康教育落到实处，他们表面应付、不讲实效、流于形式。这其中的主要原因可能是观念上的误区。由于长期受应试教育的影响，造成关心中学生成长的热点大多集中在孩子的学业成绩及升学就业上，而忽视了学生的心理健康教育。虽然国家已认识到应试教育的弊端，大力提倡素质教育已有很多年，但考试制度导致实际实行的还是应试教育。

21世纪是充满激烈竞争的社会，是一个需要具备综合素质人才的时代，是一个倡导以人为本的时代。未来世界的建设者和接班人除必须掌握现代科学技术知识外，还应该具备坚强的意志力、非凡的创造力、灵敏的应变力、卓越的竞争力及良好的社会交往能力等做好一切事情所必备的能力。因此，学校不仅要注意培养学生的“智”，还要注意培养学生德、体、美、劳等综合素质，而且更重要的是要关注学生健全人格的养成。在现代竞争社会条件下，一个人只学习成绩好、考试能力强、掌握知识多是远远不够的，如果缺乏良好的心理素质和健康完善的人

① 陈红. 学校心理健康教育教师胜任力研究[D]. 福建师范大学硕士学位论文，2007：53.

② 黎龙辉, 刘良华. 我国中小学心理健康教育发展的历史与现状——基于文献研究的思考[J]. 中小学心理健康教育，2006(5)：4-7.

格特征，即便其他能力再强，也很难成才。反之，一个人格健全、心理素质良好的人，即便一时遇到困难和失败，仍能通过自身不懈的努力赢得支持，走出困境，获得成功。

教育行政部门领导以及负责人员、学校领导和心理辅导老师，首先要努力学习有关学校心理咨询与辅导的相关理论知识，并在学校教师、学生家长和学生中不断扩大宣传教育，使正确的教育观念不断深入人们的思想意识里。其他教育工作者也都需要加强自身的修养和学习，深入理解学校心理辅导工作的重要性、目标、内容、方法等有关知识。

2. 完善制度体系

为了促进学校心理辅导工作良性持续向前发展，更加具有人性化，建立起一个相对完整全面的学校心理辅导制度非常必要。学校心理辅导制度的建立，归根结底，其宗旨就是给学校心理辅导工作提供指导和保障，确保学校心理辅导工作落到实处，为学生心理健康提供保证。

首先，要强化教育行政部门的责任意识，完善对学校心理辅导工作的管理和规划。以教育部颁发的《关于加强中小学心理健康教育的若干意见》等相关文件为蓝本，拟订学校有关心理辅导的制度文本，结合各地区的实际情况，根据学校具体要求，编写切实可行的学校心理辅导相关制度。教育行政部门对学校心理辅导相关制度要统一安排部署，保障贯彻落实。

其次，要落实校长责任制。学校党政要把学校心理辅导制度纳入学校的中心任务来抓，建立起以校长为组长的领导小组，建立一个分层次、有重点的教育体系，并由心理健康辅导工作领导小组具体实施方案，列出每一个学期学校心理辅导工作的主要任务，安排各项活动，定期检查，并对发生在学生中的应激事件制定处理方案。在校长的领导下，建立起以分管德育工作的校领导牵头，以学工组长、政治辅导员、团总支书记和班主任为主体，专兼职心理辅导教师为骨干，全体教师共同参与的学校心理辅导工作体制。

再次，要建立健全学校心理健康教育机构，要建立起由指导机构、执行机构、管理机构 3 个部分组合而成的学校心理健康教育机构。心理健康教育的指导机构一般是校长室。在校长领导下，全面负责学校心理健康教育工作。学校心理健康教育的执行机构是心理健康教育室，具体负责学校心理健康教育工作，由班主任、专兼职心理辅导教师组成。学校心理健康教育的管理机构是学生工作部，主要是完成学校心理辅导的日常工作。指导机构、执行机构、管理机构各部门之间，既有分工又有合作，统一在校长责任制的领导下。

最后，要完善学校心理辅导工作的评价机制，确保学校心理辅导工作有序进行。通过对学校组织管理工作、教学活动以及学生心理健康知识和心理健康状况的评价，对学校心理辅导工作起监督和规范作用。

3. 加强教师培训

建设一支优良的学校心理辅导教师队伍，是做好学校心理辅导工作的关键，提高心理辅导教师的业务能力，是保障心理健康教育正常开展的重要条件。提高师资队伍的整体素质应落实在教师的培养培训上。心理辅导工作是一项专业性很强的工作，必须通过培养培训使教师掌握心理学的基本理论和知识，具备进行心理咨询与辅导所需的知识和能力。

首先要明确培养培训的对象。开展心理辅导工作的培养培训，其对象不仅仅是学校的专兼职心理辅导教师，也包括学校分管领导、各学科教师及学生管理工作者。多层次全方位的培训，有助于提升教师的教育教学素质，使教师在教学活动中把握学生心理活动动态，将学校心理健康教育渗透到学校日常教育工作的方方面面。此外，对学校心理辅导教师的专业培训要列入学校师资培训计划。通过培训，使心理辅导教师掌握心理辅导所需要的知识和能力，同时提高对心理辅导工作重要性的认识。

知识链接10-1

心理辅导教师培训中存在的问题

1. 没有规定专门的培训机构

目前，我国还没有规定培训学校心理辅导人员的专门机构，对学校心理辅导人员的培训仍处于自发状态，基本上是某些师范大学或机构、学术团体以及个人的自发行为，缺乏行业管理与监督。由于缺乏管理与监督，使得培训机构鱼龙混杂，不管有无条件均举办各类培训班；至于培训课程的设置、培训方式的运用、培训时间的长短，更是五花八门，没有统一的规定，使得培训质量难以得到保证。

2. 培训时间不足

国内心理辅导起步较晚且发展非常迅速，对学校心理辅导人员的需求量很大。联合国教科文组织要求，6000～7500 名学生中至少要有 1 名学校心理辅导员。目前，学校心理辅导员中，专业人员极少，大部分是非专业人员，他们大多未经专业系统培训，只是经过短期培训后边摸索边实践。

3. 培训内容不全面

心理辅导员培训的内容应包括心理学、职业道德、人格素养、方法与技术、实习等，而目前的各类短期培训比较重视心理学理论知识的学习，忽视心理辅导方法和技术的训练及从业人员素质的培养，实习这一环节几乎没有。

4. 培训的针对性不强

目前国内心理辅导人员主要由医务人员、德育教师、中小学班主任或其他教师构成。他们的知识背景差别很大，专业水平参差不齐。例如具有心理学背景的辅导员在大学时已系统学过普通心理学、发展心理学、教育心理学、人格心理学、心理测验学和变态心理学等课程，有的在学校中就是教授普通心理学、发展心理学、教育心理学课程的教师，他们对这些知识非常熟悉，无须再重新学习。其他知识背景的辅导员在大学时也系统地学过普通心理学、发展心理学、教育心理学；有医学背景的辅导员曾学过医学心理学、变态心理学；而有的辅导员只学过普通心理学。但目前的各类短期培训并未考虑到他们之间的差别，而是搞一刀切，所有的人员都接受同样的培训，并且这些培训又主要是针对心理学的基础知识进行的，内容单一，造成在有限的时间内重复学习已不需要学的内容，而真正需要学的内容却没有学。

4. 重视环境建设

学校的心理辅导工作并不是仅靠几个心理辅导教师就能够担此重任的，它需要家庭、学校、社会及教育行政部门的关心、理解和支持。家长要积极支持和配合学校的心理辅导工作，努力营造良好的家庭环境，通过提高自身素质，树立科学的家庭教育观念以增强学校心理辅导工作的效果。学校要将心理健康教育作为教师继续教育的重要内容之一，要给教师提供一个良好的工作环境，注重对教师进行人文关怀，减轻教师的工作压力和生活压力，保证教师的合法权益不受侵犯。社会及有关教育行政部门应真正倡导尊师重教的社会风尚，不断改善教师的经济待遇、工作环境和生活条件，努力提高教师的工作地位和经济地位。

第二节　中学教师心理健康的标准

近年来，中、小学生心理健康问题日益为社会所关注，作为对学生心理健康有重要影响的教师的心理问题却没有得到应有的重视。专家指出，过高的社会期望、单一的职业评价标准、学生分数与升学指标等，正使中、小学教师们面临着巨大的心理压力。在众多的压力之下，教师不堪重负，于是各种各样的心理问题便随之产生。要提高学生的心理健康水平，首先教师要有较高的心理健康水平。一个优秀的教师，除具备丰富的专业知识、高超的教学技能外，更应拥有健全的人格和健康的心灵。因为只有心理健康的教师，才更能通过教学培养出身心健康的学生。因此，有效地维护中学教师的心理健康，对做好学校心理辅导工作具有十分重要的意义。

一、心理健康的含义及标准

(一) 心理健康的含义

联合国世界卫生组织 1989 年指出：健康包括躯体健康、心理健康、社会适应良好和道德健康。心理健康是个体健康不可缺少的一部分，是个体在谋求健全发展过程中，生理、心理与情绪上之健全结合。对于心理健康，可以从以下几点来理解和把握[①]。

1. 心理健康是指一种持续的积极发展的心理状态

在这种状态下，主体能对社会做出良好的适应，能充分发挥身心潜能，而不仅仅是没有心理疾病。每个人都处在极健康和极不健康的两端连接线的某一点上，它只反映人的某段特定时间内的特定状态。

2. 心理健康的状态具有相对性

一个人是否心理健康与一个人是否有不健康的心理和行为，并非完全是一回事。一人偶尔出现一些不健康的心理和行为，正如伤风感冒一样，谁也不能完全避免。只要有办法解决问题，便是健康的。人的心理健康具有相对性，与人们所处的时代、环境、年龄、文化背景等方面的因素有关，所以不能仅仅从一种行为或者一种偶然的行为来判断他人或自己心理是否健康。

3. 心理健康的状态具有动态性

一个人的心理健康是一个动态变化的心理状态过程，是健康与不健康、平衡与失衡的互动交替过程。心理健康与心理病态之间没有明确界限，只是一个比较模糊和宽泛的范围。在心理病态范围内，至少可以分为心理问题、心理障碍、心理疾病 3 个等级。如果一个人不注意心理保健，经常出现不良的心理状态，那么心理健康水平就会下降，甚至出现心理变态和心理疾病；但如果出现心理问题时能及时调整和寻求帮助并化解烦恼，那么就会恢复健康的心理。这种动

① 胡谊，杨翠蓉，鞠瑞利，曹凤莲，等. 教师心理学[M]. 北京：中国轻工业出版社，2009：220.

态性使得心理健康自我教育目标的实现成为可能。我们可以通过努力，使得心理处于不健康、亚健康状态的人健康起来，使得相当健康、非常健康的人保持健康并且追求更加健康。

(二) 心理健康的标准

综合国内外学者对心理健康标准的看法，心理健康的标准可以简单概括如下：①了解自我与自我接纳；②保持情绪的平衡与稳定；③社会适应性强；④人际关系和谐；⑤人格结构稳定、协调；⑥完善的自我。

此外，理解心理健康标准时，还要把握以下几点。

(1) 心理健康标准的确定是以个体外部适应是否良好与内部心理机能是否协调一致为标准的。虽然心理活动作为一个黑箱，我们通过外部行为表现判断其内部状况是研究心理遵循的一个原则，但也要考虑个体的各项心理机能是否健全、人格结构是否完整。

(2) 心理健康的概念是一种理想的尺度。人的心理健康具有不同的层次，如果没有心理疾病，那仅仅是低层次的心理健康，高层次的心理健康不仅指没有心理疾病，而且还能充分发展个体身心潜能。心理健康的标准对个体充分发挥自身潜能，提高自身心理健康水平的方向和目标具有重要的实际意义。

(3) 心理健康的标准所描述的是一个过程。衡量一个个体是否心理健康，不仅要看他是否在较长一段时间内没有失败、焦虑和痛苦的状态，还要看当他遇到心理问题时，是否能主动解决这些困难，不影响正常工作、学习和生活。

(4) 心理健康显示的是一种人生的态度。从某种意义上说，心理健康首先反映在个体对待人生的态度上。如果个体懂得人生的意义，树立了正确的人生观和世界观，就会追求高尚的生活目标，积极对待人生，始终保持健康发展的心理。

二、教师心理健康的含义及标准

(一) 教师心理健康的含义

对于不同的职业和群体，心理健康有不同的含义和特点而具有特殊性，从心理健康的状态和心理健康的预防与维持两方面综合考虑。所谓教师心理健康，是指教师在教育教学过程中有意识地完善人格，发挥心理潜能，维护和增强心理各方面的机能和社会适应能力，预防各种心理疾病，使个人的心理机能发挥到最佳状态。

这个概念包括以下 3 层含义：其一是指教师的心理健康状态，包括良好的认知品质、稳定一致的情绪状态、坚定的意志品质，以及健全的人格和良好的行为习惯；其二是指教师的各种心理关系，如良好的人际关系；其三是指教师在教学、生活中保持良好的心理状态，培养健全人格，提高社会适应能力，维持良好关系，使自己的潜能得到充分发挥[①]。

(二) 教师心理健康的标准

教师心理健康的标准是开展教师心理教育、维护教师心理健康的重要前提。近几年来，已有一些学者就教师心理健康标准问题做了探讨，提出他们各自的见解。综合有关教师心理健康

① 张大均，江琦. 教师心理素质与专业性发展[M]. 北京：人民教育出版社，2005：192.

标准的论述，教师心理健康的标准至少应包括以下几点①。

1. 良好的职业角色认同

热爱教师职业，对教育工作充满信心和情感，能积极投入工作中去。人是社会生活的主体，每个人在社会生活中都占有一定的地位，担负着一定的社会职能，因此对待事业的态度必然成为社会适应的首要构成因素。

2. 积极稳定的情绪、情感

教师积极稳定的情绪、情感具体体现在：①以愉快、乐观为主导心境，在生活、工作中能保持饱满、高涨的热情，对学生能表现出关切、尊重、高度负责的态度。②情绪较稳定，具有较强的情绪调节能力。不喜怒无常，不将生活中不愉快的情绪带入课堂，不因个人的情绪波动而随意迁怒于学生。③具有高尚的情操，包括对教师职业的热爱，对学生的关爱，对高尚道德的崇尚，富有正义感、责任感、荣誉感和同情心等。

3. 和谐的人际关系

人是社会化的动物，妥善处理人际关系，乐于与人共事相处，才能立身处世。它包括在人际交往中，了解彼此的权利与义务，将关系建立在互尊互惠的基础上；能客观地了解和评价他人；积极与他人真诚沟通；与人相处时尊重、信任而不是仇恨、忌妒。教师良好的人际关系在师生互动中则表现为师生关系融洽，能理解并乐于帮助学生，冷落、不满、惩戒行为较少。

4. 良好的自我意识

良好的自我意识指能正确地认识自我、悦纳自我，有较强的自我调控能力。正确地认识自我，就是客观地认识自己拥有的优势和存在的不足。悦纳自我就是要平静而理智地对待自己的长短优劣、得失成败，以发展的眼光来看待自己；既不以虚幻的自我来补偿内心的空虚，也不消极回避自身的现状，更不能以哀怨、自责甚至厌恶来否定自己，能主动地调控自我，积极地适应环境。

作为一个教师，良好的自我意识具体表现为：能根据自身的实际情况确定工作目标和个人抱负；具有较高的教育效能感；能在教学活动中进行自我监控，并据此调整自己的教育观念，能完善自己的知识结构，做出适当的教学行为。

5. 坚强的意志品质

由于教育工作的复杂性和艰巨性，教师在教育教学实践过程中难免会遇到这样或那样的困难，尤其是新世纪的教师，面临着社会发展和教育变革所带来的种种挑战，其工作的难度是不言而喻的。因此，教师不仅要有应对困难、挫折的心理承受力，还要有敢于面对困难、不屈不挠的品质，能够用坚忍不拔的毅力克服困难，勇往直前。

6. 丰富的创造力

教育对象的个体差异性、教育条件的多变性、教育情境的突发性等职业特点，要求教师具有丰富的创造力，以便在教育教学过程中能熟练运用各种各样的方法和手段，随机应变地处理课堂突发事件和教学难题，机智地处理个别学生问题。新一轮基础教育课程改革，留给教师创

① 叶一舵. 新课程背景下的公共心理学教程[M]. 北京：高等教育出版社，2004：320-321.

新的空间与余地将不断加大，教师只有具有较强的创造性，才能很好地把握和驾驭。

心理测试10-1

心理健康自我测量[①]

请回答下列问题。请你就最近一段时间里的情况进行自我测试。下面列出的每一条，若你的情况大体如此，计2分；如果基本未出现过，计0分；若介于两者之间，计1分。

1. 想事或做事时常无故走神，注意力难以集中，脑子里想东想西，记忆力下降。

2. 出门后常想门或抽屉是否锁好，信寄出后，总怀疑是否有差错，常常强迫自己想或做些无意义的事情，明知没必要却又无法控制。

3. 常常失眠，或入睡困难，或浅睡多梦，频频醒来，次日感到精力不足。

4. 处于敏感、紧张焦虑的心境之中，惧怕并尽可能躲避某人某地、某事某物，渐渐失去信心，心情抑郁。

5. 最近看什么都不顺眼，心烦，动不动就发脾气，砸东西，骂人，甚至想找人打一架。

6. 有时不明原因的疲劳，精力不足，浑身乏力，肢体有麻木感。

7. 情绪低落，感到生活道路上有太多的挫折和困难，前途悲观，对工作、学习、娱乐都提不起精神和兴趣。

8. 感到身体有某种不适和疼痛，觉得身体有病，但检查结果说没病，怀疑是误诊或漏诊，心中老想着此事，非常烦恼。

9. 无法控制自己的情绪和行动，常不分时间和场合地发脾气，易兴奋，想到好笑的事就笑，控制不住；或心情不好时晕倒，甚至突然失语、失明、胸闷、抽搐，发脾气后又后悔。

10. 常处于昏昏欲睡的状态，头晕眼花，或者呆呆地坐着，无所事事，无动于衷。

评分规则：

如果上述否定回答占多数，说明心理健康；如果答案平分秋色，说明心理有健康的一面，也存在着问题；如果否定的回答占少数，而肯定的回答较多，一定要注意对自己的心理进行调适和治疗。

三、当前中学教师心理健康的现状

提高教育的质量，关键在于建设一支高素质的教师队伍。教师不仅应具有现代教育知识、创新理念、扎实的专业知识和较强的教育教学能力，更重要的是还要有健康的心理。但是，令人担忧的是，近年来国内外众多的调查研究发现：教师普遍存在着不同程度的心理问题。

(一) 国外调查

美国斯坦福大学的一项调查研究显示，有77.6%的教师是心理健康者，对教育工作能达到良好的适应；有22.4%的教师心理不健康。美国全国教育联合会的调查发现，大约有15%～20%的教师心理不健康，并直接危及其正常的教育教学工作。1976年美国《教师》杂志也调查过教师的心理健康问题，发现在教师所答的9000多份调查问卷中，84%的教师认为教学工作可能会

① 罗小兰. 教师心理学[M]. 北京：中国社会出版社，2008：186-187.

危及健康，75%的教师因压力或疾病等原因影响过正常的教学工作。美国有关教师不良适应的统计资料表明，35 000 名纽约教师中，4%患有精神障碍，13%需要治疗；5150 名抽查教师中，37.5%苦于持续性的烦恼；600 名抽查教师中，17.5%患过度神经质或神经病，10.5%患神经障碍症。1938 年，美国教育协会对 5150 名教师进行调查，发现有 37.5%的教师有严重的焦虑和精神紧张的现象，还发现，约有 30%的教师想改行从事其他行业，同时有 40%的教师会提前退休和提前离职。可见，美国教师的心理健康问题已越来越严重[①]。

(二) 国内调查

1996 年，上海市小学教师心理健康研究课题组对上海市所属小学 3055 名教师的一项心理调查结果表明：上海市小学教师心理健康问题的检出率为 48%，其中 12%有明显特征，2%较为严重，与一般群体的常模相比，有 23.4%的小学教师超出常模 2 个标准差。北京“芙蓉 EQ 教育与应用研究中心”主持的一项对农村中小学教师的心理健康状况的调查结果也令人忧虑：26%的教师有躯体化症状，其中 4%的人症状严重；29%的教师有强迫症状，其中 4%的人症状严重；18%的教师人际关系敏感，其中 2%的人症状严重；13%的教师有焦虑症状，其中 2%的人症状严重等。2000 年，国家中小学生心理健康教育课题组采用 SCL—90 对辽宁省内 168 所城乡中小学的 2292 名教师进行了测查，结果表明 51.3%的教师存在心理问题，其中 32.18%的教师属“轻度心理障碍”，53%的教师属于“中度心理障碍”，2.49%的教师已构成“心理疾病”[②]。

窥一斑而知全豹，事实表明教师心理问题已经严重地、客观地存在着，如果不能尽快改善教师心理健康状况，必将危及我国素质教育发展。因此，关注教师的心理问题并探索有效的干预措施是当前亟待解决的重大课题。

身边故事10-2

你挨过打吗？可能是老师心理不健康哦

教师体罚学生不完全记录：

1. 老师丢了一张铁床，中学生半夜罚跪挨打。
2. 一中学女生因上课时溜去厕所，遭老师打骂。
3. 7 岁女生讲台前当众罚跪，只因上课贪玩。
4. 经常被老师打耳光，小学生负气出走。
5. 女老师一耳光打“傻”学生，判学校赔偿。

教师心理不健康案例报道：

1. 2006 年 5 月 7 日，孩子放学回家脱衣冲凉时，孩子妈妈张女士发现孩子上身与双臂布满红肿的伤痕，仔细检查上身及两臂共有 11 处伤痕。再三追问才知道是教生物的吴老师用雨伞殴打所致，事后，吴老师还交代不许把这事告诉家长。一位不愿透露姓名的老师告诉记者说，吴老师的教学水平和人品都不错，在同事和学生中口碑一直很好，发生这样的事他们也没有料到。

① 刘晓明，王丽荣. 新课程与教师心理素质[M]. 长春：东北师范大学出版社，2004：156.
② 叶一舵. 新课程背景下的公共心理学教程[M]. 北京：高等教育出版社，2004：321.

[资料来源] 2006 年 5 月 18 日《工人日报》

2. 2010 年 6 月 23 日中午，郧县实验中学校团委书记、业务骨干聂君虎老师，因不满女学生疏远他，竟在该县郧阳路上，将该校不满 16 岁的初三毕业学生小丽(化名)当街刺成重伤，尔后搭乘出租车逃跑，在郧县江汉大桥上跳下自杀。

[资料来源] 2010 年 06 月 26 日《楚天都市报》

3. 河北馆陶县第一中学老师赵鹏因工作压力大，服用药物自杀。他在留下的遗书中称："活着实在太累了，天天这样无休止的上班让人窒息，所领的工资只能月光。"

[资料来源] 2012 年 05 月 28 日《新京报》

近些年，教师体罚学生的案例，成为公众关注的又一焦点。在这些案例中，一方面，教师体罚学生的行为受到了谴责——作为人类灵魂的工程师，他们决不应选择暴力的方式。另一方面，这些教师在教育学生的过程中，为何会选择暴力的方式也引起了人们的深思。所有案例中，孩子是无辜的，但是老师的心理上出现了问题，他们也是需要帮助的人。教师属于高压力群体，他们要面对来自个人家庭方面的问题，也要面对升学指标的压力；还有繁重的教学任务，批改学生作业、备课、进修学习等。同时，他们也和社会其他阶层一样，面临竞争、下岗、学历教育、计算机考级等，如果这些压力没有得到有效的释放，就往往会以暴力的方式发泄出来。

近年来，教师因心理问题而导致各种极端行为的事件频频见诸报端，大量调查结果也表明，教师的心理健康状况不容乐观。教师作为学校心理健康教育的主力军和推动者，其心理健康状况将直接影响其教育职能的实现、教育价值的体现，关系到学校心理健康教育的成败，关系到下一代的健康成长。因此，教师心理健康问题当引起教育部门乃至整个社会的广泛关注。

四、中学教师心理健康的意义

首先从个体层面看，教师心理健康有着人类心理健康的普遍意义，它直接影响到自身的健康、生活、工作及家庭幸福。其次，从教师的职业层面上看，教师心理健康有其特殊意义。大家常说："有怎样的校长，就有怎样的学校；有怎样的教师，就有怎样的学生。"教师是学生心目中的重要人物，是学生学习的榜样，教师之影响力无人可比。所以要培养出心理健康的下一代，保持教师心理健康是其必要条件。最后，从整个社会发展的角度来看，教师心理健康对全社会都具有重要意义。

具体来说，中学教师心理健康的重要意义体现在以下几个方面。

(一) 个人意义

教师的心理健康是教师自身职业适应和职业发展的基础条件。心理健康是人们学习、生活和工作的基本条件，教师也不例外。教师的基本职能、劳动对象和劳动手段的特殊性，决定了教师的劳动具有复杂性和艰巨性，也对教师的心理健康提出了更高的要求。特别是近几年来，为适应现代社会发展的需要，教育发生了很大的变革，教育改革方案不断涌现，教育改革力度不断加大，这就使教师工作显得复杂而艰巨。教师只有拥有健康的心理，以积极的心态去面对现实，迎接挑战，主动实现自身的角色转换，在不断自我调整中寻求平衡点，才能表现出良好的适应性，才能锐意进取，加快职业发展的步伐。

(二) 教育意义

教师的心理健康是实施素质教育的重要保证。素质教育的提出既是对我国以往的教育理论与实践反思的结果，也为今后的教育改革和发展指明了方向。现代教育的终极目标，应是培养心理健康、人格健全、适应社会发展的人才。现代教育理念对教师素质提出了更高的要求，其中心理素质被视为教师素质的核心，教师的人格被认为是巨大的教育资源，无人格根基的教育过程难以发挥教育应有的作用。教师心理健康既直接影响教师教育水平的发挥，同时又潜移默化地影响学生的心理健康和人格健全。因此，教师健全的人格、良好的心理素质也就成为实施素质教育的前提条件和重要保证。

身边故事10-3

学生心理问题的污染源在哪里①

美国《各级学校的健康问题报告》中专门指出："由于情绪不稳定的教师对于儿童有决定性影响，就不应该让他们留在学校里。一个有不能自制的脾气、严重的忧郁、极度的偏见、凶恶不能容人、讽刺刻毒或习惯性谩骂的教师，对于儿童心理健康的威胁，犹如肺结核或其他危险传染病对儿童身体健康的威胁一样严重。"

作家三毛上初中时代数成绩不好。有一次她经过自己的努力得到了一个不错的分数，老师怀疑她作弊，让她站到讲台上示众，并用毛笔在她眼睛周围画了两个大黑圈，美其名曰"吃鸭蛋"。从此三毛的心灵中就留下了不堪回首的阴影。

有一个成年强迫症患者自述其症状是不断吐唾沫，一直吐得嘴巴发干起泡还要吐。心理医生用催眠法唤醒他的童年记忆，才找到了病根：一次他因钓鱼误了学业，老师罚他生吞小鱼，从此埋下心理疾病的隐患。

有一个小学三年级的女孩子，性格内向，胆子较小，一向做事认真，学习成绩也不错，担任班里的算术课代表。一天自习课后，她收齐了作业本高高兴兴地来到老师办公室。当她把一大堆作业本放到王老师的书桌上后，不知为什么，王老师把作业本一下子全都扔到了地上。女孩吓了一大跳，她赶紧蹲在地上把作业本一本一本地拾起来，重新放到老师的书桌上，没想到，作业本第二次又被老师扔到了地上。女孩吓得不知所措，浑身哆嗦。回家后，当天夜里就做噩梦，说胡话，第二天说什么也不敢再到学校去了。经医院诊断，她患了学校恐怖症。事后了解，王老师因为被领导批评了几句，心里憋了一肚子气，结果就把学生当成了出气筒。

据有关方面统计，90%的学校恐怖症是由于教师的非正常教学行为引起的。由于一些教师在与学生交往中表现得过于情绪化，对学生的态度与评价很容易受自己情绪的影响，缺乏应有的自制力。这种消极的不稳定的情绪带给学生的不仅是一时的伤害，有时很可能会影响他们长期的甚至是一生的发展。实践证明，由于教师心理不健康而造成的对学生的伤害远远大于讲课水平低下，教师心理不健康会导致源源不断制造出心理不健康的学生。

① 方芳. 教师心理健康研究[M]. 北京：人民教育出版社，2003：54-55.

(三) 社会意义

教师的心理是否健康不仅仅是个人的事情，它关系到其他社会工作者，进而影响到社会的方方面面。曾经在一个寓言中，“国王把最代表荣誉的花戴到了教师的胸前”，因为没有教师的谆谆教诲，我们的社会就不会有科学家、政治家和文学家等优秀人才。可见，教师对社会的意义是重大的。如果一个工人的心理不健康，会损坏机器，出废品，浪费国家财富；一个医生有心理问题，会误导患者，妨碍治疗进程。而工人和医生都是经过教师的教育的，他们受教师的影响很大，所以，教师的心理健康状况对于受教育者的影响很大，并间接地影响到社会的各个方面。因此，解决教师的心理问题对于解决社会问题有积极意义。它不但可以增强国家的教育竞争力，而且对改善整个社会风貌及促进社会的发展都有很大的推动作用。

第三节　中学教师常见的心理问题

中学教师的心理问题主要表现为职业适应不良、职业行为异常、人际交往障碍、人格异常、神经症及职业倦怠六大方面。

一、职业适应不良

职业适应不良是指教师个体与职业环境不能协调一致的一种心理过程和状态。它直接影响个体的生存和发展。

中学教师职业适应不良主要表现在以下几方面。

(一) 对来自各方面的众多角色的不适应

长期以来，“人类灵魂工程师”的角色定位使教师被赋予太多的使命与责任，承担着多重角色，教师既是知识的传播者又是科研成果的创造者；既是学生群体的领导者又是学校领导的管理者；既要做班级的管理者又要当好学生父母的代理人，还要与同事、家长、领导打交道，积极应对现实生活中的多种人际关系。凡此种种，都需要教师具有较强的自我调控和随时进行适应的能力，而这种高度的自我调控能力是一般人难以具备的，这往往是教师心理健康问题的根源所在。

(二) 对不断提升的知识水平和教学技能的不适应

随着信息技术的发展和教育体制改革的不断深化，各种新要求也在不断冲击和影响着中学教师的心理健康。网络时代的到来使教师已不再是学生唯一的信息源，教师在学生心目中的权威地位正受到前所未有的挑战。特别是中小学教育教学改革进入一个新的阶段，教师对日益变革的教育思想和观念、教学课程和内容、教学方法和手段等方面存在诸多不适应，社会的发展对教师职业的要求日益提高，使中学教师感受到了强烈的危机感和紧迫感。

(三) 对日益提高的学生家长的期望的不适应

当今社会，多数家庭都是独生子女，家长往往把上几代人的希望全寄托在孩子身上，“望子成龙”“望女成凤”的心情十分迫切。他们对“小皇帝”“小公主”的安全、成长、前途等问题十分担忧，这种消极的心理状态日积月累并逐渐投射到教师身上，往往使教师如履薄冰、战战兢兢。此外，社会对教师的期望更是不断提升，这无形中增加了教师的心理负担，可能给教师带来如恐惧、焦虑等诸多不良情绪。

(四) 对日趋激烈的职业竞争的不适应

目前，社会各行各业人才辈出、竞争激烈。而学校的兴衰存亡取决于教师能否培育出全面发展的高素质人才。因此，学校需要引入教师职业竞争机制，对教师的业务水平、师德、教育成果等多方面进行综合评价，这种对教师优胜劣汰的管理方案，使教师的职业安全感大幅下降，职业危机感已成为一部分教师的心病，给他们带来了巨大的心理压力。

实务训练10-1

“迷失”的新老师[①]

刚参加工作的某新教师，上大学时各方面表现优秀，被评为优秀大学毕业生，毕业后分配到一所硬件、软件均不错的重点中学。他担任班主任并承担两个班的数学教学任务。但工作半年后，他就感到力不从心，面容憔悴，没想到大学里学的与现实的教学工作相差甚远。他刚开始很想在教育领域大干一场，他对当下的应试教育体制很有意见，因此他自己主动参加了市里的一项教学创新实验研究。他很想干一点自己喜欢干的富有特色的教育活动，但当时就招来身边一群具有多年教育经验的老师“劝导”：这样做会有什么不好，会带来什么样的后果等。他开始还不服气，可期末的考试成绩倒数第一却让他心灰意冷，工作热情骤然下降。从此以后，这位教师干什么工作都有一种缩手缩脚之感，力求“规范”，以确保与周围的“老同志”们步调一致。

你认为这位新教师是患有何种职业适应不良？

二、职业行为异常

正是由于上述的职业适应不良，导致了部分教师的职业行为问题。教师的职业行为问题可以归为以下几类。

(一) 抱怨型

对教师职业的荣誉感和价值观直接影响教师的心理健康水平。有些教师身在教育岗位，却看不起教师职业，不能理直气壮地承认和悦纳自己的职业。这样的教师表现为对教育教学缺乏耐心和责任感，对学生缺少感情，不热爱自己的教育事业。这类教师只是把从事教学工作作为谋生的一种手段而已，选择教师职业是一种“无可奈何”“不得已而为之”。因此这类教师在教

---

① 胡谊，杨翠蓉，鞠瑞利，曹凤莲，等. 教师心理学[M]. 北京：中国轻工业出版社，2009：227.

育中遇到挫折时就会怨天尤人，抱怨学生素质差、学校条件差等。

(二) 自私型

这类教师由于受个人主义影响，往往以自我为中心，自私自利，不愿意帮助别人，过多关注自己的利益，喜欢夸耀或吹嘘与自己有关的人或事，虚荣心强，目中无人，不能见别人比自己好，与同事钩心斗角，人际关系紧张。

(三) 情绪型

这类教师由于长期以自我为中心，久而久之导致个人的情绪极其不稳定。他们常常出尔反尔、喜怒无常，不能控制自己的喜怒哀乐，对学生也是忽冷忽热，前后不一，处理问题往往情绪化，令学生无所适从。

心理测试10-2

情商自我测试[①]

自从人类行为学专家、情感智能理论的创始者戴聂耳·科勒门博士向高智商导致成功的传统理论提出挑战以来，越来越多的专家开始认识到在人的成才过程中不是IQ而是EQ在起着很重要的作用。你想知道你的EQ有多高吗？请完成以下测验：

1. 与你的恋人或者爱人发生争吵后，你能在他人面前掩饰住你的沮丧。
2. 当工作进行得不顺利时，你认为这是对未来的一个警告。
3. 你最好的朋友开口说话以前，你就能分辨出他(她)处于何种情绪状态。
4. 当担忧某件事时，你在夜里几个小时难以入眠。
5. 你认为大多数人必须更加努力而不要轻易放弃。
6. 与最好的朋友告诉你一些好消息相比，你更易受一部浪漫影片的感染。
7. 当你的情况不妙时，你认为到了你该改变的时候了。
8. 你经常想知道别人是怎样看待你的。
9. 你对自己几乎能使每个人高兴起来而感到自豪。
10. 你厌烦讨价还价，尽管你知道讨价还价还能使你少花20元钱。
11. 你十分相信直率地说话，而且认为这样能使一切事情变得更为容易。
12. 尽管你知道自己是正确的，你也会转换这一话题，而不愿进行一场争论。
13. 你在工作中做出一个决定后，会担心它是否正确。
14. 你不会担心环境的改变。
15. 你似乎是这样一个人：对于周末去干什么，你总是能够提出很有趣的设想。
16. 假如你有一根魔法棒的话，你将挥动它来改变你的外貌和个性。
17. 不管工作多么尽心尽力，你的上级似乎总是催促着你。
18. 你认为你的恋人或爱人对你寄予厚望。
19. 你认为一点小小压力不会伤害任何人。
20. 你会把任何事情都告诉你最好的朋友，即使是个人隐私。

① 罗小兰. 教师心理学[M]. 北京：中国社会出版社，2008：46-48.

评分规则：

每道题选“同意”得 1 分，选“不同意”不得分，将得分累加起来，结果如下所示。

16 分或 16 分以上：你对你的能力是自信和放心的，因此，当处于强烈的情感边缘时，你不会被击垮。即使你在愤怒时，你也能进行有效的自我控制，保持着彬彬有礼的君子风度。在控制你的情感方面，你是出类拔萃的，与他人相处也很融洽，但是你太依赖社交技巧而忽视成功所需的其他重要因素，例如艰苦奋斗的作风和良好的注意。

7 分到 15 分：你意识到自己和他人的情感，但有时忽视它们，不知道这对你的幸福是多么的重要。你对下一步的提升和买一幢漂亮的房子等诸如此类事情的关心支配着你的生活。然而，无论实现多少物质目标，你仍然感到不满足。试着去分析和理解你的情感，并且按照它去行动，你会更幸福。记住，人们可能会压制你，使你暂时消沉，但是，你总是能够从挫折中吸取教训，重新创造你的优势。

(四) 暴戾型

这类教师脾气暴躁、傲慢至极、盛气凌人，不容易与人相处，稍不如意就会大喊大叫、出言不逊、破坏公物甚至对学生拳脚相加，他们极具攻击性，经常对学生施以体罚，与同事发生争执。

(五) 不良型

这类教师生活方式和行为不检点。有的故意在单位制造事端，搬弄是非、蛊惑人心、造谣生事、唯恐天下不乱；有的行为表现趣味低俗，做事与教师身份不符，有损教师形象；有的甚至违背国家法律、法规，走上违法犯罪的道路。

三、人际交往障碍

人类的心理适应，最主要是对于人际关系的适应，良好的人际关系是心理健康发展的重要条件之一。教师职业的特殊性决定了教师面对的人际关系更为复杂，他们不仅要处理好师生关系，还要花大量的时间和精力处理好与学校领导、同事及学生家长的关系等。因此，教师容易在人际关系中表现出适应不良。调查发现，中小学教师经常与他人交往的只有 16.99%，在校外与他人交往的只有 11.49%，校园内有推心置腹的朋友的教师只有 11%[①]。

教师人际交往障碍具体表现如下。

(1) 由于缺乏对教师交往重要性的认识或因工作繁忙等原因，很少与人交往与沟通。

(2) 缺乏必要的交往手段和技能，使教师人际交往受阻。

(3) 不良的人格特征阻碍了教师正常的人际交往。

四、人格异常

一般人对于表现在外的异常行为较容易注意与提防，对于内在的心理不适则会忽略与不重

① 方芳. 教师心理健康研究[M]. 北京：人民教育出版社，2003：63.

视。有一些人，虽然没有精神病或心理疾病，但当其人格特质变得僵硬且不适应时，行为缺乏弹性反应，经常呈现固定的异常反应，这些人格特质会明显地破坏个人发挥生活功能的能力，引起主观的痛苦，影响个人的身心适应。因为这种行为反应障碍是一种长期性的性格问题，或是人格的发展与结构发生缺陷，所以称为人格异常(personality disorder)①。

教师的人格异常多表现为教师的人格缺陷。人格缺陷是介于正常人格与人格障碍之间的一种人格状态，是人格发展的一种不良倾向。教师常见的人格缺陷主要表现为自卑、焦虑、抑郁、孤僻、敌对、多疑等。另外，教师人格异常比较严重的表现为人格障碍。人格障碍是人格缺陷发展到经常的、严重的程度而造成的。教师最常见的人格障碍主要有强迫型人格、偏执型人格、依赖型人格、冲动型人格及回避型人格等。

(一) 强迫型人格

强迫型人格障碍主要表现为具有强烈的自制心理和自控行为，对自我过分克制，过分固执、严肃、认真和谨慎，墨守成规、应变能力差；他们的责任感很强，把标准定得太高，做事要求完美、按部就班、注意细节但忽视全局和重点；不合理地要求他人完全遵照自己的方式做事；不相信他人而拒绝让别人做等。在感情上以焦虑、紧张、悔恨时多，轻松愉快时少。

(二) 偏执型人格

偏执型人格又称妄想型人格，该类患者固执呆板、感情用事，并伴有攻击行为；经常为一些细节问题与人争执，对人充满不信任感和戒备感；对别人特别嫉妒又非常羡慕，对别人获得成就和荣誉感到不安；对自己过分关心，无端夸大自己的重要性，惯于把失败和责任归咎于他人；过高要求他人，但从来不信任他人。

(三) 依赖型人格

依赖型人格障碍患者缺乏主见，过度依赖别人。如果所依赖的人不在，就会表现出焦虑和抑郁。他们有非常强烈的归属感，但这种归属感是强迫的、盲目的、非理性的，与真实的感情无关。由于处处依赖他人，当自己的需求得不到满足时，患者就会感到压抑，从而导致严重的心理问题。

(四) 冲动型人格

冲动型人格障碍表现为情绪不稳定、易激动、容忍性差、易激怒；做事不考虑行为后果，自控力差；有短时间的暴力、谩骂和伤人毁物现象，有时也自伤但事后易后悔。

(五) 回避型人格

回避型人格障碍的主要特征是自卑，行为退缩，面对挑战采取逃避态度或无力应对；想与人交往又怕被人拒绝，想得到领导、同事的关心和体贴，又害羞不敢亲近。这种人格障碍的人并不安于或欣赏自己的孤独，不与人来往并非出自于自己的心愿，而是被迫应用众多的防御机制。

① 王以仁，陈芳玲，林本乔. 教师心理卫生[M]. 北京：中国轻工业出版社, 1999：203.

五、神经症

神经症又叫神经官能症，是一种非器质性的轻型大脑功能失调的心理障碍的总称，主要表现为抑郁、焦虑、恐怖、强迫、神经衰弱等。据有关专家的统计，教师群体中患有神经症的占10%以上，而其他职业人群平均仅为2%左右。下面简单阐述教师中最常见的几种神经症。

(一) 强迫症

强迫症是指以不能为主观意志所克制而反复出现的观念、意向和行为为临床特征的心理障碍。根据强迫症的临床表现，可分为强迫观念和强迫行为两类。

强迫观念是一种思维障碍，表现为反复而持久的观念、思想、印象，也可以是冲动的念头。这些体验不是患者自愿产生的，但仍属于患者的意识，他们想努力摆脱但摆脱不了，因而心理上会出现紧张、焦虑不安、心烦意乱，同时还会出现一些躯体症状，比如反复怀疑门窗是否关好，电视是否关好；对过去做过的事、讲过的话反反复复地回忆，唯恐做错、讲错，有的根本毫无目的性，或者对过去的经历反复在脑海中回忆，因无法摆脱而苦恼。

强迫行为又叫强迫动作，指不断重复一种无意义的行为。患者明知道这种动作毫无意义，可又非做不可，做了之后能暂时消除紧张，但不久后又会感到不舒服，非做不可，比如，反复扣衣服纽扣；出门后反复回家几次看门是否锁上、水龙头是否关好；有的患有强迫洁癖，担心在外传染病菌，回家后反复洗手。

(二) 抑郁症

抑郁症通常是一种情绪障碍，是一种以心境低落为主要特征的综合征。这种障碍可以从情绪的所谓正常到轻度的情绪不佳以致严重抑郁。抑郁者临床表现为情绪低落、闷闷不乐、思维缓慢、抑郁寡欢、缺乏活力、不愿社交、提不起精神、对生活缺乏信心、工作无动力、对他人漠然、体验不到快乐、食欲减退、睡眠不好、莫名其妙地烦躁不安、倦怠疲乏、丧失自尊或有罪恶感、注意力不能集中、犹豫不决，或有自杀的想法。

(三) 焦虑症

焦虑是当个体主观预料将会有某种不良后果产生或模糊的威胁出现时而产生的一种不安情绪。焦虑有反应性焦虑和神经性焦虑。反应性焦虑是一种暂时的波动的情绪状态，它由可以知觉到的外在危机引起，具有客观性、意识性，是每个人都会碰到的一种体验，如人们在重大考试前，在身体不佳接受体检之前，等待一次重要会见之前，教师在一次重要的公开课之前等常常都会经历焦虑体验。而神经性焦虑则是由长期的焦虑体验的积累，在人格特质中残余成为一种相对稳定的成分，成为一种根深蒂固的特质。神经性焦虑患者终日毫无理由地忧心忡忡，如临末日；随时随地在任何无关的情景中都会感到焦虑，且这种焦虑具有潜意识性，它源于不合理的冲突，主体不能清醒地意识到。

焦虑的症状表现为：情绪紧张不安、恐惧、惊慌；植物性神经功能失调症状；生化改变，如血糖、肾上腺素、糖皮质激素升高等。

(四) 恐怖症

恐怖症指接触到特定事物或情境时具有强烈的恐怖情绪，在这种恐惧情绪出现时，患者采取回避行为，并有焦虑症状和植物神经功能障碍伴随发生。正常人都有过恐怖的心态，但恐怖症患者对某些情境和场合的恐惧心情是完全不必要的，但自己却不能自控，不仅别人难以理解，就是他们自己也知道这是不切实际、不合情理的，但却不能摆脱，因此特别苦恼。

恐怖症可分为社交恐怖症、广场恐怖症和特殊恐怖症。社交恐怖症表现为害怕被人审视，回避社交，如在公共场所吃饭、讲话或与异性交谈感到紧张不安，害怕被人观看、注视。广场恐怖症包括对人群拥挤的场合、商店、剧院、车厢或机舱等感到恐怖，也包括害怕空旷的地方，害怕离家或独自一人在家等。特殊恐怖症指由特殊物体或情境引起的不合理焦虑，如害怕接触某些动物、登高、雷雨、黑暗、锐器、外伤或出血，害怕接触某些疾病等。

(五) 神经衰弱

神经衰弱是指由于长期处于紧张和压力下，出现精神易兴奋和大脑易疲乏现象，常伴有情绪烦恼、易激惹、睡眠障碍、肌肉紧张性疼痛等。有调查研究指出，中小学教师中神经衰弱患病率为5.06%，且女性患病率高于男性。

神经衰弱有两种表现：一种类型的特点是，患者用脑后倍感疲倦，常伴有职业成就或应付日常事务效率一定程度的下降；另一类型的特点是，在轻微的体力劳动后即感虚弱和极为疲乏，伴以肌肉疼痛和不能放松。

六、职业倦怠

(一) 教师职业倦怠的界定

1974年，美国临床心理学家弗登伯格(H. J. Freudenberger)首次将“职业倦怠”(burnout)一词引入心理学领域。所谓职业倦怠，是指工作强度过高并且无视个人需要所引起的疲惫不堪的状态。职业倦怠容易发生在医疗护理、教育等与人打交道的行业中，教师是职业倦怠的高发人群。教师职业倦怠是教师不能顺利应对工作压力的一种极端反应，是他们在长期压力体验下所产生的生理、情绪、认知、行为等方面的耗竭状态。这种心理状态持续存在就会导致自身潜能难以充分发挥，工作能力和工作绩效下降。

(二) 教师职业倦怠的典型特征

1. 耗竭感

耗竭感(exhaustion)指个体感到自己的能量和资源耗尽、用完。它主要表现在生理耗竭和情感耗竭两方面。生理耗竭(physical exhaustion)是职业耗竭的临床指标，表现为极度的慢性疲劳、力不从心、疲乏虚弱、睡眠障碍(失眠/嗜睡)、头痛、食欲异常(厌食/贪食)等；情感衰竭(emotional exhaustion)是职业倦怠的核心维度，也是最明显的症状表现，特指丧失工作热情、情绪波动大，迁怒他人，感到自己的感情处于极度的疲劳状态。

处于耗竭感的教师表现为疲劳、烦躁、易怒、过敏、情绪紧张，常常表现为害怕早晨去上班，形成对学生消极的态度。

2. 去人格化

去人格化(depersonalization)指刻意在自身和工作对象间保持距离，对工作对象和环境采用冷漠和忽视的态度。

去人格化的教师表现为减少或断绝与学生的联系。例如，教师减少与学生接触，从身体距离上远离学生，不理睬或拒绝了解学生，给学生取贬损性的称呼、外号，或给学生贴标签。除此之外，对同事也常常持多疑妄想的态度，对他人过度反应，导致人际关系恶化。

3. 低个人成就感

低个人成就感(lack of personal accomplishment)指倾向于消极地评价自己，个人成就感降低，自我效能感低下，对自己工作的意义和价值的评价下降，工作变得机械化且效率低下，缺乏适应性。

当教师感觉他们无法给学生的生活带来更大的变化，同时他们一旦发现他们的职业为他们提供较少的反馈(如金钱、社会认可)时，就产生了较强的自卑感，不再做出努力。这时失败会成为一种生活方式，从而形成“学者型的无力感”。

心理测试10-3

你倦怠了吗—— 教师职业倦怠测量[①]

认真阅读下列问题，请根据自己的情况，选择符合自己的分数。1 代表从未如此，2 代表很少如此，3 代表说不清楚，4 代表有时如此，5 代表总是如此。

1. 对工作感到挫折感。　1 2 3 4 5
2. 觉得自己不被理解。　1 2 3 4 5
3. 我的工作让我情绪疲惫。　1 2 3 4 5
4. 我觉得我高度努力工作。　1 2 3 4 5
5. 面对工作时，有力不从心的感觉。　1 2 3 4 5
6. 工作时感到心灰意冷。　1 2 3 4 5
7. 觉得自己推行工作的方式不恰当。　1 2 3 4 5
8. 想暂时休息一阵子，或另调其他职务。　1 2 3 4 5
9. 只要努力就能取得好的结果。　1 2 3 4 5
10. 我能肯定这份工作的价值。　1 2 3 4 5
11. 认为这是一份相当有意义的工作。　1 2 3 4 5
12. 我可以从工作中获得心理上的满足。　1 2 3 4 5
13. 我有自己的工作目标和理想。　1 2 3 4 5
14. 我在工作时精力充沛。　1 2 3 4 5
15. 我乐于学习工作上的新知识。　1 2 3 4 5
16. 我能够冷静地处理情绪上的问题。　1 2 3 4 5
17. 从事这份工作后，我觉得对人变得冷漠了。　1 2 3 4 5
18. 对某些同事所发生的事，我并不关心。　1 2 3 4 5

① 胡谊，杨翠蓉，鞠瑞利，曹凤莲，等. 教师心理学[M]. 北京：中国轻工业出版社，2009：204-205.

19. 同事将他们遭遇到的问题归咎于我。 1 2 3 4 5
20. 我担心这份工作会使我逐渐失去耐性。 1 2 3 4 5
21. 面对民众示好时，感到有很大压力。 1 2 3 4 5
22. 常盼有假期，可以不用上班。 1 2 3 4 5

计分方法：

这个测试包括职业倦怠的3个方面，即情绪衰竭(第1～8题)、低成就感(第9～16题)、人格解体(第17～22题)。其中，9～16题为反向计分，即选5计1分，选4计2分，选3计3分，选2计4分，选1计5分。其余题目正常计分，选1计1分，选2计2分……选5计5分。

将所有的题目得分相加除以22得到平均分，即代表自己的职业倦怠问题的严重程度。1表示没有职业倦怠，5代表职业倦怠问题严重。得分越高，代表职业倦怠程度越严重。

分别求出自己在情感衰竭、低人格成就感、人格解体方面的平均分，即代表自己在这方面的倦怠程度。

第四节　中学教师心理健康的调适

教师心理健康问题，是在自身心理素质和外界压力的相互作用下形成的。因此，要维护与促进中学教师的心理健康，就要从内因与外因两个方面入手。这里的外因主要指社会、学校及家庭等方面提供的外部支持，而内因是指教师本身的自我辅导。

一、建立针对中学教师的多层次外部支持系统

支持系统对中学教师心理健康有积极的影响，当教师可以体会到更多的支持时，其心理压力或应激可以得到一定的缓解。多层次支持体系包括从宏观的社会体制层面到中观的学校层面，再到微观的每个学生家庭层面。教师的心理问题在某种意义上可以说是社会问题在教师身上的反映，因此解决教师的心理问题必须标本兼治。要从政策、管理各方面尽可能地为教师创造宽松、愉快的工作环境。

(一) 社会方面

1. 政府要加大教育投入，提高教师的经济地位和社会地位

教师的职业特点决定了教师比较重视高层次需要的满足，但我们不能因此而忽视教师物质需要的满足。因为物质需要满足是一个人生活、工作的基础，政府要解决教师职业劳动价值和劳动报酬相背离的问题，使教师的经济收入与职业价值相一致。

2. 教育行政部门要制定切实可行的政策法规，提高教师的工作热情

在政策方面，教育行政部门可以通过相应的政策干预来提高教师的社会地位、待遇，大力提倡教师群体职业化的进程，关注教师职前、职后培训，引导社会形成尊师重教的风气，增加教师的工作责任感和兴趣，提高职业满意度。教育行政部门还应启动“教师心理健康工程”或成立“教师心理健康指导中心”，把教师心理健康教育工作作为“教师继续教育工程”的一部分。

3. 大众传播媒介要通过舆论宣传，增强教师的职业威望

大众传播媒介要客观地宣传，坚持正面导向，准确反映教师在人才培养、经济建设及社会发展中所做的突出贡献，真实报道教师的工作、学习及生活现状，避免过度宣传教师的负面形象给教师带来消极影响，从而导致公众对教师的误解。要通过媒体宣传，促使全社会形成尊师重教、支持教师的意识倾向与心理氛围，使教师增加自豪感和荣誉感。

(二) 学校方面

1. 创造良好的人文工作环境

升学率、考分排队、末位淘汰、评职晋级、学历层次要求都给教师带来了无形的压力，造成教师心理负担过重。学校要创设有益于教师发展的工作环境和心理环境。学校在管理决策上要向一线教师倾斜，合理配置资源，建立有效的工作机制，营造和谐宽松、求真务实、严谨治学、团结互助、积极向上的学术氛围，避免由各种形式主义给教师来的工作负担和心理压力。

2. 完善教育领域内部的激励和竞争机制

竞争是生物界和人类生存及发展的基本法则。公平合理、有序的竞争能激发人无穷无尽的活力，也是社会发展前进的巨大动力。教育领域要确立完善的教育竞争机制，必须有科学的聘任制、考评制和筛选制等配套措施，而且要做到公正、公开。学校在制定教学、科研及职称评定等相关制度时要增加透明度，做到平等竞争。通过合理的激励机制和竞争机制对教师实行客观、科学、规范、准确的考评以满足教师的成就需要，促进教师心理健康水平的提升。

3. 开展丰富多彩的业余文化活动

教师的职业特点决定了教师的工作负荷量大、业余兴趣和课外生活单调乏味，这给教师心理健康带来不利的影响。学校可以通过开展多种多样的活动，丰富教师的业余文化生活，如开展文学艺术、体育、社会公益等活动，还可以利用周末或节假日时间组织教师外出考察、观光、旅游等。通过丰富多彩的活动培养教师良好的兴趣特长、人格特征及审美能力，增强其社会适应性，促进其心理健康。

4. 营造良好的学校人际关系氛围

教师心理健康状态是由学校良好的心理环境熏陶而成，而良好的学校心理环境又是由学校人际关系构成的。要保持良好的心理必须建立良好的学校人际关系。学校领导要加强自身修养，在工作中要注意密切联系群众，与普通教师建立起平等、和谐的人际关系，对所有教师都一视同仁、公正无私，为教师们树立良好人际关系的榜样。学校领导不仅要与普通教师进行真诚的互动与沟通，还要帮助普通教师消除人际交往中的消极因素，有效处理和化解各种人际纠纷和冲突，使每个教师都在良好的人际环境中心情愉悦地工作、学习和生活。

此外，学校要加强对学生家长的培训，让家长更多地了解学校生活与教师职责，建立和谐的“家校”系统，为教师提供强有力的支持。

二、中学教师要关注自身心理健康，做到自我调适

社会支持是影响教师心理健康水平的重要因素，但教师要克服自身的心理问题，从根本上

讲还需要通过教师自身的努力。

(一) 教师个人要有正确的社会价值取向

孔子说过："知之者不如好之者，好之者不如乐之者。"只有发自内心的"乐而为之"，才能对自己所从事的事业满腔热忱，才能在困难与挫折面前不气馁，才能热爱学生并从这种爱中得到极大的职业享受。一些优秀教师遇到多种困难，但他们一到学生中间，烦恼、忧虑很快消散。教师要想到"乐而为之"，必须有正确的社会价值取向。这种正确的社会价值取向来源于教师个人对教师职业的正确认识，即要认识到教师这个职业，从其对社会的推动作用这一角度来讲，是一种高尚的事业。这是保持教师最佳心境的思想基础。

(二) 调整认知方式，增强自己对心理压力的承受能力

人的情绪通过认知的折射而产生。正确的认知产生积极的情绪，不良的认知产生消极的情绪。由于人们对压力的理解和解释不同，在同一环境里，人们经常体验到的压力的程度也往往不一样。因此，教师积极调整、修正自己在现实生活中存在的一些模糊的认识或不切实际的观念，将有助于增强他们的耐压性，变心理压力为心理动力，变逆境困境为发展机遇。一方面，面对激烈的竞争，社会的高要求，教育改革进程中暂时出现的矛盾和困难以及工作、生活、家庭角色的冲突等外部刺激，教师应该以比较理智和宽容的心态去看待，坦然地去面对，以积极主动的行为去适应。另一方面，教师要正确地认识自己，既能欣赏自己的优点，也能欣然地悦纳自己的不足，恰当地为自己定位，避免用非理性的完美主义衡量自己、苛求自己。

(三) 掌握科学的方法，提高对情绪的自我调控能力

良好而稳定的情绪，使人心情开朗，轻松安定，精力充沛，对生活充满信心和热情，对身体状态的自我感觉是舒适的。相反，如果一个人情绪不稳定，患得患失，喜怒无常，就会导致心理失衡和心理危机。教师不是神，他们同样有自己的喜怒哀乐，生活中不良情绪的产生在所难免。如果强行压抑不良情绪，不但不能从根本上解决问题，而且还会陷入更深的心理困境，带来更大的心理危害。因此，教师要学会管理自己的情绪，掌握一些积极调节情绪的技术和方法，如合理宣泄法、理智法、转移法、幽默法、适度让步法、升华法、音乐法，及时地调整自己的情绪，使自己恢复身心平衡状态。

(四) 掌握沟通技巧，建立良好的人际关系，取得社会支持

教师因工作方式的相对独立性，容易形成人际交往的有限性和自我封闭性，致使他们在面对压力和挫折情境时深感孤独失落和无助。因此，教师应自觉地培养自己的交往意识和积极坦率的社会交往方式，提高人际沟通技能，形成融洽的人际关系，使自己在遇到挫折和困难时能获得来自同事、朋友、亲属等的强有力的社会支持，减轻或化解心理压力。

(五) 采取合理有效的工作方式，学会休闲

教师在学校教育中所担负的是一种复杂的脑力劳动，教师必须采取科学有效的工作方式，才能使自己轻松愉快地工作和生活，维护心理健康。首先，教师要在工作中逐渐形成一种积极乐观的生活和工作态度，这是教师心理健康的最基本也是最重要的条件。其次，教师应掌握时

间管理技巧。具体来说，要进行任务分析和时间的组织和预算，将目标分成轻重缓急等层次，建立一张科学可行的时间表，避免陷入琐碎而又毫无目的与章法的“瞎忙”状态，从而使工作、生活更有效率，减轻过重负荷。再次，教师还应当注意适度用脑，避免持续疲劳，同时还要注意饮食营养，关心脑健康。此外，工作之余要学会休闲，根据自己的兴趣和爱好参加各种文体活动，使业余生活丰富多彩，以调节情绪，增进心理健康。

身边故事10-4

教师心理健康的自我调适——放下过多的心理负担，轻装上阵①

曾经看到过这样一个故事：一个旅行者步履蹒跚地走着，他左手拿着一块大石头，右手拿着一块砖头，背上背着一袋泥土，腰上缠着一圈圈草绳，头上还顶着一个南瓜。

他遇到一个农夫。农夫问他：“疲惫的人啊，你为何要拿着一块大石头呢？”旅行者回答：“咦！对啊！我实在没有注意到。”所以，他把那块大石头扔了，觉得这下子好多了。

他又碰到一个村庄里的人，那人问他：“疲惫的人啊，你为何头上顶着那么重的南瓜呢？”旅行者说：“真高兴你告诉我！我不知道我在做什么呢？”所以，他又把南瓜扔掉，更轻松地赶路。

一个又一个村庄里的人使他知道了身上有不必要的负担，所以，他一个又一个地把包袱丢掉。最后，他成为自由的人，轻轻松松地赶路去了。

生活中，我们同这位旅行者一样，也给自己的心理承载了太多的负担，不必要的禁忌、消极的思想、阴郁的情绪以及时时困扰心灵的焦虑等，都让我们举步维艰。我们还总是关注别人对自己的看法，总试图获得他人的支持，更加重了对心灵的束缚。所以，放下不必要的心理负担，才能轻装上阵，这样既可以集中精力于你应该完成的事，也可以给内心腾出更多的空间，使心理的压力释放出来，享受精神的自由。

案例导读解析

本章案例导读所列举的发生在教师身上的一些真实事件，其实对有的教师来说确实是出于师德原因。他们法制观念淡薄，民主意识欠缺，道德水平低下，不爱自己的职业，讨厌自己的学生，从而想方设法竭尽所能，对学生进行体罚、变相体罚以及心理虐待，让学生在他们手下没有好日子过。可是对有些教师来说，情况却不是这样。他们对自己的职业其实很热爱，对自己的学生其实很热爱，对工作其实很负责。他们有时也会咬牙切齿地对待学生，但在他们内心体验到的却是一种“爱之深，责之切”的情感，他们在“恨铁不成钢”的极度焦虑下惩罚学生，就像父母“恨铁不成钢”而惩罚子女一样。

心理学研究表明，凡是对他人高度负责的角色，都要经受相当多的内心冲突和不安。教师除了脑力劳动强度较高之外，还要对社会、对家长、对年青一代的成长高度负责，每天都要接触带有情绪色彩的活动，体验情绪上的紧张与痛苦，尤其是在当前形势下，教师的教学任务重，升学压力大，工作超负荷，家长和领导的期望却越来越高。这些问题长期得不到解决，由此而产生的不良情绪长期得不到化解，日积月累，负面情绪最终会以“零存整取”的形式突破心理

① 刘晓明，王丽荣. 新课程与教师心理素质[M]. 长春：东北师范大学出版社，2004：227-228.

承受的极限而爆发。这种不良情绪向何处排遣？避强欺弱是人的本能，人们便选择了相对而言的弱势群体——学生。这时候，体罚和变相体罚就可能发生了。所以，教师对学生的伤害是高压下的一种应激状态下的失常的反应，并不是不知道这种伤害是不对的，只是由于自身心理素质不良才导致这样的恶果。

小结

作为学生心理健康的影响者和知识技能的传授者，中学教师必须具备良好的心理素质。正如所罗门教授所说："在个体人格发展方面，教师的影响仅次于父母。"因此，教师的心理健康问题是关系到教育事业能否顺利发展的战略问题。本章目的不仅使学生掌握中学教师心理健康的相关知识，更重要的是使学生深刻理解中学教师心理健康对一个教育工作者的重要意义。

巩固与操作

一、思考题

1. 有效的心理辅导员所必备的特征是什么？
2. 成为有效的心理辅导员必备的条件有哪些？
3. 什么是心理健康？中学教师心理健康的标准是什么？
4. 什么是职业适应不良？中学教师职业适应不良的主要表现有哪些？
5. 中学教师常见的心理问题有哪些？产生的原因是什么？
6. 何为职业倦怠？职业倦怠的典型特征是什么？
7. 如何调适中学教师的心理健康？
8. 联系实际谈谈当前中学教师的心理健康现状及维护中学教师心理健康的重要意义。

二、操作题

1. 对所在地区的教师心理健康状况进行调查分析，并就如何维护和促进教师自身的心理健康提出操作性方案。

2. 请看下面一位教师的自述：一次，组织学生秋游，上船时，发现少了一个学生的船费。于是，我悄悄地把钱添上，但又忘记是哪位同学未交船费。钱，老师可以添，没有交费的学生的思想问题如何解决呢？即使疏忽忘记交钱，心无不良动机，也有个教育问题。我没有开会专门讲这件事情，没有把问题扩大，而是在一次班会结束的时候，真诚地做了自我批评，说："上次我们乘船外出秋游，由于自己粗心大意，少收了一个同学的船费，我办事真粗心，这么一点小事都搞不好，希望同学们吸取我的教训。从现在起，我们要培养细心严谨的作风。"下课后，老师还未走出教室，一个学生红着脸走到老师跟前："老师，开始是我忘了交船费，后来想起来了又故意不想交，我错了。"边说边将钱交给了老师。

你认为这位老师处理问题的方法对吗？为什么？请你用本章有关理论评述这位教师的做法。假如你是这位教师，你会选择什么样的处理方法呢？

拓展阅读

1. 伍新春. 中学生心理辅导[M]. 北京：高等教育出版社，2010.

2. 张大均，江琦. 教师心理素质与专业性发展[M]. 北京：人民教育出版社，2005.

3. 路海东. 学校教育心理学[M]. 长春：东北师范大学出版社，2000.

4. 方方. 教师心理健康研究[M]. 北京：人民教育出版社，2003.

5. 刘晓明，王丽荣. 新课程与教师心理素质[M]. 长春：东北师范大学出版社，2004.

6. 沃建中. 心理健康教育指导——教师篇[M]. 北京：科学出版社，2003.

7. 井上麻纪. 谁来维护教师的心理健康：从预防到应对[M]. 北京：中国人民大学出版社，2018.

参考文献

[1] [美]Anita Woolfolk. 教育心理学[M]. 何先友，等译. 北京：中国轻工业出版社，2008.

[2] [美]艾伦•艾维，迈克尔•丹德烈亚，等. 心理咨询与治疗理论多元文化视角[M]. 5版. 汤臻，等译. 北京：世界图书出版公司，2008.

[3] 陈光磊，黄济民. 青少年网络心理[M]. 北京：中国传媒大学出版社出版，2008.

[4] 陈国海，刘勇. 心理倾诉——朋辈心理咨询[M]. 广州：暨南大学出版社，2001.

[5] 陈琦，刘儒德. 当代教育心理学[M]. 北京：北京师范大学出版社，2007.

[6] 崔丽娟，才源源. 社会心理学[M]. 上海：华东师范大学出版社，2008.

[7] 邓凌，黄希庭. 校风班风与人格教育[M]. 北京：新华出版社，2001.

[8] [美]戴维•迈尔斯. 社会心理学[M]. 北京：人民邮电出版社，2006.

[9] 方芳. 教师心理健康研究[M]. 北京：人民教育出版社，2003.

[10] 傅宏. 咨询心理学高级教程[M]. 合肥：安徽人民出版社，2008.

[11] 弗洛伊德. 精神分析引论新编[M]. 北京：商务印书馆，1987.

[12] 葛文辉. 同伴心理辅导实务[M]. 杭州：西泠印社出版社，2010.

[13] 格里高利•费希特，艾丽卡•罗森博格著. 心理学：联系的世界[M]. 北京：电子工业出版社，2012.

[14] 桂守财，欧何生. 基础心理学[M]. 北京：人民教育出版社，2007.

[15] 胡谊，杨翠蓉，鞠瑞利，等. 教师心理学[M]. 北京：中国轻工业出版社，2009.

[16] [美]杰弗里•阿内特. 阿内特的青少年心理学[M]. 中国人民大学出版社，2009.

[17] [美]康利. 如何控制自己的情绪[M]. [美]谢传刚，译. 北京：中信出版社，2014.

[18] 林崇德. 中学生心理学[M]. 北京：中国轻工业出版社，2013.

[19] 梁斌，郭英，周升群. 中学生心理辅导[M]. 北京：科学出版社，2011.

[20] 雷雳. 发展心理学[M]. 北京：中国人民大学出版社，2009.

[21] 卢家楣. 青少年心理与辅导——理论与实践[M]. 上海：上海教育出版社，2009.

[22] 陆海东. 学校教育心理学[M]. 长春：东北师范大学出版社，2000.

[23] 罗小兰. 教师心理学[M]. 北京：中国社会出版社，2008.

[24] 刘金花. 儿童发展心理学[M]. 上海：华东师范大学出版社，1998：283-286.

[25] 刘国权，孙崇勇，赵晓光. 心理学[M]. 长春：吉林大学出版社，2009.

[26] 刘晓明，钱福永，等. 学校心理咨询模式[M]. 长春：吉林大学出版社，2000.

[27] 刘晓明，王丽荣. 新课程与教师心理素质[M]. 长春：东北师范大学出版社，2004.

[28] 刘晓新，毕爱萍. 人际交往心理学[M]. 北京：首都师范大学出版社，2003.

[29] 刘宣文. 学校发展性辅导[M]. 北京：人民教育出版社，2004.

[30] 彭聃龄. 普通心理学[M]. 北京：北京师范大学出版社，2001.

[31] 全国 13 所高等院校《社会心理学》编写组. 社会心理学[M]. 天津：南开大学出版社，2002.

[32] 乔建中. 中学生心理辅导[M]. 北京：北京师范大学出版集团，2013.

[33] 钱铭怡. 心理咨询与心理治疗[M]. 北京：北京大学出版社，2005.

[34] 时蓉华. 社会心理学[M]. 杭州：浙江教育出版社，1998.

[35] 伍新春. 中学生心理辅导[M]. 北京：高等教育出版社，2010.

[36] 王以仁，陈芳玲，林本乔. 教师心理卫生[M]. 北京：中国轻工业出版社，1999.

[37] 吴增强. 现代学校心理辅导[M]. 上海：上海科学技术文献出版社，2002.

[38] 吴增强. 学校心理辅导通论——原理•方法•务实[M]. 上海：上海科技教育出版社，2004.

[39] 夏凤琴. 教育心理学[M]. 北京：高等教育出版社，2010.

[40] 许艳. 心理咨询与治疗[M]. 合肥：安徽人民出版社，2007.

[41] 杨波. 人格与成瘾[M]. 北京: 新华出版社，2005.

[42] 姚本先. 学校心理健康教育新论[M]. 北京：高等教育出版社，2009.

[43] 叶一舵. 新课程背景下的公共心理学教程[M]. 北京：高等教育出版社，2004.

[44] 张大均，江琦. 教师心理素质与专业性发展[M]. 北京：人民教育出版社，2005.

[45] 边保旗. 美国学校心理辅导的发展历程及启示[J]. 教育实践与研究，2001(12).

[46] 彩虹，贾学萍，夏学萍，等. 哈尔滨市中学生网络成瘾现状及其影响因素分析[J]. 中国学校卫生，2007，28(4).

[47] 陈定湾，何凡，刘碧瑶. 中小学生心理健康状况与家庭环境特征的相关性分析[J]. 中国学校卫生，2007，28(9).

[48] 陈红. 学校心理健康教育教师胜任力研究[D]. 福建师范大学硕士学位论文，2007.

[49] 陈红兵. 中学生安排学习时间策略的调查研究[J]. 心理发展与教育，1991(2).

[50] 方必基，张樱樱，童辉杰. 叙事心理治疗述评[J]. 神经疾病与精神卫生，2000(6).

[51] 葛梅，张晋光. 时间管理：华为成功之法宝[J]. 商业研究，2005，4.

[52] 郭俐. 谈学校心理辅导的学科渗透[J]. 理论观察，2004(6).

[53] 高文斌，陈祉妍. 网络成瘾病理心理机制及综合心理干预研究[J]. 心理科学进展，2006，14(4).

[54] 胡晓燕. 中学生自我意识偏差的表现与矫治[J]. 学校党建与思想教育，2006，5.

[55] 黄希庭，张志杰. 青少年时间管理倾向量表的编制[J]. 心理学报，2001，33(4).

[56] 黄希庭，张志杰. 论个人的时间管理倾向[J]. 心理科学，2001，24(5).

[57] 黄岳辉. 职业生涯教育研究及其对我国普通高中的启示[D]. 上海师范大学，2006.

[58] 黄小忠，龚阳春. 朋辈咨询的发展与启示[J]. 中国学校卫生，2007(12).

[59] 教育部. 关于加强中小学心理健康教育的若干意见[J]. 大众心理学，2000(4).

[60] 江光荣，胡姝婧，韦霞霞. 武汉市中学生网络成瘾行为分析[J]. 中国学校卫生杂志，2007，28(2).

[61] 康延海，盛莉，叶兰仙，等. 兰州市中学生网络成瘾与人格因素分析[J]. 中国学校卫

生，2008，29(9).

[62] 李冬梅，雷雳，邹泓. 青少年网上偏差行为的特点与研究展望[J]. 中国临床心理学杂志，2008，16(1).

[63] 李国强，高芳红. 我国学校心理健康教育政策的演进与展望[J]. 湖南人文科技学院学报，2013(4).

[64] 李婷. 学校心理辅导教师的素质要求[J]. 少年儿童研究，2012(14).

[65] 李静. 中学生时间管理现状及对策[J]. 教育实践与研究，2006，10.

[66] 李晓辉，陆桂芝. 时间管理策略在中学生学习中的应用[J]. 黑龙江教育学院学报，2013，9.

[67] 李正云，张华. 美国学校心理辅导：历史、现状、动向及其启示[J]. 外国中小学教育，2007(6).

[68] 黎龙辉，刘良华. 我国中小学心理健康教育发展的历史与现状——基于文献研究的思考[J]. 中小学心理健康教育，2006(5).

[69] 雷雳，李冬梅. 青少年网上偏差行为的研究[J]. 中国信息技术教育，2008(10).

[70] 雷雳，李宏利. 病理性使用互联网的界定与测量[J]. 心理科学进展，2003，11(1).

[71] 卢官庐，郭继志，庄立辉. 青少年网络成瘾防治研究进展[J]. 中国社会医学杂志，2006，23(2).

[72] 刘建平，曾晓青，陈美荣，等. 中学生人际关系特征[J]. 中国临床康复，2006，10(10).

[73] 刘新玲，董广德. 我国中小学心理辅导发展的概况、问题及展望[J]. 现代中小学教育，1997(5).

[74] 林绚晖. 网络成瘾现象研究概述[J]. 中国临床心理学杂志，2002，10.

[75] 林绚晖，阎巩固. 大学生上网行为及网络成瘾探讨[J]. 中国心理卫生杂志，2001，15(4).

[76] 罗江洪，兄汉荣，蒙衡，等. 青少年网络成瘾患者血小板 5-羟色胺水平分析[J]. 中国学校卫生，2011，5(2).

[77] 龙女，傅丽萍，甘心静. 社区居民需要什么样的心理健康服务[J]. 社区，2010(3).

[78] 马晓辉，雷雳. 青少年网络道德与其网络偏差行为的关系[J]. 心理学报，2010，42(10).

[79] 孟晓. 网络成瘾的界定及其成因分析[J]. 中国特殊教育，2006，1.

[80] 庞海波，吴一智，曾永峰，等. 青少年网络成瘾的人格特征研究[J]. 心理科学，2010，33(1).

[81] 潘琼，肖水源. 病理性互联网使用研究进展[J]. 中国临床心理学杂志，2002，10.

[82] 齐学红，王飞. 中学生社会交往状况的调查分析[J]. 南京晓庄学院学报，2013(1)：86-87.

[83] 屈亚玲. 校本研究与中学教师专业化[D]. 华中师范大学硕士学位论文，2006.

[84] 任明良. 中学生自我教育方法探究[J]. 四川工程职业技术学院学报，2008，1.

[85] 阮昆玉，邓凌. 学业成绩高、低分中学生时间管理倾向特点的研究[J]. 西南师范大学学报(人文社会科学版)，2004，30(1).

[86] 申雯. 焦点解决短期心理咨询概述[J]. 北京教育学院学报，2007，2(1).

[87] 申喆，周策. 从政策角度看我国中小学心理健康教育的发展特点及趋势[J]. 教学与管理，2013(7).

[88] 孙昊. 班主任开展心理班会初探[J]. 班主任之友，2008(10).

[89] 唐瑛. 浅析心理健康教育教师职业胜任力及发展路径[J]. 牡丹江教育学院学报，2011，128(4).

[90] 沃建中，林崇德，马红中，等. 中学生人际关系发展特点研究[J]. 心理发展与教育，2001，17(3).

[91] 吴翠平，娄晓民，戚珊，等. 中学生心理健康状况及影响因素分析[J]. 中国公共卫生，2011，27(11).

[92] 王昉荔. 中学生人际交往的困境及对策[J]. 教学与管理：理论版，2007(4).

[93] 王振宏，郭德俊，方平. 不同同伴关系初中生的自我概念与应对方式[J]. 心理科学，2004，(27).

[94] 王建国，张国富，祁富生，刘素芳，余志中，徐彩霞. 青少年网络成瘾的影响因素分析[J]. 中国健康心理学杂志，2009，17(2).

[95] 王科成，崔建平. 中小学心理健康教育教师专业化问题的思考[J]. 中小学心理健康教育，2006(9).

[96] 王智，张大均. 学校心理健康教育教师胜任特征结构及测量[J]. 心理科学，2011, 34(2).

[97] 王晓琴. 太原市中学生上网现状分析[J]. 山西医药杂志，2012(5).

[98] 王海花. 农村留守中学生网络成瘾及其与父母教养方式、同伴关系的相关研究[D]. 华中师范大学硕士学位论文，2013.

[99] 韦洪涛，邢延清，王倩. 基于胜任力模型的中学心理德康教育教师专业化发展[J]. 中小学心理健康教育，2010.

[100] 叶一舵. 我国大陆学校心理健康教育二十年[J]. 福建师范大学学报，2008，153(6).

[101] 姚本先. 我国学校心理健康教育：现状、问题、展望[J]. 课程·教材·教法，2003(2).

[102] 姚本先. 学校心理健康教育基本概念辨析[J]. 课程·教材·教法，2001(6).

[103] 颜茵. 当代中学生人际交往的表现、特点以及归因分析[J]. 安顺师范高等专科学校学报，2005，7(4).

[104] 杨平，周和岭. 后现代疗法对我国心理咨询与治疗的启示[J]. 现代生物医学进展，2009，9(11).

[105] 俞国良. 成年人心理健康教育的探索[J]. 北京师范大学学报(哲社版)，2005(1).

[106] 翟国兴. 时间管理的四个时代[J]. 新东方，2003.

[107] 张锋. 中学生时间管理自我监控量表的研究[J]. 心理科学，2007，30(3).

[108] 张国华. 初中生病理性互联网使用的发展及其与自尊的关系：同学关系的调节效应[J]. 心理学报，2013，45(11).

[109] 张明国. 用主题周记做好学生的心理辅导[J]. 中小学心理健康教育，2013，8.

[110] 张志杰，黄希庭，凤四海，等. 青少年时间管理倾向相关因素的研究[J]. 心理科学，2001，24(6).

[111] 周爱保，茄学萍，刘锦涛. 青少年网络成瘾与人格特征之关系研究[J]. 电化教育研究，2006(6).

[112] Beard KW. Modification in the proposed diagnostic criteria for internet addiction[J]. Cyber Psychology &Behavior，2001，4(3)：337-383.

[113] Beard KW.Internet addiction: A review of current assessment techniques and potential

assessment questions[J]. Cyber Psychology & Behavior，2005，8(1)：7-14.

[114] Cap lan S E. Problematic internet use and psychosocial well-being: development of a theory-based cognitive-behavioral measurement instrument[J]. Computers in Human Behavior，2002，18：553-575.

[115] Chak K，Leung L. Shyness and locus of control as predictors of internet addiction and internet use [J]. Cyber Psychology Behavior，2004，7(5)：559-570.

[116] Lin SSJ，Tsai CC. Sensation seeking and internet dependence of Taiwanese high school adolescents [J]. Computer Human Behavior，2002，18：411-426.

[117] http://www.bamaol.com/Html/2013112910474892.shtml.

[118] http://www.binheedu.net/xinyuan/xlcl/xlcl-qxkz11. htm.

[119] http://www.docin.com/p-70831968.html.

[120] http://www.cangjiang.net/Article/ShowArticle. asp?ArticleID=1640.

[121] http://www.taoedu.cn.

[122] http://www.xici.net/b25569/d5834559. htm.

[123] http://www.red-trees.com/ShowArticle. asp?Articleid=27.

[124] http://www.bamaol.com/Html/2013112910474892.shtml.

[125] http://www.rmxlw.com/Show_Pic_big. asp?id=881&Menuid=206&Columnid=0.

[126] http://haofengzhang. blog.sohu.com/38539847.html.

[127] http://baike. baidu.com/view/1137630. htm?fr=aladdin.

[128] https://www.sohu.com/a/290310655_100155613.

[129] http://hi. baidu.com/higaru/blog/item/d7bb257fe7a2510828388a9f.html.

[130] http://hi. baidu.com/jimmyyun/blog/item/e778ec1f134fc5f0e1fe0b66.html.

[131] https://www.sohu.com/a/71139768_100807

[132] https://bxxjy.30edu.com.cn/Article/a7b5b353-6f09-4b6a-b1b7-d26a373b54a0.shtml

[133] http://www.aoshu.com/e/20180417/5ad586284a0a0.shtml

[134] http://www.ziluedu.cn/zhongxuesheng/wenti/12463.html